ECONOMIA E SOCIEDADE
NA GRÉCIA ANTIGA

ECONOMIA E SOCIEDADE NA GRÉCIA ANTIGA
M. I. Finley

SÃO PAULO 2019

Título original: ECONOMY AND SOCIETY IN ANCIENT GREECE.
Copyright © The Masters and Fellows of Darwin College
in the University of Cambridge, 1981.
Prefácio e Introdução Copyright © Brent D.
Shaw and Richard P. Saller, 1981.
Copyright © 1989, Livraria Martins Fontes Editora Ltda.,
Copyright © 2009, Editora WMF Martins Fontes Ltda.,
São Paulo, para a presente edição.

1ª edição 1989
2ª edição 2013
2ª tiragem 2019

Tradução
MARYLENE PINTO MICHAEL

Revisão de tradução
Gilson César Cardoso de Souza
Preparação do original
Maurício B. Leal
Revisões gráficas
Thelma Batistão
Elza Maria Gasparotto
Produção gráfica
Geraldo Alves
Paginação
Studio 3 Desenvolvimento Editorial

Dados Internacionais de Catalogação na Publicação (CIP)
(Câmara Brasileira do Livro, SP, Brasil)

Finley, Moses I., 1912-1986.
  Economia e sociedade na Grécia antiga / Moses I. Finley ; tradução Marylene Pinto Michael. – 2ª ed. – São Paulo : Editora WMF Martins Fontes, 2013.

  Título original: Economy and society in ancient Greece.
  Bibliografia.
  ISBN 978-85-7827-680-5

  1. Grécia – Condições econômicas – Até 146 a.C. 2. Grécia – Condições sociais – Até 146 a.C. 3. Grécia – História – Até 146 a.C. I. Título. II. Série.

13-03417
CDD-330.938
-938

Índices para catálogo sistemático:
1. Grécia antiga : Economia   330.938
2. Grécia antiga : Condições sociais   938
3. Grécia antiga : História   938

Todos os direitos desta edição reservados à
Editora WMF Martins Fontes Ltda.
Rua Prof. Laerte Ramos de Carvalho, 133 01325.030 São Paulo SP Brasil
Tel. (11) 3293.8150 e-mail: info@wmfmartinsfontes.com.br
http://www.wmfmartinsfontes.com.br

ÍNDICE

Prefácio VII
Introdução à edição inglesa XI

Primeira Parte
A CIDADE ANTIGA

1. A cidade antiga: de Fustel de Coulanges a Max Weber e além 3
2. Esparta e a sociedade espartana 26
3. O Império ateniense: um balanço.. 45
4. Terra, débito e o homem de posses na Atenas clássica........ 69
5. A liberdade do cidadão no mundo grego............................... 86

Segunda Parte
SERVIDÃO, ESCRAVIDÃO E ECONOMIA

6. A civilização grega era baseada no trabalho escravo?........... 109
7. Entre a escravidão e a liberdade... 130
8. As classes sociais servis da Grécia antiga............................... 150
9. A servidão por dívida e o problema da escravidão................ 170
10. O comércio de escravos na Antiguidade: o mar Negro e as regiões do Danúbio 189
11. Inovação técnica e progresso econômico no mundo antigo.. 199

Terceira Parte
MICENAS E HOMERO

12. Os arquivos do palácio micênico e a história econômica 225
13. Homero e Micenas: propriedade e posse............................... 241
14. Casamento, venda e presente no mundo homérico 264

Notas 279
Referências bibliográficas.. 341
Bibliografia de M. I. Finley 359

PREFÁCIO

A obra de Sir Moses Finley sobre história econômica e social do mundo antigo, particularmente do mundo dos gregos, tornou-se tão conhecida que quase dispensa apresentação. Provavelmente, os leitores em geral e os universitários estão mais familiarizados com os livros que ele escreveu ou editou depois de *World of Odysseus* [O mundo de Ulisses], em 1954: *The Ancient Greeks* [Os gregos antigos], *Aspects of Antiquity* [Aspectos da Antiguidade], *The Ancient Economy* [A economia antiga] e *Democracy Ancient and Modern* [Democracia antiga e moderna], para citar alguns. Todavia, os leitores podem não estar a par dos estudos especializados sobre instituição econômica e social da Grécia, que forma a base desses livros. Às vezes, devido ao uso de fontes gregas e latinas, eles não são entendidos com facilidade pelo leitor comum; outras, aparecem em jornais que não fazem parte da leitura habitual dos estudiosos dos clássicos. Por outro lado, o simples fato de estarem muito dispersos no tempo e por um grande número de jornais torna difícil o acesso a eles, mesmo para o historiador profissional.

Partindo dessas premissas decidimos apresentar ao leitor comum, aos estudantes e estudiosos uma coleção representativa do que acreditamos ser os escritos mais importantes de Sir Moses Finley em três áreas de sua pesquisa: a comunidade da cidade grega ou *pólis*, o problema da escravidão e do trabalho servil no mundo antigo, e o mundo homérico e micênico da primitiva Grécia. Como acontece com a maior parte das seleções, esta também foi algo arbitrário, mas de modo geral levamos em consideração sua relevância para os interesses do estudante comum e o grau de acessibilidade das publicações originais.

Numa tentativa de desmistificar o mundo da literatura acadêmica para o leitor comum, tentamos, tanto quanto possível, evitar o hermetismo das abreviaturas, dos termos estrangeiros e das explicações difíceis. Em muitos casos, sempre que nos pareceu razoável, traduzimos para o inglês *(sic)* passagens e termos que Sir Moses citou originalmente em outros idiomas. Títulos e referências cruzadas foram reduzidos a uma nota simplificada, uniforme em todos os capítulos. Pequenas correções, acréscimos e supressões foram feitos pelo autor em todos os capítulos. Uma alteração importante: o capítulo intitulado "A servidão por dívida e o problema da escravidão", originalmente publicado em francês como "La servitude pour dettes", aparece agora pela primeira vez em seu texto completo.

Nosso ensaio introdutório tenta traçar as etapas do desenvolvimento do pensamento de Finley como historiador e relacionar esse desenvolvimento com os artigos reunidos neste livro. Também foi incluída, como parte desse objetivo, uma bibliografia abrangente dos escritos do professor Finley. A seção referente a livros e artigos é completa (exceção feita às numerosas edições em língua estrangeira, que foram omitidas), mas a seção referente a suas críticas e ensaios teve de ser seletiva, devido a seu número considerável; neste último caso tentamos incluir trabalhos representativos de todos os seus campos de interesse, desde o começo dos anos 30 até o presente. Esperamos que essa bibliografia seja útil ao leitor e desperte seu interesse em posteriormente conhecer a obra de Finley além dos limites deste livro. Finalmente, com o objetivo específico de ajudar o estudante, anexamos no fim das notas da maioria dos capítulos uma lista de obras importantes de outros estudiosos do assunto, surgidas desde a publicação do artigo original, e tentamos indicar sua relevância geral com relação às abordagens feitas por Finley.

A preparação de um livro contendo catorze artigos que cobrem três décadas do trabalho mais importante de Finley, desde o começo dos anos 50 até o fim dos anos 70, foi tarefa das mais agradáveis, durante a qual recebemos valiosa ajuda de várias partes do mundo. Não menos importante foi a prestada pelo próprio Sir Moses, que, graciosamente, acedeu à nossa solicitação de executar o que consideramos um projeto do maior valor e muito necessário. O tempo todo, ele não só colaborou nos pormenores como também, de modo mais amplo, insistiu na completa independência e liberdade de ação dos editores. A tarefa de escrever o adendo bibliográfico tornou-se mais fácil com as sugestões do dr. J. T. Killen (Jesus College, Cambridge) e de Paul Millett (Universidade de Leicester). O professor David Cohen (Berkeley) leu gentilmente a introdução e sugeriu muitos aperfeiçoamentos. Também desejamos agradecer aos professores Meyer Reinhold

(Missouri-Columbia) e Martin Ostwald (Swarthmore College), que forneceram informações valiosas em palestras sobre o estudo da história antiga, em Colúmbia, nos anos 30 e seguintes.

Brent D. Shaw, Universidade de Lethbridge
Richard P. Saller, Swarthmore College
Setembro de 1980

Introdução à edição inglesa

Arnaldo Momigliano, ao fazer a apreciação de uma série de livros publicados por M. I. Finley no começo dos anos 70, iniciou sua crítica dizendo que, quando Finley mudou dos Estados Unidos para a Inglaterra, em 1954, já era "o melhor historiador social vivo da Grécia e o mais apto a enfrentar os problemas metodológicos que a história social apresenta"[1]. Uma das características mais importantes dos trabalhos de Finley é, de fato, a sofisticação de método demonstrada em sua análise das sociedades antigas. Contudo, como Momigliano salienta, ele "raramente levanta questões do método enquanto tal"[2]. Assim, é nosso propósito, nesta introdução, delinear e isolar algumas de suas práticas metodológicas e traçar as raízes intelectuais da abordagem analítica peculiar que se encontra na primeira fase de sua carreira nos Estados Unidos, a menos conhecida. Essa meta apresenta dificuldades, em parte porque Finley não se enquadra exatamente em uma tradição intelectual única, e também porque não publicou extensivamente durante os anos de formação de sua carreira.

Tendo recebido seu B.A. *magna cum laude* na Universidade de Siracusa em 1927, com quinze anos de idade, Finley mudou-se para Nova York para estudar na Universidade de Colúmbia, onde recebeu o título de mestre em Direito Público em 1929. Após graduar-se, obteve um cargo de pesquisador em um projeto então em andamento, a *Encyclopaedia of the Social Sciences*[3]. Depois de trabalhar três anos no projeto, tornou-se assistente de pesquisa do professor A. A. Schiller em Direito Romano, na Universidade de Colúmbia (1933-34), e no ano seguinte obteve o cargo de pesquisador no Departamento de História (1934-35). A partir dessa mesma data, passou também a lecionar história na City College of New York, em regime de tempo parcial, função essa que não abandonaria até 1942. Foi Schiller, segundo Finley, que o fez "perceber pela primeira vez o lugar adequado dos estudos das leis no campo da história"[4]. O primeiro item na bibliografia de Finley é um artigo sobre Direito Romano e administração, onde estuda a condição legal das "ordens" promulgadas pelo imperador romano *(mandata principum)*. Seu conhecimento de Direito também é evidente na sofisticação e segurança com que mais tarde tratou a matéria legal grega (como em *Studies in Land and Credit in Ancient Athens, 500-200 B.C.* [Estudos sobre a terra e o crédito na antiga Atenas, 500-200 a.C.] e na resenha do livro de Pringheim sobre *The Greek Law of Sale* [A lei de vendas grega], tida como um dos artigos mais importantes publicados sobre o direito grego nas últimas décadas). Também é significativo que W. L. Westermann tenha sido seu professor de história antiga, do nível superior, em Colúmbia, uma vez que Westermann já tinha um interesse firmado há muito tempo no estudo especializado da escravidão e outras formas de trabalho servil no mundo antigo, especialmente no Egito ptolomaico. Não menos importante é o fato de sua educação superior realizar-se não em uma faculdade de Estudos Clássicos, mas de História, onde os padrões e abordagens próprios dessa disciplina eram realçados: "Como aluno do curso superior da Universidade de Colúmbia, no início dos anos 30, eduquei-me com Weber e Marx, com Gierke e Maitland em história do Direito, com Charles Beard, Pirenne e Marc Bloch. A explicação é simples: formei-me na Faculdade de História e eles estavam entre os escritores cujas ideias e métodos integravam a atmosfera do estudo histórico, parte em conferências, mas principalmente nas conversas intermináveis com outros estudantes."[5]

Essa descrição das primeiras etapas da carreira acadêmica de Finley dá uma pequena ideia da atmosfera de formação na qual seus interesses fundamentais se desenvolveram. Vários fatores, nos anos 30, provocaram uma efervescência intelectual e emocional em alguns círculos acadêmicos de Nova York até então nunca atingida, exceto talvez depois, durante a guerra do Vietnã. O colapso econômico interno e a disseminação do fascismo na Europa pareciam exigir urgentemente tanto uma análise intelectual quanto uma ação política. A estrutura tradicional do ensino superior parecia não oferecer nenhuma delas: "Quando me lembro desse período, tenho a forte impressão de que as conferências e os seminários estavam absolutamente encerrados em uma torre de marfim. Mas com isso não quero me referir às opiniões políticas dos professores de história, que variavam consideravelmente, e sim à irrelevância de seu trabalho profissional como historiadores. Essas conferências e seminários podiam ter sido feitos – e sem dúvida o foram – na geração anterior, antes da Primeira Guerra Mundial... Havia a mesma impressão marcante de que o estudo de história era um fim em si mesmo. Mas nós, que estávamos crescendo em um mundo difícil, com problemas que acreditávamos serem urgentes e exigirem soluções, buscávamos a explicação e o entendimento do presente em nosso estudo do passado."[6]

O recurso, então como agora, era um processo de autoeducação entre os próprios estudantes, um processo de aprendizado dialético muitas vezes mais fecundo que a instrução formal das salas de aula. No início dos anos 30 é perfeitamente compreensível que esse diálogo exigisse um debate com Marx: "E assim pusemo-nos, por conta própria, a procurar nos livros o que achávamos não estar obtendo das conferências e seminários. Líamos e discutíamos sobre Marc Bloch e Henri Pirenne, Max Weber, Veblen e os freudianos, analistas de direita como Mosca (sobre partidos políticos) e Pareto (embora deva confessar que achei-o desinteressante e desisti). Estudávamos Marx e os marxistas: não apenas *O capital*, e nem mesmo principalmente *O capital*, mas também as obras marxistas históricas e teóricas.

"O marxismo, portanto, está dentro de minha experiência intelectual, aquilo que os gregos chamariam de minha *paideía*. Marx, como os outros pensadores que mencionei, pôs fim a qualquer ideia de que o estudo da história é uma atividade autônoma e ao corolário de que os vários aspectos do comportamento humano – econômico, político, intelectual, religioso – podem ser tratados, com seriedade, isoladamente."[7]

O contexto em que Finley e seus colegas de faculdade absorveram o pensamento marxista deve ser salientado: mesmo para o crítico estudante de então, e certamente para aqueles que mais tarde refletiram sobre o assunto, muito do pensamento "esquerdista" da época era parte de uma reação ingênua e pouco amadurecida (até, poderíamos dizer, simplista) à percepção da ameaça da ideologia e do poder fascista[8].

Ao lado da agitação intelectual geral em Nova York durante esse período, e com aparência de ação direta contra a crise econômica e política da época, havia a emigração de muitas das melhores mentes da Alemanha fascista. Particularmente importante, do nosso ponto de vista, é a mudança do *Institut für Sozialforschung* [Instituto de pesquisa social], sob a direção de Max Horkheimer desde 1930, de Frankfurt para Nova York, em 1934[9]. O Instituto associou-se à Universidade de Colúmbia e Finley passou a envolver-se com várias de suas atividades, participando de seminários e escrevendo resenhas para o jornal do Instituto, o *Zeitschrift für Sozialforschung*[10]. De 1937 a 1939 o Instituto utilizou-o como um *factotum*, tarefa que incluía a tradução para o inglês de obras que ele desejava apresentar ao público americano.

Horkheimer e seus colegas entendiam sua missão em Nova York como a continuação da tradição intelectual alemã de esquerda, que estava sendo destruída na Alemanha de Hitler. A tradição do pensamento filosófico, histórico e social que ele representava derivava de três desenvolvimentos pós-hegelianos distintos no pensamento alemão: a epistemologia kantiana, o advento da fenomenologia (especialmente a de Dilthey) e a crítica materialista a Hegel, notadamente a de Marx. Integrar essa tradição significava participar de uma série de críticas altamente sofisticadas, referentes à filosofia da história e à metodologia – críticas muito mais profundas que as normalmente feitas pelos historiadores[11]. Naturalmente seria impossível resumir em poucas páginas o complexo de ideias geradas pelos membros do Instituto – que, além do mais, nunca foram uniformes – ou suas propostas em vários *combats*. Não obstante, é possível mencionar algumas características gerais fundamentais, em suas análises, que também se refletem nos escritos de Finley.

O pensamento do Instituto era basicamente marxista, embora tendesse a evitar doutrinas correntes de marxismo ortodoxo dogmático em benefício da extensão da dialética presente nas obras do próprio Marx, através de uma crítica tanto de seus escritos quanto da tradição pós-marxista, com maior orientação filosófica. Todavia, uma das exigências básicas de Marx – que a sociedade fosse considerada um todo inter-relacionado – era aceita como um princípio fundamental comum. Os trabalhos dos membros eram tentativas de explicar os modos pelos quais diferentes elementos da sociedade agiam em conjunto e como essas ações integradas produziam a mudança – em resumo, um exame da dialética histórica. Isso era, particularmente, uma continuação do interesse de Marx na conexão entre formas de relação econômica e social e expressão ideológica e cultural de uma sociedade. Mas, em contraste com o marxismo ortodoxo da época, Horkheimer e seus colegas se recusavam a aceitar tanto uma relação simplista entre a base material e a superestrutura ideológica como a primazia das formas econômicas (a chamada "base"), propondo, em vez disso, uma abordagem interdisciplinar para uma análise holística da sociedade[12].

Pelo menos no início, o Instituto estava inserido na tradição marxista da Europa ocidental também em sua expectativa de uma mudança social radical, inclusive do iminente colapso do sistema capitalista. Sustentava-se que o intelectual, mesmo pensando de modo diferente, não podia ser um observador imparcial: devia engajar-se na *práxis*, ação que redundaria na mudança[13]. Os membros do Instituto, em sua maioria, recusavam-se a especular sobre o que aconteceria depois das revoluções; ou, antes, consideravam seu trabalho como a aplicação da teoria crítica à denúncia das contradições da sociedade capitalista, que por si mesmas produziriam as principais mudanças. São de especial interesse para nosso propósito os comentários de Horkheimer sobre a liberdade. Em sua opinião, a ideia liberal do século XIX de "liberdade de" (interferência, proibição, dominação, exploração) devia ser substituída pelo ideal mais positivo de "liberdade para" (isto é, participação em uma sociedade racional). Para ilustrar o que tinha em mente, Horkheimer citava o ideal da *pólis* grega, mas sem escravos[14].

Breve e incompleto como é este resumo do pensamento do Instituto, ainda assim dá uma ideia das características básicas do contexto intelectual geral, no qual algumas das ideias fundamentais de Finley foram formadas. Ele apresenta muitos pontos em comum e conexões com a fenomenologia, embora nada tenha a ver com a variedade não crítica, emocional-empatética, da qual Finley é adversário devastador e implacável[15].

Essas influências podem ser percebidas na nítida mudança de forma e conteúdo de suas primeiras obras publicadas. Os primeiros artigos publicados por Finley, em 1934-35, denotam os interesses tradicionais e as abordagens do estudioso clássico. *Mandata Principum* (1934) procurava oferecer "um exame completo de todas as referências disponíveis... aos *mandata*" partindo do princípio de que "esse estudo lançaria uma luz considerável sobre os problemas ainda não resolvidos da classificação geral das constituições imperiais e sua validade como fontes de direito"[16]. Em seu segundo artigo, *Emporos, naukleros, and kapelos* (1935), alguns dos interesses duradouros de Finley começam a aparecer: Weber e Hasebroek são citados ao lado de Oertel e Pöhlmann sobre o problema da relevância do "capitalístico" como uma categoria para analisar a economia grega antiga, e em seu argumento ele começa por deplorar a imposição inadequada dos "modernos canais do pensamento... e da terminologia". Contudo, é correto dizer que a abordagem do artigo, escrito sob a égide de Westermann, é razoavelmente tradicional: todos os usos das palavras gregas para "comerciante" de seu título são examinados para testar as possíveis distinções existentes entre elas – predominantemente, um exercício filológico.

O artigo seguinte de Finley só apareceu quase duas décadas depois (1953), mas o desenvolvimento de suas ideias e, especificamente, as influências de seus primeiros estudos de Marx e dos pais da sociologia, bem como sua ligação com o Instituto, podem ser acompanhados em várias resenhas publicadas entre 1935 e 1941. Na primeira, publicada no *Zeitschrift für Sozialforschung* (1935), Finley elogiava os primeiros dez volumes da *Cambridge Ancient History* (História antiga de Cambridge), mas apontava uma falha importante: "Embora o propósito declarado seja o de fazer uma síntese completa da história antiga em suas diversas fases, grande parte da obra é dedicada a pormenores políticos e militares. A arte, a literatura, a filosofia e, sobretudo, a história social e econômica são tratadas como detalhes isolados, nunca como partes coordenadas da história global do mundo antigo."[17]

Finley, em resumo, estava defendendo uma abordagem holística. Em quase todas as suas primeiras resenhas criticava o tratamento que os autores davam às várias facetas da vida (por exemplo, religião ou trabalho), considerando-as autônomas e isoladas ao invés de integradas e inter-relacionadas. O tipo de abordagem que Finley exigia está exemplificado em seu ensaio "Esparta", escrito trinta anos mais tarde e reeditado neste livro (capítulo 2). Nele, as instituições espartanas peculiares são tratadas em termos não de suas origens, mas de como funcionavam juntas para promover a estabilidade ou a mudança na sociedade como um todo.

Nesse artigo e em todos os outros trabalhos, Finley sempre procurou apresentar o tipo exato de *explicações* para a mudança social que reclamava em suas primeiras resenhas. Em uma crítica mordaz, os autores do décimo primeiro volume da *Cambridge Ancient History (A.D. 70-192)* são condenados pelo fato de, para eles, "fenômenos como o Império romano serem tão transcendentais que o homem não pode realmente explicá-los"[18]. Consequentemente, o volume de mil páginas não apresenta nenhuma resposta para a questão-chave: "Como se concilia 'a paz e a prosperidade' dos anos 70-192 d.C., proclamada com aparente unanimidade pelos autores contemporâneos, com a rapidez, violência e inevitabilidade do 'colapso' que ocorreu em seguida?"[19] O que Finley procurava no livro, e não encontrou, era o tipo de explanação dialética que tenta expor as "sementes negativas da mudança" dentro do *status quo*. O corolário da exigência de explanação era uma não aceitação da simples compilação de fatos (positivismo "vulgar"), por ser inadequada: o conhecimento histórico não deve estar ligado a uma pintura que consista na acumulação de cores particulares em pontos específicos. Esse tema está sempre presente na obra de Finley e talvez se expresse de modo mais definido em seu ensaio sobre a cidade antiga, publicado em 1977 (capítulo 1, a seguir).

Outro dogma da tradição hegeliano-marxista do Instituto adotada por Finley é a insistência na natureza *histórica* da existência e do pensamento humanos. Em sua avaliação, de 1941, de *The Life of Greece* [A vida na Grécia] de Will Durant (parte da qual se transformaria no resumo de história popular, "A história da civilização"), Finley rejeitava firmemente a noção popular a-histórica de "uma uniformidade essencial das instituições e problemas através dos tempos"[20]. A necessidade de se distinguir o desenvolvimento histórico das ideias, e daí a natureza completamente diferente das instituições criadas pelas forças econômicas e ideológicas em diferentes épocas, é reiterada mais tarde em seu ataque ao reducionismo de certas teorias políticas que enfatizam similaridades estruturais. Conforme salienta no desenvolvimento da análise antropológica a-histórica, "devo confessar uma total inabilidade para apreciar o valor de se removerem todas as diferenças entre os bosquímanos, pigmeus ou esquimós e os Estados Unidos ou a União Soviética na busca de algum resíduo homólogo nocional"[21]. Por essa razão Finley enfatiza frequentemente as óbvias diferenças entre as sociedades arcaicas e modernas, e entre o pensamento arcaico e o moderno, especialmente em seus livros sobre democracia e economia.

Na sua resenha final desse período, concentrado no estudo de Farrington sobre ciência e política no mundo antigo, pode-se perceber a aglutinação de todas as suas preocupações com as relações entre o mundo material e o ideológico da Antiguidade, agora com a visível influência de Weber e Marcuse, cujo primeiro estudo em inglês, *Reason and Revolution* [Razão e revolução], acabava de ser publicado em Nova York (1941). Essas preocupações talvez possam ser vistas mais claramente na rejeição de Finley a uma explanação puramente religiosa da importância do oráculo de Delfos: "A força e o prestígio do oráculo não derivavam dos délficos, mas dos governantes de toda a Grécia... Seus ideólogos divulgavam-lhe a fama em dramas e histórias, inventando profecias quando não havia nenhuma, justificando previsões errôneas ou omissões prejudiciais dos sacerdotes. Seria ingênuo presumir – caso não tivéssemos amplas evidências do contrário – que eles iam a Delfos para pedir conselho. Iam porque era importante, para os interesses a longo prazo de sua forma de organização social, que a mão dos deuses fosse sempre vista do lado certo; e porque, tendo exaltado Delfos como o tinham feito, já não podiam dispensar um instrumento tão poderoso sem correr riscos."[22]

A questão da manipulação deliberada das formas ideológicas é outra preocupação central da Escola de Frankfurt, como se vê, por exemplo, nos estudos de Walter Benjamin sobre os meios de expressão cultural. Essas formas de controle, sustenta Finley, são particularmente acessíveis ao exame na Antiguidade: "A literatura da Antiguidade, e especialmente sua prosa, requer uma cuidadosa correção em todos os assuntos de crença e ideologia. Essa literatura não só era monopólio dos membros e protegidos da aristocracia, com a honrosa exceção do drama, como também sua audiência limitava-se ao mesmo círculo restrito... Portanto, torna-se fácil entender o cinismo declarado e quase ingênuo com o qual os antigos escritores – confiantes na solidariedade e discrição dos intelectuais aristocráticos – revelavam os motivos e mecanismos da manipulação dos símbolos e superstições."[23]

Finley continuou a tratar esse tema em um estudo muito posterior sobre o controle ideológico, o da censura, com o mesmo tipo de abordagem[24]. Seu interesse na ideologia também o levou a examinar a criação deliberada de personagens e tipos históricos idealizados que podiam ser manipulados de acordo com os interesses dos grupos sociais dominantes. Um é o que ele chama de "o culto do camponês", o qual, embora "objeto de desprezo" para os ideólogos aristocráticos, podia ser glorificado como "o verdadeiro sustentáculo da sociedade" quando isso interessava a seus propósitos[25]. Ao escolher um tema para sua conferência inaugural na Universidade de Cambridge em 1970, Finley volta outra vez ao tema da manipulação de imagens, apresentando um estudo sutil do uso e distorção das figuras e instituições históricas veneradas, como Sólon ou Thomas Jefferson, para justificar as ideologias contemporâneas[26].

Introdução à edição inglesa XIX

Fiel à tradição hegeliano-marxista do Instituto, Finley está muito mais interessado que a maioria dos historiadores no modo como o pensamento contemporâneo sobre o mundo antigo se ajusta à tradição intelectual mais ampla do Ocidente. O ensaio sobre a cidade antiga, por exemplo, estabelece um marco para um estudo posterior através da revisão das conclusões desenvolvidas pelos grandes sociólogos e historiadores do fim do século XIX e começo do século XX. Essa perspectiva é necessária porque, na opinião de Finley, o historiador se posiciona não só a partir das fontes antigas, mas também de seu mundo contemporâneo – o passado sempre é visto no contexto das categorias e debates presentes[27]. Como Horkheimer sustentou, o pesquisador não pode ser um observador desinteressado; deve estar engajado no processo de realização da mudança social. Finley, mais que qualquer outro historiador da Antiguidade em sua época, no âmbito da expressão em língua inglesa, aceitou a tarefa imposta por sua profissão. A experiência prática do precoce envolvimento com projetos pedagógicos especiais e os cinco anos de serviço no setor administrativo das agências norte-americanas de assistência de guerra, de 1942 a 1947, firmaram, sem dúvida, suas atitudes acerca da importância crítica da comunicação prática das ideias. Por outro lado, foi a participação de Finley na política (no sentido amplo da palavra) que provocou o confronto com as autoridades estabelecidas e, por fim, sua saída dos Estados Unidos.

O compromisso do historiador profissional devia, em resumo, estender-se para além das salas de aula. Quer na comunicação de suas ideias de historiador para uma audiência não profissional, quer na crítica geral da ideologia, Finley foi incansável, colaborando em inúmeros meios de comunicação, além dos jornais acadêmicos convencionais. Atacou asperamente os conceitos populares errôneos sobre o mundo antigo e o uso excessivo das ideias e instituições antigas nas ideologias modernas. Nas críticas escritas nos anos 30 e 40, procurou eliminar a aparência de objetividade, ressaltando a conexão entre as correntes "políticas" e as premissas fundamentais das obras criticadas. O enfoque de Durant sobre a Atenas antiga, por exemplo, foi por ele identificado como parte de uma intenção mais geral de "amadores de história e ficção histórica... de destruir a sinalização da estrada para a democracia política ocidental"[28]. Finley concluía sua crítica reclamando uma obra de divulgação exata e inteligente que tomasse o lugar do *bestseller* de Durant. Ao escrever livros mais acessíveis sobre o mesmo tema, como *The Ancient Greeks,* Finley tentou ilustrar o que era necessário fazer para pôr efetivamente em prática essa parte de seu "programa". Muitos de seus escritos em jornais populares, diários, revistas e manuais escolares, bem como sua participação em programas de rádio e televisão, também foram direcionados para esse fim[29]. Da mesma forma, sua permanente preocupação com a educação foi além do simples reconhecimento dos problemas, chegando a análises eliminatórias, desde a "crise" nos estudos clássicos em geral até a formação adequada para historiadores da Antiguidade e os programas de ensino das escolas secundárias[30]. Apesar desses esforços, Finley expressou recentemente a conclusão pessimista de que houve "mais retrocesso que progresso" na historiografia desde os dias de Grote e Mommsen, porque o abismo entre os historiadores profissionais e os leitores inteligentes aumentou no século XX[31].

Em relação à carreira de Finley depois da guerra, antes de sua mudança para a Inglaterra, podemos notar, finalmente, algumas outras influências fundamentais em seu pensamento. A primeira delas é a sociologia de Weber, presente em sua análise social e sua teoria metodológica. No campo da análise social vemos que em toda a sua obra Finley rejeitou claramente o conceito marxista de "classe" como o único, ou mesmo o mais proveitoso, meio de análise das relações sociais na sociedade antiga[32]. Ele preferiu usar os conceitos weberianos de "ordem" e *status,* especialmente este último, que considera "uma palavra admiravelmente vaga com um considerável elemento psicológico"[33]. Vários dos ensaios reunidos neste livro, especialmente os que tratam da escravidão e das categorias de trabalho servil, alcançam sucesso recorrendo à metáfora de um "espectro de *status*" (veja particularmente os capítulos 7-9), em cujo âmbito podem ser localizados vários grupos sociais conforme os direitos e obrigações que tinham ou não. Essa ênfase, aplicada a um sistema de análise social "com um elemento psicológico considerável", pode ser relacionada à importância que a Escola de Frankfurt dava ao uso da psicologia social como uma ponte entre os meios de produção e as ações do indivíduo; seu valor analítico é evidente em seu ensaio sobre tecnologia (capítulo 11). Nele, Finley faz o retrospecto da ausência de progresso tecnológico na Antiguidade, até identificá-la como a causa da existência do trabalho servil; mas o enfoque real do artigo é a "*mentalidade* não produtiva" dos ricos proprietários de terras, que estabelecia uma relação causal entre o

Introdução à edição inglesa

recurso amplamente difundido do uso do trabalho servil, de um lado, e do fenômeno da estagnação tecnológica no mundo antigo, do outro[34].

O outro elemento da influência de Weber está na metodologia, especialmente o uso do "tipo ideal". Nos escritos de Finley, todavia, o "tipo ideal" não aparece como um modo de análise caracteristicamente weberiano, mas sim consideravelmente atenuado e moderado pelas ideias de Horkheimer sobre indução, baseadas no aprofundamento do particular significativo. Em vez de acumular massas de fatos dispersos, o historiador deve concentrar-se na experiência *típica* dos fatos concretos que trazem à tona um conjunto geral mais amplo. Uma abordagem "impressionista": "O historiador... narra, partindo de um dado concreto de experiência para o seguinte. A importância das experiências, junto com suas massas e interconexões, faz aflorar as ideias gerais."[35]

Os leitores de Finley às vezes podem achar esse estilo de argumentação não convencional, enigmático e mesmo desconcertante. Quantos historiadores da Antiguidade não prosseguiram em seus argumentos com comentários como "E agora tenho outra história..." (p. 217)? Finley não pretende ser frívolo fazendo essas observações, e em outras ocasiões ele usa uma apresentação sistemática mais convencional de toda evidência, a partir da qual então generaliza (como se vê mais nitidamente em seu estudo sobre os *hóroi* em *Studies in Land and Credit* [Estudos sobre a terra e o crédito]. Mas são raras as ocasiões em que os historiadores têm uma amostragem de dados úteis e confiáveis para responder a uma questão sociológica ou econômica sobre a Antiguidade. Em vez de empregar a indução tradicional baseada em uma amostragem absolutamente inadequada, Finley prefere usar a tática de aprofundar-se no particular para descobrir o universal. Assim, apresenta "outra história" ou exemplo e analisa-a para descobrir as atitudes gerais englobadas nela. É desnecessário dizer que esse método corre o risco de basear as generalizações em exemplos não usuais, mas, como Momigliano observou, Finley é "um intérprete arguto dos temas antigos"[36]. O que isso significa, em parte, é que ele é extremamente sensível ao contexto da história ou exemplo e, portanto, a seu provável campo de significação geral. Sua sensibilidade permite-lhe evitar exemplos cujas circunstâncias os tornam atípicos. Naturalmente, esse método provocou acusações de que, por um lado, ele desconhece a complexidade e, por outro, negligencia o singular. A resposta a essas críticas pode ser encontrada no ensaio sobre a cidade antiga, onde Finley defende o uso dos "tipos ideais" weberianos para fins analíticos (capítulo 1). Muitas vezes o resultado é alcançado pela polarização ou justaposição de tipos opostos. Esse gênero de elaboração chega mesmo aos extremos do paradoxo, onde a oposição interna de tipos de comportamento, instituições ou pensamento de uma sociedade leva o analista a pensar sobre as implicações desse conflito. Assim, a discussão de Esparta (capítulo 2) conclui com o comentário: "... o paradoxo final é que o seu maior sucesso militar destruiu o Estado militar modelo".

Ao mesmo tempo que se dedicava a ensinar história na Rutgers University, de 1948 a 1952, Finley mantinha estreitas relações com Colúmbia, onde estava completando sua tese de doutorado sobre "Terra e crédito na Atenas antiga". Essa ligação prolongada colocou-o em contato com um grupo de estudiosos cujas opiniões também viriam a ter influência substancial em sua análise da sociedade antiga. No centro desse grupo estava o exilado húngaro Karl Polanyi, que havia assumido a cátedra de história econômica em Colúmbia em 1946, cargo esse do qual só se aposentou em 1953. Mesmo depois disso Polanyi continuou em Colúmbia como diretor adjunto, com Conrad Arensberg, do projeto de uma pesquisa interdisciplinar sobre os "aspectos econômicos do crescimento institucional", que continuou em atividade até 1957-58. O círculo de Colúmbia tornou-se um centro de discussão e propagação das teorias "substantivistas" de Polanyi sobre economia. O projeto incluía uma ampla gama de participantes ativos, tanto de Colúmbia como de outras instituições.

A participação de Finley em seminários, conferências e discussões organizados pelo grupo deixou marcas em suas ideias, nitidamente visíveis em sua interpretação da sociedade da "Idade das Trevas" em *The World of Odysseus*, publicado no fim desse período (1954). Nesse livro, encontram-se não só as teorias de intercâmbio de Polanyi, como também os primeiros sinais de um completo questionamento da categoria do "econômico". Além disso, alguns dos princípios fundamentais de *The Ancient Economy* de Finley (1973) – por exemplo, o "encravamento" da economia e a esfera dos intercâmbios não comerciais – já aparecem em seu estudo sobre a terra, débito e propriedade na Atenas antiga (capítulo 4 deste livro), feito em 1953. Polanyi também estava atraindo sua atenção para estudos comparativos sobre os regimes não clássicos da Antiguidade, tais como o trabalho de Koschaker sobre os sistemas de distribuição dos reinos palacianos do Oriente Próximo (usados extensivamente no capítulo 12). Todavia, a influência desse grupo não deve ser exagerada: a profunda influência de Polanyi é clara, mas Finley, em várias ocasiões, teve o cuidado de frisar a natureza *sugestiva* do trabalho de Polanyi, enquanto se distanciava, ao mesmo tempo, de todas as suas conclusões formais[37].

A história, segundo escreveu Marc Bloch, é, até certo ponto, uma arte. E cada historiador desenvolve suas próprias habilidades, que não podem ser facilmente ligadas a uma ampla tradição intelectual. Uma vez que Finley demonstra ser um habilidoso militante dessa arte nos ensaios seguintes, vale a pena considerar algumas de suas posições concernentes à prática da história antiga conforme reveladas aqui[38].

O aspecto metodológico do qual Finley mais se ocupou foi o de como o historiador da Antiguidade deve generalizar – questão tratada explicitamente em um de seus poucos ensaios metodológicos e implicitamente em muitos dos publicados neste livro. Em "Generalisations in Ancient History" (Generalizações na história antiga) (1963) ele sustenta que, admita-se ou não, o historiador antigo faz (e deve fazer) uso de generalizações. Um dos fatores que fizeram de Finley um crítico devastador dos trabalhos de outros foi sua capacidade de identificar neles as generalizações subjacentes (muitas vezes não declaradas e despercebidas), que frequentemente entram em colapso quando expostas e postas à prova. O teste pode ser simplesmente um apelo à experiência contemporânea. Note-se, por exemplo, no capítulo 12, a resposta à argumentação de que a língua do Linear B não podia ser grega porque certos símbolos podiam ser lidos como mais de uma sílaba grega, produzindo, portanto, ambiguidade e confusão. Finley identifica a generalização subjacente – de que nenhum sistema de escrita deve ser ambíguo – e pergunta se isso é válido para um sistema usado repetidamente por "escribas" treinados em certos contextos estritamente definidos. Resposta de Finley: "A poesia grega é inconcebível em Linear B, a prosa contínua é possível, embora improvável, mas inventários e documentos semelhantes seriam perfeitamente inteligíveis para os iniciados (de forma muito semelhante a qualquer código)." (pp. 230-1) Para confirmar esse ponto, reporta-se à experiência moderna e pergunta: "Quantas pessoas instruídas de hoje, não pertencentes a um restrito círculo profissional, podem compreender um balanço?" (p. 314, n. 18)

Naturalmente, a experiência moderna só pode dar um pequeno apoio para alguns tipos de generalizações sobre sociedades pré-modernas. Nesses casos podem ser usadas as evidências de outras sociedades pré-modernas. Um deles é a natureza da épica oral. Tendo notado que não são encontrados vestígios de instituições feudais na *Ilíada* e na *Odisseia*, Finley pergunta se é verdade que, como regra, poetas épicos orais como Homero ignoram completamente essas instituições sociais básicas. "Mesmo uma rápida leitura de *Beowulf*, da *Canção de Rolando* ou da *Canção de Nibelungo* permite que entendamos perfeitamente que *Gefolgschaft* e vassalagem eram instituições-chave, embora também nessas obras os detalhes e as normas sejam muito pouco mencionados." (pp. 251-2) Portanto, geralmente parece ser verdade que os poetas épicos orais fornecem indícios das instituições sociais básicas como as encontradas no feudalismo. E, por isso, a ausência das instituições feudais nas epopeias de Homero indicam a provável não existência de tais instituições no mundo por ele descrito.

Esse último exemplo apresenta a questão dos argumentos a partir do silêncio. Visto que os historiadores da Antiguidade sempre se defrontam com a falta de dados, há uma frequente tentação para justificar conclusões pelo silêncio de nossas fontes. (Essas conclusões são muitas vezes precedidas de desculpas como "argumentos que têm base no silêncio são frágeis, mas...") Finley usa o *argumentum e silentio* para questões importantes e usualmente sem nenhuma desculpa restritiva (por exemplo, a ausência de palavras com significado de "comprar" ou "vender" nas tábuas em Linear B, p. 233, ou a ausência, nos poemas homéricos, da maior parte da terminologia de classes sociais e posse encontrada nas tábuas, p. 243). Como com o uso de "exemplos típicos", sua sensibilidade ao contexto enfrenta as objeções usuais levantadas contra argumentos desse gênero. Portanto, tendo tirado uma importante conclusão do fato de que nenhum "rei" grego recebe um *temenos* na *Ilíada* ou na *Odisseia*, Finley acrescenta em nota de rodapé: "Em particular, não existe nem a própria palavra nem a ideia na única passagem em que mais *se poderia esperar encontrar ambas, Odisseia*, 6.9-10, sobre a fundação da Esquéria." (capítulo 13, n. 60, grifos nossos) Uma atenção constante para o que seria esperado em certos contextos dá força a generalizações tiradas de sua ausência.

Os que desejam evitar generalizações ao escrever sobre História antiga apontam para ocasiões nas quais uma questão foi confundida pelo excesso de generalização. Grande parte do trabalho de Finley é dedicada a corrigir esse problema, e uma de suas técnicas favoritas para aumentar a precisão em um debate é desenvolver a tipologia, método muitas vezes empregado nos escritos reunidos neste livro. Ao discutir se o Império ateniense era apreciado por seus súditos ou uma estrutura política expoliativa era odiada, Finley deixa de lado esse modo de examinar a questão por ser excessivamente geral para ter sentido e, em vez disso, divide-a em quesitos mais específicos pelo uso de "uma tipologia rudimentar dos vários meios pelos quais um Estado pode exercer seu poder sobre os outros em benefício próprio..." (p. 49)

O problema metodológico mais frequentemente encontrado nos três últimos escritos deste livro diz respeito ao uso de argumentos filológicos. Basta olhar o mundo à nossa volta para ver que a relação entre palavras e coisas ou instituições é muito complexa. Na língua grega a variedade de palavras existentes para "escravo" ilustra essa complexidade: "... tal profusão de terminologia refletia provavelmente a realidade histórica" (p. 151); mas quando perguntamos "de que modo" as palavras refletem a realidade fica claro que as possibilidades são inúmeras.

"[...] Pode ter havido uma diversidade original nas instituições, paralelamente à diversidade na terminologia; e essas diferenças podem ter continuado ou ter sido gradualmente eliminadas por um processo de convergência, enquanto a terminologia múltipla permaneceu. Talvez tenham sido cunhadas palavras diferentes, no começo, para descrever essencialmente a mesma classe social ou instituição em localidades diferentes... Finalmente, sempre existe a possibilidade de uma palavra permanecer inalterada enquanto a instituição diverge de uma região para outra. Não acredito que haja qualquer regra nesse assunto; há exemplos de cada uma dessas possibilidades na área da terminologia social técnica." (p. 151)

O conhecimento das várias possibilidades tem inúmeras consequências. A possibilidade da evolução do sentido levanta dúvida quanto aos argumentos etimológicos: "O significado de uma palavra em determinado texto, seja nas tabuinhas, seja nos poemas, *nunca poderá ser descoberto partindo-se de sua etimologia*" (capítulo 13, n. 20, grifos nossos). Da mesma forma, "a relativa constância e uniformidade dos textos das tábuas em Linear B através do espaço e do tempo podem sugerir que pouca coisa mudou do século XV a.C. em Cnossos até o século XIII em Pilos, mas a rigidez da forma e do jargão também pode esconder diferenças significativas" (p. 230). Na verdade, em alguns exemplos, o sentido aparente de uma palavra pode ser completamente enganador; os antigos eram tão capazes de ficções legais, por exemplo, como os homens de hoje (p. 235). Essas dificuldades significam que todos os argumentos linguísticos devem ser abandonados? Não, absolutamente. Finley, de fato, baseia suas conclusões do capítulo 13 no estudo de uma palavra, mas tomando precauções para superar esses problemas. Os sentidos das palavras não são determinados etimologicamente, mas controlados pelo contexto. A conclusão de que a sociedade sofreu importantes modificações entre os tempos micênicos e o mundo descrito nas epopeias homéricas é baseada na mudança de vocabulário do direito de posse da terra e das classes sociais através do espectro dessas instituições, e a escala da mudança dá o peso do argumento. Um exame cuidadoso da língua pode ser elucidativo para o historiador da Antiguidade, mas Finley estabelece as premissas de que as relações entre palavras e coisas sejam avaliadas de modo explícito e aberto, antes de aceitar-se qualquer argumento baseado nelas.

O argumento linguístico conduz, de modo absolutamente natural, à comparação das instituições sociais como "morfemas" de um todo social que só podem ter "sentido" quando colocadas no contexto. A ênfase sobre o *todo* implica que nenhum dado histórico tem sentido isoladamente; ele sempre deve ser visto e interpretado no contexto (p. 262). O contexto elimina essa multiplicidade de possíveis sentidos. Assim, é o contexto específico no qual o termo, a instituição ou o evento estão incluídos que lhes dá o sentido adequado (pp. 238-9). E, da mesma forma que o contexto é necessário para que as palavras isoladas de uma língua sejam entendidas como parte de um discurso total, as instituições sociais recebem seu sentido interpretativo do contexto. Esse é o tema integral do último capítulo deste volume: "determinar *o lugar* do casamento dentro da sociedade homérica" – ou seja, pôr a instituição dentro de seu contexto social total. Uma abordagem semelhante é responsável pelo sucesso da análise feita no capítulo 6, "A civilização grega era baseada no trabalho escravo?", onde Finley evita as armadilhas da quantificação (puro trabalho de adivinhação, como ele salienta (pp. 114-5), para se concentrar na *posição* da escravidão no sistema social da *pólis* grega (p. 126). A insistência em situar a instituição social em seu contexto total para descobrir parte de seu significado é repetida não só com os escravos e o matrimônio, mas também com as instituições religiosas (p. 145) e a cidade antiga (p. 22)

Os escritos aqui reunidos também oferecem ao leitor alguns dos empregos mais explícitos e extensos da análise comparativa de Finley. Muitos historiadores da Antiguidade expressaram dúvidas sobre o valor da evidência comparativa alegando que, posto duas sociedades não serem idênticas, a evidência oriunda de outras sociedades não pode preencher os fatos que faltam na história grega. Essa é uma objeção fundada na premissa da incomensurabilidade de duas sociedades humanas; mas objeções desse tipo pressupõem que o estudo da História limita-se a pouco mais que a acumulação de fatos. Finley seria o primeiro a admitir que a evidência comparativa não pode ser usada com segurança para extrapolar dados que não existem em nossas fontes gregas (embora, às vezes, ele esteja inclinado a usar essa evidência para fazer *conjecturas* bem fundamentadas, conhecidas como tal, por exemplo na p. 136). História, todavia, é mais que uma reunião de dados isolados e, portanto, a análise comparativa tem usos válidos quando o historiador tenta interpretar sua evidência. Para Finley, a comparação não é apenas um modo de análise ou a justaposição de dois conjuntos de fatos: ela é a essência da própria história, na medida em que "é obrigação do historiador achar conexões de todos os tipos", inclusive os meios pelos quais as sociedades humanas são comensuráveis (p. 127). O conhecimento de outras sociedades pode sugerir os limites do possível e de como tipos particulares de evidência devem ser interpretados em relação à sociedade como um todo. Documentos babilônicos são usados na discussão das tábuas em Linear B para ilustrar até que ponto podem existir ficções legais nos registros palacianos (p. 235), e, de um modo mais geral, o conhecimento do Oriente Próximo é aproveitado para sugerir o que as tábuas podem dizer-nos sobre o mundo micênico. É preciso ter cuidado na seleção dos pontos de comparação adequados: neste caso, a característica central de uma economia direcionada pelo palácio torna o Egito, a Síria, a Ásia Menor e a Mesopotâmia escolhas mais apropriadas que a sociedade homérica (p. 262). Depois da escolha das sociedades adequadas para a comparação, a providência seguinte é identificar, talvez com a ajuda de uma tipologia, o nível preciso de comparabilidade (no caso acima, entre todas aquelas economias do Oriente Próximo caracterizadas como "Grandes Organizações" e a economia específica que está sendo analisada, a da Grécia micênica). Portanto, uma vez empreendida uma comparação, as diferenças entre as sociedades não devem ser desprezadas. Ao contrário, elas devem ser consideradas de um modo sistemático que evite o "método de análise comparativa por fragmentação [o qual] é limitado e, em última análise, enganoso" (p. 239). O "método fragmentado" pode ser perigoso porque semelhanças superficiais em contextos nitidamente diferentes apresentam a probabilidade de não ter sentido.

Assim, qual é o limite máximo do paradigma dentro do qual os historiadores da Antiguidade podem atuar com sucesso? Onde estão as amplas fronteiras do "tipo" de sociedade que eles estão estudando? Em sua discussão sobre "Antropologia e os clássicos" (1975), Finley recomenda que o historiador da Antiguidade evite, sempre que possível, comparações entre a sociedade moderna e a industrial, conforme analisadas pelos sociólogos, e a "primitiva", comunidades ágrafas estudadas pelos antropólogos. A distância entre essas "sociedades-tipo" e as antigas é simplesmente grande demais para garantir uma validade geral de comparação.

"Idealmente, deveria ser criada uma *terceira disciplina,* o estudo comparativo das sociedades históricas que têm escrita, pós-primitivas (se me permitem), pré-industriais... Para a maioria das preocupações do classicista..., a China pré-maoísta, a Índia pré-colonial, a Europa medieval, a Rússia pré-revolucionária e o Islão medieval oferecem um campo mais apropriado para a investigação sistemática de semelhanças e diferenças, e, portanto, para uma compreensão crescente da sociedade e cultura de sua própria disciplina."[39]

Essa compreensão – que foi chamada de "uma perspectiva comparativa" – é um dos bens mais valiosos que Finley, com o enorme alcance de suas leituras, transfere para sua obra. Mas deve ser frisado mais uma vez que não estamos falando apenas de um método comparativo, e sim de uma comensurabilidade de tipos de sociedade mais geral, que permita a exposição de semelhanças gerais entre eles – semelhanças, porque a história, como uma pesquisa humana, não pode achar seu paradigma nas "leis" da física, mas deve lutar para uma *compreensão* dos fenômenos humanos[40].

Na opinião de Finley, o uso preciso do método comparativo é superior à sua alternativa, o "senso comum", e isso nos leva a um paradoxo de seu método. Comentaristas e outros assinalaram insistentemente o "incomum senso comum" de Finley, e, no entanto, o próprio Finley descreve essa qualidade como "o mais perigoso de todos os instrumentos de análise, visto que ele é apenas uma cobertura para os valores e imagens (modernos) do próprio autor, na falta, ou na desconsideração, da evidência" (capítulo 12, nota 46). O paradoxo pode ser meramente aparente, surgindo de noções diferentes do que é "senso comum". De certa forma, serve de "cobertura" para leis aceitas inconscientemente: "A relação entre comércio e política na Grécia clássica, na maioria das vezes, ainda parece ser tratada como se não houvesse problemas conceituais, como se, no dizer de Rostovtzeff, fosse apenas uma questão de fatos. E isso significa necessariamente que os conceitos e generalizações usados constantemente como base, expressa ou tacitamente, são modernos, embora se ocultem sob a máscara do senso comum."[41]

Mas, se por "senso comum" entendermos a habilidade em ultrapassar as abstrações sem sentido para imaginar uma situação histórica em termos concretos, então Finley o possui indubitavelmente e faz bom uso dele. Para mencionarmos um exemplo óbvio nos escritos a seguir, em sua discussão de como Atenas beneficiou-se de seu Império, Finley leva em conta o fato de que "'Atenas' é naturalmente uma abstração". Para irmos mais longe devemos perguntar: "Concretamente, quem em Atenas se beneficiava (ou era prejudicado) com o Império, como e até que ponto?" (p. 64) Essa espécie de instinto para o concreto, como se pode observar, é um sinal de que apesar de toda a sua afinidade com a tradição intelectual continental e especialmente germânica, Finley não abandonou de modo algum suas raízes anglo-americanas com seu elemento de empirismo pragmático.

Há um outro elemento na escrita histórica de Finley que merece ser considerado – o papel central da confrontação ou polêmica. Esse aspecto de sua escrita foi notado por muitos dos que comentaram sua obra, mas frequentemente eles falham em notar o papel consciente atribuído à polêmica, o de chamar a atenção para as distinções entre vários pontos de vista históricos com a clareza suficiente para que o leitor sinta-se impelido a escolher: "Tudo o que é necessário é o reconhecimento de que o estudo da história ou tem importância ou não tem, de que é imperativo abandonar a sucessão de nomes megalomaníacos e batalhas majestosas..."⁴²

Isso é necessário porque essas compilações não forçam qualquer decisão; "pois, apesar de toda a sua competência técnica (essa história) não tem sentido. Como pode ser assim? Para começar, não faz perguntas". Daí a apreciação de Finley sobre o retrato, cuidadoso mas controvertido, da sociedade da antiga Mesopotâmia evocado por Oppenheim, sobre a análise antitradicionalista da Índia antiga feita por Kosambi: "Algumas das opiniões de Oppenheim já originaram um contra-ataque. O livro de Kosambi enraivecerá muitos leitores, do país e do exterior. Perfeitamente."⁴³

Um dos deveres do historiador é tomar partido – o mito do "relato imparcial", nesse sentido, é algo que todo historiador deve abandonar em favor de uma interpretação do passado. Assim, em seu elogio a *Roman Revolution* (Revolução romana), de Sir Ronald Syme (1939), Finley encontra o elemento que o distingue do trabalho de outros historiadores sobre o mesmo tema: "Ele não escreve para o *homo ludens*, mas para o *homo politicus*. Suas opiniões são solidamente fundamentadas, estabelecidas 'de modo absolutamente claro, sem evasivas', e a pedra angular é 'uma atitude deliberadamente crítica em relação a Augusto'. É uma obra partidária; assim são todos os bons trabalhos de literatura histórica."⁴⁴

Portanto, toda a obra histórica de Moses Finley está dirigida para o mesmo fim, embora com dois objetivos distintos. Para seus colegas historiadores, o propósito foi colocado do modo mais simples por Andrewes em sua avaliação das contribuições de Momigliano e Finley para essa profissão: "Ambos trabalharam vigorosamente durante toda a vida para forçar os historiadores da Antiguidade a pensar profundamente sobre o que estão fazendo e por que o estão fazendo."⁴⁵ O outro objetivo é você, o leitor. E aqui a meta é a mesma; nas palavras de Finley: "A história é 'infixável' (termo de Geyl) porque seus dados e combinações são infinitos e passíveis de repetição. Também é concreta. As matérias-primas são o que o historiador pode fixar (dentro dos limites da probabilidade) e então, ao refletir sobre elas em voz alta, ele e o leitor se envolvem em um discurso e uma investigação. Isso é precisamente o que a palavra *história* significava em seu sentido original."⁴⁶

Finalmente existe o envolvimento do historiador com o presente, algo que ele não pode exorcizar pela avaliação crítica do passado. No contexto dos problemas presentes podemos aprender do passado (interpretado corretamente), mas o conhecimento de pouco vale se não *agimos* sobre ele. Assim, em sua sensível avaliação da questão de "Os judeus e a morte de Cristo", o historiador reconhece a limitação de sua arte e sua obrigação para com o presente: "Longe de mim sugerir, não importa quão remotamente, que é sempre pouco importante obter o registro histórico correto. Mas a sensação de que existe um clima de Alice-no-País-das-Maravilhas em todo o seu conteúdo não desaparecerá... O passado morto nunca enterra os mortos. É o mundo que precisa ser mudado, não o passado."[47]

Primeira Parte
A CIDADE ANTIGA

1
A CIDADE ANTIGA: DE FUSTEL DE COULANGES A MAX WEBER E ALÉM*

O mundo greco-romano de que vou tratar, com exclusão do Oriente Próximo pré-grego, era um mundo de cidades. Mesmo a população agrária, sempre majoritária, vivia, na maioria das vezes, em algum tipo de comunidade – aldeias, vilarejos, pequenas cidades – e não em propriedades rurais isoladas[1]. É razoável e defensável supor que, num período de quase mil anos, cada vez mais habitantes da Europa, África do Norte e oeste da Ásia passaram a viver em pequenas cidades, numa proporção que nos Estados Unidos, por exemplo, até a Guerra Civil não foi alcançada. (Reconhecidamente, só é possível uma suposição, desde que faltam estatísticas referentes à Antiguidade.) Os próprios antigos acreditavam firmemente que a vida civilizada só poderia ser imaginável em cidades e por causa delas. Daí o crescimento das cidades como um acompanhamento regular e contínuo da disseminação da civilização greco-romana – em direção ao leste depois das conquistas de Alexandre, até o Hindu Kush; para o oeste desde a África até a Grã-Bretanha, com as conquistas dos romanos –, até atingirem a cifra de milhares.

O suporte urbano da civilização parecia tão evidente para os antigos, que eles raramente se dedicaram a uma séria análise da cidade. Nem mesmo tentaram uma definição formal (exceção feita a "definições" administrativas, às quais retornarei mais adiante). Ao escrever um guia da Grécia no fim do século II a.C., Pausânias negou a categoria de cidade a um pequeno povoado existente na Grécia central: "sem edifícios públicos, sem teatro, sem praça pública, sem água encanada... o povo vive em cabanas semelhantes a barracas de montanha na borda de uma ravina" (10.4.1). Isso pelo menos aponta para uma definição: uma cidade deve ser mais que um mero conglomerado de pessoas; há condições necessárias de arquitetura e bem-estar que, por sua vez, expressam certas condições sociais, culturais e políticas. Muitos

---

* Originalmente publicado no *Comparative Studies in Society and History* XIX (1977) 305-27 e reeditado com autorização desse jornal.

séculos antes Aristóteles já apontara na mesma direção. O assentamento e planejamento de uma cidade, escreve ele em *Política* (1330a34ss), envolve quatro considerações: saúde, defesa, adequação à atividade política e beleza.

Pausânias, como se nota, não fez objeção à pretensão do povoado com base em seu pequeno tamanho. E Aristóteles vê a pequena dimensão como virtude, até mesmo como condição necessária: a Babilônia, da qual devia conhecer muito pouco, era para ele um epíteto, um símbolo de elefantíase, portanto a negação da verdadeira cidade (*Política*, 1265a10ss). De fato, em sua época provavelmente não havia nenhuma cidade no mundo greco-romano com população acima de 125.000 ou 150.000 habitantes, e provavelmente nem meia dúzia excedia os 40.000 ou os 50.000 (números que podem ser dobrados se forem incluídos os habitantes da zona rural da cidade). Após Aristóteles houve uma tendência para um crescimento substancial da população urbana, mas se Roma e possivelmente Cartago acabaram por chegar, talvez, a meio milhão, a média estava mais próxima de Pompeia, com uns 20.000 habitantes à época de sua destruição em 79 d.C.

Também se nota que nem Aristóteles nem Pausânias estavam preocupados com a "definição administrativa" de uma cidade, embora o primeiro estivesse escrevendo sobre a cidade-Estado autônoma, *a pólis* em grego, e o segundo sobre uma cidadezinha existente em uma das províncias do Império romano. Qualquer estado territorial que tenha um certo número de conglomerações dentro de seus limites deve necessariamente definir e distinguir essas conglomerações para fins de policiamento, taxação, manutenção de estradas e todas as outras exigências e serviços que a vida social apresenta. Uma pesquisa sobre essas definições e distinções por si só revelaria uma surpreendente variedade, porque essas são matérias técnicas marginais a um estudo da cidade, e pretendo ignorá-las amplamente.

A expressão "cidade-Estado", que acabo de usar com referência a Aristóteles, é uma convenção para traduzir a palavra grega *pólis*. Essa convenção, assim como sua equivalente germânica, *Stadtstaat*, foi criada (não sei quando nem por quem) para pôr fim a uma confusão terminológica no grego antigo: a palavra *pólis* era empregada na Antiguidade para "cidade" em sentido estrito e para "cidade-Estado" em sentido político. Quando Aristóteles examinou as condições corretas para o assentamento de uma cidade, escreveu *pólis*, palavra que usou centenas de vezes na *Política* para seu assunto principal, que era a cidade-Estado, não a cidade. Não tinha motivo para temer que seus leitores se equivocassem, como se permitem os historiadores modernos.

Para Aristóteles, como para Platão antes dele, a *pólis* nasceu devido à incapacidade das duas formas anteriores de associação humana, a família e o agrupamento de parentesco maior, para satisfazer todas as necessidades legítimas de seus membros. A autossuficiência, a *autarquia,* era o objetivo, e uma *pólis* adequadamente estruturada e constituída devia ser capaz de atingir essa meta, exceto quanto à inevitável ausência de recursos naturais essenciais; para isso (e só para isso) o comércio exterior era admissível[2]. É óbvio que a *autarquia* é uma ideia absurda para uma cidade. Platão e Aristóteles não escreviam absurdos: consideraram o urbano e o rural, a cidade e o campo, como uma unidade, não como variáveis distintas em competição ou conflito, efetivo ou potencial. Mesmo os agricultores que viviam fora da cidade estavam integrados na *pólis.* O que se chama comumente de "luta de classes" é invariavelmente um conflito entre "ricos" e "pobres", não entre proprietários de terras e industriais, ou entre trabalho e capital, ou entre senhores e escravos. As discussões da propriedade e da posse da propriedade só giravam em torno da terra. Embora fizessem uma distinção entre fazendeiros-fidalgos, que viviam na cidade, e fazendeiros-lavradores, que trabalhavam no campo, era uma distinção entre homens de lazer que só desfrutavam a boa vida e homens que trabalhavam para seu sustento: mais uma vez, não era uma distinção entre cidade e campo. O fazendeiro-lavrador ocupava uma posição mais alta na escala social que o artesão, mas isso era uma questão de moralidade.

A cidade antiga perderia logo sua autonomia. O processo começou logo depois da morte de Aristóteles, com a criação das monarquias helenísticas, e terminou quando os romanos incorporaram o mundo helênico, e muito mais, a seu Império. Contudo, mesmo depois, e até o fim da Antiguidade, cada cidade incluía normalmente uma área rural de certa extensão, muitas vezes bastante considerável, em seu território reconhecido. Uma cidade sem território era um fenômeno raro, restringindo-se, em grande parte, a comunidades costeiras de um tipo peculiar. O que é mais importante para nosso propósito, a unidade tradicional de cidade e campo – política, jurídica e residencial –, continuou incólume. Tanto os imperadores helenísticos como os romanos, por exemplo, reconheciam que o campo era parte integral da cidade para fins de coleta de impostos. O mesmo era válido para a definição de cidadania municipal, que manteve seu valor original – jurídica, política e psicologicamente – depois do desaparecimento da autonomia da cidade.

Não deve ter passado despercebido que, até agora, evitei definir o que entendo por cidade. Nem geógrafos, nem sociólogos, nem historiadores conseguiram concordar numa definição. Todavia, todos sabemos perfeitamente o que queremos dizer com esse rótulo, em termos gerais; ninguém discutirá que havia uma cidade de Atenas física e conceitualmente distinta da cidade-Estado de Atenas. O óbice na definição nasce de dificuldades, aparentemente insuperáveis, de incorporar todas as variáveis essenciais sem excluir períodos totais da história nos quais todos nós sabemos que existiram cidades e, por outro lado, de estabelecer um denominador comum mínimo sem vínculo com um nível de generalidade que não serve para um propósito útil. As análises fatoriais mais sofisticadas nas geografia e sociologia urbanas contemporâneas, com mais de cem variáveis[3] – a maioria das quais ausente na cidade antiga (bem como nas cidades medievais e da Renascença) –, refletem nitidamente a divisória intransponível na história das cidades criadas pela Revolução Industrial[4].

Essa é, na verdade, a conclusão (ou a suposição) dos historiadores e sociólogos especializados na cidade moderna, e eu concordo que estejam certos em ignorar a cidade antiga. O leitor deve, portanto, ter cuidado com títulos globais: o livro clássico da escola urbana de Chicago, publicado em 1925 com o título de *The City* [A cidade], é um bom exemplo. Só se pode desejar que eles tenham a coragem de suas convicções e não se sintam impelidos a fazer um aceno cultural para o passado distante com uma ou duas sentenças, ou talvez um parágrafo, mais frequentemente errôneo que correto. Quando Handlin escreve, na apresentação do livro chamado *The Historian and the City* [O historiador e a cidade] (um título que promete, mais que *The City*, algo que não há lá), "O mundo antigo foi um mundo de cidades, mas cada uma foi um mundo para si mesma", está errado de fato e também confunde um tipo ideal weberiano (cita Weber nesse ponto) com uma declaração de fato[5]. Ou quando Thernstrom sugere que "Algum dia talvez seja possível desenvolver um modelo do processo de urbanização que se aplique bem tanto à Atenas antiga como à Chicago contemporânea", pressupõe um reducionismo selvagem, despojando a história urbana da demografia e da mobilidade social e demográfica. Sua qualificação de que seria inútil "buscar tais regularidades hoje" é simplesmente uma aceitação tranquila das dificuldades no método e na disponibilidade de informação, não um reconhecimento da diferença estrutural irredutível entre as cidades industriais e as pré-industriais[6].

Na minha opinião, o ponto de partida para o historiador da cidade antiga deve ser a ligação entre o interior (o campo) e a cidade. O geógrafo Estrabão, escrevendo no início da era cristã, vaticinou (4.1.5. e em outras partes) que os bárbaros ocidentais e setentrionais recém-conquistados tornar-se-iam civilizados tão logo se estabelecessem na agricultura e portanto na vida urbana. Essa combinação é esclarecedora. Nenhum autor antigo considerava a relação entre o setor urbano e o rural em termos de aquisição, produção e troca de mercadorias. Esse tema não só está ausente na literatura que restou da Antiguidade, com exceção das preocupações morais e culturais que já observei, como também continuou incidental, na melhor das hipóteses, até o desenvolvimento da moderna ciência da economia política. Montesquieu dedicou dois livros ao comércio, mas nada viu na cidade digno de chamar sua atenção, nada remotamente comparável ao terceiro livro de Adam Smith, *A riqueza das nações,* uma geração mais tarde, com sua introdução muito conhecida: "O grande comércio de toda sociedade civilizada é o que se exerceu entre os habitantes da cidade e os do campo... Não devemos... imaginar que o benefício da cidade é o prejuízo do campo. O lucro de ambos é mútuo e recíproco, e a divisão do trabalho, nesse caso como em todos os outros, é vantajosa para todas as diferentes pessoas empregadas nas várias ocupações nas quais ele está subdividido."

O último ponto foi logo posto em xeque, por exemplo, por Marx e Engels em *A ideologia alemã:* "A divisão do trabalho dentro de uma nação leva em primeiro lugar à separação entre o trabalho industrial e comercial e o trabalho na agricultura, e daí à separação entre cidade e campo e a um *conflito de interesses entre eles.*"[7] (grifos meus) Essa discordância, em si mesma, é a evidência da chegada da cidade à posição de tema de investigação.

Meu assunto, todavia, não é a cidade pré-industrial em geral, mas a cidade antiga. Peço que o leitor seja paciente enquanto suponho que a cidade antiga seja uma categoria distinta e distinguível[8]. Que critérios os historiadores e sociólogos estabeleceram para diferenciar a cidade antiga das cidades de outras eras e de outras sociedades, e a seguir os vários tipos de cidade antiga? Em termos puramente quantitativos a triste resposta é: são muito pouco dignos de consideração séria. Em sua maioria, os historiadores da Antiguidade parecem nunca ter feito essa pergunta a si mesmos; uns poucos, em famosa polêmica que começou no fim do último século e continuou durante as primeiras décadas do nosso, *sustentavam* que as diferenças entre a cidade antiga e a cidade moderna são meramente quantitativas: pequena população, menor comércio, menor indústria. A *auctoritas* de Eduard Meyer, Julius Beloch e, mais recentemente, Rostovtzeff calou a oposição e mesmo a discussão, pelo menos entre os historiadores da Antiguidade[9].

Considerando-se que desde que Gordon Childe descobriu a "revolução urbana" houve o crescimento de uma literatura cada vez mais sofisticada sobre o começo do urbanismo na América Central, Mesopotâmia e China antiga[10], e considerando-se a incessante literatura do início do século XIX sobre o "nascimento das cidades" (rótulo que, curiosamente, já tinha sido adotado para o nascimento da cidade medieval), os mil anos intermediários aparecem como um vácuo, ou talvez se devesse dizer como um espaço proibido. Há um número considerável de publicações sobre o que às vezes é pomposamente chamado de "planejamento da cidade antiga", e ninguém discutirá que isso seja parte da história urbana, como o são a demografia, os esgotos e o saneamento[11]. Mas uma cidade é mais que o simples total aritmético de seu traçado, esgotos e habitantes, e é digno de nota que a cidade antiga *qua* cidade tenha despertado tão pouco interesse. Se ela não tivesse "desaparecido" no fim da Antiguidade, não teria que "nascer" outra vez: essa simples lógica, sozinha, deveria ter chamado atenção para o ponto.

Houve exceções, naturalmente, e talvez mais exceções *aparentes*. Momigliano escreveu recentemente: "Quando se fala da cidade antiga *(città)* como uma cidade na qual atuavam instituições e circulavam ideias, o primeiro historiador moderno cujo nome nos vem à memória é Fustel de Coulanges."[12] *A cidade antiga* de Fustel foi publicada em 1864 e causou um tremendo impacto em certos círculos. Escrevendo em 1891, W. J. Ashley observou que "especialmente na Inglaterra... alinhou-se com toda essa corrente de pensamento que, então, estava começando a se voltar na direção da evolução social, política comparativa, e outras semelhantes. Durante um ano aproximadamente, o conselho mais importante que os professores davam para quem ia concorrer a uma bolsa de estudos nas universidades era que lesse *A cidade antiga*"[13]. A tradução de Willard Small foi publicada nos Estados Unidos em 1873, e o meu exemplar, datado de 1894, já faz parte da oitava edição. No mundo acadêmico, por outro lado, o interesse restringia-se aos historiadores franceses e aparentemente aos advogados romanos na Itália[14].

Agora, a primeira coisa que deve ser dita sobre *A cidade antiga* – e a mais importante sob todos os aspectos – é que seu tema é a cidade-Estado, não a cidade. Os franceses e os italianos não adotaram a convenção "cidade-Estado". Assim, *cité* (ou *città*), como *pólis*, pode significar *ville*, um centro urbano, ou, segundo o dicionário da *Académie*, "la Constitution de l'Etat". Fustel decididamente não se ateve ao sentido de *ville*. Seu tema foi a origem da propriedade privada, a origem do Estado e as "revoluções" dentro do Estado antigo, e seu livro tem uma tese em que insiste repetidamente. Eis uma passagem típica: "Há três coisas que, desde os tempos mais antigos, encontramos consolidadas e estabelecidas nessas sociedades gregas e italianas: a religião doméstica, a família e o direito de propriedade – três coisas que tinham no começo uma relação manifesta e parecem ter sido inseparáveis. A ideia de propriedade privada existia na própria religião. Toda família tinha seu lar e seus antepassados. Esses deuses só podiam ser adorados pela família e só protegiam a ela. Eram sua propriedade."[15]

O elo inextricável família-religião-propriedade foi depois transportado para uma unidade de parentesco maior, a *gens*, e, por fim, para o Estado mais primitivo. Para Fustel, a sucessão família--*gens*-Estado era claramente uma sucessão histórica, não simplesmente conceitual. Até esse ponto ele estava seguindo Aristóteles, que, todavia, nunca imaginou que o culto dos antepassados e o culto do fogo (lar) fossem a origem da propriedade privada. Nenhum autor antigo compartilhou, nem poderia, da filiação de Fustel à doutrina ariana recém-inventada: ele incluía os indianos do *Rigveda* e (devido a um erro comum naquela época) os etruscos com os gregos e italianos em seu esquema de evolução. Esse foi o alcance e o limite do famoso papel pioneiro de Fustel, como comparativista, nesse livro.

Para um historiador que, como eu, sente grande admiração pela obra subsequente de Fustel, como seu estudo fundamental sobre a fase final da colonização romana ou seu trabalho sobre a França e a Alemanha medievais, *A cidade antiga* não é fácil de aceitar. Seu desdobramento do conhecimento maciço das fontes gregas e latinas é acompanhado por uma quase incrível ausência de crítica a essas fontes. Apesar da deliberada recusa em mencionar um único nome de autor moderno, o livro é polemicamente ideológico de um modo sutil e complexo; assim foi sua recepção, como Ashley observou; assim também, como Ashley explicou com pesar, foi a fria recepção das obras medievais posteriores de Fustel. Nelas, a amplitude de sua interpretação emerge em cada página, seu tratamento das fontes é impecável, a fundamental força criadora da religião vai desaparecendo, mas a insistência de que desde os primeiros vestígios das sociedades civilizadas houve propriedade privada, não a posse comunitária, permanece como tema central.

Contudo, *A cidade antiga* não deixou, de modo algum, de causar um notável impacto acadêmico em certo sentido. Em primeiro lugar, o livro tornou-se decisivo para o desenvolvimento da escola de Durkheim[16]. Em segundo, Fustel, junto com Maine e Morgan, trabalhando os três independentemente nos dias calmos do evolucionismo social, atribuíram à consanguinidade o papel central que ela detém até hoje na antropologia social. E terceiro, através de Paul Guiraud e mais ainda de Gustave Glotz, o livro deixou sua marca estampada nos historiadores franceses da Antiguidade. No clássico de Glotz *La cité grecque* [A cidade grega], publicado em 1928, e que também é um trabalho sobre a cidade-Estado, não sobre a cidade, as páginas iniciais são dedicadas a Fustel. "A grandiosa construção de Fustel de Coulanges", diz ele, "inspira admiração... Não obstante, hoje em dia é impossível aceitar todas as suas conclusões" (um veredito que ecoa na apresentação de Henri Berr). E quais eram as reservas de Glotz? "A história não nos permite um caminho retilíneo": além da família e da cidade, é preciso que se considere o indivíduo.

"Na época em que *A cidade antiga* foi publicada", continua Glotz, "ninguém, desde o tempo de Montesquieu, tinha empregado (o método comparativo) com tal maestria." Não consigo explicar um julgamento tão desinformado da parte de um historiador dessa importância; nem mesmo a explícita recusa de Glotz em empregar o método comparativo serve de explicação. O "método comparativo" de *A cidade antiga* é uma ilusão, em sua maior parte, visto que Fustel sustentava estar revelando um padrão de evolução ariano *único*. Uma afirmação típica é: "A religião dos mortos parece ser a mais antiga que existiu entre essa raça de homens"[17]; e, de qualquer modo, no século seguinte ao de Montesquieu, o volume de estudos comparativos genuínos tinha aumentado enormemente. Contudo, como Durkheim observou, por ignorar a evidência etnográfica disponível, Fustel chegou a um falso conceito da *gens* romana[18]. Não obstante, podemos concordar com Evans-Pritchard sobre o fato de que *A cidade antiga* marcou "a linha divisória entre os tratados especulativos e dogmáticos de escritores como Turgot, Condorcet, Saint-Simon e Comte, de um lado" e a "análise detalhada" e o "tratamento erudito" que caracterizam o trabalho de Durkheim, Hubert e Mauss[19]. Também podemos concordar que Fustel fez uma contribuição considerável para chamar a atenção sobre algo quase esquecido, que era a persistência das instituições de parentesco na antiga cidade-Estado. Todavia, a história da cidade (seja cidade, seja cidade-Estado) antiga, medieval ou moderna não pode ser suficientemente analisada em termos de culto dos ancestrais, culto do fogo e conflito entre o grupo de parentesco e o indivíduo no Estado desenvolvido.

A mais notável das teorias da evolução social surgida, com base nos estudos comparativos, no século entre Montesquieu e Marx foi a teoria das quatro fases – da caça, do pastoreio, da agricultura e do comércio – através das quais o homem primitivo evoluiu. Seus principais defensores encontravam-se na Escócia e na França, e com John Millar temos o que Meek chamou agora de "efetivamente" "uma concepção materialista da história". Na apresentação de suas *Observations Concerning the Distinction of Ranks in Society* [Observações referentes à distinção de classes na sociedade], publicadas pela primeira vez em 1771, Millar relacionou entre "as causas daqueles sistemas peculiares de lei e governo que apareceram no mundo" as seguintes: "a fertilidade ou a pobreza do solo, a natureza de seus produtos (do país), as espécies de trabalhos necessários para prover à subsistência, o número de indivíduos reunidos em uma comunidade, sua habilidade nas artes, as vantagens que desfrutam por entrar em transações mútuas e manter uma correspondência íntima"[20].

Não há vestígios da teoria das quatro fases em *A cidade antiga*. Todavia, Fustel não só conhecia a teoria, pelo menos em suas versões francesas, como a aceitava até certo ponto. No parágrafo inicial de sua *The Origin of Property in Land* [A origem da propriedade da terra] (publicada pela primeira vez em 1827), escreve em resposta às críticas: "É óbvio que quando os homens ainda estavam na fase da caça ou do pastoreio, e não tinham chegado à ideia da agricultura, não lhes ocorria tomar um pedaço de terra para cada um. A teoria de que falo aplica-se a sociedades estabelecidas e agrícolas."²¹ Mas depois ele se afasta radicalmente, como se afastou de Aristóteles, substituindo o modo de subsistência pela religião, como o foco da atenção e a chave para a formação e a mudança das instituições. Ashley observou corretamente que mesmo em seu trabalho sobre o colonato Fustel falhou em não dar a devida consideração "ao econômico, bem como ao constitucional ou legal"²².

Pelo que sei, o primeiro homem a insistir e a formular uma "teoria econômica da formação da cidade *(Städtebildung)*", "da relação necessária entre o fenômeno da cidade e o sistema econômico dominante", foi Werner Sombart em *Der moderne Kapitalismus* (O capitalismo moderno), publicado pela primeira vez em 1902, em Leipzig²³. Nesse trabalho ele apresentou uma série de modelos, começando com o óbvio trabalho de definição: "Uma cidade é um assentamento de homens que, para sua manutenção, confiam nos produtos do trabalho agrícola estrangeiro (ou alheio)."²⁴ Na segunda edição, catorze anos mais tarde, introduziu uma pequena modificação acrescentando a expressão reconhecidamente vaga "mais amplo": "um estabelecimento mais amplo"²⁵. Essa definição, segundo explicou, destinava-se a excluir a *Landstädte* da Idade Média, onde a maioria dos habitantes explorava a terra por si só, bem como as "cidades gigantes" do antigo Oriente Próximo, da antiga Índia ou do tipo representado atualmente por Teerã. O fato de não ter especificado as cidades da Antiguidade greco-romana, ou pelo menos algumas delas, pode ser explicado pela sua concentração no tema, o nascimento do capitalismo moderno, e portanto o nascimento da cidade na Idade Média. E a ideia-chave em sua definição de uma cidade remonta a Adam Smith – Sombart colocou no título dessa seção a mesma passagem do volume III de *A riqueza das nações* que citei anteriormente, e disse explicitamente que seus modelos eram "'variações sobre um tema', um tema formulado segundo as palavras de Adam Smith"²⁶.

No longo e historiograficamente fecundo período entre Smith e Sombart houvera, naturalmente, inúmeras pesquisas e publicações sobre cidades. Mas o interesse, na medida em que constituía algo mais que a mera história local como diletantismo, sempre se voltara para a evolução do feudalismo rumo ao capitalismo, para o surgimento da cidade medieval, para a cidade renascentista e para os subsequentes desenvolvimentos modernos. Podem ser encontradas observações ocasionais sobre a cidade antiga, algumas delas muito argutas, desde Adam Smith (David Hume, também, deve sempre ser lembrado), mas elas eram feitas *en passant*, fatores circunstanciais do tema tratado e que nunca eram elaborados. Valeria a pena o esforço de recolher e examinar essas observações, mas só me deterei rapidamente em um homem, Karl Bücher.

Em 1893, Bücher, que já tinha feito um notável estudo "socioestatístico" da cidade de Frankfurt nos séculos XIV e XV, publicou seu *Die Entstehung der Volkwirtschaft* [O despontar da economia nacional], no qual, trabalhando sobre uma ideia de Rodbertus, ampliou a velha teoria evolutiva das quatro fases sugerindo mais três na história da última delas, a comercial, que chamou de economia domiciliar fechada, economia da cidade e economia nacional[27]. Esse foi o livro que fez eclodir a disputa com os historiadores da Antiguidade, agora conhecida como a controvérsia Bücher-Meyer, que foi "vencida" pelo último, para satisfação deles, como já mencionei anteriormente[28].

O ano do *Entstehung* de Bücher, 1893, foi também o ano do primeiro dos três famosos artigos de Henri Pirenne, publicado na *Revue historique* sobre "A origem das constituições urbanas da Idade Média", no qual formulou as ideias fundamentais que iriam preocupá-lo durante a maior parte de sua vida[29]. O nascimento da cidade medieval, insiste repetidas vezes, foi em primeiro lugar "o produto de certas causas econômicas e sociais"[30]. Essas "causas econômicas e sociais", infelizmente, acabaram sendo nada mais que um misterioso processo "natural" posto em uso por mercadores, e Pirenne voltou rapidamente à mesma insistência na história constitucional e na jurisdição que tanto tinha condenado nos outros. Excluindo-se as trivialidades sobre a "esterilidade" da cidade, não há nada que ultrapasse o nível puramente descritivo, embora ele fosse sem dúvida inteligente, culto e inestimável nesse nível. Admirava o livro de Bücher sobre Frankfurt, mas nos últimos trabalhos teóricos alertava seus alunos durante as aulas, dizendo que ele "era economista demais e historiador de menos... suas teorias sobre o desenvolvimento econômico, embora estimulantes, não estavam relacionadas com a evidência histórica"[31]. Que eu saiba, só uma vez Pirenne se dignou discutir e contestar Bücher e Sombart, em um artigo que resumo da melhor maneira possível como um eco medievalista dos argumentos dos historiadores antigos "modernizantes", concluindo, como os últimos, que a diferença entre o capitalismo moderno e o "capitalismo" que começou no século XII é "só uma diferença quantitativa e não qualitativa, uma simples diferença de intensidade, não uma diferença de natureza"[32]. Contaram-nos que mais tarde Pirenne ouviu dizer que Weber "referiu-se a ele causticamente, como aquele belga medievalista que não conhecia economia medieval nem história social"[33].

Em outro lugar, Weber reclamou que os historiadores tinham entendido mal a tão conhecida abordagem de Bücher sobre o "tipo ideal"[34], mas os historiadores, quer da Antiguidade, quer de outra era, são costumeiramente alérgicos ou totalmente surdos aos tipos ideais. Assim, o ilustre medievalista Georg von Below, mais simpático que a maioria à contribuição de Bücher, concluiu, apesar disso, que a empresa estava fadada ao fracasso desde o início por causa da preocupação com as "normas": "Exatamente os desvios é que são interessantes, ou pelo menos não menos importantes que a regra."[35] Eduard Meyer compreendeu-o menos, e Bücher recusou um convite do editor do *Jahrbücher für Nationalökonomik und Statistik* para responder a Meyer porque, em suas próprias palavras, este revelara "muito pouca compreensão do economicamente essencial"[36]. Poucos anos depois não pôde resistir e, em um longo ensaio, cheio de erudição e talento, examinou detalhadamente a evidência ateniense apresentada por Meyer e Beloch, e destruiu as conclusões destes[37].

Bücher, em suma, sabia perfeitamente bem que a célula familiar fechada não era a formação econômica única ou universal na Antiguidade greco-romana. O fato de ter discutido as cidades greco-romanas superficialmente é outro assunto – seus capítulos sobre *Stadtwirtschaft* tratavam da Idade Média –, mas ele incorporou a cidade antiga em seu esquema de evolução através da ênfase aplicada à mudança das relações cidade-campo: "O grego e o romano que residiam na cidade eram os possuidores e exploradores da terra, mesmo que deixassem o trabalho ser feito por escravos ou arrendatários... Isso não acontecia com os habitantes de nossas cidades medievais... Cidade e campo tinham se separado em relação à atividade econômica." A cidade medieval "não era um mero centro de consumo, como as cidades dos gregos e dos romanos"[38]. Sombart, então, elaborou e apurou a noção: "Com o termo cidade de consumo refiro-me àquela que paga por sua manutenção *(Lebensunterhalt)*... não com seus próprios produtos, porque não precisa. Sua manutenção deriva, mais precisamente, de uma exigência legal *(Rechtstitel)*, como impostos ou rendas, sem ter que resgatar valores de restituição." A seguir, acrescentou uma observação: "Os criadores originais, primeiros, da cidade eram consumidores, os subsequentes (segundos, terceiros, etc), eram produtores", e os últimos eram um elemento dependente, "cuja existência estava sujeita à cota do fundo de consumo que lhes era concedida pela classe consumidora"[39].

E isso nos traz afinal a Max Weber. A relação intelectual existente entre Weber e Sombart era muito próxima: foram coeditores do renovado *Archiv für Sozialwissenshaft und Sozialpolitik*, primeiro[40]. Bücher não era membro do círculo de Weber, mas o *Agrarverhältnisse* de Weber é iniciado com uma calorosa defesa, embora não com uma aceitação incondicional, do *Entstehung der Volkswirtschaft* de Bücher[41]. Minha preocupação em mostrar que o trabalho de Weber sobre a cidade, infinitamente mais conhecido, teve importantes precursores e, em certo sentido, colaboradores, vai além da mera curiosidade por meu assunto. Precisamos de Sombart e de Bücher para ajudar-nos a preencher o quadro, pois a chamada análise da cidade de Weber é um ensaio póstumo, sem anotações, do tamanho de um livro, posteriormente incluído em um contexto que muitas vezes é posto de lado em seu *Wirtschaft und Gesellschaft*. Este último não é apenas uma obra póstuma na qual ele trabalhou por mais de uma década (e portanto com mudanças de estilo e objetivos), mas uma obra que Weber deixou sem sequer indicar a sequência de suas partes[42]. E, deve-se acrescentar, o estilo de Weber em seus últimos trabalhos, como sua linha de pensamento, era extraordinariamente denso e complexo; nos dois trabalhos que me interessam essas características são tão marcantes que as traduções inglesas existentes, na melhor das hipóteses, não são confiáveis e, na pior, apresentam erros graves.

Weber foi, naturalmente, o sociólogo mais profundamente histórico. Começou sua carreira como historiador das leis, particularmente interessado em dois grandes temas, a história da organização da exploração da terra (com suas implicações políticas e sociais ou consequências) e o desenvolvimento das práticas e instituições comerciais. Nesse primeiro período escreveu *Römische Agrargeschichte* (1891), uma peça brilhante de pesquisa histórica ainda dentro de uma estrutura reconhecível como a de uma disciplina acadêmica estabelecida. Depois disso, seu único trabalho substancial sobre a Antiguidade foi um *tour de force*, um extenso livro escrito em quatro meses, em 1908, e publicado no ano seguinte na enciclopédia que o encarregou do assunto e é responsável pelo título enganoso, *Die Agrarverhältnisse des Altertums* (ainda pior no título inglês escolhido para a tradução recentemente lançada: *The Agrarian Sociology of Ancient Civilizations* [A sociologia agrária das civilizações antigas]). Sua viúva qualificou-o, acertadamente, como "uma espécie de sociologia da Antiguidade" prefaciada por "uma teoria econômica do mundo dos Estados antigos"[43], entre os quais ele incluiu não só a Grécia e Roma, mas também o Oriente Próximo (Egito, Mesopotâmia e Judeia). Considerando-se a preocupação de Weber com as dinâmicas das instituições sociais e das inter-relações socioculturais, o *Agrarverhältnisse* não é nem uma história da agricultura antiga, nem da sociedade antiga. Weber tinha deixado de escrever sobre história. Menos historiográfico ainda é seu livro, um pouco mais tardio, sobre a cidade, embora os dados sobre a Antiguidade tenham sido tirados em grande parte do *Agrarverhältnisse*. É muito significativo que cada seção do estudo posterior comece ou com conceitos gerais ou com assuntos medievais, antes que o mundo antigo seja apresentado para fins de esclarecimento ou contraste.

Em suma, Weber nunca publicou um estudo da cidade antiga, e suas opiniões sobre esse assunto, como sobre outros aspectos do mundo antigo, devem ser extraídas, com esforço (inclusive o que custa para decifrá-lo), de sua obra total e não apenas de seus escritos que tratam abertamente da Antiguidade, tendo-se um cuidado constante com as nuanças do seu pensamento[44]. Alguns dos conceitos centrais têm uma proximidade nítida com os de Bücher e Sombart. Ele também começa com uma definição econômica que acaba sendo uma declaração refinada e elaborada da de Sombart: uma cidade é um lugar no qual "a população residente satisfaz uma parte economicamente essencial de suas necessidades diárias no mercado local, e isso, em grande parte, por meio de produtos que os residentes e os habitantes das proximidades produziram ou adquiriram para vender no mercado". Quando a receita dos grandes consumidores origina-se de algum tipo de renda, a cidade é uma cidade-consumidora, como na Antiguidade, pois, "se hoje em dia imagina-se o homem urbano típico como alguém que não obtém seu sustento de sua própria terra, originalmente o oposto era verdade em relação à massa das cidades típicas *(póleis)* da Antiguidade"[45].

Duas palavras da citação acima requerem uma atenção especial: "originalmente" e "típicas". *Originalmente* a cidade antiga nasceu em volta da cidade residencial dos grandes proprietários de terra, mas, conforme ia crescendo, diminuía cada vez mais o número de proprietários de terra, pequenos ou grandes. Contudo, ela continuava sendo uma cidade de consumo: mesmo em sua última fase, "democrática", os conflitos sociais na cidade antiga eclodiram devido às demandas dos "interesses dos devedores, essencialmente, portanto, dos interesses do consumidor", diferentes dos interesses dos "produtores" que serviram de base para conflitos similares na Idade Média.

Para explicar essa diferença fundamental no desenvolvimento, é necessário introduzir uma variável independente na análise, a escravidão[46]. O uso generalizado de escravos na agricultura e na manufatura restringiu severamente o campo do trabalho livre e bloqueou a expansão do mercado, especialmente o dos produtos manufaturados de grande consumo. Também retardou e impediu efetivamente a crescente racionalização da produção: devido à incerteza do mercado e à flutuação dos custos dos escravos (tanto de aquisição quanto de manutenção), o proprietário de escravos tinha que ser livre para dispor de uma parte de sua mão de obra escrava a qualquer momento, ou para explorá-la de modos diferentes de seu emprego direto na produção. Uma ampla divisão do trabalho e outras formas de racionalização teriam destruído a flexibilidade do proprietário. Em resumo, o proprietário de escravos da Antiguidade, como o proprietário de terras e o "proprietário de dinheiro", vivia de rendas, não era um empresário[47]. O contraste com o desenvolvimento da manufatura na Idade Média fala por si só.

Dessas distinções originaram-se, igualmente, nítidas diferenças na política, e agora deve ser introduzida uma nova variável. Na seção inicial de seu último trabalho Weber começa com a definição "econômica" da cidade, como já mencionei, mas apressa-se em dizer que não é uma definição completa. "Uma simples aglomeração residencial de comerciantes e de interesses industriais e a satisfação regular das necessidades diárias do mercado não esgotam *por si sós* o conceito de 'cidade'." É também "uma associação reguladora da economia" abrangendo "os objetos característicos da regulamentação da política econômica no interesse da associação e uma matriz de medidas características"[48]. O enfoque já era diferente daquele do *Agrarverhältnisse*, embora grande parte desse último trabalho possa ser percebida no que o antecedeu.

Dito de modo abrupto e portanto peremptoriamente, a política e a autoridade política mudaram-se para o centro. Quando "A Cidade" reaparece em *Wirtschaft und Gesellschaft*, ela tem um título mais extenso, "Dominação não legítima (tipologia das cidades)", e é só parte de uma seção muito maior, sobre *Herrschaft* [Dominação], que inclui, entre outros, a burocracia e o carisma[49]. Já em 1895, em sua aula inaugural em Freiburg, tinha sustentado que a preservação e o crescimento do Estado-nação superava todas as outras considerações e interesses[50]. Embora essa forte posição nacionalista e sua ênfase política concomitante sejam menos visíveis nos textos históricos dos anos seguintes, nunca estiveram ausentes (como veremos logo). Ressurgiram com força total na última década de sua vida, quer em sua atividade política, quer em seu trabalho teórico[51]. Em *Wirtschaft und Gesellschaft*, com seus dois temas fundamentais, racionalidade e dominação, ele selou a "conexão decisiva entre industrialização, capitalismo e autopreservação"[52].

E, por fim, voltamos à segunda das duas palavras que eu disse necessitarem de uma atenção especial, "típica". Naturalmente, Weber sabia que as cidades sobreviveram durante séculos sob o Império romano, embora tivessem perdido toda a sua capacidade de "regulamentação da política econômica"; que as cidades, de fato, proliferaram nessa era e brotaram em novos territórios, sob o estímulo direto e, às vezes, sob a compulsão da autoridade central. Mas sua "tipologia das cidades" – o subtítulo do trabalho anterior – foi planejada, e só assim pode ser entendida, como uma tipologia das cidades "do tipo ideal". Como ele mesmo escreveu, "Na realidade os tipos eram fluidos entre si em todos os lugares. Isso, todavia, é válido para todos os fenômenos sociológicos e não deveria impedir o estabelecimento do predominantemente típico"[53]. Daí seu uso frequente de aspas, especialmente em *Agrarverhältnisse*, em termos como "feudal" e "capitalista" (usualmente como adjetivos, mais que como substantivos, nesses exemplos críticos), um sinal formal do que, com igual frequência, ele chama de *Ansätze* (preliminares) como uma indicação de fluidez, da gênese de elementos característicos de um tipo dentro de outro tipo. Raramente, se é que alguma vez acontece, ele se esquiva da obrigação de explicar a deficiência (quando esse era o caso) dos *Ansätze* para vencer e eventualmente dominar.

Assim, a parte final de *Agrarverhältnisse* tenta explicar por que o Império romano e a *pax romana* destruíram, mais do que alimentaram, os *Ansätze* do capitalismo que ele tinha detectado na cidade antiga. O argumento é denso, mas pode ser razoavelmente resumido do seguinte modo. A *pax romana* pôs um fim à grande expansão territorial e à acumulação dos produtos das pilhagens e das grandes quantidades de prisioneiros de guerra – processos essenciais ao crescimento e à saúde da economia greco-romana. A expansão prévia anexara ao Império, pela primeira vez, grandes porções de território interno, longe do mar, e, portanto, com acesso inadequado para rotas de comércio e comunicação. Consequentemente, nas possessões do interior havia uma tendência para o assentamento rural em volta de uma vila onde os suprimentos básicos do consumo maciço eram produzidos, "desarmando-se" com isso a cidade, através da redução de suas oportunidades de atividade lucrativa. O golpe decisivo foi desferido na esfera política: a monarquia absoluta substituiu a administração da cidade pelo "exército profissional dinástico e a burocracia", terminando em um "Estado-liturgia" (um Estado que confia nos serviços compulsórios). "Uma vez que o capitalismo da Antiguidade estava politicamente ancorado e dependente da exploração privada das relações políticas de dominação em um Estado-cidade em expansão, ele ficou estagnado com o desaparecimento dessa fonte de formação de capital... O sistema burocrático acabou com a iniciativa política de seus cidadãos, bem como com a iniciativa econômica, para a qual faltavam oportunidades adequadas." E, então, o final sem esperança: "Toda burocracia tem a tendência de conseguir o mesmo resultado por meio de sua autoexpansão *(Umsichgreifen)*. A nossa também."[54]

Para historiadores que são alérgicos a tipos ideais, aqui nada há para discutir; não há propostas que mereçam exame e crítica. Podemos encontrar consolo e refúgio suficientes na "descoberta" de que o conhecimento de Weber sobre o mundo grego era muitíssimo menor e menos preciso que sobre o romano[55], e na demonstração de que Weber agora pode ser apontado como errado por ter chamado a *equites* romana de "uma classe capitalista nacional pura"[56]. Pode-se arguir (legitimamente) o conceito de Weber sobre os elementos feudais e capitalistas na Antiguidade, ou sua definição da cidade. Mas, depois de terminada a demolição, os fenômenos não terão desaparecido silenciosamente. Continuará sendo verdade e precisando de explicação: que o camponês era um elemento integrante da cidade antiga, mas não da medieval; que a associação era um elemento integrante da cidade medieval, mas não da antiga. Talvez me seja permitido repetir o que escrevi recentemente sobre o segundo ponto: "É normalmente esquecido que os escavadores de Tarso não encontraram nenhum entreposto de troca de tecidos, que nenhuma das cidades antigas tinha sedes de corporações nem bolsas, que, ao lado das catedrais, são até hoje as glórias arquitetônicas das grandes cidades medievais da Itália, França, Flandres, as cidades hanseáticas ou da Inglaterra. Compare-se a ágora ateniense com a *Grande Place* de Bruxelas."[57] Além disso, ainda continua sendo verdade e precisa de explicação o fato de o urbanismo antigo ter decaído a ponto de ser necessário um segundo "nascimento de cidades" na Idade Média. Se Weber não oferece explicações satisfatórias, nem mesmo parcialmente, para onde nos voltamos?

Para Karl Marx, talvez? Marx foi o fantasma que perseguiu Weber (e naturalmente Sombart) a vida toda, muito mais do que se pode deduzir dos raros e até ásperos comentários sobre Marx e o marxismo que se encontram nos escritos de Weber[58]. Não tenho intenção de entrar nesse assunto, exceto para ressaltar que ele é mais complexo do que alguns comentários correntes, simplistas e dogmáticos sugerem. A mera rejeição de Weber como um "idealista", cuja ênfase no "espírito" e comércio levou-o a ver "capitalismo" onde nunca existiu, é uma caricatura, um jogo de palavras que não leva a nada. Em suas anotações de 1857 Marx escreveu sobre "a *influência civilizadora* do comércio externo", embora a princípio só um "comércio *passivo*"[59], em uma passagem que não pode deixar de lembrar-nos nitidamente da tese de Weber de que a mudança antiga do comércio passivo para o ativo foi o primeiro passo em direção ao abismo entre a cidade oriental e a ocidental. Para Marx (e Engels) nunca houve dúvida de que o "capital comercial", as "cidades comerciais" e mesmo os "povos comerciais" (fenícios e cartagineses) eram fenômenos antigos muito disseminados, e que em alguns casos, na antiga Corinto, por exemplo, o comércio levou a uma manufatura altamente desenvolvida[60].

Weber, como Marx, punha o fenômeno do capitalismo no centro de seus interesses[61]. Que as duas análises, afinal, divergem profundamente a ponto de serem conflitantes, é inegável (sem falar no extremo desacordo sobre a ação política e as metas futuras). As teorias de Marx eram "absolutamente intragáveis" para Weber "como proposições ontológicas". Por outro lado, ele via "a interpretação de Marx sobre a história, relacionada às várias formas de produção, como uma hipótese extremamente útil que pode ajudar a atingir importantes percepções sobre o desenvolvimento da sociedade industrial moderna"[62]. Consequentemente, no que se refere às eras pré-industriais e à cidade antiga em particular, há uma grande área de proximidade e acordo entre eles.

Marx, naturalmente, nunca fez uma investigação sistemática sobre o mundo antigo em geral, ou sobre a cidade antiga em particular. Sobre esta última, todos os seus escassos e dispersos comentários emanam da proposta, que citei antes, de *A ideologia alemã*, repetida no primeiro volume de *O capital*: "O fundamento de toda divisão de trabalho que alcançou certo grau de desenvolvimento e foi ocasionada pela troca de mercadorias é a separação da cidade do campo. Poder-se-ia dizer que toda a história econômica da sociedade está resumida no movimento dessas antíteses. Todavia, por ora, não entraremos nesse assunto."[63]

Não apenas "por ora", posso acrescentar: em toda a obra de Marx, nada mais é encontrado sobre a cidade antiga além de declarações ocasionais, propostas sobre tipos ideais, frequentemente um tanto weberianas em sua essência[64]. Assim, lemos em *Grundrisse*: "No mundo da Antiguidade, a cidade com seu território é a totalidade econômica... A cidadania urbana resolve-se economicamente na simples fórmula de que o agricultor é um residente da cidade."[65]

Este não é o local para uma extensa análise dos paralelos (ou das divergências), porém mais dois exemplos podem ser úteis. "O proletariado moderno, como classe, não existia. Pois a cultura antiga ou se apoiava na escravidão em seu centro de gravidade (como na Roma republicana tardia) ou, onde o trabalho 'livre' predominava no sentido do direito privado (no mundo helenístico e no Império romano), ele ainda era permeado pela escravidão até um grau que nunca existiu na Europa medieval." Isso é Weber[66], mas poucos historiadores marxistas poderiam discordar, razoavelmente, exceto talvez para transferir os primeiros dois séculos do Império romano ocidental para a primeira das alternativas. "O poder militar estava mais intimamente ligado ao crescimento econômico que, possivelmente, a qualquer outro modo de produção, antes ou depois, porque a única origem principal do trabalho escravo eram os prisioneiros de guerra habitualmente capturados, enquanto o crescimento das tropas urbanas para a guerra dependia da manutenção da produção, em casa, pelos escravos." Isso é Perry Anderson, em um recente e sutil estudo marxista[67], e sua similaridade com Weber é evidente a partir do resumo que já apresentei sobre o ponto de vista weberiano referente ao impacto da *pax romana*.

Suponhamos que alguém acredite que essas proposições, e outras que tirei de minha pesquisa da história das teorias da cidade antiga, sejam, pelo menos, suficientemente interessantes para merecer um exame detalhado dos dados literários, epigráficos e arqueológicos disponíveis. Quais serão as implicações para uma investigação histórica ulterior? Nem mesmo o historiador de mentalidade mais voltada para a sociologia está disposto a parar com a formulação de tipos ideais. As variações dentro de cada tipo, as mudanças e desenvolvimentos, as implicações no alcance total do pensamento e da ação humana exigem uma exposição detalhada e concreta – uma exposição que seria ao mesmo tempo um teste para o tipo ideal[68]. Tal estudo sobre a cidade antiga ainda não existe. Para ser exato, existe um número crescente de "histórias" de cidades individuais, gregas e romanas, desde a Idade Arcaica até o fim da Antiguidade. Todavia, com poucas exceções, elas não têm um foco ou um esquema conceitual: tudo que se sabe sobre o local que está sendo examinado parece ter a mesma importância – arquitetura, religião e filosofia, comércio e cunhagem de moedas, administração e "relações internacionais". A cidade *qua* cidade é levada de roldão. A abordagem usualmente é descritiva e positivista, "coletando evidências e interrogando-as com mente aberta"[69]: as suposições não expressas sobre a economia geralmente são "modernizantes". Não subestimo a contribuição que esses estudos representaram para o conhecimento, nem as dificuldades inerentes ao empreendimento, tampouco os avanços conceituais como os que houve nos últimos dez ou vinte anos[70]. Mas acontece que as considerações que levantei, os resultados apresentados por Marx, Bücher, Sombart e Weber, são periféricas, na melhor das hipóteses, ao estudo corrente da cidade antiga[71].

Finalmente, creio que a história das cidades antigas *individuais* é um *cul-de-sac*, dados os limites da documentação disponível (e potencial) e a condição inalterável do estudo da história antiga. Não é inteiramente mau ver vantagem na fraqueza. Há uma crítica crescente, feita à história urbana contemporânea, por permitir que um dilúvio de dados obscureça as questões necessárias e seu propósito[72], perigo do qual o historiador urbano antigo, felizmente, está livre. Mas que perguntas desejamos fazer sobre a cidade antiga, quer possam ou não ser respondidas satisfatoriamente? Essa é a primeira coisa a ser esclarecida antes que a evidência seja coletada, para não dizer questionada. Se minha avaliação da situação atual é cética, não é porque eu não aprecie as perguntas que estão sendo feitas, mas porque usualmente não consigo descobrir outras perguntas além das antigas – de que tamanho? quantos? que monumentos? qual o grau de comércio? que produtos?

Para se *entender* o lugar da cidade como instituição central no mundo greco-romano e seu desenvolvimento, deve-se, sem dúvida, partir de dois fatos. Primeiro, o mundo greco-romano era mais urbanizado que qualquer outra sociedade antes da era moderna. Segundo, a cidade-Estado, a unidade intimamente ligada cidade-campo, continuou sendo o módulo básico mesmo depois que o componente Estado da cidade-Estado perdeu seu estrito sentido original. Ela também continuou sendo uma "cidade-consumidora"?

Que houve tais cidades-consumidoras por toda a Antiguidade, é indiscutível. Em 1385 a.C., Esparta derrotou Mantineia na Arcádia e impôs como condição para a paz que a cidade fosse arrasada e seu povo voltasse para os quatro povoados nos quais vivia anteriormente."No começo eles ficaram descontentes", comenta Xenofonte (*Helênicas*, 5.2.7),"porque tiveram que demolir suas casas e construir outras. Mas, depois, quando os proprietários já estavam vivendo perto de suas fazendas nos arredores dos povoados, tinham uma aristocracia e estavam livres do peso dos demagogos, ficaram satisfeitos com o estado de coisas." Os comentários políticos de Xenofonte são irrelevantes para meus propósitos; a viabilidade das exigências espartanas é o que interessa. E, quando a cidade de Mantineia foi finalmente restaurada, ela continuou, durante séculos, como um centro para residentes proprietários de terras, como era quando os espartanos a destruíram[73].

Mantineia foi um caso típico? Cápua, segundo Cícero (*Da lei agrária*, 2.88), foi preservada pelos romanos vitoriosos no interesse dos agricultores da Campânia, entre outras coisas, para que "quando cansados do cultivo da terra, pudessem usar as casas da cidade". O crescimento urbano no centro e no norte da Itália durante a República gerou cidades do mesmo tipo[74]. A mesma coisa fez a "romanização" da região do Danúbio incorporada à província de Panônia, sob o Império[75]. A própria Roma, naturalmente, era o protótipo da cidade-consumidora, como o foi durante toda sua história. Antioquia também, a quarta cidade do Império: no século IV estima-se sua população entre 150.000 e 300.000; sua extensão territorial era pelo menos trezentas vezes maior que a área existente dentro das muralhas, e a base de sua riqueza era a terra e a posição de liderança dentro do sistema administrativo imperial[76].

Nos distritos extraurbanos havia muitos povoados, cada um com produção local e distribuição através de feiras rurais. Em consequência disso, explica Libânio (*Orações*, 11.230), os habitantes dos povoados "tinham pouca necessidade da cidade, graças ao intercâmbio entre eles mesmos".

As conotações atuais da palavra "consumidor" não deveriam ser misturadas para não originar confusão. Ninguém está sugerindo que as classes urbanas mais baixas eram um bando de mendigos e pensionistas, embora tenha se tornado um passatempo erudito "refutar" essa suposição sobre a cidade de Roma; apesar, também, de não se dever subestimar a extensão da pobreza, do desemprego e da fome. A questão implícita na noção de cidade-consumidora é se a economia e as relações de poder dentro da cidade baseavam-se na riqueza gerada pelas rendas e impostos que afluíam para os habitantes e circulavam entre eles e até que ponto isso acontecia[77]. Mesmo Roma, a cidade-consumidora por excelência, necessitou de inúmeros artesãos e comerciantes para a produção e circulação intraurbanas. Na medida em que estavam envolvidos na "produção de mercadorias de pequeno valor", a produção de mercadorias, por artesãos independentes, vendidas a varejo para o consumo local, não invalida a noção de cidade-consumidora.

Também não está sendo sugerido pelos meus exemplos – alguns entre os muitos casos existentes – que todas as cidades eram iguais. Se acontece que, em certos aspectos, elas todas foram cidades-consumidoras, o passo seguinte na investigação é examinar as variações do tipo ideal (ou a partir dele), para estabelecer uma tipologia de cidades antigas. Consideremos Cízico no mar de Mármara, uma cidade portuária identificada pelos historiadores como "uma grande câmara de compensação para o comércio do Ponto Euxino (mar Negro)"[78], famosa por suas moedas de "ouro branco" (electro) de grande circulação. Em 319 a.C., no curso das guerras entre os sucessores de Alexandre, um ataque de surpresa do sátrapa da Frígia do Helesponto pegou a cidade desprevenida, com poucas pessoas dentro de suas muralhas, enquanto a maioria encontrava-se fora, nos campos. Não há motivo para não acreditar no historiador Diodoro (18.51.1-2) sobre esse fato. Então, onde se coloca Cízico na tipologia? A menos que nos contentemos com a trivial e inexpressiva formulação em série – "a vida econômica" de Nórico "dependia da produção agrícola, do pastoreio, da mineração, da indústria (sobretudo da fundição de ferro e trabalho do metal) e do comércio"[79] –, é essencial a análise adequada dos fatores. Estes, muitas vezes, poderão não coincidir com os modernos, e as possibilidades de uma análise genuinamente quantitativa e dinâmica são poucas e frustrantes; não obstante, o procedimento é inevitável.

Não é minha intenção enumerar as variáveis ou formular uma tipologia neste ensaio. Muito do que eu deveria acrescentar está implícito, de alguma forma (e às vezes explícito), no que já disse – a extensão (e, em raros casos, a ausência) do território agrícola pertencente à cidade; o tamanho da cidade e sua população; o acesso às vias fluviais; a extensão e "localização" da força de trabalho escrava; a autossuficiência nas grandes propriedades; paz e guerra; a mudança do papel do Estado com o desenvolvimento dos grandes impérios territoriais. Essa não é uma lista exaustiva, mas é suficiente para os propósitos presentes. Ela torna a apontar para as questões que distinguem a teoria do amadorismo diletante.

Cheguei ao fim, referindo-me ainda à cidade antiga. É uma categoria defensável? A mera cronologia não constitui argumento a seu favor, nem a inegável variedade entre as cidades antigas um argumento contra. Minha defesa é muito simples. A cidade não existe isoladamente: é parte integrante de uma estrutura social maior, no mundo greco-romano uma instituição central. A menos que – e até que – a espécie de investigação concreta que sugeri demonstre que, salvo exceções, as cidades greco-romanas não tinham todas fatores comuns de peso suficiente para assegurar sua inclusão em uma única categoria e sua diferenciação da cidade oriental e da medieval, continuo afirmando que é metodologicamente correto manter a cidade antiga como um tipo. E assim "tipo" retorna como minha palavra final.

2
ESPARTA E A SOCIEDADE ESPARTANA*

I

A Esparta de que vou tratar encontra-se dentro de um período um pouco restrito, que se inicia por volta da metade do século VI e termina na batalha de Leutras em 371 a.C. Excluo a história anterior, salvo uns poucos eventos e tendências gerais, porque acredito que nossa informação é quase que totalmente fictícia (especialmente no que se refere a Licurgo); porque todas as tentativas de reconstruir essa história anterior em detalhes, com nomes e datas exatas, baseiam-se em princípios metodológicos completamente heterodoxos; e porque a concentração excessiva em pretensas origens remotas, num período de migração legendário, é igualmente heterodoxa como método[1]. Paro em Leutras porque aceito a tradição grega, virtualmente unânime, da mudança qualitativa justamente no início do século IV. Consequentemente, apesar de certos aspectos remanescentes, Esparta estava novamente sendo transformada em um tipo diferente de sociedade.

Isso significa que admito que o ponto crítico decisivo da história espartana chegou ou aconteceu no reinado de Leão e Agásicles (Heródoto, 1.65-66), logo depois de 600 a.C., como a culminação de tribulações internas que remontavam talvez a um século, período no qual a chamada Segunda Guerra Messênica foi o principal acontecimento catalítico, e que produziu, persistentemente, potencialidades e ameaças revolucionárias. Grande parte dessa guerra é obscura, para não dizer lendária, mas a poesia de Tirteu é contemporânea e elucidativa. Ela mostra que no exército espartano havia uma desordem e um tumulto jamais vistos no período clássico anterior, a comunidade vivia um estado de comoção civil *(stásis);* a lenda de Licurgo ainda não estava em vigor. Quando finalmente a guerra terminou, foram introduzidas

---

* Originalmente publicado em *Problèmes de la guerre en Grèce ancienne*, ed. J.-P. Vernant (Paris e The Hague, 1968), e reproduzido com a autorização dos editores, Mouton & Co, e da Ecole Pratique des Hautes Études.

várias mudanças profundas: políticas, econômicas e ideológicas. Não sei quão rapidamente elas foram executadas (assunto ao qual retornarei) ou por quem o foram, mas no fim temos a Esparta que era uma estrutura única no mundo grego, uma Esparta que não era a do poeta Álcman. Enfatizo a palavra *estrutura* para desviar a atenção do habitual excesso de concentração sobre certos elementos do sistema, e sobre o que os acompanha regularmente na literatura moderna, isto é, a mística sobre os dórios e o dorianismo em geral e algumas analogias com Creta altamente irrelevantes; estas últimas, em particular, considero elucubrações essencialmente enganosas das teorias ou propaganda do século IV (nas quais figurava Cartago, pelo menos para Aristóteles, ressalte-se).

Se as escavações do templo de Ártemis Ortígia fossem tão reveladoras da transformação de Esparta quanto às vezes se diz, poderíamos concluir que a mudança ocorreu perto do ano 600 (ou várias décadas mais tarde, na cronologia de Boardman)[2]. Todavia, salvo o problemático desaparecimento do marfim dos depósitos, não creio que Ártemis Ortígia apresente evidências que possam provar coisa alguma. A "evidência", que estava mais na moda enfatizar há dez ou vinte anos do que agora, resume-se em pouco mais que julgamentos altamente subjetivos sobre a qualidade da cerâmica laconiana em vários períodos, no que os especialistas não estão de acordo. Além do mais, não sabemos se essa cerâmica sempre foi feita pelos próprios espartanos ou se grande parte dela (ou mesmo toda) já estava nas mãos dos *perioikoi* (cidadãos das comunidades vizinhas que, embora homens livres, provavelmente com um governo local próprio, estavam subordinados a Esparta para fins militares e relações exteriores) bem antes de 600, hipótese na qual o declínio é irrelevante de qualquer modo, mesmo que pudesse realmente ser situado no meio do século VI. Por outro lado, se os que acreditam que o éforo Quilão foi o grande "legislador"-reformador pudessem ser acatados, então poderíamos ter uma data confirmada por volta de 550, embora eu não possa imaginar como preencheríamos o grande intervalo existente entre o fim da Segunda Guerra Messênica e 550. Visto que tudo isso é altamente irrelevante para meu tema, proponho deixar de lado os quebra-cabeças cronológicos e falar, usando uma espécie de taquigrafia, da "revolução do século VI"[3].

Permitam-me insistir um pouco nessa "revolução". Esquematicamente (e de modo um pouco impreciso) podemos dividir a estrutura espartana clássica em três grandes partes: (1) a infraestrutura de distribuição de terra, hilotas e *perioikoi*, com tudo que inclui de trabalho, produção e circulação; (2) o sistema governamental (incluindo-se o militar); (3) o sistema ritual: *rites de passage*, o *agoge*, as classes de idade, a *syssitia*, etc. (*Agoge* é um rótulo convencional para o sistema pelo qual todos os meninos espartanos eram educados pelo Estado. Há uma boa reputação grega para o termo; "educação" no sentido moderno usual é uma tradução muito restrita. *Syssitia* eram os grupos de jantar ou companhias de mesa aos quais todo espartano de sexo masculino pertencia como uma condição necessária de cidadania plena.)

Essas partes tinham tanto origens como histórias diferentes. Não se desenvolveram e mudaram *em bloco;* e não tiveram as mesmas funções inalteradas todas as vezes. A "revolução do século VI" foi, portanto, um processo complexo de alguma inovação e muita modificação e reinstitucionalização dos elementos que parecem ter sobrevivido "inalterados". Uso a palavra "revolução" num sentido mais amplo do que talvez seja habitual, mas não o faço por capricho. Ele é mais amplo porque nem por um momento sugiro, ou acredito, que o sistema espartano clássico foi criado todo de uma vez, ou mesmo em um só reinado. Afinal, a introdução do exército hoplita foi uma de suas condições necessárias, e isso deve remontar ao século VII, pelo menos antes da Segunda Guerra Messênica. A hilotagem, sob alguma outra forma, era até mais antiga. E não devemos descartar a possibilidade de que outros elementos tenham sido efetivamente introduzidos, ou atingido um novo grau de importância, no século V (como sabemos ter acontecido com certas mudanças na organização do exército). Algumas inovações e modificações tiveram que ser introduzidas de uma só vez (quer uma de cada vez, quer em combinação). O Grande Rhetra, por exemplo, reflete algo muito fundamental desse tipo[4]. De um modo negativo, a proibição do uso da moeda de prata pelos espartanos foi outra decisão obviamente incisiva tomada por alguém em determinado momento (casualmente, mais que a maioria, pode ser situada quase exatamente no tempo de Leão e Agásicles).

Falando da "revolução do século VI", em suma, estou tentando ressaltar a necessidade de olhar para a estrutura, e não para elementos isolados e sua antiguidade ou persistência. Incluo o sistema ritual total nesse argumento, particularmente no que chamei meio inadequadamente de "reinstitucionalização", porque, mesmo se fosse o caso de os aspectos externos do ritual serem todos muito antigos e inalterados (uma possibilidade muito improvável), sua função dentro da nova estrutura foi necessariamente outra em importantes aspectos, embora, de fato, nem sempre através de uma intenção deliberada. Ninguém pretenderá que a cerimônia do açoitamento em Ártemis Ortígia, no tempo dos romanos, quando foi construído um grande teatro para conveniência dos expectadores, mantivesse qualquer ligação significativa com o rito superficialmente similar dos dias de Xenofonte[5]. *A priori* devemos presumir a mesma descontinuidade na função entre o século V e, digamos, o VIII, e algumas vezes temos evidências para confirmar o pressuposto, por exemplo, no caso da *krypteia*, como veremos em breve.

A Esparta clássica pode ter tido um aspecto arcaico e mesmo pré-arcaico quanto a isso, mas o que importa fundamentalmente é a função das "sobrevivências", não o simples fato da sobrevivência. Antes do reinado de Leão e Agásicles, escreve Heródoto, os espartanos eram, entre os gregos, os que tinham o pior governo *(kakonomotatoi)*; depois passaram a ter uma boa ordem *(eunomía)*. A tradução destrói o sentido pleno do conceito: tanto *eunomía* como *kakonomos* caracterizam um modo completo de vida, não só (ou talvez não) uma forma de constituição[6]. Essa transformação foi a "revolução do século VI".

II

Nesta parte quero considerar a estrutura como um tipo ideal. No que vem a seguir, além do mais, não estou muito preocupado com a precisão de nenhum texto individual. A não ser que se acredite que o quadro que os gregos deixaram é totalmente uma ficção, poucos detalhes são, por si mesmos, cruciais para a compreensão do tipo ideal.

Passo imediatamente aos cidadãos adultos do sexo masculino, os *hómoioi* como eles eram frequentemente chamados, que são nosso assunto. Devemos, de início, tomar a palavra em sua conotação completa: Iguais[7]. Ao nascer, se lhes era permitido continuar vivos, todos os espartanos do sexo masculino eram estritamente "iguais", com duas exceções: (1) dois deles eram herdeiros em potencial da monarquia; (2) alguns eram mais ricos que outros – os homens ricos *(anthropoi olbioi)* de Heródoto (6.61; 7.134); os abastados *(plousioi)* de Xenofonte (5.3)*, que forneciam pão de trigo para as *syssitia;* os vencedores das corridas olímpicas de biga, dos quais há onze dentro de meus limites de tempo no catálogo de Moretti, um deles um rei e outro a filha de um rei[8]. Ser igual significava participar de um ciclo de vida comum bem-definido, que incluía: (1) uma educação comum, formalizada e compulsória, destinada a inculcar obediência, coragem, disciplina e habilidade militar profissional; (2) uma única vocação ou profissão, a de soldado ou oficial hoplita; (3) segurança econômica e completa liberação de preocupações econômicas, sendo todos os serviços produtivos e subordinados feitos por duas categorias distintas de dependentes, hilotas e *perioikoi;* (4) uma vida pública (em vez da vida privada) em comunidades só de homens, com o máximo de semelhança e anti-individualismo.

Estruturalmente, todavia, o sistema gerou depois mais duas desigualdades, inevitáveis e intimamente inter-relacionadas, além das inerentes a cada criança ao nascer. Uma era a desigualdade, pouco tangível mas não obstante real, decorrente da desigualdade do desempenho, quer no *agoge,* quer nos jogos, na caça ou na guerra. A outra originava-se da necessidade de liderança e de elites, não só nos níveis superiores (reis, éforos e conselho dos anciãos), mas também nas unidades militares menores, e, por causa do *agoge* espartano, em faixas etárias notavelmente baixas. O "amor pela vitória" de Xenofonte *(philonikia)* produziu tanto perdedores como vencedores (4.4), fato óbvio que muitas vezes não é levado em conta pelos estudiosos modernos, os quais escrevem como se todos passassem por cada estágio como um vencedor profissional.

Tudo isso era compactamente reforçado, psicológica e institucionalmente. Vivendo em público durante a maior parte de suas vidas, os espartanos eram muito mais suscetíveis que a maioria dos povos às pressões da opinião pública e à rede de recompensas e punições, com sua grande ênfase, durante a infância, no castigo corporal, e, na fase adulta, em uma variedade, rica e imaginativa, de expressões de desagrado social ou mesmo o ostracismo. Tudo era envolvido na rotina diária do serviço, inclusive a religiosidade e os *rites de passage.* Talvez o exemplo mais dramático seja a transformação da *krypteia.* Esse antigo rito de iniciação na idade

---

* Todas as referências feitas a Xenofonte neste capítulo, a menos que mencionado algo em contrário, dizem respeito a seu livreto que leva o título impreciso de *Constituição dos lacedemônios.*

de dezoito anos tornou-se racionalizado, isto é, reinstitucionalizado, passando a ligar-se a uma nova função de polícia atribuída a uma unidade de elite de jovens. Significativamente, o policiamento dos hilotas era uma de suas obrigações[9].

Uma parte importante desse reforço era negativa, por assim dizer, reduzindo ao mínimo as forças destruidoras, desagregadoras da propriedade e da família. Podemos nos permitir ser mais "sociológicos" e menos moralistas que Xenofonte, por exemplo, ao analisar as funções do regime espartano da propriedade e da família.

Propriedade – é desnecessário um comentário extenso neste ponto, visto que na próxima seção retornarei à desigualdade na riqueza. O afastamento total da atividade econômica (e não só da comercial), a austeridade, o compartilhamento eram destinados a atuar como fatores coesivos, e atuavam.

Família – uma simples enumeração de certos ritos e instituições é suficiente para revelar o grau de esforço para transferir o devotamento à família ou ao grupo consanguíneo para vários grupos masculinos: as providências tomadas para assegurar a procriação, com as quais Xenofonte inicia seu livro; o direito de qualquer pai, ou na verdade de qualquer espartano adulto, exercer autoridade sobre qualquer criança; a cerimônia de casamento singularmente sem alegria com seu estranho ritual travestido; a vida de caserna. A família, em resumo, era minimizada como unidade de afeição ou de autoridade, e substituída pelos grupos masculinos justapostos – as classes de idade, as uniões homossexuais ("platônicas" ou não) entre homens mais jovens e mais velhos, as unidades de elite, a *syssitia*. Talvez valha a pena mencionar dois detalhes aqui, embora tenha que voltar a eles no fim:

1. O sistema de classes de idade era ramificado de forma inusitada. Não tenho uma ideia precisa sobre quais eram seus efeitos, mas pelo menos a complexidade aumentava enormemente as ocasiões para o reforço ritual.

2. Ao entrar na idade adulta, o espartano era pelo menos parcialmente separado de sua classe de idade pela prática da escolha individual para um *syssition*. Qualquer instrumento que se opõe a um agrupamento "natural" (família, classe de idade) pode ser visto como mais um meio de reforço da estrutura como um todo, em oposição às suas partes individuais.

Todo esse reforço era necessário, pelo menos em parte, porque os Iguais, no final, acabavam sendo enredados em um complexo de desigualdades. Havia líderes, elites em todos os níveis, e os princípios fundamentais de seleção eram a designação e a escolha – nunca, deve-se ressaltar, a seleção por sorteio, instrumento grego padrão para impor a igualdade. Todos os *homoioi* eram elegíveis em princípio, e esse fato diferenciava o exército espartano daqueles que, como o prussiano, tinham suas unidades de oficiais extraídas unicamente de uma elite exclusiva e preexistente. O resultado final, todavia, era o mesmo sob certo aspecto: havia uma cadeia de comando na qual a síndrome autoridade-obediência movia-se em uma só direção, de cima para baixo. Para ser exato, havia duas exceções no método de seleção: o conselho dos anciãos e os éforos eram eleitos em competição aberta. É uma pena que não saibamos virtualmente nada sobre esse procedimento ou sobre os homens eleitos. Seriam usualmente os mesmos que já tinham chegado a posições superiores através da escolha? É o que esperaria dessa sociedade, e voltarei a essa questão em breve.

Na medida em que o sucesso do sistema seja avaliado por seu êxito militar, é claro que o veredito deve ser favorável. O exército espartano era melhor que qualquer outro, com mais resistência e maior capacidade de manobra, graças à condição física superior, melhor treinamento e disciplina, mais obediência. A organização militar parece ter sido objeto de preocupação; pelo menos é o que nos levam a crer as frequentes mudanças na organização. Por outro lado, não há evidência da existência de interesse pelas táticas e armamentos além da manutenção de ambos no melhor nível tradicional.

A produção e a distribuição de armas continua sendo uma espécie de quebra-cabeça. Creio que podemos supor que a obtenção de metais e a fabricação de armas eram responsabilidade (e também privilégio) dos *perioikoi*. Mas como o espartano obtinha suas armas e armaduras? O conceito grego tradicional do hoplita como um cidadão (ou *métoikos*), por definição, suficientemente rico para prover a si mesmo não pode ser aplicado. Todos os espartanos eram suficientemente "ricos", mas nenhum tinha o mecanismo de mercado adequado. A escolha fica entre (a) obtenção individual dos *perioikoi* através do pagamento em espécie (ou, provavelmente, lingotes de ferro) e (b) obtenção e distribuição pelo Estado. Não conheço nenhum texto antigo que dê resposta para isso. Tampouco a arqueologia pode ajudar devido à inexistência de escavações sistemáticas em comunidades de *perioikoi*.

Poderíamos deduzir de outro modo, partindo dos escudos. Todos eram obrigados a ter um lambda inscrito, mas muitos (senão todos) também tinham um brasão pessoal gravado. Minha preferência é pelo sistema de suprimento público porque os outros não parecem suficientemente confiáveis e porque não temos evidências textuais de que, quando o exército marchava para alguma missão externa, o Estado assumia a responsabilidade pela manutenção e substituição (como deve ter feito para a obtenção inicial, mesmo em casa, quando os hilotas eram recrutados como hoplitas)[10].

III

Basta quanto ao tipo ideal. Na prática efetiva o sistema era cheio de tensões e de transgressões das normas.

1. Para começar, o exército espartano não era sempre suficientemente grande para suas necessidades – necessidades que eram mais causa do que consequência do sistema. Os *perioikoi* constituíam parte igual do exército hoplita e, pelo menos em ocasiões especiais como a guerra do Peloponeso, os hilotas e os ex-hilotas *(neodamodeis)* também eram recrutados em quantidades substanciais. Não tenho resposta para a importante questão de como os hilotas seriam selecionados e treinados para o combate hoplita (ou para qualquer conexão possível com o misterioso *mothakes).* Os espartanos eram acompanhados normalmente por ordenanças ou carregadores hilotas e não havia nenhum problema especial em se usar tais pessoas como auxiliares portando armas leves. Todavia, o treinamento hoplita não podia ser feito casualmente; sua essência era o movimento na formação, e por suas habilidades únicas nesse particular os espartanos eram elogiados pelos escritores antigos. Que os hilotas e os ex-hilotas representassem uma séria falha no sistema é óbvio, tanto psicologicamente como em seu desempenho prático.

2. Para Aristóteles o maior dos males era a corrupção financeira. Talvez ele estivesse pensando basicamente na Esparta modificada do século IV posterior, mas o suborno já é um tema importante em Heródoto[11]. A infraestrutura estava rachada. O regime da propriedade e herança, como o sistema político, era um compromisso. Fortes como as pressões da austeridade e do afastamento de toda atividade econômica possam ter sido, elas foram insuficientes para superar completamente as contrapres-

sões das desigualdades de riqueza, do medo do empobrecimento por parte das famílias grandes ou outros motivos. A proibição da atividade comercial (*khrematismos* é a palavra escolhida cuidadosamente por Xenofonte) não elimina o desejo da riqueza e a habilidade de empregá-la, nem mesmo quando se pode fazer cumprir essa proibição ao pé da letra. A afirmação de Xenofonte (7.6) de que a posse do ouro e da prata era proibida deve ser entendida, na minha opinião, como referente apenas à moeda, segundo as implicações de seu contexto. Mas o ouro e a prata tinham outras funções, reveladas por Heródoto, talvez inconscientemente, quando ele emprega o velho *keimelion* [tesouro] homérico em sua história (6.62) sobre como o rei Aríston adquiriu sua terceira esposa, a mãe de Damarato. A moeda cunhada não é essencial para a troca, e havia trocas em Esparta. Mesmo que por alguma razão não estejamos dispostos a aceitar a exatidão do relato de Tucídides sobre a inclusão da compra e da venda entre as atividades proibidas para o espartano quando este perdia seus direitos civis (5.34.2), não podemos ignorar o caso dos esportistas Darmono e seu filho Enimacrítides, que se consagraram ao templo de Atena Chalkioikos, provavelmente em meados do século V a.C., conseguindo vinte ou mais vitórias[12]. O texto salienta que eles venceram com seus próprios cavalos e suas próprias bigas, e que estas tiveram que ser adquiridas pela troca de algum tipo de bens. Presumivelmente, podia ser mantido um equilíbrio adequado, apesar das pressões, enquanto os espartanos permaneceram seguramente enclausurados dentro de seu próprio mundo. Mas não quando tiveram que sair dele.

3. Havia tensão no seio da liderança e ao seu redor. Não estou preocupado com as desavenças sobre política, inevitáveis sempre que há uma liderança compartilhada – os exemplos são abundantes, como a situação em Atenas depois da derrota dos Pisistrátidas, ou a decisão de ir ou não à guerra com Atenas em 431 –, mas com as tensões inerentes às próprias posições, aos esforços para atingir e depois para manter e consolidar posições de liderança. Não devemos nos deixar confundir pela obsessão grega com o "legislador": a revolução do século VI tinha que impor algum tipo de equilíbrio entre os elementos sociais que então existiam, e esse equilíbrio significou a falha para instituir um princípio de liderança unificado. Por isso havia reis hereditários, anciãos e éforos eleitos, e líderes designados em outros níveis. Mais uma vez não devemos nos deixar confundir por uma obsessão grega,

desta vez com a "constituição mista". Em lugar de equilíbrio havia um conflito permanente, que não podia ser absorvido pela autoconfiança e a estabilidade que são geradas, por exemplo, por uma casta de liderança única. Mesmo os reis, segundo as palavras de Aristóteles, eram compelidos a agradar *(demagogein)* os éforos *(Política,* 127ob14).

O *leitmotif,* segundo penso, não era tanto o conflito entre reis e éforos como tal, mas entre homens de energia e ambição – os homens imbuídos de excessivo "amor à vitória" atuante ou latente, como Lisandro e Cleômenes – e o resto. Uma fonte de *stásis,* apontada por Aristóteles *(Política,* 1306b31-33), era o tratamento desonroso dos homens de virtude pelos outros cuja virtude não era maior, mas que tinham mais prestígio, e o exemplo específico dado por ele é o tratamento de Lisandro pelos reis. O fato de os reis serem uma constante força desarticuladora de um tipo e magnitude especiais na história espartana clássica dispensa demonstração. O que, todavia, merece ser ressaltado é que eles eram potencialmente desarticuladores por definição, por assim dizer: sua própria existência era uma contradição do tipo ideal da igualdade espartana. Cleômenes I, escreveu Heródoto (5.39), reinou não por causa de seu próprio valor, mas por hereditariedade. Isso resume tudo. Dados o apoio psicológico de se ter nascido para um alto posto, as várias práticas carismáticas e as instituições ligadas à monarquia espartana – Heródoto sabia o que estava dizendo quando chamou os rituais dos funerais reais de "bárbaros" –, dependia exclusivamente da personalidade do rei, como indivíduo, ser uma força para a paz civil ou para a luta, ou então não ser força para nada.

O princípio hereditário também colocava a família dentro do quadro, mais uma vez violando o ideal espartano. As várias manobras registradas a favor dos filhos mais jovens e outros parentes dos reis, incluindo-se o clássico emprego das alegações de ilegitimidade, pertencem às cortes dos monarcas tirânicos e bárbaros, não à *pólis* grega. Torna-se então necessário considerar se o parentesco também não desempenhava algum papel nas lutas pela liderança fora de sua área. Já disse ser minha suposição que os homens escolhidos para o conselho dos anciãos, o eforato e a magistratura eram aqueles que lá tinham chegado previamente através dos processos de designação. Todos os *homoioi* eram, num sentido formal, igualmente elegíveis. Mas isso acontecia na prática? Quais eram, então, os homens que Heródoto chamou de "entre os primeiros por nascimento" (7.134)? E o que Aristóteles queria dizer quando falava que a eleição para o conselho era "oligárquica" (*dynasteutikos*, o que também implica manipulação), ao passo que todos eram elegíveis para o eforato (*Política*, 1306a18, 1294b29-31)? É verdade que esses textos são muito raros; a referência mais comum é a relativa ao indivíduo ser ou querer ser o "primeiro" ou estar "entre os mais poderosos", o que não significa necessariamente mais que adquirir a liderança por seus próprios esforços. Mas esses poucos textos permanecem, e dizem o que teríamos deduzido mesmo sem eles, isto é, que havia famílias capazes de influenciar os procedimentos de designação em favor de seus próprios membros, começando, na primeira oportunidade, entre as crianças. Isso significa, de fato, que havia se desenvolvido um elemento de aristocracia hereditária dentro do sistema, longe de ser fechado, mas nem por isso sem considerável influência. E não tenho dúvidas de que a riqueza desempenhava seu papel aqui (como Heródoto 7.134 sugere). Houve outros, em suma, além de Cleômenes, que atingiram posições mais altas ou mais baixas na escala social, por nascimento e não por seu próprio valor.

Inevitavelmente, quando há luta pela liderança, os desentendimentos sobre política refletem os cálculos das vantagens pessoais no decorrer da lide, e confundem-se com cálculos sobre o interesse de uma política proposta como tal. Algumas vezes essas diferenças eram apresentadas ao povo em assembleia, e isso levanta uma outra questão sobre iguais e desiguais. Só muito tempo depois alguns historiadores e cientistas políticos sérios refletiram sobre o comportamento do homem que vota, nos termos liberais do século XIX, com sua imagem do "homem racional", considerando as questões "racionalmente" e livre de todos os preconceitos, pressões e emoções. Não obstante, é legítimo perguntar se havia alguma coisa na estrutura espartana que torna a ideia do "homem racional" ainda menos aplicável, ainda mais ridícula do que, digamos, para a assembleia ateniense. Colocarei a questão de modo direto. Podemos imaginar que o soldado espartano disciplinado e obediente deixasse de lado seus hábitos normais nas ocasiões em que participava das assembleias não como soldado, mas como cidadão, enquanto escutava os debates entre aqueles dos quais, em outras circunstâncias, foi ensinado a receber ordens sem questionar e sem hesitar?[13] Não acredito que tenhamos evidências que nos permitam uma resposta concreta, mas minha dedução é que a assembleia espartana estava muito mais próxima da homérica do que da ateniense em sua função e psicologia. Arquidamo e Estenelaidas discutiram calorosamente diante do povo reunido em assembleia, do mesmo modo que Agamenon e Aquiles. Isso não é uma discussão aberta. Mas tampouco é mera brincadeira: quando a liderança se divide a respeito de política alguém tem que tomar a decisão, e isso era feito pelo povo em assembleia[14].

4. Havia excessiva mobilidade social em ambas as direções, excessiva para uma sociedade que em princípio era completamente fechada e rígida, e por isso não tinha o mecanismo (e a psicologia) necessário para ajustar apropriadamente os elementos móveis em suas novas posições:

(a) Havia espartanos que perdiam sua posição, ainda que de algum modo continuassem dentro da comunidade em uma curiosa posição inferior (distinta da dos exilados). Não se tratava sempre de impossibilidades econômicas (homens que não podiam manter suas cotas de *syssition);* uma depreciação da posição também podia se originar da falha em algum estágio do *agoge,* falha nas batalhas, perda de direitos civis ou similares, (b) Havia hilotas que subiam de posição social, muitos chegando até a fazer parte dos *damos,* do corpo de cidadãos (porque isso é o que *neodamodeis* deve significar, qualquer que seja a graduação inferior que possa encerrar). Sinto-me completamente incapaz de visualizar essas pessoas, como viviam ou mesmo, em muitos casos, onde viviam. Os hilotas que guerrearam sob o comando de Brásidas, diz Tucídides (5.34.1), foram os primeiros a receber permissão para residir onde quisessem, mas depois foram instalados como os *neodamodeis* em Lepreonte, na fronteira da Élida, para ajudar a servir de defesa contra os vizinhos hostis. Nem Tucídides nem ninguém explica o que significa na prática ser "instalado" ou residir onde quisessem, ou onde e como os espartanos degradados viviam. Que todos esses grupos eram uma massa não digerida dentro do sistema, é óbvio; os prisioneiros espartanos que tinham se rendido a Atenas em Esfactéria, quando libertados, foram tratados da mesma forma pelo regime, simplesmente porque podiam prever a perda dos direitos civis. É muito interessante que esse grupo particular tenha vindo das primeiras famílias[15].

Todavia, deve ser registrado que nem separadamente, nem em conjunto, os elementos deslocados de suas posições eram capazes de destruir o sistema diretamente. Temos notícia de uma única tentativa real, e que falhou, a revolta liderada por Cinadão em 397 a.C., que abortou. Vários aspectos dessa revolta são nitidamente simbólicos. O próprio Cinadão tinha sido empregado pelos éforos em missões secretas. Aristóteles (*Política*, 1306b34) descreve-o como "varonil" *(androdes)*, e seria interessante saber se Aristóteles tinha mais informações do que nós para servir de base a esse adjetivo no mínimo surpreendente. Quando perguntado por que tinha conspirado, Cinadão respondeu: "Para não ser inferior a ninguém em Esparta" (Xenofonte, *Helênicas*, 3.3.11). Convenientemente, os principais agentes para reprimir a revolta antes que ela fosse deflagrada foram escolhidos nas unidades jovens de elite.

5. Para completar, registro sem discussão duas outras fontes de tensão: (a) as mulheres, a acreditarmos em Platão e Aristóteles; e (b) a experiência trazida do exterior.

IV

Até aqui falei muito pouco sobre guerra ou guerreiros. O paradoxo está no fato de que o militarismo andava em baixa em Esparta. Dentre as mais de 100.000 estatuetas de chumbo encontradas no templo de Ártemis Ortígia não se destacam particularmente nem soldados nem armas (embora existam). Não havia exercícios de guerra, nem túmulos de soldados. Estes últimos desapareceram abruptamente em todo o mundo grego, salvo as poucas e surpreendentes exceções na periferia, mais ou menos na mesma época em que apareceram os hoplitas, isto é, quando da extensão do papel militar do aristocrata "heroico" para um setor mais amplo da população. Esparta não foi exceção. Parece nem mesmo ter incluído a expulsão do exército entre as punições por desonra militar. Pelo menos é o que se deduz da história de Heródoto (7.229-31 + 9.71) sobre Aristodamo, o sobrevivente das Termópilas a quem foi permitido ter uma morte gloriosa (embora não reconhecida oficialmente como tal) em Plateia. E os homens que se renderam em Esfactéria, embora tenham sido temporariamente privados de seus direitos civis, logo tiveram esses direitos restituídos. Também não há vestígio do "hábito da guerra" característico, por exemplo, dos assírios, a tendência para sair e guerrear, simplesmente porque é para isso que são feitos os guerreiros. Depois da Segunda Guerra Messênica e da revolução do século VI, Esparta foi, no mínimo, menos rápida para se envolver em batalhas que muitos outros Estados gregos. Os coríntios não estavam errados, no primeiro livro da narrativa de Tucídides, quando contaram com isso[16].

Se olharmos para a Lacônia e a Messênia como uma unidade, então veremos, naturalmente, uma estrutura social piramidal com os espartanos como elite militar no ápice. Todavia, não era uma elite militar no sentido dos *junkers* prussianos ou mesmo do Bando Sagrado de Tebas. Em vez disso, devemos pensar em um sistema (conceitualmente) fechado como um todo, que tinha função militar mas não um cunho totalmente militar. Estou usando essas palavras como elas são distinguidas por Alfred Vagts: "A via militar é caracterizada por uma concentração fundamental de homens e materiais para a conquista de objetivos específicos de poder com a máxima eficiência... O militarismo, por outro lado, apresenta uma vasta gama de costumes, interesses, prestígios, ações e pensamentos associados com armas e guerras e ainda transcendendo os verdadeiros propósitos militares." Em certo sentido ambos são vistos em Esparta, mas uma citação mais adiante no livro de Vagts mostra por que eu disse "não um cunho totalmente militar". Vagts continua: "Um exército construído de tal forma que serve aos militares, não à guerra, é militarista; e assim é tudo que, em qualquer exército, não seja uma preparação para a luta, mas exista meramente para divertir ou satisfazer fantasias de tempo de paz, como a anacrônica cavalaria de hoje... Empresas para a pura glória ou prestígio dos líderes, que reduzem a força de combate dos exércitos e os desviam de sua verdadeira essência, encontram-se sob esse título."[17]

Isso pode descrever imaginariamente um Cleômenes I, por exemplo, mas ele foi rejeitado. Só depois do século IV a.C. é que os escritores gregos passam a insistir no refrão que diz que o Estado de Esparta era igual a um acampamento militar[18]; que o único objetivo do legislador era a guerra; que em consequência os espartanos eram muito subdesenvolvidos em todos os outros aspectos humanos (ou, em sentido oposto, que eram exaltados exatamente por aquelas limitadas qualidades que Platão e Aristóteles condenavam); que, em resumo, não eram apenas militares eficazes, mas também excessivamente militaristas. Tudo isso é bem conhecido e não necessita de elaboração. Mas não é desnecessário ou inoportuno dizer que esse não era o quadro total mesmo nos escritores do século IV. Por que Platão, que criticou

Esparta tão acerbamente em seu oitavo volume da *República* (547D-549A), simplesmente não a deixou de lado? Por que, em vez disso, escolheu um espartano para compor o trio que devia instaurar o novo estado das *Leis*?

A resposta, naturalmente, é que para Platão Esparta tinha muito a oferecer apesar de sua unilateralidade, não quanto a suas leis ou instituições de concepção estreita (as quais mal estão refletidas no livro de Platão), mas quanto à sua concepção fundamental de uma comunidade total, quanto à sua *eunomía* como um modo de vida, algo que ele gostaria de despojar de seu lado militarista (mas não de sua função militar). Esparta tinha sido por muito tempo um baluarte contra a tirania, afinal de contas, tanto em casa como no exterior; isso pode não ser muito verdadeiro, especialmente quanto às atividades externas de Esparta, mas era firmemente tido como tal por muitos gregos e repetido incansavelmente. Píndaro acreditava nisso. Não há muitas referências a Esparta nos poemas de Píndaro subsistentes, mas são mais significativas do que sua escassez poderia implicar, precisamente porque são desinteressadas. Píndaro não escreveu odes para os vitoriosos espartanos e não teve que mencionar Esparta. Na *Primeira Pítica,* celebrando a vitória de Híeron I de Siracusa, o poeta comenta com estas palavras a nova fundação de Híeron em Etna (linhas 61-70):

> esta cidade em liberdade construída
> de deuses, e rituais das normas de Hilo, e os
>   descendentes de Panfilo,
> aqueles, também, descendentes de Héracles,
> que habitam além das encostas do Taígeto, estão sujeitos
>   a continuar para sempre nos decretos de Egímio,
> Dórios...
> Pela vossa ajuda (de Zeus), esse líder de homens,
> impondo-a sobre seu filho também, pôde glorificar seu povo
>   e devolver-lhes a paz e a harmonia.[19]

Algumas bobagens notáveis foram, e ainda são, escritas sobre essas linhas. Apresentou-se a absurda sugestão de que Híeron, após uma brutal expulsão da população tão familiar na história siciliana, planejou efetivamente introduzir a constituição e o *agoge* espartanos em Etna sob o reinado de seu filho Dinômenes[20]. Se não é óbvio que tudo que Píndaro tinha em mente era um acerto tradicional real e aristocrático, no qual o povo encontraria sua liberdade em disciplina, religiosidade e respeito à lei por seus melhores, então Edouard Will esclareceu esse aspecto chamando a atenção para as linhas notavelmente paralelas de um fragmento sobre Egina[21]. Se havia algo de política, no sentido restrito, na mente de Píndaro, então era para sussurrar uma lembrança da tradição antitirânica de Esparta. Não há nada mais em Píndaro, nunca uma sugestão de que Esparta foi de alguma forma peculiar ou única; em particular, não que Esparta tenha sido militarista de modo a colocá-la à parte dos Estados e aristocracias da velha escola na qual os valores que ela aceitou deviam ser encontrados.

Lá eles se sobressaem nos conselhos dos anciãos,
E nas espadas dos jovens,
E nos coros, e na Musa, e na Glória.[22]

Isso era cantado sobre Esparta em outro trecho e também poderia ter sido usado para Tebas, Tessália, Egina ou Cirene, ou mesmo para o tipo de Atenas que Milcíades e Címon tinham ante os olhos.

Tampouco o quadro em Heródoto é muito diferente na questão essencial. Devido ao assunto tratado, Heródoto foi obrigado a enfatizar a habilidade militar dos espartanos e sua infalível obediência à norma de nunca recuar na batalha. Sendo Heródoto, também foi obrigado a ressaltar certas singularidades, tais como as honras e rituais que envolviam os reis ou as penalidades impostas aos covardes. Heródoto estava alerta para as nuanças que diferenciavam os Estados gregos uns dos outros, e frequentemente se mostrava muito sutil a esse respeito. Mas isso ainda estava um pouco longe da Esparta inteiramente ímpar da miragem do século IV. Para ele o mundo grego se dividia em dois tipos de comunidade, as regidas por tiranos, que eram uma coisa má, e as regidas por si mesmas. Estas últimas ou eram totalmente democráticas ou não; e Esparta era a mais importante, a mais poderosa e a mais interessante das que não eram.

Estou me estendendo sobre o modo pelo qual Esparta foi classificada com uma categoria total de *póleis* gregas porque é essencial ser claro sobre o que foi realmente diferente e único em Esparta. No começo mostrei que não devemos pensar nas várias partes da estrutura espartana como monolíticas em sua história e movimento. Se examinarmos esses elementos outra vez, agora do ponto de vista da singularidade de seus usos e costumes, encontraremos o seguinte (detalhes à parte):

1. A existência de hilotas não era absolutamente rara; eles existiam na Tessália, em Creta, na Sicília, e provavelmente em todas as áreas ocupadas pelos gregos no Danúbio e no mar Negro. (Não ignoro a probabilidade de que a proporção, e portanto a ameaça em potencial, dos hilotas em relação aos cidadãos fosse maior do que em outros lugares, como será mostrado em breve.)

2. A máquina governamental espartana tinha suas peculiaridades, para ser exato, mas nenhuma outra característica significativa a não ser o fato de os reis poderem ser legitimamente chamados de únicos entre os gregos.

3. Toda comunidade grega tinha seus *rites de passage* – no nascimento, no início da idade adulta, por ocasião do casamento e da morte. As variações eram infinitas e, examinadas isoladamente, as únicas coisas que se sobressaem no tocante aos rituais espartanos são sua frequência talvez maior e sua ênfase aparentemente maior quanto às punições físicas e à brutalidade.

4. Não há absolutamente nada, do meu conhecimento, nos cultos espartanos ou em suas práticas que seja digno de nota em nosso contexto.

5. Nem mesmo a *syssitia* ou as classes de idade eram únicas em si mesmas. Este último ponto requer alguma elaboração. Certa forma de grupo de camaradagem pode ser encontrada em todas as sociedades humanas. A associação da *syssitia* com as classes de idade é especialmente confirmada em várias comunidades gregas, e há razão para suspeitar que nossa informação seja fragmentária e incompleta. As classes de idade, por sua vez, são comuns em uma grande diversidade de circunstâncias. Os exércitos empregam-nas regularmente sempre que há recrutamento, quer para o treinamento inicial, quer para a convocação quando seus serviços são exigidos. Por outro lado, havia uma proliferação de sociedades de jovens nos tempos helênicos e romanos, exatamente o período em que eles tinham perdido toda função militar e, em lugar disso, se voltavam para o ginásio e para a luta romana[23]. O amor à vitória tanto podia tomar uma forma esportiva como militar – como Píndaro testemunha.

Único em Esparta era o modo pelo qual todos esses elementos se combinavam dentro de uma estrutura coerente e no mecanismo central de organização, o *agoge*. Devo insistir que não há nada inerente às classes de idade que deva terminar no *agoge* espartano, ou mesmo em seu caráter de obediência e autoanulação diante dos interesses do Estado. Não há nenhuma razão óbvia pela qual uma divisão organizacional em jovens e velhos deva se transformar na complexidade do sistema de classes de idade de Esparta. A complexidade e a função é que são únicas em Esparta, não a divisão em confrarias de velhos e jovens. Tampouco existe qualquer razão para que a existência de hilotas devesse levar precisamente ao sistema espartano; e assim por diante, em relação a cada elemento. Mas quando o sistema finalmente emergiu cada elemento foi reinstitucionalizado em um processo que nunca chegou completamente a um fim. E o *agoge* foi inventado. Esta última parte é uma simples especulação, naturalmente, mas de todos os elementos em Esparta o *agoge* é aquele do qual é mais improvável achar vestígios em nossos primeiros registros ou tradições gregas, o único que sozinho "compõe" o sistema espartano, por assim dizer. Por isso sou levado a deduzir que, como padrão de vida para os jovens e como tentativa para fixar o comportamento individual e a ideologia espartana para a vida inteira, o *agoge* foi uma invenção posterior, por mais antigos que alguns de seus rituais e outros aspectos externos possam ter sido. Foi o *agoge*, finalmente, e a *eunomía* pela qual ele foi responsável, que no fim captou a fantasia grega e reside no coração da miragem espartana. "Uma de vossas leis mais perfeitas", diz o ateniense de Platão (*Leis*, 634D), "é a que proíbe completamente qualquer jovem de inquirir se uma lei é boa ou não."

O único fenômeno que continua a ser um completo quebra-cabeça é a sobrevivência da monarquia, pior ainda, de uma dupla monarquia. Não tenho nenhuma explicação para apresentar, mas sugeriria que "sobrevivência" pode não ser a palavra correta. O que sabemos sobre os reis espartanos ou a monarquia entre o legendário Menelau e Leão (ou Cleômenes I, no que diz respeito ao assunto)? As genealogias e histórias contadas por Plutarco acrescentam muito pouco à história. As prerrogativas de sacrifício e similares eram lugar-comum na Grécia sempre que uma pessoa exercia a função sacerdotal, qualquer que fosse seu título; guardas de honra são tão óbvios que podem ter sido, e o foram, inventados repetidas vezes na história; rações duplas na *syssitia* não são realmente a mesma coisa que as prerrogativas homéricas, embora frequentemente se diga que o sejam; e sobretudo os rituais dos funerais – que Heródoto achou ser a coisa mais chocante de todas a respeito dos reis espartanos – não podem ser sobrevivências em qualquer sentido, uma vez que não temos notícia de precedentes na tradição grega, como tampouco Heródoto, que os chamou de "bárbaros". É pelo menos uma hipótese defensável que a monarquia espartana na forma institucional que conhecemos foi em grande parte, ou na maior parte, tanto um produto da revolução do século VI, estimulada pelos fracassos da Segunda Guerra Messênica, como da inércia, que, na ausência de uma explicação, temos o hábito de chamar de "sobrevivência".

Resta, finalmente, examinar um outro aspecto inusitado de Esparta. Nenhum outro Estado grego era um Estado territorial como ela, na qual *pólis* e território não eram sinônimos, por assim dizer (como em Atenas e Ática); na qual a *pólis,* pelo menos idealmente, consistia uma única classe de Iguais dominando uma população subordinada relativamente grande. A Segunda Guerra Messênica foi decisiva a esse respeito também. Por isso a função militar tornou-se fundamentalmente uma função de polícia, voltada mais para um inimigo interno que para inimigos externos reais ou potenciais. Para preservar a difícil posição de uma classe dominante naquelas circunstâncias especiais, toda a sociedade foi estruturada para preencher a função de polícia. Mesmo os esforços despendidos para a fundação e manutenção da Liga do Peloponeso, apesar de requererem repetidas ações de guerra, podem ser precisamente descritos como parte da função de polícia. A tragédia de Esparta, portanto, derivou de uma causa familiar: ela não viveu em um vácuo. As invasões persas foram o prenúncio do que estava por acontecer na guerra do Peloponeso. Quase contra sua vontade, Esparta foi arrastada para uma extensa atividade militar, genuinamente militar. Isso determinou uma severa pressão na mão de obra e uma incorporação perigosamente extensa de não iguais no exército, quando não nas classes dominantes, oportunidades sem precedentes para indivíduos ambiciosos, uma longa viagem para o exterior e uma brecha na tradicional xenofobia: a impossibilidade de manter a linha contra as seduções da riqueza. O sistema não podia sobreviver por muito tempo, como de fato aconteceu. E, assim, o paradoxo final é que o seu maior sucesso militar destruiu o Estado militar modelo.

3
O Império ateniense: um balanço*

I

"Toda doutrina imperialista idealizada pelos homens é consequência de reflexões profundas. Mas impérios não são construídos por homens preocupados com reflexões profundas."[1]

Começo com a enunciação desse aforisma, cuja veracidade já foi demonstrada no estudo dos imperialismos modernos, como um antídoto para o hábito usual de *iniciar* uma discussão do Império ateniense com objetivos e motivos, e desviar rapidamente para atitudes, e mesmo teorias, que supõem terem os homens que criaram e estenderam o Império começado também com um programa imperialista definido e teorias do imperialismo. Um exemplo muito comum do procedimento que tenho em mente é a tentativa de datar umas tantas leis e decretos atenienses (ou apoiar uma data proposta) pelo que se pode chamar de tom imperialista. Se são "duros", argumenta-se que parecem de Cleonte e deveriam ser datados de 420 a.C., e não da liderança mais moderada de Péricles, nos anos 440 e 430[2]. Visto que o argumento não é circular, implica a existência de um programa de imperialismo identificável ou, mais propriamente, de dois programas sucessivos e conflitantes. Ora, isso exige demonstração e não suposição.

Uma segunda fonte de confusão é a inevitável ambiguidade da palavra "império". Originada da palavra latina *imperium*, "império" está ligada à palavra "imperador", e a maior parte da longa discussão iniciada na Idade Média e que prosseguiu até os tempos modernos termina em um beco sem saída tautológico: um império é um território regido por um imperador[3]. Todos sabem que há, e existiram no passado, importantes impérios que não eram governados por um imperador, e não vejo utilidade em fazer jogo de palavras para escapar dessa anomalia linguística ino-

---

* Publicado originalmente em *Imperialism in the Ancient World,* ed. P. D. A. Garnsey & C. R. Whittaker (1978), e reproduzido com a autorização da Cambridge University Press.

fensiva. Sugerir, por exemplo, que se abandone "império" como uma categoria na história da Grécia e se fale apenas de "hegemonia" não me parece útil ou proveitoso[4]. De pouco consolo serviria para os mélios, quando atacados pelos soldados e marinheiros atenienses, serem informados de que estavam a ponto de se tornar vítimas de uma medida hegemônica e não imperial.

Isso não significa que estejamos questionando a legitimidade dos esforços para fazer a diferenciação entre os impérios. Todos os termos classificadores amplos – "Estado" é a analogia óbvia – englobam um amplo espectro de exemplos individuais. O Império persa, o ateniense e o romano diferenciavam-se entre si de modos importantes, assim como os impérios modernos. Torna-se então necessário, como em todas as classificações, estabelecer os cânones de inclusão ou exclusão. Os que jogam com "hegemonia" parecem-me dar um peso excessivo a considerações puramente formais que, se adotadas rigorosamente, fragmentariam a categoria "império" a ponto de torná-la vazia e inútil. O sentido comum é o que está certo neste caso: houve, ao longo de toda a história, estruturas que pertencem a uma única classe em termos substantivos, ou seja, o exercício da autoridade (ou poder, ou controle) por um prolongado período de tempo. Admito que isso é impreciso, mas as instituições humanas de grande porte nunca podem ser classificadas a não ser por cânones imprecisos: outra vez cito "Estado" como uma analogia.

Exemplo notável da abordagem formalista é a preocupação de alguns historiadores em definir e datar o momento em que uma associação voluntária de Estados foi convertida no Império ateniense. O ano 454 é data favorita porque há a crença geral de que o "tesouro da Liga" foi transferido de Delos para Atenas nessa ocasião[5]. No máximo, essa ação foi um símbolo, uma demonstração brutal da realidade, mas não a própria realidade. A palavra "voluntária" nem mesmo é um bom símbolo, levando os historiadores a notáveis contorções verbais. "Parece possível ir mais além e afirmar que, embora a coação dos membros fosse vista aparentemente como legítima – e provavelmente mesmo a coação sobre os Estados que não queriam unir-se –, a redução, mesmo dos membros que se revoltavam, à posição de súditos era contrária à constituição."[6] Esses assuntos não melhoram com uma aspersão de terminologia "weberiana": "a dominação indireta consiste no fato de que ela tem por base, ou tenta despertar, o interesse dos governados no processo de serem governados"[7].

Tucídides, com sua incomparável capacidade de ver a realidade, não a confunde com símbolos e *slogans*. "Primeiro", escreve ao começar sua narrativa do período de meio século decorrido entre as guerras médicas e as do Peloponeso (1.98.1), "eles (os atenienses) sitiaram Eion no rio Estrímon", ainda nas mãos dos persas, e depois a ilha de Sciros no norte do Egeu. Suas populações foram escravizadas e *seus territórios ocupados por colonizadores atenienses*. A seguir, Atenas compeliu Caristo, na Eubeia, a juntar-se à Liga; está claro que o princípio "voluntário" teve carreira curta. Logo depois Naxos tentou sair da Liga (a data exata não é conhecida), o que bastou para que fosse sitiada e massacrada por Atenas. Naxos "foi a primeira cidade aliada a ser escravizada contrariando o costume estabelecido", comenta Tucídides (1.98.4), empregando sua metáfora favorita para a interferência de Atenas na autonomia das cidades subjugadas ao Império.

Naturalmente o Império ateniense sofreu mudanças importantes durante sua existência de mais de meio século. O mesmo aconteceu com todos os outros impérios de duração similar (ou maior) na história. Definir e explicar mudanças é preocupação histórica válida, mas considero errôneo buscar um ponto, ao longo de uma linha contínua, que nos permita dizer que não havia um império antes dele e que houve um império a partir daí. Caristo recusou-se a juntar-se à aliança e foi forçada a fazê-lo; Naxos pensou em deixá-la e foi impedida à força. E essas eram somente as primeiras de muitas cidades-Estados na mesma posição, sujeitas à autoridade de outro Estado que agia em benefício de seus próprios interesses, políticos e materiais.

Não discuto que a "Liga Délica" (nome moderno para o qual não há referência antiga) foi bem-vinda quando criada em 478 a.C., tanto por causa da popularidade de seu apelo à vingança como, fundamentalmente, por causa da necessidade de liberar o mar Egeu das forças navais da Pérsia. Os persas tinham invadido duas vezes a Grécia sem sucesso, e ninguém, em 478, podia confiar que o Grande Rei aceitaria as derrotas passivamente e não faria uma terceira tentativa. O controle do Egeu era a medida de proteção mais óbvia, e Atenas teve sucesso em ganhar a liderança de tal empresa. O ateniense Aristides foi incumbido da tarefa de estabelecer o montante de dinheiro ou o número de barcos equipados e tripulados com que cada Estado-membro concorreria para a frota conjunta da Liga. Os atenienses forneceram os tesoureiros da Liga *(Hellenotamiai)* e o comando naval militar. Em uns doze anos (o número exato depende da data da batalha de Eurimedonte, que nenhum estudioso data de depois de 466 a.C.), o objetivo formal da Liga foi atingido. A frota persa de duzentas trirremes, a maioria das quais fenícias, foi capturada e destruída em uma grande batalha naval e terrestre, na embocadura do rio Eurimedonte, no sul da Ásia Menor. Contudo, a "Liga" continuou existindo sem qualquer vacilação e o número de associados cresceu, espontaneamente ou por coação segundo o caso, exatamente como antes da batalha de Eurimedonte.

O principal encarregado da política ateniense naqueles anos e o comandante em chefe da batalha do Eurimedonte foi Címon. Ele tinha estado pessoalmente no comando em Eion e novamente em 465 a.C., logo depois de Eurimedonte, quando Tasos, a maior e mais rica ilha do norte do Egeu, tentou sair da aliança. Depois de um sítio que durou mais de dois anos, Tasos capitulou e foi condenada a entregar sua frota (passando a pagar tributo em dinheiro), a desmantelar suas muralhas, a pagar uma grande indenização a Atenas e a entregar os portos e as minas que possuía em terra firme. E Címon, naturalmente, longe de ser um "democrata radical" ou um "demagogo" como Péricles, sem falar em Cleonte, representava a aristocracia tradicional de Atenas proprietária de terras, inclinada à oligarquia. Se tivesse vivido mais tempo, teria se oposto, sem dúvida, a muitas das políticas adotadas por Péricles e por Cleonte com respeito ao Império. Todavia, sua oposição não se teria apoiado em bases morais. Não há diferença quanto à "dureza" entre o tratamento do povo de Eion e Sciros nos dias de Címon e o propósito de Cleonte, quase meio século depois, de massacrar o povo de Mitilene. Nossas fontes, de fato, não revelam um único ateniense que tenha se oposto ao Império nesse aspecto, nem mesmo Tucídides, filho de Melésias, ou seu parente e homônimo, o historiador[8].

Certamente nem Atenas nem seus aliados previram todas as consequências da primeira etapa da associação em 478, especialmente o que aconteceria se algum Estado-membro quisesse se "separar". Tampouco alguém pode saber atualmente o que esperavam ou desejavam as pessoas com poder de decisão em Atenas. Quais eram, por exemplo, as aspirações a longo prazo de Temístocles e Aristides para Atenas e o poder ateniense? A Liga Délica foi, na história da Grécia clássica, o primeiro dos muitos casos importantes na manifestação do pan-helenismo, com ou sem esse nome, "para justificar a hegemonia e o domínio de uma *pólis* sobre os outros Estados através da proposta de um objetivo comum, a guerra contra os bárbaros"[9]. A esperança e as aspirações não implicam um programa definido, mas sua presença na Atenas de 478 é demonstrada pela rapidez com que Atenas não só adquiriu o poder de decidir pela Liga como também se preparou, com homens, navios e psicologicamente, para exercer a força em sentido estrito, para impor suas decisões e punir os recalcitrantes.

Não pretendo com isso subestimar a propensão pan-helênica, e muito menos o temor real de futuras invasões persas. O impulso da ideologia nunca deve ser subestimado, nem é fácil separar ideologia e realidade. Em um conflito, como se mede a respectiva importância desses dois elementos na determinação da decisão de um Estado mais fraco? Um Estado prudente podia livrar-se "voluntariamente" das temíveis consequências da resistência e da sujeição "involuntária", mas alguns não o fizeram. Uma antiga distinção jurídica britânica entre territórios cedidos e conquistados foi abandonada exatamente porque os dois se misturavam na maior parte do tempo[10]. Diante da falta de informações de Atenas que nos permitam tentar definições tão sutis, resta-nos examinar esse Império operacionalmente, ou seja, analisar o melhor e mais concretamente possível os padrões de comportamento observados e avaliar os lucros e as perdas do Estado imperial e dos Estados submetidos[11].

Para esse fim é suficiente uma tipologia rudimentar dos vários meios pelos quais um Estado pode exercer seu poder sobre os outros em benefício próprio: (1) restrição da liberdade de ação nas relações interestaduais; (2) interferência política, administrativa e/ou jurídica nos negócios internos; (3) serviço militar e/ou naval compulsório; (4) pagamento de alguma forma de "tributo", quer, em sentido estrito, uma soma global regular, quer um imposto sobre as terras ou alguma outra forma; (5) confisco de terras, com ou sem a subsequente emigração de colonizadores do Estado imperial; (6) outras formas de subordinação econômica ou exploração, que variam desde o controle dos mares e regulamentos de navegação até a entrega compulsória de mercadorias a preços inferiores aos de mercado, e outras similares.

O presente ensaio enfocará a economia do poder imperial. Esse enfoque não significa que a política do Império ateniense não mereça ser analisada ou que a economia e a política sejam aspectos autônomos e separáveis da história. Todavia, nada tenho a acrescentar no campo da política exterior, exceto talvez perguntar: Por que Atenas estava preocupada em converter outras *poleis* gregas em agentes dependentes nas relações interestaduais, e, em particular, que benefícios materiais obteve (deliberadamente ou não) com seu êxito nesse esforço? A interferência nos assuntos internos é menos compreendida, em grande parte por causa da falta de evidências adequadas, e consequentemente terei que me limitar ao que teve ou possa ter tido um impacto econômico imediato.

Por causa da escassez e da unilateralidade das fontes, nenhuma história é possível, e isso significa a impossibilidade de uma consideração adequada do desenvolvimento e mudança. Portanto, se o que vem a seguir tem aparência estática, não é porque eu tenha a opinião improvável de que as relações entre Atenas e os Estados a ela sujeitos não mudaram fundamentalmente de 478 a 404, mas porque não possuo meios de documentar mudanças significativas e de evitar cair na cilada da "rudeza de Cleonte" que já discuti. Temos a impressão, por exemplo, de que durante anos Atenas interferiu com frequência e rigidez crescentes nos assuntos internos de alguns ou de todos os Estados que sujeitava; certos casos criminais tinham que ser julgados em Atenas por tribunais atenienses, o direito de cunhar moeda foi abolido durante certo tempo, e houve outras medidas. O pouco que sabemos desses fatos encontra-se quase que inteiramente em achados epigráficos, e, embora seja geralmente possível encontrar uma razão plausível para a introdução de uma medida particular por ocasião de uma determinada inscrição, têm havido experiências infelizes demais com o desmoronamento de tal lógica após a descoberta de uma nova inscrição. Além disso, as datas de algumas medidas mais drásticas, como o decreto sobre a cunhagem de moeda, continuam sendo objeto de ampla controvérsia.

Sabemos, também, que os atenienses desenvolveram uma considerável máquina administrativa para o Império, setecentos funcionários públicos, diz Aristóteles (*Constituição de Atenas*, 24.3), quase tanto quanto os que se ocupavam dos negócios internos. Fora a suspeita de repetição do número setecentos, não há nenhuma razão válida para questionar sua exatidão. "Não sabemos o suficiente para dizer que setecentos é um número impossível"[12] é desnecessariamente cético. E mais uma vez as fontes nos desapontam: as evidências da administração são quase inteiramente epigráficas; não nos permitem retroceder mais do que ao decreto de Eritreia (*IG* 1^2 10), provavelmente de meados de 450; e mal permitem uma visão da divisão de funções[13]. Nada se pode deduzir do silêncio aqui: virtualmente não há inscrições atenienses (a não ser dedicatórias) antes da metade do século V, e mesmo o tributo oscila entre a imposição original por Aristides e 454. Podemos presumir com segurança, acredito, que os funcionários administrativos (tanto militares como civis, na medida em que essa distinção tenha algum significado nesse contexto) além dos *Hellenotamiai* começaram a aparecer pelo menos assim que surgiu a resistência dos membros da Liga, que seu número aumentou, bem como suas obrigações e poderes, com o passar dos anos. Nessa suposição não está implícito nenhum planejamento ateniense sistemático ou a longo prazo. O que é indiscutível é a existência e o tamanho dessa administração no final, não só muito grande pelos padrões gregos mas também, como parece não ter sido notado, relativamente maior que a administração formal nas províncias do Império romano.

II

Em qualquer estudo do Império ateniense, duas das categorias em minha tipologia – serviço militar-naval e tributo – devem ser consideradas juntas porque assim foram manipuladas por Atenas durante a maior parte da história do Império. Quando a Liga foi fundada, os Estados-membros se dividiram nos que contribuíram com dinheiro e nos que contribuíam com navios e tripulações. Com o tempo esse último grupo foi diminuindo gradualmente até restarem apenas dois membros, Quios ou Lesbos, embora haja registros de que outros contribuíram com navios para alguma campanha em ocasiões posteriores, como fez Corcira, um aliado não pertencente à Liga. Não temos listas dos membros primitivos que contribuíam com barcos nem qualquer declaração de princípios que serviam de base para a atribuição de uma categoria ou outra aos Estados-membros[14]. De um modo geral é óbvio que os barcos deviam ser exigidos dos Estados marítimos maiores, com facilidade de porto próprio, não de Estados do interior ou dos muito pequenos. A honra também deve ter desempenhado seu papel. Em 478, em todo caso, Quios ou Lesbos não teriam renunciado facilmente a seus barcos de guerra, nem ao que sua posse implicava; poucas décadas depois, aferravam-se pateticamente à continuação de sua contribuição em barcos como um símbolo de "autonomia", em contraste com a grande massa de Estados subordinados que pagavam tributo[15].

Todavia, se os textos antigos remanescentes são falhos quanto à situação por ocasião da fundação da Liga, Tucídides é bastante explícito sobre a razão da mudança do padrão: "a aversão às campanhas militares levou a maioria deles, para evitar servir no exterior, a fazer pagamentos em dinheiro correspondentes às despesas da construção de barcos" (1.99.3). "Para evitar servir no exterior" não pode ser interpretado literalmente; no passado esses Estados não tinham construído, equipado e tripulado barcos simplesmente para repelir ataques, e há muitos exemplos de sua disposição para "servir no exterior". Agora, todavia, eles estavam servindo um Estado imperial alheio, sob suas condições e seu comando. Daí a relutância, que se apresentou primeiro como a recusa de fazer as contribuições exigidas (Tucídides, 1.99.1) e depois, quando ficou patente quanto isso custava, transformou-se na rendição mais abjeta, a conversão da frota da "Liga" numa frota ateniense em sentido estrito, parte dela consistente de barcos confiscados dos Estados-súditos (Tucídides, 1.19) e outra paga como um tributo anual. Tucídides condena abertamente os Estados-súditos por terem se reduzido desse modo à impotência. Mas sugiro que a diferença no poder naval entre 478 e, digamos, 440 era apenas, basicamente, quantitativa. O controle ateniense da frota associada era quase total desde o começo, o que justifica a opinião de H. D. Meyer de que a Liga foi "um instrumento de coação *(Zwangsinstrument)* ateniense desde o momento de sua criação"[16].

Alguns dos propósitos para os quais o instrumento foi empregado serão considerados mais tarde. Aqui desejo examinar as implicações financeiras, sem recorrer às suposições aritméticas disseminadas na literatura dos estudiosos. Os poucos números nas fontes remanescentes são insuficientes, muito pouco confiáveis e frequentemente muito contraditórios para servir de base matemática, e os dados epigráficos mais aumentam a confusão do que ajudam a esclarecê-la. Portanto, me restringirei a umas poucas considerações como exemplo, das quais nenhuma está sujeita a grande margem de erro.

Primeiro, todavia, é necessário livrarmo-nos de dois fetiches. Um deles é um simples número: "A tributação primitiva totalizava 460 talentos" (Tucídides, 1.96.2). É necessária muita credulidade para aceitar esse número, e uma fé mística para incluir as contribuições em barcos nesse total[17]. A ingenuidade gasta na tentativa de conciliar 460 com outros totais espalhados pelas fontes poderia ser perdoada como um passatempo inofensivo, caso isso não desviasse a atenção das realidades da situação. O objetivo era uma frota, não moeda, contudo os estudiosos debatem se Aristides já começou seu levantamento com a meta de 460 talentos ou simplesmente terminou o trabalho com alguns acréscimos inexpressivos, para chegar ao total sem sentido de 460. Pode-se sugerir seriamente que no início do século V a.C. alguém teria começado a difícil tarefa de reunir uma frota de coalizão estabelecendo uma previsão em dinheiro e não em barcos? E qual a utilidade de um total de tributos sem um total de barcos, do qual não há nenhum vestígio nas fontes?

Uma importante dificuldade nas tentativas de conciliação é criada pelos totais de pagamentos, normalmente abaixo de quatrocentos talentos, que aparecem (ou são conjecturados) nas "listas de tributo atenienses", um grupo de inscrições que coletivamente é meu segundo fetiche[18]. Sua descoberta e estudo têm sido, naturalmente, o maior benefício moderno para nosso conhecimento do Império ateniense, mas tornou-se necessário insistir que as "listas de tributo" não são um sinônimo do Império e não representam o total das entradas monetárias de Atenas vindas do Império. Acredito que a única cifra de renda em dinheiro do Império que pode ser defendida, tanto isoladamente como no contexto, é a que Tucídides (2.13.3) atribui a Péricles no início da guerra do Peloponeso – seiscentos talentos. O tributo era o maior componente, mas do ponto de vista de Atenas era irrelevante sob o aspecto fiscal, quer o dinheiro chegasse na forma de tributos, de indenizações ou de rendas oriundas das minas confiscadas[19]. Mas, mesmo que minha crença nos seiscentos talentos acabe se mostrando sem fundamento, a análise das implicações financeiras do Império não será absolutamente afetada.

A cifra de seiscentos talentos certamente não inclui o "valor em dinheiro" das contribuições em barcos, nessa ocasião restrita a Lesbos e Quios. Para o primeiro período do Império, todavia, é essencial ter alguma noção do peso relativo dos dois tipos de contribuição[20]. Infelizmente, o custo de construir e equipar um barco de guerra é desconhecido; a cifra, amplamente citada, de um a dois talentos na metade do século V é mera suposição, mas servirá para nossos propósitos. A vida média de uma trirreme era de vinte anos ou mais, devendo ser considerados os estragos ou perdas nas tempestades, os naufrágios e as batalhas, todos variando de ano para ano e impossíveis de ser calculados. Depois havia o item mais dispendioso, o pagamento da tripulação, duzentos em cada trirreme, 170 deles remadores. Isso variava de 1/3 a 1/2 dracma no início do século V a uma dracma por dia no começo da guerra do Peloponeso, ou um talento mensal por barco na taxa mais alta. Mais uma vez há excessivas variáveis incontroláveis – o número de barcos encarregados do patrulhamento regular, encarregados da guarda, ou do recebimento dos tributos impostos, o número e a duração das campanhas ano por ano e o número de barcos de guerra participantes, o número de dias devotados anualmente ao treinamento, essencial para os remadores das trirremes[21], a participação dos barcos "aliados" na atividade total da Liga em todos esses aspectos.

Devemos, portanto, tentar uma avaliação comparativa sem números precisos, e um exemplo tardio vai servir-nos de ponto de partida. Na primavera de 428 a.C. dez trirremes da *pólis* lésbia de Mitilene chegaram ao Pireu "de acordo com a aliança" (Tucídides, 3.3.4.). As dez trirremes, escreve Blackman, eram "uma pequena esquadra para serviço de rotina; naturalmente poderiam ser requisitados mais navios se fossem necessários para uma campanha em particular"[22]. Contudo, essa pequena esquadra custava a Mitilene cinco talentos por mês de soldo, à razão de meia dracma, além dos custos de construção, manutenção, reparos e equipamento. As "listas de tributo" fragmentárias para os anos de 431-428 apresentam esses pagamentos anuais de tributo, em números redondos, como 10-15 talentos de Abdera, 10 de Lampsaco, 15 ou 16 de Bizâncio, 9 de Cízico – todos na faixa mais alta das contribuições registradas, não superados por mais que meia dúzia de Estados aproximadamente. A comparação com o custo das tripulações dos barcos, portanto, sugere que, uma vez destruída a frota persa no Eurimedonte, o movimento dos Estados-súditos para trocar a contribuição em barcos pela contribuição em dinheiro foi motivado não só pelo patriotismo e amor à liberdade, mas também pelas finanças públicas. Para os Estados marítimos o tributo significava frequentemente uma carga financeira reduzida, em alguns anos uma redução substancial. Uma cifra comparativa pode ajudar-nos a avaliar esse peso: o gasto médio anual do Pártenon, um templo muito dispendioso, era de 30-32 talentos[23], igual ao mais alto tributo registrado, soma que as tripulações de doze trirremes receberiam como pagamento (à taxa mais baixa) em uma temporada de cinco meses de navegação (e havia épocas em que os barcos de guerra permaneciam no mar fora da temporada "normal").

Duas considerações compensatórias são introduzidas habitualmente nos cálculos, como na seguinte afirmação de Blackman: "...mas o pagamento ia principalmente, senão inteiramente, para seus próprios cidadãos. Uma longa temporada provavelmente significava uma campanha ativa e não patrulhas de rotina, o que originava maiores esperanças de presas de guerra para compensar os gastos". Eles "podem perfeitamente ter esperado cobrir seus custos, como resultado; esse foi provavelmente o caso nos primeiros anos, pelo menos até depois de Eurimedonte e talvez até o começo dos anos 450"[24]. A consideração do "bem-estar social" pode ser descartada de saída: esse não é um conceito do século V, especialmente entre as oligarquias que ainda controlavam alguns dos maiores Estados marítimos: além disso, muitos de "seus próprios cidadãos" empregavam-se rapidamente como remadores na marinha ateniense. Quanto às presas de guerra, pelas quais, sem dúvida, todos esperavam, desde que tivessem que tomar parte em operações militares e guerrear, há poucas evidências nas fontes antigas sobre qualquer campanha durante o período em questão, exceto o caso de Eurimedonte. O silêncio das fontes não é argumento decisivo, mas parece-me inadmissível preenchê-lo com "podem perfeitamente ter esperado cobrir seus custos". Como no caso do Eurimedonte, é um voo de imaginação descabido pensar que a Liga Délica arriscou sua frota associada, com seus homens, e a independência da Grécia numa batalha decisiva principalmente, ou mesmo significativamente, pelas presas de guerra que obteria se vencesse[25].

Os enfrentamentos navais (e militares) a longo prazo eram tão dispendiosos como imprevisíveis para os participantes, senão para os historiadores posteriores, mesmo quando havia grande vantagem de um lado. Foi necessário cerca de um ano inteiro, de abril de 440 a abril de 439 aproximadamente, para os atenienses dominarem Samos[26]. Na ocasião a ilha ainda contribuía com barcos, era capaz de reunir setenta navios de guerra, cinquenta deles em condições de entrar em combate, e lançar a ameaça, real ou imaginária, do apoio da frota "persa". Atenas enviou várias flotilhas, totalizando talvez mais de 150 navios (parte dos quais desviada contra a ameaça "persa"), e uma força militar com equipamento de assédio; também intimou Quios e Lesbos a fazer contribuições, 25 trirremes ao todo no primeiro ano, trinta no segundo.

Houve vitórias de ambos os lados, mas um cerco de oito meses forçou Samos a render-se. Registrou-se considerável perda de vidas e material (inclusive trirremes). O custo financeiro para Atenas pode ter sido de 1.200 talentos (embora essa cifra seja atingida por meio de excessivas emendas textuais, por comodidade). As condições dos vencedores incluíam pesada indenização a ser paga a Atenas e a entrega da frota inimiga, marcando seu desaparecimento definitivo da lista dos contribuintes de barcos. Não temos detalhes sobre o envolvimento de Lesbos e Quios, mas cada mês teria custado a elas de doze a quinze talentos só em pagamento, e não receberam absolutamente nada por seus esforços, quer em indenização, quer em presas de guerra.

As trirremes eram construídas especificamente como barcos de guerra e não serviam para nenhum outro fim. Não podiam ser convertidas em navios mercantes ou barcos de pesca, nem tampouco havia qualquer outro emprego profissional para as dezenas de milhares de remadores[27]. Portanto, na medida em que os Estados perdiam a verdadeira liberdade para guerrear, havia pouco interesse, e grande despesa, na construção, manutenção e equipagem de uma esquadra. Assim eles buscaram alívio solicitando a Atenas que os transferisse para a categoria dos que pagavam tributo, solicitação que não poderia ter sido imposta a Atenas se ela não a desejasse. O fato de Atenas ter concordado denota que podia permitir-se a perda fiscal como o preço por uma marinha totalmente ateniense, com tudo que isso significava em poder e satisfação própria. Podia se permitir isso porque as finanças do Estado estavam em boas condições, graças às rendas imperiais, diretas e indiretas. Não somos capazes de fazer as somas, do mesmo modo que não podemos calcular adequadamente como Atenas fez para pôr de lado uma parte tão grande de suas rendas públicas a título de fundo de reserva, que atingiu 9.700 talentos em determinado momento (Tucídides, 2.13.3). Isso é uma pena, mas não altera a realidade.

III

O tributo, em sentido estrito, é, naturalmente, apenas um meio de um Estado imperial drenar fundos dos Estados-súditos para seu tesouro. Provavelmente não é nem o mais comum nem o mais importante, se comparado, em particular, com o dízimo ou com a taxação monetária sobre as terras dos súditos. Da última não há vestígios no Império ateniense e na verdade só há um caso registrado de exploração estatal de propriedade confiscada, o das minas de ouro e prata em terra firme tomadas de Tasos depois de sua revolta malsucedida[28]. Essas minas continuaram a ser exploradas por particulares, como eram antes – sendo o caso mais famoso o de Tucídides (4.105.1), presumivelmente como herança de seus ancestrais trácios –, mas o Estado ateniense tomava sua parte dos lucros, como acontecia com as minas de Láurio, em seu próprio território.

Era na área do enriquecimento privado, e não público, que a terra desempenhava importante papel no Império ateniense. O número de cidadãos atenienses, habitualmente das camadas sociais mais pobres, que recebeu lotes de terra confiscada ou, pelo menos em Lesbos depois da revolta malsucedida de 428, uma "renda" substancial e uniforme (e portanto arbitrária) equivalente a aproximadamente o pagamento de um hoplita durante um ano inteiro, decorrente das possessões mantidas e trabalhadas pelos habitantes da ilha, pode ter totalizado 10.000 no decorrer do período imperial[29]. O tipo mais declarado de exploração imperial, portanto, beneficiava diretamente talvez de oito a dez por cento do total dos cidadãos atenienses[30]. Alguns confiscos encontravam-se em locais de onde a população vencida tinha sido totalmente expulsa, mas muitos em áreas onde o povo local permanecia como uma comunidade reconhecida, e lá o modelo do colonizador que tanto dominou a história do imperialismo posterior foi evidente[31], embora mais no estado embrionário, porque os assentamentos eram de curta duração.

As colônias e as clerúquias não resumem toda a história, embora a maior parte dos relatos do Império esteja ligada a elas, "excessivamente preocupados em estudar os erros do imperialismo ateniense através das instituições oficiais e decisões coletivas" para dar o devido peso "à ação de indivíduos que tomaram parte no concerto geral"[32]. O cidadão ateniense, em sua maioria da camada superior do espectro social e econômico, adquiria propriedades nos territórios dos Estados-súditos onde não havia nem colônias nem clerúquias. As provas são escassas, mas um caso é suficientemente notável para ser examinado mais de perto. Nos fragmentos remanescentes do registro bem detalhado, inscrito em pedra, da venda por licitação pública da propriedade confiscada dos homens condenados pela participação no duplo sacrilégio de 415 a.C. (a profanação dos Mistérios e a mutilação das hermas), estão incluídas umas poucas propriedades fora da Ática, em Oropo na fronteira beócia, na Eubeia e Tasos, e em Abidos no Helesponto e Ofrineu na Tróade[33]. Um grupo de propriedades rurais, espalhadas pelo menos por três regiões da Eubeia, pertenciam a um só homem, Eônias. Elas foram vendidas por 81 1/3 talentos[34], soma que deve ser comparada com a posse de terras mais extensa registrada na própria Ática, a do banqueiro Pásion, por ocasião de sua morte em 370/69 a.C., a qual, segundo se diz, valia vinte talentos (Pseudo-Demóstenes, 46.13)[35].

Deve ser salientado que homens como Eônias não pertenciam às classes que recebiam terras nas colônias e clerúquias, e que as propriedades leiloadas depois de sua condenação (ou fuga) não se encontravam dentro de blocos clerúquios[36]. Tinham adquirido suas propriedades rurais pela "iniciativa privada", embora não possamos dizer como. Em todo o mundo grego nesse período, a propriedade da terra estava adstrita aos cidadãos, a menos que uma *pólis*, através de um ato de soberania, desse permissão especial a um não cidadão, o que parece ter sido raro e só em caso de relevantes serviços ao Estado. É altamente improvável que Alcibíades e seus amigos tenham conseguido esse privilégio de Oropo, Eubeia, Tasos, Abidos e Ofrineu em reconhecimento de suas boas ações. É igualmente improvável que só homens que tomaram parte nas aventuras de 415 tenham feito parte desse grupo privilegiado. Se não fosse pelo achado casual de uma série de inscrições fragmentadas, não teríamos sabido nada sobre a operação total, além de quatro ou cinco observações gerais espontâneas nas fontes literárias; contudo Eônias, que de outro modo seria desconhecido, passou a ser um dos atenienses mais ricos de qualquer período de sua história. E, finalmente, tampouco teríamos a menor ideia do número de propriedades leiloadas que os homens possuíam no exterior: só vinte das cinquenta vítimas conhecidas foram identificadas nos fragmentos epigráficos, e nos textos de que dispomos não está relacionado, de forma alguma, tudo o que possuíam.

Como já disse, não sabemos como essas aquisições foram efetuadas. Terão sido obtidas "legal" ou "ilegalmente"? Só a resposta ateniense é clara: o Estado ateniense aceitou a legitimidade do título e vendeu as estâncias como propriedades dos homens condenados. Que tenha sido o Império ateniense a executar a ação, parece certo para mim: não preciso salientar outra vez a ambiguidade do conceito de "ação voluntária"; aqui estamos tratando de homens com influência e poder dentro de Atenas, homens que deviam ser cortejados pelos súditos. É ainda mais certo que houve um grande ressentimento no Império por causa da violação do princípio do monopólio da terra pelo cidadão, daí a concessão ateniense, no decreto que fundou a chamada Segunda Liga Ateniense em 378/7 a.C., de que nem o Estado ateniense nem qualquer de seus cidadãos poderiam "adquirir casa ou terra nos territórios dos aliados, fosse por compra, por execução de hipoteca ou qualquer outro meio" (*IG* II^2 43.35-41). Ninguém teria requerido e conseguido a inclusão de uma proibição tão terminante a não ser que houvesse um forte sentimento sobre esse assunto, o que está refletido na formulação exagerada e que só pode ter resultado da amarga experiência da "Primeira Liga Ateniense"[37].

IV

No momento em que passamos à sexta categoria de minha tipologia, "outras formas de subordinação econômica ou exploração", mergulhamos imediatamente no campo contencioso do "comércio e política" gregos. Sobre esse assunto, expus e sustentei minha opinião longamente em outro local[38]. Minha principal preocupação neste momento é com as consequências do poder imperial ateniense em assistir os atenienses para tirarem vantagens econômicas diretas além das obtidas através do emprego na armada e atividades correlatas, ou através da aquisição de terras nos territórios dos Estados-súditos. Os ganhos indiretos eram inevitáveis: o poder sempre atrai benefícios, como a muito decantada fartura e variedade de mercadorias disponíveis em Atenas, com as quais se beneficiavam os exportadores, artesãos e vendedores. Muitos destes últimos não eram atenienses, todavia, e os ródios helenísticos estavam na mesma posição vantajosa sem ter o mesmo poder político como respaldo. Não obstante, é indiscutível que esses proveitos eram um subproduto do Império ateniense, embora sua magnitude não possa ser medida e seu lugar na política ateniense, se tiver algum, não possa ser deduzido simplesmente de sua existência. *Handelspolitik* (política comercial) não é um sinônimo de *Machtpolitik* (política do poder), a despeito de os historiadores frequentemente cometerem esse deslize.

O problema pode ser colocado deste modo: o controle do Egeu foi um instrumento de poder para Atenas. Como foi empregado esse instrumento para atingir metas além da cobrança de tributos, de assentamento rural, da interferência em assuntos de política interna, da supressão de guerras por motivos irrelevantes e da eliminação mais ou menos completa da pirataria? Mais precisamente, foi ele de fato empregado para algum outro fim além daqueles que acabo de enumerar e, em particular, para fins comerciais?

Dada a natureza da economia antiga, duas das formas mais importantes e lucrativas da exploração colonial moderna estão excluídas, isto é, a mão de obra e a matéria-prima baratas; numa linguagem mais técnica, o emprego, por coação se necessário, da mão de obra colonial com salários muito abaixo dos do mercado da metrópole, e a aquisição, também compulsória se necessário, de matérias-primas básicas a preços substancialmente abaixo dos preços do mercado da metrópole. Uma terceira forma de exploração, que existiu e teve tanta importância na Roma republicana, parece não ter ocorrido no Império ateniense. Refiro-me ao empréstimo de dinheiro para as cidades e Estados-súditos com altas taxas de juros, usualmente para prover esses últimos do dinheiro necessário para pagar seus impostos (ou tributos) ao Estado imperial. As possibilidades da *Handelspolitik* estão, portanto, restritas às vantagens comerciais competitivas tiradas por meios não econômicos, isto é, pelo exercício do poder sem a manipulação de preços e salários.

As evidências são muito débeis, quase inexistentes. No segundo capítulo da *Constituição dos atenienses*, o Pseudo-Xenofonte ressalta o argumento, repetido em palavras contundentes por Isócrates (8.36) no século seguinte, de que a Atenas imperial "não permitia que outros navegassem em seus mares a menos que estivessem dispostos a pagar o tributo". Esses dois escritores são tão notoriamente tendenciosos que qualquer de suas generalizações é suspeita, mas não falsa *ipso facto*. Não tão facilmente descartável é a disposição contida no decreto ateniense de 426 a.C. que permitia a Metona no Golfo Termaico importar anualmente um total (desconhecido) fixo de grãos de Bizâncio, mediante declaração feita junto aos funcionários atenienses chamados *Hellespontophylakes* (Fiscais do Helesponto). Permissão similar foi dada a Afítis (perto de Potideia) no mesmo período. São só dois textos, mas que de certa forma vêm corroborar o argumento do Pseudo-

-Xenofonte e de Isócrates. As inscrições não dizem que Metona e Afítis não podiam navegar sem pagar tributo; elas dizem mais e menos ao mesmo tempo; era garantido às duas cidades o direito de "navegar livremente", mas nenhuma podia comprar grãos do mar Negro sem a permissão de Atenas[39].

A presença dos *Hellespontophylakes* significa que todas as outras cidades eram, ou podiam ser, controladas da mesma forma. Impossível determinar se os *Hellespontophylakes* representavam "um sistema de organização estrita"[40], mas de qualquer forma merecem mais atenção do que recebem habitualmente. Potencialmente, com o respaldo da armada ateniense, eles podiam negar o acesso ao mar Negro para toda e qualquer cidade grega, e portanto o acesso para a principal rota marítima não somente de grãos, mas também de escravos, peles e outros produtos importantes. Quando foram instalados? A tentação de rotulá-los de "medida de tempo de guerra" deve ser descartada. Não só isso introduz o argumento da falta de informações, sobre o qual já falei o bastante, como também ignora o fato de que muito poucos anos não foram "anos de tempo de guerra"[41], a partir de 478.

Não estou sugerindo que os *Hellespontophylakes* foram criados logo no começo da história do Império. Eles eram, afinal de contas, apenas a cimalha da estrutura, uma organização destinada a conseguir um mar fechado. O que sugiro, na verdade, é que um objetivo como esse foi a consequência automática do poder naval, dentro do sistema da *pólis* grega, e que as providências nesse sentido devem ter sido tomadas pelos atenienses quando puderam, tanto quanto puderam e quando julgaram conveniente[42]. Fora a guerra, não havia instrumento mais útil para punir os inimigos, recompensar amigos e persuadir os "neutros" a se tornarem "amigos"[43]. E, se o emprego do instrumento significava ir para a guerra, *tant pis*. A revolta de Tasos, escreve Tucídides (1.100.2), originou-se "de uma disputa sobre os *emporia* na costa trácia e sobre as minas que os tásios exploravam". Isso aconteceu já no ano de 465 a.C., e, embora não saibamos qual foi o problema que dividiu Atenas e Tasos a respeito dos *emporia*, é muito remota a possibilidade de que ele não esteja relacionado com as ambições de "mar fechado" do Estado imperial, que simplesmente tomou posse dos *emporia* depois que Tasos foi derrotada. Naturalmente Atenas ainda não tinha a capacidade para fechar o mar que viria a ter mais tarde, mas com toda certeza é errado dizer que a meta em si era *inconcebível* nos anos 50 e 60⁴⁴. Isso seria cometer outra vez o erro de confundir hegemonia com império.

A questão, em suma, não é quando ou se o "mar fechado" foi concebível, mas quando e como Atenas foi capaz de fechar o mar em seu benefício. E por quê. Como veremos logo, os propósitos de Atenas não exigiam um controle total, mesmo que isso estivesse a seu alcance. A advertência coríntia, em 432, de que os Estados do interior logo saberiam o que os Estados marítimos já sabiam, que Atenas era capaz de impedi-los de levar seus produtos para o mar e de em troca comprar o que necessitavam (Tucídides, 1.120.2), tem sentido, mas precisa ser entendida corretamente em termos práticos. Assim é o "decreto megarense". Nem mesmo a mais monumental e especial argumentação teve sucesso em abrandar as claras palavras, repetidas três vezes por Tucídides (1.67, 1.139, 1.144.2), que um decreto, baixado por Péricles em 432, entre outras disposições, excluía os megarenses "dos portos do Império ateniense". Todos os argumentos elaborados sobre a impossibilidade do bloqueio por trirremes e sobre a facilidade de "acabar com sanções", embora bem fundamentados, são irrelevantes⁴⁵. Os atenienses alegaram o direito de excluir os megarenses de todos os portos, e poderiam ter imposto esse direito *se quisessem.* A longa história que começa com Eíon e Sciros era conhecida por todo Estado que tinha um porto, e havia funcionários atenienses (bem como *proxenoi* e outros amigos de Atenas) em toda cidade portuária importante.

É patente e significativo que Atenas não tenha querido *destruir* Mégara. O que quis, e conseguiu, foi ferir Mégara e ao mesmo tempo declarar ostensiva e enfaticamente que estava preparada para empregar o "mar fechado", implacavelmente, como um instrumento de poder. O decreto sobre a cunhagem de moeda, seja qual for a data que se lhe atribua, foi exatamente o mesmo tipo de declaração⁴⁶. São ambos expressões de *Machtpolitik* – mas não de *Handelspolitik,* no sentido normal do termo. Neste ponto devemos introduzir na discussão a distinção formulada claramente pela primeira vez no campo da história grega por Hasebroek, a distinção entre "interesses comerciais" e "interesses de importação" (especificamente, alimentos, materiais para construção de barcos, metais)⁴⁷. Atenas não poderia sobreviver como grande potência, ou na verdade como qualquer tipo de *pólis* autônoma, sem uma importação regular de considerável quantidade de grãos, metais e materiais para construção de barcos, e agora ela podia garantir isso através de seu controle do mar. Nunca, todavia, Atenas mostrou a mais leve preocupação com as vantagens atenienses privadas nesse campo: não houve decretos de navegação, nenhum tratamento preferencial para os exportadores, importadores e fabricantes atenienses, nenhum esforço para reduzir a grande participação, talvez preponderante, de não atenienses no comércio[48]. Sem tais medidas não pode haver *Handelspolitik*, ou "monopólio de comércio de tráfego"[49]. E a esse respeito não havia diferença entre o proprietário de terras Címon e o curtidor Cleonte.

Muitas *poleis* gregas, e especialmente as maiores e mais ambiciosas, tinham necessidade semelhante de importar. Agora Atenas podia bloqueá-las parcialmente, senão completamente, e essa era a outra forma de emprego do instrumento "mar fechado". Quando os atenienses mandaram uma frota em 427 a.C. para apoiar Leontinos contra Siracusa, seu objetivo real, explica Tucídides (3.86.4), "era impedir que o trigo fosse exportado dali para o Peloponeso". Com que frequência e sob que circunstâncias Atenas usou sua frota desse modo no decurso de meio século depois de 478 não pode ser determinado a partir das pouquíssimas provas. A própria existência de sua armada era normalmente uma demonstração de força ostensiva e desnecessária, e não há razão para pensar que Atenas bloqueou outros Estados meramente para treinamento ou para divertimento sádico. Na ausência de motivos genuinamente comerciais e competitivos, a interferência na navegação e atividades comerciais de outros Estados restringia-se a situações específicas, quando elas surgiam *ad hoc* no crescimento do Império. Só durante a guerra do Peloponeso (ou assim parece), que alterou radicalmente a escala de operações e os interesses, tornou-se necessário o uso em massa do instrumento do "mar fechado". E mesmo depois o volume do tráfego do Egeu foi suficientemente considerável para fazer com que os atenienses, em 413, abandonassem o tributo por uma taxa portuária de 5% (Tucídides, 7.28.4) *numa tentativa de aumentar suas rendas*[50].

Obviamente, um fluxo constante de alimentos e outros materiais era um benefício para muitos atenienses individualmente. Mas incluir esse proveito sob o título "outras formas de subordinação econômica ou exploração" seria indubitavelmente torcer seu sentido.

V

"Atenas" é, naturalmente, uma abstração. Concretamente, quem em Atenas se beneficiava (ou era prejudicado) com o Império, como e até que ponto? A seguir me manterei dentro de minha estreita estrutura, restringindo "benefícios" e "lucros" a seu sentido material, excluindo os benefícios (não sem importância) oriundos da glória, prestígio, do puro prazer do poder. Também ignorarei os benefícios colaterais como a atração turística de toda grande cidade imperial.

A opinião grega tradicional é bem conhecida, já que foi "quantificada" por Aristóteles (*Constituição de Atenas*, 24.3): o homem comum de Atenas, as classes mais pobres, foram a força propulsora por trás do Império e os beneficiários dele. Seus benefícios são facilmente enumeráveis. No começo da lista está a grande extensão de terras confiscadas dos súditos e distribuídas de algum modo entre os atenienses. Talvez a armada tenha a mesma importância: Atenas mantinha uma frota permanente de cem trirremes, com outras duzentas em dique seco para emergências. Mesmo as cem requeriam vinte mil homens e, embora não saibamos quantos barcos eram mantidos regularmente no mar para patrulhamento e para treinamento[51], ou quantos faziam campanha e por quanto tempo, durante todas as batalhas dos períodos de 478-431 e 431-404, parece haver pouca dúvida sobre o fato de milhares de atenienses ganharem seus salários remando na fronta durante as temporadas anuais de navegação, e de dezenas de milhares (inclusive muitos não atenienses) estarem engajados em campanhas, por períodos mais longos ou mais curtos, durante muitos anos. Acrescentando-se somente o trabalho nos estaleiros, o benefício total em dinheiro para os atenienses pobres era substancial, embora não mensurável; além do mais, isso afetava uma grande porcentagem de todos os pobres.

Para ser preciso, Atenas já mantinha uma armada antes de ter um Império, e continuou a mantê-la após a perda do Império, mas a última experiência demonstra que, sem as rendas imperiais, era impossível pagar regularmente um contingente tão grande de tripulação. O mesmo aconteceu com o suprimento de trigo: Atenas conseguiu manter as importações no século IV também, mas no século V todos sabiam como o poder imperial garantia essas importações (da mesma forma que sustentava a armada), mesmo que nem todos conhecessem o texto do decreto de Metona ou tivessem ouvido falar dos *Hellespontophylakes*. E é sempre o pobre o mais ameaçado pela escassez e pela fome.

Finalmente, havia o pagamento dos cargos oficiais, no que Aristóteles se empenhou ao máximo para tentar quantificar. Nenhum outro Estado grego, tanto quanto sabemos, adotou a prática regular do pagamento para a manutenção de cargos públicos ou os distribuiu tão generosamente[52]. Isso foi uma inovação radical na vida política, o arremate da democracia de Péricles, a qual não teve precedente em lugar algum. Medidas radicais fundamentais exigem um poderoso estímulo e condições necessárias sem precedentes. Acredito que o Império oferecia ambos, o dinheiro necessário e a motivação política[53]. "Os que dirigem os barcos são os que possuem o poder no Estado", escreveu o Pseudo-Xenofonte (1.2), e já observei que esse escritor nada simpático nem sempre errou o alvo com suas afirmações sentenciosas de propaganda.

O que acontecia, então, com os atenienses mais prósperos das classes superiores, os *kaloi kagathoi*? O paradoxo, aos olhos modernos, é que eles tanto pagavam o grosso das taxas domésticas como integravam as forças armadas. Contudo, como já vimos, também apoiavam o avanço imperial de Atenas, seguramente não sem interesses idealistas ou políticos nos benefícios para as classes inferiores. Como se beneficiavam? Isso acontecia? Há silêncio total nas fontes literárias sobre o assunto, salvo uma notável passagem de Tucídides (8.48.5-6). Durante as manobras preliminares que levaram ao golpe oligárquico de 411, Frínico falou contra o propósito de reconduzir Alcibíades e restabelecer a democracia. É falso, disse ele (no sumário de Tucídides), pensar que os súditos de Atenas receberiam com satisfação uma oligarquia, pois "eles não viam nenhuma razão para supor que estariam melhor sob os *kaloi kagathoi*, considerando que, quando a democracia perpetrou maldades, o fez instigada e guiada pelos *kaloi kagathoi*, que eram os principais beneficiários".

Frínico era uma figura muito astuta e não precisamos acreditar em tudo (ou em alguma coisa) que ele disse num debate político. Todavia, Tucídides abandona seu estilo habitual, em um grau inusitado, para enfatizar a acuidade e a correção dos juízos de Frínico[54], o que lança uma luz diferente em sua afirmação sobre os benefícios que a classe superior obtinha do Império. Isso pelo menos sugere algo mais que glória e poder, por si sós, como os objetivos da longa série de *kaloi kagathoi* que começa com Címon, o qual construiu, defendeu e lutou pelo Império. O enigma é que não somos capazes de especificar como as classes superiores poderiam ter sido as principais beneficiárias. Deixando de lado a aquisição de propriedades em territórios de súditos, não posso imaginar nada além de benefícios negativos. Isto é, as rendas imperiais permitiram aos atenienses a construção de magníficos edifícios públicos e a formação da maior armada de sua época sem aumentar a carga tributária dos contribuintes. O peso que a armada podia impor tornou-se claro no século IV. Já é alguma coisa, mas não o suficiente para resolver o quebra-cabeça que Frínico nos deixou.

Seja como for, a conclusão leva-me a crer que o Império beneficiou diretamente a metade mais pobre da população ateniense em um grau desconhecido no Império romano, ou nos impérios modernos. Houve um preço naturalmente, os custos do constante estado de guerra. Muitos homens foram perdidos em confrontos navais e às vezes em batalhas terrestres, de forma mais contundente ainda no desastre da Sicília. Os agricultores atenienses sofreram ataques de surpresa periódicos dos espartanos na primeira fase da guerra do Peloponeso, e até mais da guarnição espartana permanente de Decélia na década final da guerra. A relação entre aqueles males e o Império era óbvia, mas que conclusões foram tiradas? A guerra era endêmica: todos a aceitavam como um fato, e portanto ninguém argumentava seriamente, ou acreditava, que a rendição do Império aliviaria Atenas das misérias da guerra. Isso os teria aliviado apenas de algumas guerras, e a perda do Império e de seus benefícios não parece valer esse ganho duvidoso. A moral ateniense permaneceu flutuante até o amargo fim, refletindo seus cálculos de lucros e perdas.

VI

Sem dúvida os Estados-súditos teriam preferido a libertação de Atenas a sua sujeição a ela, permanecendo o resto igual. Mas o desejo de liberdade é muitas vezes uma arma fraca e as outras coisas raramente permanecem iguais na vida real. Refiro-me não apenas às espantosas dificuldades de organizar uma revolta bem-sucedida – Naxos tentou e foi esmagada, Tasos tentou e foi esmagada, mais tarde Mitilene tentou e foi esmagada –, mas às relações mais complexas inerentes a todas as situações de sujeição e dominação. "Os aliados" (ou súditos) são uma abstração

tanto como "Atenas". Esta tinha amigos em todas as cidades-
-súditas[55]. Em 413, antes da batalha final em Siracusa, quando a
posição da armada ateniense era irremediável, os siracusanos ofereceram aos contingentes aliados sua liberdade e um salvo-con-
duto se desertassem. Eles recusaram e aceitaram compartilhar o
destino ateniense. Dois anos mais tarde, o povo de Samos reafir-
mava sua lealdade a Atenas e permanecia fiel até o amargo fim.

Não sabemos por que os sâmios reagiram desse modo em
411, os mitilenos de modo oposto em 428. Não temos as informações necessárias. A história do Império revela um padrão di-
vergente, similar em todos os lugares: a opinião do Estado imperial é mais ou menos unitária, enquanto a do lado oposto varia de
comunidade para comunidade e, dentro de cada comunidade, de
grupo para grupo. Alguns súditos de Atenas preferiam a democracia respaldada pelo poder ateniense à oligarquia em um Estado autônomo. Essa seria uma explicação para uma reação particular (embora Atenas nem sempre tivesse se oposto a oligarquias).
Com relação a isso, vale a pena lembrar que nunca chegou a nosso conhecimento o modo pelo qual o tributo era cobrado *dentro
do Estado tributário*. Se o sistema de taxação grego normal prevalecia – e não há razão para acreditar no contrário –, então o tributo para Atenas era pago pelo rico, não pelo homem do povo. Esse
peso, portanto, não teria causado preocupações para este último.
Em resumo, os custos materiais suportados pelos súditos eram
desiguais, e de modo geral seu peso e impacto nos escapam.

No relato de Tucídides sobre os debates em Esparta que
terminaram com a declaração de guerra contra Atenas, o historiador atribui as seguintes palavras a um porta-voz ateniense (1.76.2):
"Nós não fizemos nada de extraordinário, nada contrário à natureza humana ao aceitar um império quando ele nos foi oferecido
e depois ao recusar desistir dele. Três fortes motivos impediram-
-nos de fazer isso – a honra, o medo e o interesse próprio. E não
fomos os primeiros a agir desse modo. Sempre foi regra que o
fraco seja sujeitado pelo forte; e além disso achamos que merece-
mos nosso poder."

Não há nenhum programa de imperialismo ali, nenhuma
teoria, simplesmente uma reafirmação da antiga crença universal
na naturalidade da dominação. Olhando para trás, o historiador
é livre para formar seus próprios juízos morais; mas não para
confundi-los com juízos práticos. Grande parte da literatura moderna está preocupada, até obcecada, em tentar determinar se

Atenas "explorava seus aliados de algum modo considerável" ou "quanta exploração e opressão ocorreram". Essas questões são irrespondíveis, embora não sem sentido. O imperialismo ateniense empregou todas as formas de exploração material disponíveis e possíveis naquela sociedade. As escolhas e os limites foram determinados pela experiência e por juízos práticos, às vezes por cálculos errôneos.

4
Terra, débito e o homem de posses na Atenas clássica

Quando o pai de Alexandre, o Grande, Filipe II da Macedônia, organizou as cidades gregas em uma Liga dos Helenos, uma importante tarefa da nova corporação era a supressão da sedição no mundo grego. A relação dos decretos relativos à sedição incluía a redistribuição de terras e o cancelamento das dívidas (Pseudo-Demóstenes, 17.15). Para Platão essas medidas indicavam o tirano e o demagogo[1]. Todos os cidadãos de Itanos e Creta juraram: "Não executarei a redistribuição de terras ou casas, ou lotes de construção, nem o cancelamento de débitos", juramento preservado numa coluna de mármore do princípio do século III a.C.[2] Anteriormente, uma lei de Delfos tinha tornado crime sujeito à pena de maldição a simples proposição de qualquer dessas medidas na assembleia[3].

Esse assunto não é um mero estereótipo retórico, mas o reflexo de uma profunda preocupação baseada solidamente no caráter da economia grega e na história das lutas políticas gregas. Começando a partir do século VIII a.C. e continuando ininterruptamente por mais de quinhentos anos até a conquista romana, os gregos estiveram constantemente em movimento, quer como migrantes (individualmente ou em grupos), quer como revolucionários exilados. As colônias militares e agrícolas atenienses (clerúquias) do século V a.C., totalizando dez mil homens ou mais no seu auge[4]; o considerável número dos mercenários gregos do século IV, dos quais os Dez Mil de Xenofonte são apenas o exemplo mais famoso; a guerra civil no século III em Esparta sob Ágis, Cleômenes e Nábis – esses são exemplos que podiam se repetir a qualquer momento na história helênica, embora nem sempre com o mesmo impacto dramático. E a fome de terra foi a força propulsora. A fome de terra, por sua vez, originava-se frequentemente da expropriação privada, tendo a dívida por instrumento.

O agricultor endividado pode ser uma figura universal em certo sentido, mas é ao mesmo tempo a personificação de fatores econômicos que mudam; e, conforme estes mudam, ele também adquire outra aparência, às vezes de forma radical. Excetuando-se as condições naturais, variáveis significativas incluíram o mercado, o tamanho e o tipo da propriedade, os sistemas de posse, a divisão do trabalho entre a cidade e o campo, a qualidade e extensão das facilidades e operações de crédito, a posição econômica do tomador do empréstimo, o grau e o tipo de intervenção do Estado. Dizer simplesmente, como um proeminente historiador econômico, que "como o empréstimo pessoal... o empréstimo agrícola torna-se uma base para a extorsão e a opressão"[5] é formular uma generalização que, embora indubitavelmente válida, também encerra uma armadilha para os que desconhecem as variáveis. A eliminação dessa armadilha em determinado ponto da história grega é um dos objetivos deste trabalho.

I

Sólon é o primeiro nome grego que nos vem à mente quando terra e dívida são mencionadas juntas. Logo depois de 600 a.C. ele foi designado "legislador" em Atenas, com poderes constitucionais sem precedentes, porque a exigência de redistribuição de terras e cancelamento das dívidas não podia continuar bloqueada pela oligarquia dos proprietários de terra através da força ou de pequenas concessões. Em um de seus poemas Sólon fala da "terra negra, cujos *hóroi* fixados em tantos lugares removi outrora; antes era escrava, agora é livre"[6]. As medidas que Sólon tinha em mente quando escreveu essas linhas são muito discutidas atualmente, como acontece com a maior parte dos aspectos de seu programa de reforma econômica. Todavia, é certo que de algum modo ele eliminou os gravames que estavam expulsando os pequenos agricultores áticos de suas terras[7]. Os *hóroi* eram placas de pedra usadas para demarcar os limites entre propriedades vizinhas. Em determinado momento os atenienses encontraram outro uso, completamente diferente, para os *hóroi*, e foi esse segundo tipo que Sólon removeu: indicadores colocados nas propriedades agrícolas para tornar público o fato de que essas propriedades particulares estavam legalmente gravadas de ônus. Em certo sentido os atenienses tinham encontrado um meio muito brutal de atingir os objetivos do moderno registro de títulos e contratos. A remoção das pedras simbolizava a liberação do ônus[8].

Por mais que Sólon possa ter feito pelos agricultores de sua época, não pretendeu nem estabeleceu uma proibição permanente de empréstimos com garantia de terras. Os agricultores continuaram a se endividar, e quando não podiam mais oferecer a própria pessoa ou a de seus familiares como garantia – uma reforma permanente de Sólon – só suas terras lhes possibilitavam a obtenção de empréstimos. O uso dos *hóroi* para dar conhecimento público continuou, também, não apenas para propriedades agrícolas mas eventualmente para casas na cidade, quando estas eram dadas como garantia. Os arqueólogos descobriram mais de duzentas dessas pedras na Ática e em quatro ilhas do Egeu sob o domínio de Atenas. O período a que pertencem fica aproximadamente entre 400-250 a.C. Os textos de 222 foram publicados em 1951, cento e oitenta e dois deles em um estado de conservação suficientemente completo para serem analisados[9].

Um *hóros* típico, literalmente, diz o seguinte: "(No arcontado) de Praxíbulo (isto é, 315-314 a.C.). *Hóros* das terras e casa apresentadas como fiança para Nicógenes do (demo) de Aixone, 420 (dracmas), conforme acordo sob a guarda de Queredemo do (demo) de Ramno."[10]

Poucas das pedras têm textos mais longos; a maioria os tem mais curtos, pois a data só é encontrada em 27 ou 28, o acordo escrito só é mencionado em quinze, e mesmo o nome do credor e o total da dívida são omitidos algumas vezes. Assim, um bloco de mármore (*IG* II², 2760) encontrado na própria cidade de Atenas diz simplesmente: "*Hóros* de uma oficina [*ergasterion*] oferecida como fiança, 750 (dracmas)" – três palavras e um numeral em grego.

Esse conjunto concentrado e homogêneo de textos de uma única comunidade é uma raridade nos materiais das fontes gregas. A época também é significativa, pois o século IV a.C., no qual a maioria dos *hóroi* pode ser situada, é o século da "derrocada" da cidade-Estado grega. Todavia, os historiadores podem entender e interpretar o fenômeno. E aí está a armadilha. O número considerável de *hóroi* do século IV é normalmente aduzido para provar que, durante o século crítico, "os pequenos agricultores endividaram-se cada vez mais, e eram frequentemente forçados a entregar suas terras"[11]. A lembrança de Sólon e o quadro da propriedade rural hipotecada de hoje são facilmente diferenciados. De fato os *hóroi* não nos dizem absolutamente nada sobre o pequeno agricultor e suas dívidas: eles estavam nas propriedades dos donos de terra mais ricos.

Mas, em primeiro lugar, o que era uma propriedade grande na Atenas antiga? A persistente ausência de números nas fontes é um notável exemplo do enfoque não quantitativo que caracteriza os escritos gregos sempre que tratam de assuntos econômicos. Conheço exatamente cinco cifras referentes a terras em toda a literatura de Atenas e nenhuma cifra útil nas inscrições atenienses. Em um discurso forense escrito pouco depois de 330 a.C., a propriedade de um homem chamado Fenipo é descrita em medida linear, algo em torno de setecentos ou mil acres*, dependendo do contorno do terreno[12]. Depois há a propriedade do patrimônio de Alcibíades, de uns setenta acres, equivalente à propriedade de um certo Aristófanes (não o escritor de peças teatrais), confiscadas pelo Estado em 390 a.C.[13] Nesses três exemplos a regra não é seguida e as dimensões são mencionadas porque os oradores queriam enfatizar que eram propriedades grandes. A quarta cifra é 45 acres, as terras na Eubeia dadas pelo Estado ateniense a Lisímaco, filho empobrecido de Aristides, no final do século V a.C.[14] Finalmente, encontramos uma cifra de catorze acres em um discurso datado de 389 a.C. aproximadamente (Iseu, 5.22). Essa última cifra foi mencionada para salientar o pequeno tamanho das terras.

Há boas razões para acreditar que as propriedades de quarenta e cinco e setenta acres, embora comuns, estavam acima da média. As terras de Fenipo estavam certamente na categoria mais alta, compartilhada por poucos atenienses. Segundo Dionísio de Halicarnasso, foi feita, e rejeitada, uma proposta em 403 a.C. para restringir os direitos políticos em Atenas aos proprietários de terras, que, se aprovada, teria privado cinco mil cidadãos de seus direitos civis[15]. O número é difícil de ser controlado, pois Dionísio viveu quatrocentos anos mais tarde, mas se tiver alguma base na realidade isso significa que só vinte ou vinte e cinco por cento dos cidadãos atenienses não possuíam terras de qualquer tipo no fim do século V a.C. Um certo apoio vem da estimativa de que cerca de dois terços da população de cidadãos vivia nos distritos rurais em 430 a.C., pouco mais que meio século depois; e muitos dos habitantes da cidade eram donos de propriedades agrícolas[16].

Uma vez que nenhum *horos* indica as dimensões da propriedade que ele marcava, a determinação da classe social dos proprietários envolvidos deve ser algo tortuosa. Trinta e duas das

---

* 1 acre = 4.046,84 m². (N. da T.)

pedras estão vinculadas a dotes. Segundo a lei ateniense o dote não se tornava propriedade total do marido. Em certas circunstâncias, como a morte de uma esposa sem filhos por exemplo, a parte do casamento tinha que ser devolvida a seu pai ou tutor. Para garantir a devolução nesses casos, o doador do dote exigia frequentemente uma garantia adequada, geralmente na forma de um bem de raiz. A propriedade continuava sendo do marido, mas, se ele fosse obrigado a devolver o dote e não o fizesse, perderia o bem apresentado como fiança exatamente como se tivesse oferecido essa parte de sua propriedade como garantia de uma dívida. Dos trinta e dois *hóroi* que indicam esse tipo de situação legal, dezessete apresentam o total do dote. Esses variam de trezentas a oito mil dracmas, com um valor médio de mil e novecentas e uma média geral de duas mil seiscentas e cinquenta[17].

Tais números são fáceis de avaliar. Não havia lei que obrigasse um homem a dotar sua filha. Todavia, as pressões econômicas e sociais não só tornavam o dote obrigatório, como também tendiam a fixar o total apropriado para uma determinada classe social. O padrão aceito pelos atenienses mais ricos parece ter sido, aproximadamente, três a seis mil dracmas; dotes confirmados excedendo a seis mil dracmas são tão raros que podemos estabelecer esse número como o máximo normal. Os *hóroi* com dotes, portanto, levam-nos para o mundo dos cidadãos atenienses mais ricos, na verdade os mais ricos de todos. Há apenas três totais abaixo de mil dracmas – um de trezentas e dois de quinhentas – e mesmo esses são dotes que estão muito fora do alcance da camada mais pobre da população.

Os totais inscritos nos outros *hóroi* representam débitos de vários tipos, raramente especificados. Variam de um mínimo de noventa dracmas a um máximo de sete mil, com uma faixa média de mil. Para a aplicação adequada no presente contexto, esses números exigem um substancial ajustamento para maior. Em primeiro lugar, a propriedade envolvida não precisaria ter sido necessariamente o total das propriedades do devedor. Em segundo lugar, algumas das dívidas menores eram garantidas só por casas. As dívidas garantidas por propriedades agrícolas, em outras palavras, apresentariam uma média substancialmente maior que mil dracmas. Mesmo as dívidas de mil dracmas, como os dotes nesse valor, não estavam ao alcance dos pequenos agricultores. Em 322 a.C. o general macedônio Antípatro, querendo estabelecer uma oligarquia em Atenas, impôs como condição para o direito de voto e o exercício de cargo público que o cidadão tivesse uma propriedade que valesse duas mil dracmas, o que desqualificou a maioria do corpo de cidadãos[18]. Se supusermos que a propriedade marcada por um *hóros* valia em regra pelo menos o dobro da dívida – suposição para a qual há algumas provas –, então bem mais que a metade dessas propriedades agrícolas situa-se na faixa aristocrática como definida por Antípatro.

O ponto surpreendente é que, uma vez que os *hóroi* foram eliminados como evidência do declínio do pequeno agricultor e da crescente concentração das propriedades agrícolas na Atenas do século IV, não sobra mais nenhuma evidência. Um exame das autoridades modernas citadas no início desta discussão revela que seu quadro da mudança das pequenas para as grandes propriedades, por meio de créditos agrícolas, nasce da combinação de dois argumentos: uma leitura errada da significação dos *hóroi* junto com uma análise da economia da agricultura (necessidades de capital, mercados e outras similares) que pertence à agricultura moderna, não à Grécia antiga, e isso repousa sobre uma base inexistente nas fontes atenienses. Por fim, ficamos reduzidos à convicção de que o pequeno agricultor "deve ter" sido expulso da terra no século IV como já tinha sido no século VII. Mas por quê? De acordo com as melhores estimativas da população, a quantidade de cidadãos cresceu constantemente no século IV (pelo menos até 322 a.C.), depois da acentuada queda durante a guerra do Peloponeso; a taxa de urbanização parece não ter sido maior que a taxa de crescimento; tampouco existe evidência do aumento do tamanho das famílias. Mais importante, em Atenas não há vestígio de uma genuína reivindicação, ou mesmo medo, de uma redistribuição de terras e do cancelamento das dívidas em qualquer época desse século[19]. A esse respeito Atenas não era típica do mundo grego, como o demonstra o programa da Liga dos Helenos.

Que o século IV viu o final da *pólis* grega clássica é indiscutível. Que *a pólis* democrática tinha perdido algo de sua vitalidade, mesmo onde mantinha uma existência formal, está claro. Que em Atenas o rico vivia mais confortavelmente e o pobre mais miseravelmente, é possível. Mas que tudo isso tenha tido algo a ver com a mudança do sistema de propriedade da terra, parece completamente errado.

II

"Onde há um empréstimo em jogo", escreveu o autor peripatético de um livro de *Problemas* atribuído a Aristóteles, "não há amigo, pois se um homem é amigo ele não empresta, ele dá."[20] Esse juízo ético, como a recomendação de Platão (*Leis*, 742C) de que fossem proibidos os empréstimos com juros, não coincidia mais, de modo completo e literal, com as normas em vigor em Atenas, mas ainda refletia um substrato da solidariedade aristocrática que continuou existindo ativamente nos séculos V, IV e III a.C. Para isso temos testemunhos inequívocos, como por exemplo o caso de Apolodoro.

Após a morte de seu pai, Pásion, o banqueiro mais famoso e bem-sucedido de Atenas, Apolodoro envolveu-se numa série de manobras legais, provavelmente nos anos de 368-365 a.C., contra um certo Nicóstrato e seu irmão. Nicóstrato tinha sido capturado em uma batalha e depois resgatado. Conseguira restituir mil dracmas do valor do resgate, mas não podia conseguir o saldo devedor e estava ameaçado de escravidão, de acordo com a lei ateniense. Nessa emergência, apelou para a ajuda de seu amigo de juventude Apolodoro. O que aconteceu é relatado ao tribunal por Apolodoro do seguinte modo: "'Nicóstrato... já que no momento não podes conseguir o valor total do dinheiro, nem eu tenho mais dinheiro que tu, emprestar-te-ei quanto quiseres de minha propriedade e poderás hipotecá-la pelo valor que está faltando; podes usar o dinheiro durante um ano sem juros e pagar os estrangeiros. Quando receberes o empréstimo-*eranos*, como tu mesmo estás dizendo, libera a minha propriedade.' Ouvindo isso, ele me agradeceu e pediu-me que agisse o mais rápido possível... Portanto, hipotequei um imóvel que pode obrigar várias famílias para Arceasas do (demo) de Pambotadai, que me foi recomendado por esse homem mesmo, por mil e seiscentas dracmas a juros de oito óbulos por mina por mês (isto é, dezesseis por cento ao ano)."[21]

O empréstimo-*eranos* que Nicóstrato ia conseguir para reembolsar Apolodoro era um recurso familiar e muito comum em todo o mundo grego. Era um empréstimo amistoso feito por um grupo *ad hoc* (mais precisamente uma pluralidade) de indivíduos; caracterizava-se não só pela participação do grupo, mas também pela inexistência de juros e pela disposição referente à restituição no decurso de alguns anos, com vencimentos regulares. Os *eranoi* eram solicitados por qualquer pessoa, desde os escravos que levantavam dinheiro desse modo para comprar sua liberdade (geralmente era o amo que reunia o empréstimo) até os ricos proprietários de terras e os líderes sociais da comunidade. A disposição de emprestar era colocada entre as maiores virtudes cívicas e sociais[22]; estava perfeitamente de acordo com o pensamento do peripatético: "se um homem é amigo ele não empresta, ele dá". Teofrasto, discípulo e sucessor de Aristóteles, refletia a mesma noção quando descrevia um fanfarrão como alguém que soma em seu ábaco o fantástico total de dez talentos (sessenta mil dracmas) em *eranoi* pagos (*Caracteres*, 23.6).

Nicóstrato precisou de ajuda financeira para livrar-se de seus resgatadores. Provavelmente, o mais conhecido de todos os exemplos atenienses de dívida pessoal é o caso fictício de Estrepsíades, em *Nuvens* de Aristófanes. O agricultor rico, idoso e antiquado, procurou Sócrates para saber como trapacear dois credores dos quais havia tomado de empréstimo mil e quinhentas dracmas para a compra de cavalos – não animais para trabalho, salienta o escritor, mas para o uso ostensivo da mulher e filho de Estrepsíades, que tinham ambições sociais.

Um terceiro exemplo de motivo de empréstimo aparece em outro processo de Apolodoro, uma ação que ele ganhou contra o proeminente general ateniense Timóteo para recuperar um total de quase quatro mil e quinhentas dracmas que Pásion tinha emprestado a esse último em várias ocasiões, em 373-372 a.C. Segundo o pleiteante, Timóteo estava em difícil situação financeira quando Pásion emprestou-lhe, por amizade, várias somas para que honrasse os compromissos que havia assumido no decurso de suas atividades militares e políticas em favor do Estado. Os empréstimos foram feitos sem testemunhas ou documentos, não tinham garantia nem juros. Depois da morte de Pásion o general negou a existência das obrigações, motivo pelo qual Apolodoro, como herdeiro de seu pai, moveu uma ação contra ele[23].

Eranoi, resgate, gastos com coisas supérfluas, problemas financeiros pessoais de generais no turbulento século IV – o padrão que emerge é o do empréstimo para fins não produtivos. A distinção entre empréstimos pessoais, para consumo, e empréstimos produtivos, para negócios, nem sempre é fácil de ser feita. "De um ponto de vista histórico", salienta Sieveking, "a diferenciação... tornou-se possível só quando o comerciante começou a manter contas especiais para o gerenciamento de seus empreendimentos comerciais e quando a firma tornou-se claramente distinta dos negócios familiares privados."²⁴ Apolodoro estava habilitado para processar Timóteo porque a "firma" e os negócios familiares privados de Pásion eram uma só coisa; não havia distinção, de fato ou de direito, entre as propriedades do banco e a riqueza pessoal do banqueiro. A demanda de Apolodoro contra o general baseava-se em sua posição de filho e herdeiro, não na continuidade do banco, com o qual nunca teve qualquer ligação. Não obstante, a diferença entre empréstimos pessoais e empréstimos para negócios surge com considerável clareza quando as transações em foco são contrapostas aos empréstimos marítimos, que eram indubitavelmente operações comerciais de ambos os lados.

Parece ter sido quase uma regra estabelecida da prática comercial ateniense, atribuída aos grandes riscos do tráfego marítimo e à inadequada acumulação do capital líquido, que os comerciantes usassem fundos emprestados, no total ou parcialmente, para seus empreendimentos marítimos. No século IV a.C., do qual provêm nossas informações sobre empréstimos para riscos marítimos, pode ser observado um padrão estabelecido. Os empréstimos quase nunca excediam duas mil dracmas; eram feitos de acordo com a duração da viagem (semanas ou meses, não mais); as cláusulas do acordo eram detalhadas e sempre por escrito; as taxas de juros eram altas, em alguns casos chegando a cem por cento; todos os riscos da viagem, menos os do insucesso econômico, corriam por conta do financiador, que ficava com o barco, a carga ou ambos como garantia do pronto reembolso uma vez que ele estivesse em segurança no porto de Atenas. Os empréstimos com garantia de terras, por outro lado, apresentavam uma *média* pouco menor que o máximo dos empréstimos de risco marítimo e frequentemente ascendiam a valores muito maiores. Eram feitos muitas vezes verbalmente e sem juros. Quando cobrados juros, a taxa era aproximadamente de 10 a 18%. O prazo mais comum parece ter sido de um ano, talvez o de costume. E naturalmente o elemento de risco inerente às transações de empréstimo marítimo não existia.

As informações disponíveis são, de modo geral, muito escassas para qualquer tipo de demonstração estatística. Mas é significativo, até mesmo decisivo, que nos casos conhecidos através das melhores fontes, os oradores atenienses, sempre que uma quantia substancial era emprestada com garantia de bens de raiz, o tomador não tinha propósitos produtivos. Sem dúvida os atenienses que possuíam bens de raiz faziam empréstimos ocasionais, garantidos por suas propriedades, para fins produtivos, mas a regra era inequivocamente na direção oposta, "para cobrir as necessidades convencionais de uma classe social acostumada a grandes gastos"[25].

Entre as necessidades convencionais, em Atenas bem como em todos os sistemas socioeconômicos primitivos, tinham especial importância as exigências financeiras do casamento, particularmente um grande dote. Um terço dos *hóroi* está explicitamente ligado a assuntos familiares; quantos dos outros também o podem ter sido não é possível determinar a partir dos textos e sua linguagem elíptica. Trinta e dois *hóroi* indicavam garantia de dote, como já vimos. Outros vinte e um estavam ligados a uma instituição conhecida oficialmente como "arrendamento de propriedade familiar" *(misthosis oikou)*. Se um tutor designado por testamento não desejasse ou não fosse capaz de administrar a propriedade de uma criança, poderia arrendar essa propriedade através de uma licitação, com a supervisão governamental, durante a menoridade da criança. Do vencedor da licitação era exigida por lei a apresentação de um bem de raiz como garantia do pagamento do aluguel anual e da devolução da propriedade quando o órfão atingisse a maioridade. Os vinte e um *hóroi* encontravam-se em propriedades com esse tipo de gravame. Os arrendadores, naturalmente, agiam com o objetivo de lucro, não de caridade. Todavia, esses textos em nada contribuem para a elucidação do motivo do endividamento dos homens que tinham propriedades e faziam *empréstimos* hipotecando-as. Agora não estamos tratando de arrendamentos, e o *misthosis oikou* nada mais era que um arrendamento sob circunstâncias peculiares.

Deixando de lado o dote e o *misthosis oikou*, os *hóroi* mantêm um silêncio quase completo sobre as razões dos endividamentos que eles tornavam públicos. Mas os oradores e outras fontes literárias deixam pouca dúvida de que, na maioria dos casos, a obrigação subjacente era semelhante às descritas por Apolodoro. Deve ser enfatizado especialmente o aspecto de que, enquanto o empréstimo moderno com garantia de hipoteca serve basicamente para financiar a compra ou os melhoramentos de um bem de raiz, essas duas razões de empréstimo eram praticamente desconhecidas em Atenas.

Entre os gregos as vendas eram feitas a dinheiro, de fato e de direito. As cidades-Estado gregas nunca reconheceram uma promessa de compra e venda como uma obrigação contratual legal, nem mesmo quando acompanhada de transferência de posse e de pagamento parcial. Sob esse aspecto a lei simplesmente acompanhava a prática corrente. Algumas vendas a crédito eram feitas, para ser mais preciso, mas constituíam exceção e só podiam ter força legal através de um artifício, usualmente na forma de um acordo de empréstimo. Conheço apenas duas referências inequívocas nas fontes atenienses a um bem imóvel dado em garantia de seu preço de compra. Uma é um *hóros* encontrado em um distrito rural e datado de 340-339 ou 313-312 a. C. Indicava um lote de terra gravado com um ônus de duas mil dracmas devidas de seu preço[26]. A outra é um discurso de Demóstenes, datado provavelmente de 346-345 a.C., escrito para um processo sobre um caso muito complicado envolvendo um moinho de trituração de minério no distrito mineiro da Ática, comprado junto com alguns escravos graças a um empréstimo de dez mil e quinhentas dracmas, de longe a maior transação de crédito privada existente nos registros atenienses.

O fato é que não havia um mercado de bens de raiz, propriamente dito, em Atenas, e que a terra não era uma mercadoria em nenhum sentido significativo. A língua grega não tinha nenhuma palavra para "bens de raiz". Tampouco existia uma palavra para "vendedor de bens imóveis" ou "corretor"; "vendedor de grãos", sim, "vendedor de perfumes", "vendedor de pães", mesmo invenções cômicas como o "vendedor de decretos", de Aristófanes, mas não "vendedor de terras" ou "vendedor de casas". Não se conhece nenhum ateniense que ganhasse sua vida negociando com bens de raiz. A própria cidade não mantinha nenhum registro formal de propriedades e nenhum registro de qualquer tipo de transações delas. Isso explica por que um credor colocava um *hóros* com a finalidade de proteger-se contra possíveis complicações legais, no caso de o proprietário ser tentado a fazer outro empréstimo garantido por suas terras já gravadas de ônus ou a aliená-las. Um possível comprador ou financiador não podia recorrer aos registros de contratos e títulos, mas podia ver os marcos de pedra indicadores.

Não há nenhum texto ateniense disponível que contenha algum exemplo do hábito moderno de hipotecar uma propriedade para levantar fundos destinados a construção ou melhoramentos. No total não há uma dúzia de referências em qualquer contexto na literatura grega para aumentar o valor de uma fazenda ou de uma propriedade urbana. E as poucas encontradas, espalhadas pelas fontes, atribuem os resultados ao zelo, trabalho duro, moderação ou alguma outra qualidade moral, mais que a um desembolso de fundos ou uma hábil manipulação gerencial que tenham causado uma mudança no aspecto econômico e na capacidade da propriedade.

Um grupo de documentos é particularmente instrutivo a esse respeito. Era prática comum a todas as associações de culto atenienses, públicas, semipúblicas e privadas, arrendar suas terras para agricultores individuais a longo prazo (de dez a quarenta anos). Uns vinte modelos de acordos individuais foram preservados na pedra. São bastante detalhados: entre as disposições encontradas em um ou outro há cláusulas exigindo que o arrendatário restitua a propriedade no fim do período de arrendamento com o mesmo número de árvores e vinhas que tinha quando a recebeu, que mantenha as edificações em bom estado de conservação, que pode as oliveiras de determinado modo, que empregue o sistema de arroteamento e outras exigências similares. Só uma vez é feita menção a melhoramentos no sentido próprio da palavra, e mesmo essa é singularmente inexpressiva. O arrendamento de um jardim, no século IV a.C., de propriedade dos adoradores do herói Médico, deram ao arrendatário, que fez um contrato por trinta anos, o direito de erguer qualquer construção que quisesse, às próprias expensas, em determinada parte da propriedade. No final do prazo devia remover o telhado, os caixilhos das portas e janelas, a menos que fosse feito um acordo prévio em sentido contrário[27].

Que a terra cultivável era mantida anos e anos em um nível fixo de operações é revelado do modo mais claro pelos inventários do templo de Apolo em Delos[28]. Qualquer que tenha sido o motivo que impediu o templo délio de melhorar as terras de sua propriedade, excluía-se a falta de dinheiro, pois o templo possuía grandes somas, parte das quais guardava, enquanto a restante era usada para empréstimos, sempre a uma taxa de 10%. O homem de posses ateniense pode não ter tido dinheiro. Se não tinha, tampouco o tomava emprestado, oferecendo sua propriedade como garantia, para expansão econômica. Sua mentalidade era não produtiva. A libertação do peso de ter que ganhar a vida era o que distinguia o *plousios* do *penes;* essa forma de antinomia grega tem uma gradação de sentido que difere significativamente do nosso "rico" e "pobre". Para esse último par de palavras não existe tradução precisa em grego, exceto através de um circunlóquio. A riqueza era boa e desejável, de fato necessária para a vida do bom cidadão. Mas sua função era liberar seu dono da atividade econômica e da preocupação, não provê-lo de uma base para um esforço contínuo no sentido de adquirir mais e mais[29].

Institucionalmente, uma importante dificuldade para a construção de um elo entre propriedade e dinheiro era o monopólio da propriedade da terra pelos cidadãos. Todas as cidades gregas limitavam o direito de possuir terras a seus cidadãos; os não cidadãos só podiam obter o direito através de um decreto especial, e há grande evidência de que esses privilégios não eram conseguidos facilmente, exceto nas épocas das crises mais difíceis. Os atenienses, em particular, guardavam ciumentamente sua prerrogativa. Obviamente um homem que não podia possuir terras não aceitaria terras como garantia de um débito; essa garantia de nada serviria para alguém que não pudesse tomar posse da propriedade em caso de não pagamento[30]. Os não cidadãos desempenhavam papel proeminente na vida econômica de Atenas, particularmente no campo financeiro. Todavia, como não cidadãos, suas atividades financeiras eram necessariamente separadas da base econômica da sociedade, seus bens de raiz. Podiam arrendar fazendas, casas e minas, mas não comprá-las ou fazer empréstimos com base nelas.

Por mais que se possa explicar a permanente insistência do monopólio dos bens de raiz pelos cidadãos, o fato é que a terra e o dinheiro continuaram como duas esferas muito separadas; para grande parte da comunidade financeira, completamente. Havia vinte ou trinta mil metecos (estrangeiros residentes) e um número incalculável de pessoas em trânsito em Atenas. Sua contribuição para a vida econômica da cidade era bem recebida, até mesmo buscada. No século IV a.C., foram introduzidas importantes mudanças nos processos legais para facilitar e agilizar a conclusão das demandas em que eles estivessem envolvidos e para tornar suas operações comerciais e financeiras mais simples e portanto mais atraentes. Mas sua exclusão da posse da terra continuou intacta; até onde sabemos, ninguém jamais propôs uma mudança nessa lei. Consequentemente, não houve impulso suficientemente forte para superar a resistência político-psicológica do tradicional vínculo da terra à cidadania. Nem um mercado de terras, uma significativa concentração de propriedades, nem uma exploração agrícola continuamente intensificada foram possíveis na falta de riqueza líquida.

III

O empréstimo de dinheiro era fundamentalmente não institucional e descontínuo. Nem a firma nem a verdadeira sociedade comercial estiveram presentes; a intermediação era conhecida de modo rudimentar, mas acontecia muito excepcionalmente. Na esmagadora massa de débitos garantidos por terras, o indivíduo X tinha uma dívida direta e pessoal com o indivíduo Y, nada mais[31]. Embora haja muito poucas informações sobre esses últimos, parece certo que poucos emprestavam dinheiro por vocação. Nem trinta atenienses, durante todo o século IV, são especificamente identificados como banqueiros, reflexo da raridade dessa ocupação e não de uma falha das fontes disponíveis. Na maioria das vezes os empréstimos eram feitos ou por mercadores ou por homens de *rendas,* que aproveitavam a oportunidade para obter lucro, ou por homens ricos desejosos de ajudar um amigo sem retorno monetário. Ocasionalmente, dois ou mais homens faziam um empréstimo em conjunto. A relação existente entre eles, como a que existia entre credor e devedor, era também acidental e isolada. Portanto, os dois homens que fizeram um empréstimo de dez mil e quinhentas dracmas lastreado no moinho de trituração de minérios e nos escravos, já mencionados, não eram nem sócios no negócio nem amigos; e essa é a maior transação desse tipo registrada.

Conclui-se necessariamente que não foi estabelecida nenhuma relação financeira contínua ou racional; que os "limites e a concessão de crédito" eram uma questão de rumores e reputação, não de análise econômica; e que não existia uma mecânica para concentrar grandes quantias de dinheiro em mãos privadas, isso para não mencionar os saldos positivos, que transcenderiam as somas relativamente pequenas que qualquer indivíduo poderia arriscar em qualquer transação de empréstimo individual e isolada. Quando o empréstimo era suficientemente grande e o credor um cidadão (ou um dos raros não cidadãos que tinham recebido o privilégio de poder possuir bens de raiz do Estado), muitas vezes ele exigia terras ou uma casa como garantia, às vezes mesmo para um empréstimo amistoso sem juros. Essa prática não deve ser confundida com os investimentos em hipotecas.

Em primeiro lugar, a regra eram os empréstimos a curto prazo. Para quem emprestava o dinheiro isso significava um desembolso por curto período com um alto retorno, não uma aplicação de capital a longo prazo. Para o tomador, geralmente significava a satisfação de uma necessidade social pessoal, não a expansão de sua capacidade econômica. Se o simples número de *hóroi* agora disponíveis prova alguma coisa, é o amplo predomínio do endividamento entre os atenienses de posses nos séculos IV e III a.C.

Em segundo lugar, a escrita contábil e os papéis negociáveis eram estranhos à economia ateniense. O banqueiro era pouco mais que um cambista e alguém que emprestava dinheiro mediante garantia real; esse sistema de depósitos e pagamentos não atingiu sequer o nível de giro. Uma grande parte da moeda existente nunca passou pelos bancos, mas ficava guardada nas casas e em tesouros enterrados. O Estado também manuseava seu dinheiro num método rudimentar de caixa-forte, distribuindo-o conforme necessário aos funcionários apropriados[32]. As transações verbais eram comuns. Não se conhecia recibo: a prova do pagamento era assegurada pela presença de testemunhas. "Alguns de vocês", diz Demóstenes (27.58) a um tribunal, "... viram (Teógenes) contar esse dinheiro (um pagamento de 3.000 dracmas) na ágora." Se houvesse um acordo por escrito ele era destruído e isso encerrava o assunto. Uma escrita contábil e, em grau menor, papéis negociáveis são essenciais para o pagamento a prazo, por sua vez condição técnica necessária para que a economia cresça além dos estreitos limites impostos pela necessidade de guardar e transportar grandes quantias de dinheiro ou lingotes de ouro ou prata. E há uma ligação simples e lógica entre a não negociabilidade e o sistema legal vinculado aos estritos princípios das vendas a dinheiro.

Em terceiro lugar, a garantia era substitutiva, não colateral. Na sua forma primitiva a garantia é sempre uma substituição, uma indenização. X deve alguma coisa a Y, um objeto, dinheiro, um compromisso, que não paga, e Y aceita um substituto – terra por dinheiro – como plena satisfação da obrigação de X para com ele. O sistema de garantia ateniense continuou nesse nível até a conquista romana, e talvez por mais alguns séculos. Ocorriam exceções ocasionais quando as duas partes tinham razões especiais para introduzi-las, mas a ideia original continuou intacta. A garantia colateral envolve um pensamento econômico de uma ordem completamente diferente. A garantia agora torna-se uma garantia de pagamento, não um substituto; a insolvência acarreta não uma simples perda, mas a venda compulsória e a divisão dos procedimentos segundo os respectivos valores monetários do débito e da propriedade. Entre a substituição e a colateralidade existe uma profunda transformação econômica. "Não devemos buscar as razões da mudança na própria lei de fiança. A mudança aconteceu assim que a comunidade reconheceu amplamente o crédito e desenvolveu vários tipos de obrigações e formas de ação para elas."[33] Inversamente, a falta da mudança indica a falha da comunidade em reconhecer o crédito em sentido amplo (e em necessitar dele).

A necessidade de um investidor precisar de garantia colateral e negociabilidade exige pouca argumentação. O prestamista ateniense, comum, ocasional, não profissional, de duas, três ou mesmo dez mil dracmas, ou visava aos benefícios da amizade, ou dez ou doze por cento junto com o reembolso do principal no fim de, talvez, um ano. Ele teria preferido não aceitar a garantia como um substituto por causa dos transtornos inerentes à execução da hipoteca, mas também porque era possível ter que assumir, durante um período considerável, a responsabilidade de uma fazenda ou de uma casa que não lhe fosse útil ou que não desejasse. Se aceitava a garantia, diante da lei só podia ser como um substituto, como satisfação total e final do débito.

Diz-se comumente hoje que a terra era um "investimento preferido" na Grécia antiga por ser menos arriscado que qualquer outra forma de "investimento". Como é estranho, então, que as numerosas congregações de culto, cuja psicologia não era certamente a mesma do especulador, não aplicassem seu dinheiro em terras, mas sempre o pusessem para render em pequenos empréstimos, quando simplesmente não o guardavam. Só se conhece um caso de compra de propriedade por esse tipo de grupo, e isso ocorreu no século I d.C.[34] A grande maioria possuía alguns bens de raiz, ainda que poucos, *adquiridos invariavelmente por doação*. Mas não investiam seu dinheiro em terras quando buscavam uma renda em dinheiro regular e segura, com a qual fazer frente às despesas de sua atividade religiosa.

Na medida em que a terra era de fato preferida às outras formas de riqueza, a escolha tomava um cunho psicológico, social e político: a terra era a forma de riqueza própria de um cavalheiro e cidadão que se respeitasse. Não havia nenhuma implicação de caráter econômico, simplesmente uma mentalidade geral não produtiva. Mas quando um homem fazia um empréstimo com pagamento de juros estava visando lucro, não posição social, e queria seu dinheiro de volta aumentado, não um substituto.

Quando Lord Nottingham, no século XVII, dispôs que "o principal direito do credor é o recebimento do dinheiro, e seu direito à terra é só uma garantia do dinheiro", a ideia da colateralidade triunfou finalmente na Inglaterra[35]. Implícita nessa transformação estava a ideia de propriedade pela qual tudo pode ser prontamente traduzido em dinheiro. O credor inglês pós--Nottingham que aceitasse um bem de raiz como garantia colateral considerava-a não tanto como terra mas como muitas libras esterlinas sob a forma de terra, que valia para ele só porque dessa forma seu dinheiro não poderia escapar-lhe facilmente. Com um exagero desculpável podemos dizer que seu equivalente ateniense não via nada além da terra.

Hazeltine interpretou a mudança da substituição e indenização para a colateralidade e o direito de resgate como, pelo menos em parte, uma vitória da classe dos devedores na Inglaterra[36]. É duvidoso que essa linha de raciocínio possa apresentar uma analogia útil para a Atenas clássica. No tempo de Sólon havia uma classe de devedores e ela conseguiu algumas vitórias. Mas o endividamento relativamente pesado, garantido pela terra, dos séculos IV e III a.C. foi principalmente um fenômeno dentro de uma classe. Não havia então luta entre o pequeno agricultor e o agiota, ou entre o dono de terras e o capitalista negociante. Para ser exato, o agiota não estava ausente do quadro, mas circulava – bem como as queixas contra ele – entre os vendedores de quinquilharias e artesãos no mercado e no porto, não no campo. As taxas de juros nunca foram objeto de legislação. Platão propôs a abolição dos juros nas suas *Leis*. Fez isso como um filósofo, com uma teoria ética totalmente sistematizada, não como porta-voz da classe devedora. Na Atenas clássica não há nenhum vestígio de movimentos populares contra a usura, da mesma forma que não há nenhuma evidência de peso de uma exigência de cancelamento dos débitos – e pelas mesmas razões.

5
A LIBERDADE DO CIDADÃO NO MUNDO GREGO*

Durante séculos os homens exercitaram suas mentes, em vão, para encontrar uma definição praticável de "liberdade". Não me proponho fazer outra tentativa de contribuição para essa montanha de fracassos, pois não acredito que o termo seja definível em qualquer sentido normal da palavra "definição", e por duas razões relacionadas entre si. A primeira é que "o conceito de 'liberdade' [só] pode ser formulado adequadamente como a antítese da 'não liberdade'"[1]. A afirmação "X tem um direito" não tem conteúdo enquanto não é acompanhada por "Y tem uma obrigação correlativa". Minha segunda razão é que a gama de direitos, privilégios, poderes e imunidades, e suas obrigações correlativas, "não privilégios", responsabilidades e incapacidades, é vasta demais no conjunto total da atividade humana, e varia não só de sociedade para sociedade mas também entre os membros de qualquer sociedade conhecida. Os direitos reconhecidos em determinada sociedade constituem um conjunto de direitos, privilégios, poderes e imunidades distribuídos desigualmente entre seus membros, mesmo entre aqueles que são chamados de "livres", e assim uma definição de liberdade que os encerrasse seria ou uma tautologia ou uma falsa representação da realidade[2]. Um homem que possuísse direitos, privilégios e poderes em todos os campos contra o mundo todo seria um deus, não um homem, parafraseando Aristóteles.

Em vez de uma definição, começarei apontando algumas das dificuldades analíticas inerentes a qualquer exposição sobre o tema e a instabilidade dos conceitos essenciais ao longo do tempo. Começo com a citação da clássica afirmação do que podemos chamar de "posição libertária" de John Stuart Mill. "O objetivo deste ensaio", escreveu ele na introdução de sua obra *Sobre a liberdade*, "é afirmar o princípio simples destinado a governar de modo absoluto as relações da sociedade com o indivíduo por meio

---

* Publicado originalmente em *Talanta*, 7 (1976) 1-23, e reproduzido com autorização dos autores e da editora.

da compulsão e controle, quer o meio usado seja a força física na forma de penalidades legais, quer a correção moral da opinião pública. O princípio estabelece que o único fim para o qual a humanidade tem justificativa para interferir, individual ou coletivamente, na liberdade de ação de qualquer de seus integrantes, é sua autoproteção; que o único propósito para o qual o poder pode ser exercido com pleno direito sobre qualquer membro de uma comunidade civilizada, contra sua vontade, é impedir o prejuízo dos outros... A parte da conduta pela qual cada um é responsável diante da sociedade é a que diz respeito aos outros. Na parte que só diga respeito a ele, sua independência é absoluta, de direito. O indivíduo é soberano sobre si mesmo, sobre seu corpo e sua mente."

O "princípio simples" de Mill pode ser enunciado facilmente, mas não é tão facilmente compreendido: quando mais não seja, "autoproteção", "prejuízo dos outros" mostram-se quase tão escorregadios como a própria "liberdade". Mill teve que reconhecer isso depois, no mesmo ensaio: "Há muitos atos que, sendo diretamente prejudiciais só para seus agentes, não devem ser legalmente interditados, mas que, se realizados publicamente, são uma violação das boas maneiras, e passam então para a categoria de ofensas públicas, podendo ser proibidos com pleno direito."[3]

Essa qualificação naturalmente abre a porta para o conflito sobre a relação entre lei e moral que pouco perdeu de sua penetração mesmo nas sociedades mais permissivas de hoje. Mill tratou de manter seu conceito dentro da estreita forma do "prejuízo dos outros". Mesmo quando ampliou levemente a noção de "ofensas públicas", não foi além das "boas maneiras". Com essa abordagem obstinadamente negativa contrastam os seguintes artigos selecionados da Declaração Universal dos Direitos Humanos proclamada pela Assembleia Geral das Nações Unidas em 1948: "Todos, sem qualquer discriminação, têm direito a pagamento igual por trabalho igual" (art. 23, s. 2); "Todos têm direito de formar e fazer parte de sindicatos para a proteção de seus interesses" (art. 23, s. 4); "A educação primária será obrigatória" (art. 26, s. 1)[4].

Essas cláusulas exemplificam uma abordagem positiva, isto é, estabelecem direitos para os indivíduos (para "todos", na verdade) que, por sua própria natureza, reduzem os direitos de outros – em minhas duas primeiras citações, os direitos dos patrões à liberdade de ação. Portanto, impor-lhes esses direitos seria causar-lhes "dano".

John Stuart Mill apareceu ao fim de um período de pronunciado conflito político e codificou de forma extrema alguns princípios dos vencedores. O tema central do conflito (embora não para Mill) pode ser reduzido, para nossos propósitos, à libertação do cidadão da autoridade arbitrária de um monarca ou de um poder estrangeiro; uma liberdade, é importante lembrar, na qual a taxação e a autonomia da atividade econômica privada eram componentes importantes. Quando a coroa inglesa foi oferecida a Guilherme e Maria em 1689, a Declaração de Direitos que a acompanhava não só tratava de eleições, julgamento por tribunal, exército permanente e direito de portar armas, mas também declarava expressamente que "arrecadar dinheiro sem o consentimento do Parlamento é ilegal". As disposições eram todas concretas, não afirmações abstratas de liberdade ou de direitos, e refletiam a luta com a Coroa que tinha chegado a bom termo.

A Revolução Americana e a Revolução Francesa, aproximadamente um século depois, também tinham suas causas próximas em um conflito sobre impostos e várias restrições econômicas. O resultado transcendeu os limites dessas preocupações – transcendeu, mas não eliminou. A retórica mais famosa surgiu da Revolução Americana, no segundo parágrafo da Declaração de Independência: "Afirmamos que essas verdades são evidentes por si mesmas, que todos os homens nascem iguais, que são dotados de certos Direitos inalienáveis por seu Criador, que entre esses estão a Vida, a Liberdade e a busca da Felicidade." A retórica não devia ser tomada literalmente: nem "todos os homens", visto que numerosos escravos estavam excluídos; "inalienáveis" só com importantes exceções, pois o direito à liberdade não proibia a prisão, nem o direito à vida proibia a pena capital ou o serviço militar obrigatório. A retórica foi traduzida em propósitos práticos na Constituição, onde encontramos liberdade de expressão, religião e assim por diante, nas primeiras dez emendas conhecidas conjuntamente como *Bill of Rights*, mas, não menos importante, lemos na quinta emenda que ninguém será "privado da vida, liberdade, ou propriedade, sem o devido processo legal; nem a propriedade privada será tomada para uso público sem a justa compensação". Não há referência a um direito de propriedade na Declaração de Independência, mas "a busca da Felicidade" implicava claramente sua existência e proteção.

O caminho desde a concepção dos direitos na Constituição Americana até a concepção muito diferente na Declaração das Nações Unidas foi longo e difícil, pavimentado não só com debates, mas também com conflitos declarados. Nos Estados Unidos, para citar apenas um exemplo, foi necessário fazer uma emenda na Constituição, a décima sexta (não adotada formalmente até 1913), para permitir ao Congresso a imposição de um imposto sobre a renda, visto que as cortes tinham declarado tal imposto inconstitucional. Não me proponho prosseguir nessa história. Chamei a atenção para alguns aspectos contemporâneos do problema dos direitos e da liberdade apenas para formar a base para vários pontos conceituais e metodológicos que acredito ser necessário formular expressamente em um relato da situação da antiga Grécia (a *pólis* clássica, mais *estritamente,* na qual a cidadania era adquirida pelo nascimento, salvo casos excepcionais; não tratarei das cidades gregas nas monarquias helenísticas nem no Império romano). São lugares-comuns. A justificativa para demorar-me na exposição e documentação de três deles é que a recente e extensiva leitura da literatura erudita mostrou-me como é comum a tendência de desprezar, ignorar e mesmo zombar do óbvio.

1. Meu primeiro ponto é que os direitos não são entidades fixas mas variáveis condicionadas à história; os chamados direitos universais, inalienáveis ou naturais, são meramente os favorecidos por determinada sociedade, determinado setor de uma sociedade ou por um indivíduo em particular. Dialeticamente, os "direitos naturais" específicos surgem como uma exigência positiva contra a autoridade só para serem transformados em argumento contra mudanças posteriores na ordem política e social. A liberdade usada outrora como argumento contra o imposto de renda é agora desdobrada em argumento contra o direito a pagamento igual por trabalho igual. Esse último não é tradicional, argumenta-se, não encerra nenhum direito moral *universal* (não pode ser aplicado a quem não trabalha em troca de pagamento), não é executável. A pobreza de tais argumentos requer pequena demonstração[5]. Tampouco a liberdade de expressão era uma tradição, não pode ser aplicada a várias categorias de pessoas nem ser imposta sempre.

2. As mudanças na origem primeira dos direitos que prevalecem em qualquer sociedade começam normalmente com uma luta em torno de fatos específicos, não de conceitos abstratos ou *slogans.* A retórica e as abstrações vêm depois, e então são concretizadas. Consideremos *stásis,* guerra civil, no mundo grego. Embora a linha dominante dos escritores gregos, de Tucídides a

Aristóteles, a considerasse o maior dos males, teve pouca influência no povo grego, que continuou com suas *staseis* implacavelmente. Por quê? Porque – conclui Aristóteles em nosso texto sobre a *stásis* grega, o quinto volume da *Política* – um setor da comunidade buscava mais *kérdos,* benefícios, lucros, vantagens materiais, e mais *espaço,* honras (1302 a 32): dois objetivos concretos e definíveis. Os métodos empregados variavam desde os meios políticos normais até a guerra civil declarada; o argumento intelectual quando havia, centrava-se no conceito de igualdade, a única abstração que Aristóteles introduziu em sua análise.

3. Qualquer tentativa de obter mais direitos e privilégios para um homem, para uma classe ou para um setor da população implica necessariamente uma redução correspondente dos direitos e privilégios de outros. Em todas as sociedades até agora existentes, desde a expulsão do Jardim do Éden, os direitos se chocaram. Pelo menos naquelas esferas do comportamento humano que envolvem bens, poder ou honras, os direitos e privilégios de um homem são as obrigações e as limitações de outro. Isso não é menos verdade se recorrermos ao grego e dissermos *agón,* como sabem todos os que leram Píndaro atentando para os valores expressos. Um ganho para qualquer lado implica automaticamente uma perda correspondente para o outro e, naturalmente, leva este a resistir. Isso estava na base da *stásis* nas cidades-Estado gregas, e a *stásis* por definição se restringia ao corpo de cidadãos, aos homens livres, àqueles que já tinham direitos e queriam aumentá-los ou protegê-los.

Uma das razões para se entregarem a uma prática tão fratricida era a presença de outros que não possuíam direitos. Sobre esse tema a opinião grega era virtualmente unânime: não havia contradição, em suas mentes, entre liberdade para alguns e falta de liberdade (parcial ou total) para outros, nenhuma noção de que todos os homens nascem livres. "Não foi tarefa fácil", escreveu Tucídides (8.68.4) sobre o golpe oligárquico de 411 a.C., "uns cem anos depois da expulsão dos tiranos, privar o povo ateniense de sua liberdade, um povo não só desacostumado à sujeição, mas também habituado a mandar nos outros durante mais da metade desse período."[6] Tucídides não estava se referindo aos escravos, nesse ponto, mas aos cidadãos das outras comunidades do Império ateniense. Quando usa o verbo "escravizar" repetidamente, como metáfora para o tratamento dado pelos atenienses aos Estados-súditos, está levando o espectro dos direitos a um extremo: "liberdade" torna-se "falta de liberdade", "escravização", no momento em que a comunidade perde sua autonomia nos assuntos militares e exteriores. Normalmente um grego estabelecia essa separação muito mais perto do outro extremo, a perda completa do que chamamos de liberdade pessoal[7]. Não teria considerado os *perioikoi* da Lacônia sem liberdade, embora eles, como os atenienses sujeitados, não tivessem autonomia em assuntos militares e exteriores. E tampouco, no campo doméstico, teria considerado sem liberdade os numerosos metecos de Atenas, apesar das sérias limitações que lhes eram impostas, como o afastamento da vida política, a proibição de possuírem bens de raiz, a exclusão das requisições de grãos do Estado e outras precauções públicas, como o fato de poderem ser levados à força diante de um magistrado quando citados para responder a uma ação privada.

Em suma, os cidadãos possuíam uma parcela maior do conjunto de direitos, privilégios, poderes e imunidades que qualquer outra pessoa, embora nem todos os cidadãos tivessem partes iguais. A liberdade do cidadão grego não pode ser examinada unicamente como uma antítese da falta de liberdade, a escravidão: deve-se reconhecer a variação entre os livres, deve ser reconhecido em particular que aquilo que chamamos habitualmente de privilégios ou imunidades não é algo separado dos direitos, mas uma classe distinta dentro do gênero "direitos", e portanto um componente de liberdade. Uma distribuição pública de grãos, presente de um príncipe africano a Atenas em 445 a.C., levou a um expurgo dos cidadãos relacionados, porque alguns não cidadãos, inscritos falsamente como cidadãos, estavam reclamando um privilégio ao qual não tinham direito[8]. À primeira vista isso pode parecer um caso sem importância, quase uma caricatura do tema sobre direitos e liberdade, mas por trás dele vislumbra-se uma consideração importante, isto é, o direito positivo do cidadão ao suprimento de comida. Daí o fato de dois itens estarem regularmente na pauta da primeira reunião da assembleia em cada pritania, a defesa da cidade e o suprimento de trigo (Aristóteles, *Constituição de Atenas*, 43.4). Sem dúvida eram poucos os atenienses que desejavam ativamente que os metecos morressem de fome, mas só os cidadãos tinham o direito de solicitar que o Estado ajudasse a impedir tal eventualidade.

Um dos privilégios mais importantes do cidadão grego era a liberdade de se engajar na *stásis*. Não estou sendo nem frívolo nem perverso. Há um quarto de século Loenon fez uma observação arguta, e ainda negligenciada de modo geral: "A ilegalidade não é simplesmente a marca registrada *constante* da *stásis*. O rótulo de *stásis* também foi sempre aplicado aos grupos absolutamente legais, existentes ou começando a surgir, entre os quais havia oposições e tensões permanentes que não eclodiam de forma espetacular."[9] Liberdade que não inclui liberdade de advogar mudanças é vazia. Assim também é a liberdade de defesa que não inclui a liberdade de associar-se a outros. E mudança, como já disse, significa a perda de alguns direitos de alguns membros da comunidade. Estes resistem, daí a *stásis*.

Bem, é inerente a uma sociedade política – e a *pólis* grega era uma quintessência da sociedade política – que o conflito sobre assuntos importantes, em qualquer esfera da vida, transforme-se mais cedo ou mais tarde em conflito político. Por isso as antigas autoridades no assunto tratam da *stásis* somente nesse nível, como conflito entre oligarquia e democracia, como conflito dentro da minoria oligárquica, como conflito entre facções democráticas. Mas, tanto antigamente como agora, a política era um modo de vida para muito poucos membros da comunidade. Mesmo quando levamos em conta a satisfação vinda do direito de votar na assembleia ou de tomar parte nos tribunais, o fato é que para a maioria das pessoas os direitos políticos são puramente instrumentais: são meios de atingir objetivos não políticos. Assim também são os tradicionais direitos negativos de agora, como liberdade de expressão, liberdade de imprensa, liberdade de se reunir. Esses são, compreensivelmente, os direitos mais caros aos intelectuais, professores, escritores de peças teatrais e jornalistas. Também podiam se tornar importantes para o homem comum nas autocracias: os problemas do bom soldado Schweik começaram quando ele disse no café local que as moscas tinham deixado suas marcas no imperador, referindo-se ao retrato pendurado no bar. No presente contexto não estamos preocupados com tais sistemas. Quando Aristóteles (*Constituição de Atenas*, 16.8) relata que Pisístrato, acusado certa vez de homicídio, compareceu pessoalmente diante do Areópago para defender-se, mas que o acusador, amedrontado, não compareceu, o filósofo permite-se a única brincadeira que conheço em toda a sua obra conservada. A liberdade sob a tirania não é um tema proveitoso para discussão. Em Esparta, acredito, um cidadão poderia ter dito que as moscas tinham deixado suas marcas no rei Arquidamo, ou em Lisandro, sem correr perigo algum. Mas poderia ter advogado uma mudança radical no *agoge,* a abolição da *syssitia* ou a introdução das moedas de prata? É uma pergunta significativa e, embora essa defesa pudesse ter sido um ato político, os objetivos que mencionei não o teriam sido.

As discussões modernas sobre o tema da liberdade grega estão demasiadamente relacionadas, de forma estrita e obsessiva, com direitos políticos e com liberdades negativas. Estão também, acredito, excessivamente concentradas nos direitos abstratos, dando atenção insuficiente para a possibilidade de sua imposição na prática. Se a brincadeira de Aristóteles sobre Pisístrato e o poder da lei não parecem um exemplo convincente, apresento a *isegoría,* o direito de todo cidadão de falar e fazer propostas na assembleia, tópico que produziu recentemente uma avalanche de artigos de estudiosos[10]. Era um direito que os espartanos não tinham, mas o que acontecia, na prática, na assembleia ateniense? Um Tersites ateniense do século V não teria sido golpeado por um nobre por causa de sua presunção; normalmente ele teria sido calado pelos gritos de seus iguais[11].

Por quê? Porque mesmo o *dêmos* ateniense, apesar de toda a sua inclinação para o direito de todo indivíduo à total participação na atividade governamental, admitia certos limites no exercício dos direitos políticos. Os atenienses ampliavam, por exemplo, o uso do sorteio e asseguravam o rodízio anual de cargos, mas isentavam disso a *strategia*. O povo reivindicava a *isegoría* mas deixava o exercício dela para poucos. Outra vez devemos perguntar por quê?, e uma parte da resposta é que o *dêmos* reconhecia o papel instrumental dos direitos políticos e estava mais preocupado, afinal, com as decisões positivas, contentando-se com dirigir essas decisões através do poder de escolher, desligar e punir seus líderes políticos[12]. Nesse aspecto eles eram favorecidos por uma importante e genuína igualdade – a do voto. Em qualquer assembleia popular existente na Grécia prevalecia o princípio de "um voto por homem". Não havia nenhum grupo votante com mais peso, como na assembleia das centúrias romanas, por exemplo, ou nos Estados-Gerais franceses.

Ao empregar frases como "o *dêmos* admitia", "o *dêmos* reconhecia", naturalmente não estou sugerindo que essas fossem escolhas deliberadas, feitas depois de um exame adequado e da ponderação dos assuntos e das possibilidades nos termos bastante abstratos e conceituais que usei. A história das lutas pelos direitos políticos nunca aconteceu desse modo. Houve alguns momentos críticos na pré-história e na história da democracia ateniense – a crise que determinou as reformas de Sólon, a tomada do poder por Pisístrato, a luta que levou às reformas de Clístenes, os problemas internos criados pelas duas invasões persas, a *stásis* do fim dos anos 460 que testemunhou o assassinato de Efialtes e levou Atenas à beira da guerra civil. Cada um desses momentos foi de luta, de conflito declarado; cada um concentrou-se em torno de fatos concretos, não de teorias abstratas sobre direitos ou liberdade.

Os antagonistas produziram sua retórica, naturalmente, e não subestimo a retórica política, uma expressão de ideologia básica. Se um termo tivesse que ser destacado como "bandeira" da democracia finalmente vitoriosa, seria a palavra *isonomía,* que tem duas conotações distintas[13]. A predominante é "igualdade através da lei", sinônimo virtual de "democracia"[14], e portanto empregado regularmente no contexto dos direitos políticos. Mas o outro sentido, "igualdade diante da lei", leva-nos a uma esfera diferente de comportamento. "Com as leis escritas", diz Teseu nas *Suplicantes* (versos 433-7) de Eurípides,

> o rico e o de poucos recursos
> têm o mesmo acesso à justiça. Agora,
> se insultado, um homem de meios
> não terá melhor defesa que o pobre;
> e, se o fraco tiver razão,
> ganhará do poderoso.[15]

A audácia e a raridade dessa noção não podem ser superestimadas. Os romanos da República nunca a alcançaram e nunca a desejaram seriamente, os imperadores romanos rejeitaram-na abertamente[16]. Não há nenhuma razão, em princípio, para que uma oligarquia não devesse aceitar a igualdade diante da lei nas relações privadas, e há evidências que sugerem que algumas oligarquias gregas fizeram-no de fato[17]. Depois, com o desaparecimento da *pólis* grega independente, o mundo ocidental teve que esperar até épocas recentes para que a doutrina fosse reafirmada e reintroduzida. E a experiência moderna, inclusive a nossa, tem mostrado que não há princípio mais difícil de pôr em prática que o da igualdade diante da lei. Qual foi a realidade grega antiga?

Para começar, havia uma séria dificuldade técnica: a máquina governamental era insuficiente para esse propósito. Em grande parte, nos casos de ofensas públicas, e na quase totalidade das causas legais privadas (inclusive muitas acusações do que chamamos de "crimes", homicídio entre outros), a reparação legal dependia do esforço próprio, desde as citações iniciais até a execução final da sentença. No começo de seu ano de mandato o arconte ateniense proclamava através do arauto que, até o final do ano, todos teriam a posse e o domínio das propriedades que tivessem no começo (Aristóteles, *Constituição de Atenas*, 56.2), mas o arconte tinha muito pouco poder para fazer cumprir essa intenção contra um patife suficientemente poderoso. O esforço próprio é um procedimento que funciona entre iguais: faz a balança pender muito de um lado no caso de desiguais[18].

Consideremos o comportamento do rico Mídias, filho de Cefisodoro. Em 349 a.C., Demóstenes incumbiu-se de preparar um coro masculino para as Grandes Dionisíacas do ano seguinte. Seu velho inimigo Mídias, então, encetou uma campanha de sabotagem, inclusive a invasão de uma loja de ourives, durante a noite, para destruir os trajes e as coroas de ouro que estavam sendo preparados para o coro, o suborno do regente do coro para impedir os ensaios adequados e uma série de desordens durante o festival. O coro de Demóstenes não ganhou o primeiro prêmio e o orador processou Mídias. Em seu longo discurso para o tribunal, disse o seguinte (21.20): Algumas das vítimas anteriores de Mídias "silenciaram porque foram intimidadas por ele e sua insolência, seus sequazes, sua riqueza e todos os seus outros recursos; outros preferiram recorrer ao tribunal e perderam; outros, contudo, chegaram a um acordo com ele". Demóstenes ganhou a causa – e imediatamente chegou a um acordo com Mídias, por três mil dracmas (Ésquines, 3.52).

O discurso de Demóstenes contra Mídias tem sido uma perturbação para os estudiosos modernos. Ele foi ignorado, rejeitado, descartado como mero rascunho de um discurso não pronunciado em uma causa que nunca chegou a ser julgada – não pelas evidências do discurso em si, mas, deve-se supor, pela relutância em acreditar que tais coisas pudessem acontecer na Atenas clássica, que um patife rico ficasse impune e que o grande Demóstenes teria se rebaixado a ponto de se vender tão barato a Mídias[19]. Semelhante descrédito é menos evidente com relação ao ponto de vista oposto, repetidamente afirmado pelos escritores de panfletos, teóricos e poetas cômicos gregos, de que os tribunais atenienses aproveitavam todas as oportunidades para extorquir dinheiro dos ricos. "Os vereditos do tribunal", lemos, "correspondiam a puras arbitrariedades, que não podiam ser superadas devido ao procedimento rudimentar e à chicana dos advogados."[20] As palavras são as de um professor de Hamburgo, não as do anônimo autor oligárquico da obra do fim do século V, conhecida como *Constituição de Atenas;* mas um estudo mais minucioso dos discursos forenses subsistentes mostrou que a conclusão baseia-se em ideias políticas preconcebidas semelhantes às do Pseudo-Xenofonte e em ideias profissionais preconcebidas de um jurista europeu moderno[21]. Mídias não tinha medo de ser extorquido, e com razão: a fortuna de sua família continuou suficientemente intacta para permitir que seus filhos realizassem dispendiosas liturgias meio século depois de seu problema com Demóstenes[22].

Atenas não era a Utopia. Lá foram cometidas injustiças, quer por indivíduos, quer por órgãos oficiais. A *isonomía* não pode ser avaliada na prática, quer pela evocação de exemplos individuais, quer pela aceitação literal da retórica de ambos os lados. Tenho dúvidas de que hoje seja possível uma avaliação adequada, com todas as nuanças necessárias, só com as provas disponíveis. Mas há uma esfera em que podemos ter certeza de que a norma era a desigualdade, não a igualdade, diante da lei. Refiro-me à lei de débito, que incidia pesada e unilateralmente sobre o devedor que não cumpria seus compromissos. Sua propriedade estava sujeita a ser tomada à força pelo próprio credor, e depois do devido processo, em muitos Estados gregos, sua pessoa também[23]. Sólon terminou com o cativeiro pessoal em Atenas, e a mágica do nome de Sólon induz ao esquecimento do fato de que ele foi um legislador ateniense, não grego. Sólon teve grande influência na teoria e nos ideais políticos; todavia, sua influência sobre a lei foi menor fora da cidade onde nasceu. O cancelamento de débitos e a redistribuição das terras foram as exigências "revolucionárias" perenes nas cidades gregas. Os devedores são "muito perigosos" quando uma cidade está sitiada, escreveu o chefe mercenário Eneias do século IV a.C. (14.1).

A incompatibilidade da liberdade com as exigências de igualdade é um dogma familiar em toda a história da teoria política. Houve muitos gregos, todavia, que acreditavam que a incompatibilidade fundamental estava entre a liberdade e a desigualdade, embora eles não sejam facilmente encontrados entre os que escreveram livros. No campo político, no sentido estrito, tomaram-se medidas para criar uma igualdade artificial, levadas mais longe em Atenas: incluíam o uso generalizado de seleção por sorteio, a remuneração para os cargos e seu rodízio anual, o ostracismo. Mas havia limites: é difícil imaginar como a educação e o ócio necessários para a liderança política poderiam ser distribuídos igualmente, e ninguém o tentou. É igualmente difícil imaginar meios destinados à obtenção da igualdade na esfera jurídica, nas relações privadas entre indivíduos, que não fossem a abolição ou o nivelamento da riqueza. E ninguém tentou pôr em prática, embora um raro escritor utópico, Faleias de Calcedônia, tenha demonstrado a exiquibilidade desse recurso capital[24].

Não obstante, é absurdo descartar o processo judicial ateniense, ou qualquer outro processo judicial grego, como "pura arbitrariedade", relegar a *isonomía* ao reino da retórica vazia. As comunidades gregas clássicas teriam se destroçado mutuamente muito antes que Filipe e Alexandre fizessem cair o pano sobre a cidade-Estado. Elas não eram comunidades utópicas, nem tampouco vítimas da pura arbitrariedade, capricho e anarquia. Sob as melhores condições, praticavam os princípios do domínio da lei e da igualdade de todos diante dela, tanto quanto se podia esperar, embora sempre colocando o cidadão acima de todos os outros homens nesses dois aspectos. Em assuntos referentes a propriedade e contratos, concediam uma liberdade mais ampla ao indivíduo, embora, naturalmente, não absoluta[25], e procuravam proteger essa liberdade contra a fraude e a coação. As restrições da liberdade individual nessa ampla esfera eram mais fáceis de se originar de pressões sociais que da lei, como, por exemplo, a preferência por certas formas de produção de riqueza.

Catalogar e examinar os direitos e incapacidades em toda gama de relações de propriedade exigiria outro ensaio. Limitar-me-ei a um exemplo por causa de duas implicações importantes, sendo a primeira a liberdade virtualmente ilimitada que um proprietário de escravos tinha de alforriar seus escravos. Em Roma, quando um cidadão proprietário de escravos fazia isso, os homens libertados tornavam-se automaticamente cidadãos romanos (com exceções irrelevantes para o presente contexto). Mas nunca na Grécia, pelo que sei. Em termos mais gerais, um grego tinha sua liberdade severamente restringida pela lei em qualquer atividade que implicasse a introdução de novos membros dentro do fechado círculo do corpo de cidadãos[26]. Isso significava, em particular, uma rígida restrição no campo das leis que regiam o casamento e as relações de família. O Estado determinava a legitimidade do casamento, não só legislando sobre as formalidades necessárias, mas também especificando as categorias de homens e mulheres que podiam ou não contrair matrimônio, e desse modo ia muito além dos tabus do incesto. A lei de Péricles, de 451 ou 450 a.C., proibindo o casamento entre cidadãos e não cidadãos, é apenas o exemplo mais famoso[27]. Os violadores talvez não fossem punidos pessoalmente, mas seus filhos pagavam o alto preço de serem declarados bastardos, *nothoi,* sendo por isso excluídos da lista de cidadãos e tendo seus direitos de herança reduzidos.

Tais incapacidades, tais limitações da liberdade do cidadão eram aceitas sem reclamações. Um Diógenes não as aceitou, naturalmente, mas Diógenes torna toda discussão impossível. Além disso, o direito de família cancelava os direitos e sistemas políticos, e essa é a segunda implicação oriunda de meu exemplo inicial de alforria. Nesse campo de comportamento, que não é único, a democracia não propiciava ampliação de direitos e liberdade maior que as existentes nas oligarquias. Ao contrário, a lei de Péricles de 451-450, por exemplo, era mais restritiva que qualquer outra conhecida nas comunidades gregas da época. De modo semelhante, as mulheres atenienses tinham menos direitos à herança que as mulheres de Esparta ou Creta; em compensação, os cidadãos atenienses tinham menos liberdade para dispor de suas propriedades que suas mulheres, filhas e parentes do sexo feminino.

Em resumo, quando nos voltamos, como faço agora, para a liberdade do cidadão grego em suas relações com o Estado, como distintas de suas relações com os outros indivíduos, devemos tentar liberar nossas mentes da falsa noção unitária de que todos os direitos, políticos e não políticos, moviam-se conjuntamente. Devo salientar esse aspecto particular porque me concentrarei na Atenas clássica, a única *pólis* além de Esparta, muito atípica, que se adapta a uma análise sistemática; e Atenas era uma *pólis* excepcional por causa da qualidade de sua democracia e também por causa de seu Império do século V.

Começo pelo Estado e pelo indivíduo na esfera militar. Calcula-se que, durante o século e meio que decorreu desde o fim das guerras persas em 479 a.C. até ser derrotada por Filipe da Macedônia em 338, Atenas esteve envolvida em guerras numa média de duas a cada três anos, e nunca desfrutou de um período de paz de mais de dez anos consecutivos. Não é de admirar que a defesa da cidade estivesse na pauta da assembleia ateniense no mínimo dez vezes por ano. Quem desempenhava o serviço militar e em que condições? Se deixarmos de lado os grupos marginais de arqueiros e fundibulários, normalmente mercenários, o ideal grego pode ser formulado em duas partes: (1) o setor abastado da população, cidadãos e não cidadãos, era obrigado a servir como hoplitas, pagando por seu próprio equipamento, sendo que os mais ricos tinham que cumprir os deveres, ainda mais dispendiosos, de integrantes da cavalaria; (2) o setor mais pobre do corpo de cidadãos era elegível, mas normalmente não compelido a servir como remadores da armada, suplementado por estrangeiros e até escravos. Esse ideal não podia ser mantido em crises graves ou em conflitos prolongados como a guerra do Peloponeso, o que é óbvio e facilmente documentado. Esparta, por exemplo, teve então que recrutar eventualmente hilotas como hoplitas, Atenas teve que usar escravos como remadores (embora ela fosse normalmente mais capaz que outros Estados de resistir a essa prática)[28]. E no século IV a.C. o general profissional e o soldado mercenário tornaram-se cada vez mais importantes.

Se tivéssemos informações, um relato completo dos serviços militar e naval na Grécia clássica revelaria variações infinitas, segundo o local, a época e as circunstâncias. Apesar disso a realidade aproximava-se bastante do ideal, durante a maior parte do período clássico, para permitir que se suponha, no presente contexto, a existência desse ideal[29]. E a distinção fundamental entre o mais rico e o mais pobre deve ser levada um pouco mais longe do que o fiz até aqui. Enquanto estivessem na ativa, os soldados e os remadores recebiam uma soma *per diem,* a mesma para ambos sempre que possível, exceto que se esperava que o hoplita tivesse um ordenança, e ele realmente precisava de um por causa de sua armadura, recebendo um segundo pagamento idêntico para seu ordenança. Na Atenas do século V esse total variava de meia a uma dracma por dia, de acordo com a situação do tesouro e a demanda[30]. As fontes chamam-no indiscriminadamente de "pagamento" *per diem* e "rações", um uso que tem a conotação de soma insignificante e consequentemente pode induzir a erro. Os hoplitas geralmente ficavam no serviço ativo por períodos de dias ou semanas apenas, raramente com efetivo total. Vale a pena repetir que não recebiam compensação alguma pelo custo considerável de seu equipamento. Portanto, o pagamento era de fato uma insignificância. Um número substancial de trirremes, por outro lado, estava em serviço na Atenas do século V durante sete ou oito meses por ano, fora os barcos convocados em caso de emergência. Para os cidadãos mais pobres que remavam regularmente, o pagamento, portanto, variava talvez entre 100 dracmas por ano em tempo de paz e mais de 200 dracmas durante a guerra do Peloponeso – o que não era mais uma bagatela[31].

Se ligarmos agora a situação de pagamento à distinção entre serviço militar compulsório e serviço naval voluntário, seremos levados a dizer que a contribuição para a defesa da cidade era um dever para os cidadãos mais ricos e um privilégio para os mais pobres. Isso talvez não seja totalmente certo: a *pólis* grega não foi a única sociedade da história em que o serviço militar, que era um dever, transformou-se em um privilégio, um direito, através de fortes pressões ideológicas. Mas o paradoxo continua existindo. Torno a colocá-lo sem rodeios: os cidadãos atenienses mais pobres tinham a liberdade de escolher entre servir ou não servir e ser mantidos pelo Estado se escolhessem servir, enquanto o cidadão ateniense mais rico não tinha liberdade nessa esfera. Eu disse cuidadosamente "ateniense", não "grego", porque o aspecto excepcional de Atenas é muito marcante nesse ponto. A obrigação do serviço hoplita era mais ou menos universal, independentemente do regime político, mas o lado naval do paradoxo só existia nos Estados marítimos, e podemos duvidar que outros fossem capazes de pagar, na escala adotada por Atenas, com regularidade.

Na medida em que os não cidadãos entravam na mesma estrutura de serviço militar e naval, os direitos políticos eram reduzidos, nessa esfera, a um fator menor, quase irrelevante. Todavia, esse não é o enfoque importante. A decisão de lançar o exército e a marinha era soberana. Nas democracias o poder pertencia à assembleia. Visto que as democracias gregas eram diretas, não representativas, muitos dos homens que votaram no dia da decisão da guerra com Esparta ou da expedição à Sicília estavam votando sua saída em campanha tendo por certo em mente a distinção apontada entre serviço hoplita e serviço naval. Só em um mundo imaginário de espíritos sem corpos eles poderiam não tomar conhecimento das implicações pessoais, ou não ser afetados por elas.

Uma distinção similar encontrava-se na esfera fiscal. Os gregos clássicos viam os impostos diretos como tirânicos e evitavam-nos sempre que possível[32]. As duas exceções em Atenas, a única cidade sobre a qual sabemos bastante desses assuntos, são muito significativas. Uma era o *metoikion*, uma taxa fixa de imposto pessoal pago por todo não ateniense que residisse na cidade mesmo por períodos curtos, um tipo "tirânico" de imposto que por sua simples existência separava o não cidadão livre do cidadão[33]. A outra era a *eisphora*, imposto sobre o capital lançado de tempos em tempos para fazer face a custos militares especiais, do qual o pobre, basicamente todo aquele que tinha uma posição inferior à do hoplita, estava isento. O rico, portanto, pagava pelas guerras e lutava nelas (a menos que pudesse repassar os custos para os Estados-súditos). Fora isso, a receita governamental normal originava-se da propriedade do Estado, emolumentos forenses e multas, e impostos indiretos como impostos sobre a venda e taxas portuárias. Outra vez com uma exceção: as "liturgias", o meio pelo qual o Estado conseguia com que certas coisas fossem feitas, não tendo que pagar por elas através de seu tesouro, mas atribuindo a pessoas ricas a responsabilidade direta pelos custos e pela realização efetiva, como a preparação de um coro para um festival ou o comando e manutenção de uma trirreme. O aspecto honorífico das liturgias era forte, mas o peso financeiro também.

No início deste trabalho chamei a atenção para a importância bem conhecida da taxação nas lutas modernas por direitos civis. Na Grécia, ao contrário, a taxação não foi absolutamente um ponto de debate em lutas análogas (exceto, acredito, contra a tirania)[34], e a explicação está ao alcance da mão. Quaisquer que fossem as queixas e solicitações dos cidadãos com direitos restringidos, não se referiam à carga tributária. Na vasta lista de reclamações que Aristófanes foi capaz de compilar, com grande ajuda de sua imaginação fértil, não figura qualquer uma do homem do campo ou da cidade por causa de seus impostos. Mas, de fato, encontramos em Aristófanes, especialmente nas *Vespas*, o ônus absorvido pelos ricos, que mencionei antes. E o fato é que só nas *staseis* destinadas a derrubar a democracia, não nas que visavam introduzi-la ou aperfeiçoá-la, as cargas fiscais figuravam de modo proeminente, suportadas pelos ricos. Tucídides diz isso muito explicitamente (8.48, 63.4) sobre o golpe oligárquico de 411 a.C. Aristóteles dá cinco exemplos, no quinto livro da *Política* (1304b20-05a7), nos quais as revoltas oligárquicas foram provocadas pela "insolência" dos "demagogos", em Cós, Rodes, Heracleia, Mégara e Cime. Caracteristicamente, não há datas e pouca informação concreta, mas é certo, por suas sentenças concludentes, que as cargas financeiras, particularmente as liturgias, eram um elemento essencial nos conflitos.

Para Atenas há a observação citada frequentemente pelo Pseudo-Xenofonte (*Constituição de Atenas*, 1.13): o *dêmos* "solicita pagamento para cantar, correr, dançar e navegar, para que possam receber dinheiro e os ricos se tornem mais pobres". Isso provém de um panfleto político hábil e engenhoso, com inequívoca tendência oligárquica. O motivo expresso, de que o rico tornar-se-ia mais pobre, não necessita que nos detenhamos nele: o igualitarismo vai contra todas as provas da época, como a franqueza com a qual os atenienses ricos, desde Alcibíades até figuras de menor projeção nos discursos forenses, ostentavam sua riqueza na assembleia e nos tribunais como pontos a seu favor (porque empregavam essa riqueza no interesse público)[35]. Os usos da riqueza, não a sua posse, eram o ponto crucial da questão. Todavia, isso não faz com que o resto da citação seja tão facilmente descartável. O pagamento de uma grande quantidade de atividades públicas tinha se tornado a ordem do dia em Atenas, indo desde o pagamento *per diem* dos jurados até os soldos navais, que às vezes chegavam a salários anuais, continuando com os prêmios para os vencedores dos jogos e as pensões dos órfãos de guerra. Os não cidadãos eram admitidos algumas vezes, quando não havia outra alternativa, mas a divisória fundamental é simbolizada pelo decreto de 402 a.C., que votou a manutenção para os órfãos dos pais mortos na luta que expulsou os Trinta Tiranos, e restringia explicitamente o benefício aos filhos legítimos dos cidadãos[36]. O número de meninos envolvidos e portanto a soma de dinheiro eram pequenos; é exatamente por isso que o decreto é tão revelador.

Não estou sugerindo, nem por um momento, que uma expressiva proporção do corpo de cidadãos compunha-se de vadios vivendo a expensas públicas. A maioria dos atenienses, como a maioria dos gregos, tinha um baixo padrão de vida e trabalhava para viver, não mais duramente que os remadores da frota, o maior grupo de homens que recebia pagamento do Estado. Meu ponto de vista está, antes, implícito na linguagem formal do governo: "os atenienses" (não "Atenas") aprovavam as leis, arrecadavam impostos, declaravam guerra e assim por diante. Na prática, o conceito grego de direitos estava mais perto, por seu espírito, do manifestado pela Declaração das Nações Unidas que da posição libertária de John Stuart Mill. Um cidadão tinha o direito de fazer reclamações efetivas ao Estado, não simplesmente o direito de não sofrer interferência na esfera privada. Essas reclamações, se fizessem pressão, produziam rapidamente crises financeiras: não necessito rever a história da Atenas do século IV a esse respeito, com suas dificuldades crônicas para financiar a armada ou com as características dificuldades de Demóstenes para transferir o dinheiro público do fundo cultural, destinado à entrada grátis no teatro, para o fundo de guerra. Em toda parte a *stásis* era endêmica, mas não em Atenas, embora nenhuma cidade tenha levado tão longe as reclamações de seus cidadãos para receber pagamento público e assistência. A chave desse caráter excepcional de Atenas, como já sugeri, encontra-se no Império, discutido em outro capítulo.

Salvo em momentos de desespero, quando solicitava o cancelamento dos débitos e a redistribuição das terras, os cidadãos gregos não impunham suas reivindicações tanto quanto se poderia imaginar que pudessem e quisessem. Apesar do Pseudo-Xenofonte e seus seguidores, o *dêmos* ateniense jamais atacou as fortunas e as honrarias dos atenienses ricos. Tampouco, vendo-se o assunto de outro ângulo, o Estado grego exerce seus poderes em muitas esferas de comportamento. Ele não limitou as taxas de juros, como os romanos faziam, ou (salvo Esparta) introduziu a educação compulsória. Nem construiu rodovias: isto é, os limites observados pela intervenção governamental no domínio dos direitos e obrigações eram estabelecidos pela estrutura e escala de valores da sociedade, não por doutrinas transcendentais, como no campo normalmente neutro das atividades tecnológicas. Não havia direitos inalienáveis garantidos por uma autoridade mais alta. Não havia direitos naturais. A discussão secular de *phýsis* e *nómos*, natureza e convenção, iniciada pelos sofistas e continuada por filósofos de diferentes escolas, finalmente encontrou seu caminho na retórica política (mais entre os romanos que entre os gregos), mas é difícil descobrir qualquer impacto significativo no comportamento prático dos cidadãos e governos.

Isso não quer dizer que os gregos eram imoralistas deliberados. Em assuntos de família e relações sexuais, muito especialmente, havia uma crença comum de que algumas práticas e relações eram, de algum modo, naturais e universais (pelo menos entre as pessoas civilizadas), outras antinaturais, embora mesmo nesse campo houvesse amplo espaço para legislação e mudança. O que não havia em absoluto era um conceito daqueles direitos inalienáveis que são o fundamento da doutrina moderna do livre arbítrio: liberdade de expressão, de religião, etc. No âmbito da família, o Estado ateniense podia estreitar o conceito de casamento legítimo, mas não abolir os tabus do incesto. Entretanto, podia fazer incursões na liberdade de expressão e opinião, e o fez quando julgou necessário. A frase operativa é "quando julgou necessário". Desde que os procedimentos adotados tivessem cobertura legal, não havia limites para os poderes da *pólis* além dos impostos por ela mesma (e portanto modificáveis), fora da esfera na qual antigos tabus profundamente enraizados mantinham sua força. Por fim, em 411 a.C., a assembleia ateniense votou a abolição da democracia.

Quais eram, então, as fontes dos direitos e obrigações, da liberdade, e quais as sanções? Particularmente, onde estavam os deuses em toda essa história? A impregnação dos ritos, dos sacrifícios, juramentos e oráculos é por demais familiar para haver necessidade de tornar a discorrer sobre ela. Assim é a força do clamor público contra o ultraje da blasfêmia, ou a ubiquidade da maldição, pública e privada. Todavia, também é verdade que a lei grega tinha passado por um processo de dessacralização completa pela época do período clássico[37]. Embora as formalidades religiosas fossem escrupulosamente mantidas, há um silêncio sobre as ordens, os favores e as sanções divinas nas disposições importantes. Atena recebia presentes e sua parte do tributo, davam-lhe até moedas falsas confiscadas, com sua efígie (como aconteceu com Poseidon em Corinto)[38], mas a deusa não foi invocada na reforma legislativa geral do fim do século V. Zeus Xênios protegia os estrangeiros e nunca foi invocado para aumentar os direitos dos metecos: mesmo o piedoso Xenofonte limita-se a argumentos puramente unilaterais nas *Poroi*, quando pedia vários benefícios, dentro de estreitos limites, para atrair mais metecos para Atenas. Em outros períodos históricos, a religião foi algumas vezes uma ideologia positiva em defesa dos direitos e da liberdade, como, por exemplo, nas revoltas dos camponeses no fim da Idade Média, ou no apoio calvinista contra a autocracia nos séculos XVI e XVII. Não na Grécia, todavia.

Compelido pela necessidade de ser breve, simplifiquei tudo em demasia, naturalmente, e concentrei-me quase que inteiramente no Estado e sua máquina governamental, deixando de lado o importante papel das pressões sociais informais, todas elas fortes porque as *póleis* gregas eram comunidades pequenas que ficavam muito perto umas das outras, e nas quais os homens viviam suas vidas em público, por assim dizer. Admitida a necessidade de modificação que um tratamento mais extenso e minucioso requereria, parece-me certa a conclusão, apesar disso, de que a *pólis* grega clássica desenvolveu um sistema institucional que, por si mesmo, era capaz de formular, sancionar e, quando necessário, mudar a intricada rede de direitos e obrigações que estão agrupados sob o título de "liberdade". As fraquezas que os teóricos antigos buscavam incessantemente eram a força do sistema visto de dentro. O maior defeito, de nosso ponto de vista, o fato de a *pólis* ser sustentada por uma maioria com direitos restringidos ou sem direito algum, não era uma das fraquezas mais condenadas pelos teóricos. Ao contrário, eles afirmavam que a *pólis* democrática era insuficientemente hierárquica, sendo sua maior falha a extensão da *isonomía* (em ambos os sentidos) para os camponeses, os donos de lojas e os artesãos.

Os historiadores têm uma afinidade compreensível com seus predecessores, os intelectuais da Antiguidade, e tendem a ver as realidades antigas através de seus olhos, isto é, filtradas por seus valores. Há um outro modo de olhar para as realidades gregas. O próprio Pseudo-Xenofonte concluía (3.1): "Quanto ao sistema ateniense de governo, não o aprecio. Todavia, desde que eles decidiram tornar-se uma democracia, parece-me que a estão preservando bem."

Segunda Parte
SERVIDÃO, ESCRAVIDÃO E ECONOMIA

6
A CIVILIZAÇÃO GREGA ERA BASEADA NO TRABALHO ESCRAVO?*

I

Duas generalizações podem ser feitas de início. Primeira: em todas as épocas e em todos os lugares o mundo grego apoiou-se em alguma forma (ou formas) de trabalho servil para satisfazer suas necessidades, tanto públicas como privadas. Com isso quero dizer que o trabalho servil era essencial, numa medida significativa, para preencher as exigências da agricultura, do comércio, da manufatura, dos trabalhos públicos e da indústria bélica. E, com trabalho servil, refiro-me ao trabalho executado compulsoriamente, diferente das obrigações familiares ou comunitárias[1]. Segunda: com raras exceções, sempre havia um número substancial de homens livres envolvidos no trabalho lucrativo. Entendo por isso, basicamente, não o trabalho contratado livremente mas homens livres trabalhando em suas próprias terras (ou arrendadas) ou em suas lojas ou casas como artesãos e proprietários. É dentro dessa estrutura criada pelas duas generalizações que as perguntas que procuram situar a escravidão na sociedade devem ser feitas. E com escravidão, finalmente, refiro-me à posição em que um homem se encontra, aos olhos da lei e da opinião pública, com relação a todas as partes, a propriedade, os bens pessoais, um outro homem[2].

Para quem conhece sua literatura, são abundantes as provas de quão completamente os gregos sempre tomaram por certo que a escravidão era um dos fatos da vida. Nos poemas de Homero presume-se (corretamente) que as mulheres capturadas serão levadas para casa como escravas, e que os escravos ocasionais – as vítimas dos mercadores-piratas fenícios – também estarão à disposição. No começo do século VII a.C., quando Hesíodo, o poeta "camponês" beócio, dá conselhos práticos em sua obra *Os trabalhos e os dias*, diz a seu irmão como usar adequadamente os escravos; e é simplesmente presumido que eles estarão dispo-

---

* Publicado originalmente em *História* 8 (1959), 145-64. Reduzi consideravelmente a explicação para eliminar debates agora obsoletos.

níveis. O mesmo é verdade quanto ao manual de Xenofonte para o fazendeiro diletante, o *Econômico,* escrito aproximadamente em 375 a.C. Poucos anos antes, um aleijado ateniense que estava apelando de uma decisão que lhe suspendera a pensão, disse ao tribunal: "Tenho um negócio que me rende alguma coisa, mas quase não consigo trabalhar e não estou em condições de comprar alguém para fazer meu serviço." (Lísias, 24.6). No primeiro livro do pseudoaristotélico *Oeconomica,* um trabalho peripatético provavelmente do fim do século IV ou começo do século III, encontra-se a seguinte proposta sobre a organização dos negócios domésticos, feita do modo mais cru e nu possível: "O primeiro e mais necessário tipo de propriedade, o melhor e mais dócil, é o homem. Portanto, o primeiro passo é procurar bons escravos. Há dois tipos de escravos, o supervisor e o trabalhador." (1344a22) Políbio, discutindo a situação estratégica de Bizâncio (4.38.4), fala completamente à vontade das "necessidades da vida – bens pessoais e escravos"vindos da região do mar Negro. E assim por diante.

A língua grega tinha uma variedade espantosa de vocabulário para escravos, coisa sem paralelo pelo que sei[3]. Nos textos mais primitivos, de Homero e Hesíodo, havia duas palavras básicas para escravo, *dmos* e *doûlos,* usadas sem qualquer distinção perceptível, e ambas com etimologias incertas. *Dmos* desapareceu rapidamente, sobrevivendo apenas na poesia, enquanto *doûlos* ficou sendo a palavra básica, por assim dizer, por toda a história grega, e a raiz a partir da qual foram construídas palavras como *douleía,* "escravidão". Mas Homero já tem, em uma passagem provavelmente interpolada (*Ilíada,* 7.475), a palavra (no plural) *andrapoda* ("homem com pés" = ser humano), que se tornou muito comum, tendo sido construída com base no modelo de *tetrapoda* ("com quatro pés" [quadrúpede] = animal). Essas palavras eram estritamente servis, exceto em metáforas como "os atenienses escravizavam os aliados", mas havia ainda outro grupo que podia ser usado tanto para escravos como para homens livres, dependendo do contexto. Três delas são construídas a partir da raiz "negócios domésticos", *oîkos – oikeus, oiketes* e *oikiatas –,* e o padrão do uso é variado e complicado. Por exemplo, essas palavras-*oîkos* às vezes significavam simplesmente "criado" ou "escravo" genericamente, e às vezes, embora com menor frequência, indicavam distinções mais estritas, como um escravo nascido na casa (em oposição ao comprado) ou de propriedade privada (em oposição ao escravo real, no contexto helenístico)[4].

Se pensarmos na sociedade antiga, como um espectro de classes sociais, com o cidadão livre em um extremo e o escravo no outro, e com um considerável número de graus de dependência no meio, descobriremos rapidamente "linhas" diferentes no espectro: o hilota espartano (com similares como o *penestes* da Tessália); o escravo por dívida, que não era um escravo, embora em certas condições pudesse eventualmente ser vendido como tal no exterior; o escravo alforriado condicionalmente; e, finalmente, o homem livre. Essas categorias raramente, ou nunca, apareciam simultaneamente na mesma comunidade, nem tinham a mesma importância ou a mesma significação em todos os períodos da história grega. De modo geral, o escravo propriamente dito era a figura decisiva (com a virtual exclusão das outras) nas comunidades econômica e politicamente avançadas; já a "hilotagem" e a escravidão decorrente de dívidas eram encontradas nas comunidades mais arcaicas, como Creta, Esparta ou Tessália, na mesma data tardia, ou então na Atenas do período anterior a Sólon. Há também alguma correlação, embora não perfeita, entre as várias categorias de trabalho dependente e sua função. A escravidão foi a mais flexível das formas, adaptável a todos os tipos e níveis de atividade, enquanto a "hilotagem" e as demais adaptavam-se melhor à agricultura, ao pastoreio e aos serviços domésticos que à manufatura e ao comércio.

II

Com raras exceções, não havia atividade, lucrativa ou não lucrativa, pública ou privada, agradável ou desagradável que não fosse executada por escravos em algum momento e em algum lugar no mundo grego. A exceção mais importante era, naturalmente, a política: nenhum escravo tinha um cargo público ou assento nos órgãos deliberativos ou judiciais (embora os escravos fossem empregados habitualmente no "serviço civil", como secretários e escriturários, como policiais e guardas das prisões). Os escravos, em regra, também não lutavam, a menos que fossem libertados (embora os hilotas pareçam tê-lo feito), e raramente tinham profissões liberais, inclusive a medicina. Por outro lado, não havia atividade que não fosse executada por homens livres em algum momento e em algum lugar. Isso costuma ser negado, mas a negativa é um erro grosseiro que consiste em não ver a diferença entre um homem livre que trabalha para si mesmo e outro que trabalha para um terceiro, recebendo salário. Na escala de valores grega, a prova decisiva não era tanto a natureza do trabalho (dentro de certos limites, é claro) como a condição ou posição na qual ele era executado[5]. "A condição de homem livre", disse Aristóteles (*Retórica*, 1367a32), "é que ele não vive sob a coação de outro." Nesse ponto Aristóteles expressa uma noção grega quase universal. Embora se encontrem gregos livres fazendo todo tipo de trabalho, o assalariado livre, o homem livre que trabalha regularmente para outro e portanto "vive sob a coação de outro" é uma figura rara nas fontes, sendo seguramente um fator menor no quadro[6].

A atividade econômica básica era, evidentemente, a agricultura. Através de toda a história grega, a esmagadora maioria da população tirava sua principal riqueza da terra. E a maioria era de pequenos proprietários ou arrendatários, dependendo de seu próprio trabalho, do trabalho de seus familiares e da ajuda ocasional (como na época da colheita) de vizinhos e assalariados temporários. Uma parte desses pequenos proprietários tinha um escravo, ou mesmo dois, mas não podemos determinar proporcionalmente essa parte; e nesse setor a questão global naturalmente não é de grande importância. Mas os grandes proprietários, embora sendo uma minoria, constituíam a elite política (e muitas vezes a intelectual) do mundo grego; as evidências revelam poucos nomes de alguma ressonância cuja base econômica não fosse a terra. Essa elite possuidora de terras tendia a tornar-se cada vez mais um grupo ausente no curso da história grega; mas cedo ou tarde, residindo em suas propriedades rurais ou nas cidades, a mão de obra servil trabalhava suas terras como regra básica (mesmo quando era feito um arrendamento). Em algumas áreas tomava a forma de hilotagem, e, no período antigo, de escravidão por dívida, mas geralmente a forma era integralmente a escravidão.

Estou ciente, é claro, de que esse ponto de vista sobre a escravidão na agricultura grega é contestado. Não obstante, aceito as evidências dos autores que já citei, de Hesíodo ao pseudoaristotélico *Oeconomica*. Esses são documentos verdadeiros, não utopias ou afirmações especulativas daquilo que devia ser. Se a escravidão não era a forma de trabalho habitual nas grandes propriedades, então não posso imaginar o que Hesíodo, Xenofonte ou o Peripatético estavam fazendo, ou por que algum grego se deu ao trabalho de ler suas obras[7]. Vale a pena acrescentar uma prova similar. Havia um festival de colheita grego, a Crônia, realizado em Atenas e outros lugares (especialmente entre os jônios). Uma de suas características, diz o cronista ateniense Filócoro, era que "os chefes das famílias comiam os produtos das colheitas e frutas na mesma mesa que seus escravos, com quem tinham participado do cultivo da terra. Pois agrada ao deus honrar assim os escravos em consideração a seus trabalhos"[8]. Nem esse costume, nem a exposição de Filócoro fazem qualquer sentido se a escravidão era tão sem importância na agricultura como alguns escritores modernos pretendem.

Quero ser bem claro nesse ponto: não estou dizendo que os escravos superavam o número de homens livres na agricultura, ou que o grosso dos trabalhos das fazendas era feito por escravos, mas que a escravidão predominava na agricultura na medida em que era usada numa ordem que transcendia o trabalho do proprietário e seus filhos. Tampouco estou sugerindo que não havia trabalho assalariado livre, e sim que teve pouca importância. Entre os escravos, além do mais, havia invariavelmente os supervisores, se a propriedade era muito grande ou se o dono não permanecia lá. "Há dois tipos de escravos", disse o autor de *Oeconomica*, "o supervisor e o trabalhador."

Na mineração e extração de pedras a situação pendia decisivamente para um lado. Havia homens livres, em Atenas por exemplo, que arrendavam pequenas concessões de mineração e podiam explorá-las sozinhos. Todavia, no momento que o trabalho adicional era introduzido (e esse era de longe o caso mais comum), ele parece ter sido sempre escravo. Os maiores grupos de escravos pertencentes a particulares destinavam-se a trabalhar nas minas, encabeçados pelos mil que se relata terem sido arrendados para esse fim pelo general Nícias, no século V[9]. Foi sugerido, na verdade, que em determinado momento pode ter havido uns trinta mil escravos trabalhando, em Atenas, nas minas de prata e no processo de trituração[10].

A manufatura estava no mesmo caso da agricultura, visto que a escolha era (ainda mais exclusivamente) entre o artesão independente que trabalhava sozinho ou com seus familiares e o proprietário de escravos. O vínculo com a escravidão era tão grande (e a ausência do trabalho assalariado tão completa), que Demóstenes, por exemplo, pôde dizer: "Eles causaram o desaparecimento do *ergasterion*" (oficina), e prosseguiu como um sinônimo exato e impossível de ser mal-entendido, dizendo que "eles causaram o desaparecimento dos escravos"[11]. Por outro lado, a proporção das operações que empregavam escravos, em contraste com o artesão independente que trabalhava para si mesmo, era provavelmente maior que na agricultura, e a esse respeito mais semelhante à mineração. No comércio e nos serviços bancários os subordinados eram invariavelmente escravos, mesmo em cargos como o de "gerente de banco". Todavia a quantidade era pequena.

No campo doméstico, finalmente, pode-se tomar como regra que qualquer homem livre com possibilidades tinha um escravo que o acompanhava quando ia à cidade ou quando viajava (inclusive em seu serviço militar), e também uma escrava para os serviços da casa. Não há nenhum meio concebível para se estimar quantos eram esses homens livres, ou quantos deles tinham escravos para trabalhos domésticos, mas o fato é admitido de modo tão absoluto e repetido tantas vezes na literatura que acredito firmemente que muitos possuíam escravos mesmo quando não tinham condições de fazê-lo. (Paralelos modernos serão lembrados em breve.) Saliento isso por duas razões. Primeira, a procura de escravos domésticos, frequentemente um elemento não produtivo, deve servir de advertência quando se examinam questões como a eficiência e o custo do trabalho escravo. Em segundo lugar, a escravidão doméstica não era de forma alguma inteiramente improdutiva. No interior, em particular, mas também nas cidades, duas importantes atividades estavam frequentemente a seu cargo nas maiores propriedades, na base de uma estrita produção para consumo doméstico. Refiro-me à tecelagem e à feitura de pães e massas em geral, e qualquer medievalista, pelo menos, compreenderá imediatamente a importância da retirada da última da produção do mercado, mesmo que essa retirada esteja longe de ser completa.

Seria muito útil se tivéssemos alguma ideia de quantos escravos havia em qualquer das comunidades gregas para executar todo esse trabalho e como eles estavam divididos entre os ramos da economia. Infelizmente não temos números confiáveis, e nenhum para a maioria das *póleis*. O que considero como o melhor cálculo para Atenas sugere que o total de escravos atingia de 60 a 80.000 nos períodos de mais trabalho nos séculos V e IV a.C.[12] Atenas teve a maior população em todo o mundo grego clássico e o maior número de escravos. Tucídides (8.40.2) disse que havia mais escravos em sua época na ilha de Quios que em qualquer outra comunidade grega salvo Esparta, mas suponho que pensava na densidade da população escrava comparada com a livre, não em números absolutos (e em Esparta se referia aos hilotas, não a escravos pessoais). Outros lugares, como Egina e Corinto, podem ter tido em uma ou outra ocasião uma proporção maior de escravos que Atenas. E certamente havia comunidades onde a densidade de escravos era menor.

Pouco mais que isso podemos dizer sobre números, mas acho que é realmente suficiente. Já há um excesso de discussões tendenciosas sobre números na literatura, como se uma simples contagem de cabeças fosse a resposta para todas as complicadas questões que decorrem da existência da escravidão. Os números de Atenas que mencionei totalizam uma média de nada menos que três ou quatro escravos para cada família livre (incluindo-se todos os homens livres, cidadãos ou não). Mas mesmo o menor dos números já sugerido, de 20.000 escravos na época de Demóstenes[13] – baixo demais na minha opinião –, equivaleria aproximadamente a um escravo para cada cidadão adulto, proporção nada desprezível. Em termos gerais os números são irrelevantes quanto à questão da significação. Quando Starr, por exemplo, protesta contra as "suposições exageradas" e replica que "as estimativas mais cuidadosas... reduzem a proporção de escravos a muito menos que a metade da população, provavelmente um terço ou um quarto no máximo"[14], não está provando quase nada do que imagina. Ninguém acredita seriamente que os escravos faziam todo o trabalho em Atenas (ou em qualquer outro lugar da Grécia, com exceção de Esparta com seus hilotas), e simplesmente confundem-se as coisas quando se supõe que de algum modo uma redução das estimativas para só um terço ou um quarto da população é crucial. Em 1860, de acordo com os números oficiais do censo, pouco menos que um terço da população total dos estados americanos escravagistas era de escravos. Além disso, "quase três quartos de todos os sulistas livres não tinham qualquer ligação com a escravidão, quer através de suas famílias, quer por propriedade direta. O sulista típico era não só um pequeno fazendeiro, mas também alguém que não possuía escravos"[15]. Contudo, ninguém pensaria em negar que a escravidão foi um elemento decisivo na sociedade sulista. A analogia parece óbvia para a Grécia antiga, onde pode ser demonstrado que a posse de escravos foi ainda mais amplamente difundida entre os homens livres, o uso de escravos muito mais diversificado, e onde as estimativas não apresentam uma taxa significativamente mais baixa que a americana. Colocado de modo simples, não se pode negar que havia escravos suficientes para que fossem, necessariamente, um fator integrante da sociedade.

Havia duas fontes principais de suprimento. Uma eram os prisioneiros, as vítimas da guerra e às vezes da pirataria. Uma das poucas generalizações sobre o mundo antigo para a qual não há exceção é que as forças vitoriosas tinham direito absoluto sobre as pessoas e as propriedades dos vencidos[16]. Esse direito não era exercido inteiramente todas as vezes, mas com frequência suficiente, e numa escala bem grande, para lançar um suprimento contínuo e numeroso de homens, mulheres e crianças no mercado escravo. Ao lado dos prisioneiros devemos colocar os chamados bárbaros que entravam no mundo grego num fluxo constante – trácios, citas, capadócios, etc. – pela ação de mercadores que se dedicavam a esse tipo de comércio o tempo todo, muito semelhante ao processo pelo qual os escravos africanos chegavam ao Novo Mundo nos tempos modernos. Muitos eram vítimas de guerra entre os próprios bárbaros. Outros vinham pacificamente, por assim dizer: Heródoto (5.6) diz que os trácios vendiam seus filhos para serem exportados. Todos os primeiros passos ocorriam fora da órbita grega, e as fontes não nos dizem virtualmente nada sobre eles, mas não pode haver dúvida de que se tratava de grande número e de um fornecimento permanente, pois não há outro modo de explicar fatos como a grande proporção de paflagônios e trácios entre os escravos nas minas de prata áticas, muitos deles especialistas, ou o corpo de arqueiros citas (escravos de propriedade do Estado) que integravam a força policial de Atenas.

Só para completar esse quadro devemos mencionar a servidão penal e o abandono das crianças não desejadas. Todavia, é bastante mencioná-los já que, devido a sua pouca importância, podem ser ignorados. Resta então mais uma fonte, a procriação, e isso é um enigma. Lê-se na literatura moderna que a procriação de escravos era pequena (diferentemente dos hilotas e semelhantes) entre os gregos porque, nas condições, era mais barato comprar escravos do que criá-los. Não estou completamente satisfeito com as provas desse ponto de vista, e completamente insatisfeito com a economia que supostamente o justifica. Havia condições nas quais a procriação era certamente rara, mas por motivos que nada tinham a ver com a economia. Nas minas, por exemplo, quase todos os escravos eram homens, e essa é uma explicação suficiente. Mas o que acontecia com os escravos dedicados aos trabalhos domésticos, entre os quais a proporção de mulheres era seguramente alta? Devo deixar a pergunta sem resposta, exceto para desfazer um engano. Diz-se algumas vezes que há uma lei demográfica rezando que nenhuma população escrava jamais se reproduz, que ela deve ser sempre completada com efetivos de fora. Tal lei é um mito: isso pode ser dito categoricamente com base na prova existente nos estados do Sul, prova estatística e confiável.

III

A impressão nítida que se tem é a de que a maioria dos escravos compunha-se de estrangeiros. Isto é, a regra rezava que (exceto a escravidão decorrente de dívida) os atenienses nunca eram mantidos como escravos em Atenas, ou os coríntios em Corinto. Todavia, estou me referindo ao sentido mais elementar, o de que a maioria não era absolutamente de gregos, mas de homens e mulheres pertencentes a raças que viviam fora do mundo grego. É ocioso especular sobre essas proporções, mas não pode haver qualquer dúvida razoável sobre essa maioria. Em alguns lugares, como as minas de prata de Láurio na Ática havia uma concentração relativamente grande em uma pequena área. O número de escravos trácios em Láurio, nos tempos de Xenofonte, por exemplo, era maior que o total da população de algumas das menores cidades-Estado gregas.

Não é de admirar que alguns gregos tenham vindo a considerar como a mesma coisa escravos e bárbaros (um sinônimo para todos os não gregos). O esforço mais sério, de meu conhecimento, para justificar essa opinião como parte do estado natural das coisas, encontra-se no primeiro volume da *Política* de Aristóteles. Não foi um esforço bem-sucedido por várias razões, das quais a mais óbvia é o fato, como o próprio Aristóteles admitiu, de que eram muitos os escravos "por acidente", em decorrência de guerras, naufrágios ou raptos. No final, a escravidão natural foi abandonada como conceito formal, vencida pela opinião pragmática de que a escravidão era um fato da vida, uma instituição convencional praticada universalmente. Como o jurista romano Florentino colocou, "A escravidão é uma instituição do *ius gentium* (direito de todas as nações) pelo qual alguém é submetido ao *dominium* de outro, contrariamente à natureza."[17] Dessa opinião (e de formulações ainda mais atiladas) pode-se encontrar vestígios na literatura sofista do século V a.C., e, de modo menos formal, na tragédia grega. Preferi citar Florentino porque sua definição aparece no *Digesto,* no qual escravidão é tão proeminente que a lei romana da escravidão foi chamada de "a parte mais característica do produto intelectual mais característico de Roma"[18]. Nada ilustra de modo tão perfeito a incapacidade do mundo antigo de imaginar que podia existir uma sociedade civilizada sem escravos.

O mundo grego propiciou debates e desafios infindáveis. Entre os intelectuais, nenhuma crença ou ideia era evidente em si mesma: todo conceito e toda instituição, mais cedo ou mais tarde, acabaram sendo atacados – crenças religiosas, valores éticos, sistemas políticos, aspectos da economia, até instituições fundamentais como a família e a propriedade privada. A escravidão também, até certo ponto, mas isso estava sempre muito distanciado dos propósitos abolicionistas. Platão, que criticou a sociedade mais radicalmente que qualquer outro pensador, não se preocupou muito com a questão na *República,* mas mesmo aí presume a continuação da escravidão. E nas *Leis,* "o número de passagens... que tratam da escravidão é surpreendentemente grande", o teor da legislação geralmente mais severo que a lei real de Atenas nessa época. "Sua finalidade, por um lado, é dar maior autoridade aos amos no exercício do domínio sobre os escravos e, por outro, acentuar a distinção entre escravo e homem livre."[19] Paradoxalmente, nem os que acreditavam que todos os homens eram irmãos (cínicos, estoicos ou os primeiros cristãos) se opunham à escravidão. A seus olhos, todos os assuntos de ordem material, inclusive as classes sociais, mereciam indiferença total. Diz-se que Diógenes uma vez foi raptado por piratas e levado para Creta para ser vendido. No leilão, apontou para certo coríntio entre os compradores e disse: "Venda-me para ele; ele precisa de um amo."[20]

A questão, por conseguinte, é: que importância teve tudo isso para a maioria dos gregos, para aqueles que não eram nem filósofos, nem homens ricos, do ócio? O que o homem humilde pensava da escravidão? Não é resposta argumentar que não devemos levar muito a sério "os teóricos políticos das escolas filosóficas como tendo estabelecido 'a linha principal do pensamento grego concernente à escravidão'"[21]. Ninguém acha que Platão e

Aristóteles falam por todos os gregos. Mas, igualmente, ninguém suporia que os gregos das classes inferiores rejeitavam necessariamente tudo que se lê na literatura e filosofia gregas, simplesmente porque, sem quase nenhuma exceção, os poetas e filósofos eram homens da classe do ócio. A história da crença e da ideologia não é tão simples. É lugar-comum o fato de o homem humilde compartilhar dos ideais e aspirações dos que lhe são superiores – em seus sonhos, senão na dura realidade de sua vida cotidiana. De modo geral, a grande maioria, em todos os períodos da história, sempre tomou por certas as instituições básicas da sociedade. Em geral, os homens não perguntam a si mesmos se o casamento monogâmico, a força policial ou a produção de máquinas são necessários para seu modo de vida. Eles os aceitam como fatos evidentes por si mesmos. Só quando há uma provocação de uma origem ou de outra – de fora, ou por motivo de fome ou peste – é que esses fatos se transformam em questionamento.

Grande parte da população grega sempre esteve na posição crítica da subsistência marginal. Trabalhavam duro para ganhar a vida e não podiam ter esperança de melhorar sua situação econômica como recompensa por seus esforços; ao contrário, se houvesse algum tipo de mudança, era provável que fosse para pior. Fomes, pestes, guerras, lutas políticas, tudo constituía ameaça, e a crise social era um fenômeno bastante comum na história da Grécia. Contudo, nenhuma ideologia do trabalho surgiu com o passar dos séculos, nada que possa ser contraposto, em qualquer sentido, aos juízos negativos de que estão repletos os escritos da classe ociosa. Não havia sequer uma palavra na língua grega para expressar a noção geral de trabalho, nem tampouco o conceito de trabalho "como uma função social geral"[22]. Havia muita queixa, naturalmente, e orgulho da competência profissional. Os homens não poderiam sobreviver psicologicamente sem eles. Mas nem um nem outro se transformou numa crença: a queixa não foi transformada em punição por pecado – "com o suor de teu rosto ganharás teu pão" – nem o orgulho da competência profissional numa virtude do trabalho, numa doutrina da vocação ou algo comparável. O mais próximo a qualquer deles encontra-se em *Os trabalhos e os dias,* de Hesíodo, e nesse contexto o fato decisivo sobre Hesíodo é sua inquestionável pretensão de que o fazendeiro terá mão de obra escrava própria.

Isso era tudo que havia para a contraideologia do homem pobre: vivemos na Idade do Ferro, quando "os homens nunca param de labutar e sofrer durante o dia, e de perecer durante a noite"; portanto, é melhor labutar que descansar e perecer – mas se pudermos também aproveitaremos o trabalho de escravos. Hesíodo pode não ter sido capaz, mesmo em sua imaginação, de ver a escravidão como *suplemento* de seu próprio trabalho, mas isso foi no século VII, ainda nos primeiros dias da escravidão. Por volta de 400 a.C., todavia, o cliente aleijado de Lísias fez a séria argumentação (24.6) diante do Conselho ateniense de que ele requeria uma pensão porque não podia ter um escravo como *substituto*. E meio século depois Xenofonte propôs um sistema pelo qual todo cidadão poderia ser mantido pelo Estado, principalmente com os rendimentos oriundos dos escravos de propriedade pública que trabalhavam nas minas[23].

Quando as palavras se transformaram em ação, até mesmo quando a crise se transformou em guerra civil e revolução, a escravidão continuou indiscutida. Com absoluta regularidade, por toda a história grega, a reivindicação era "cancelar as dívidas e redistribuir as terras". Que eu saiba, nunca se ouviu um protesto dos pobres livres, nem mesmo nas crises mais graves, contra a competição escrava. Não houve qualquer reclamação – como poderia perfeitamente ter havido – de que os escravos privavam o homem livre de ganhar seu sustento ou o obrigavam a trabalhar mais horas por salários mais baixos[24]. Não há nada que se pareça, ainda que remotamente, com um programa de trabalhadores, nenhuma reivindicação salarial, nenhuma discussão sobre condições de trabalho, de medidas a serem tomadas pelo governo, ou similares. Numa cidade como Atenas havia ampla oportunidade. O *dêmos* tinha poder, muitos eram pobres e tinham líderes. Mas a assistência econômica tomou a forma de pagamento pelo exercício de cargos públicos e por remar na frota, entrada livre no teatro (o chamado fundo do espectador), e vários outros benefícios menores, enquanto a legislação econômica se limitava às importações e exportações, pesos e medidas, controle de preços. Nem mesmo as mais agressivas acusações contra os demagogos – e eles não tinham restrição alguma, como sabe qualquer leitor de Aristófanes ou Platão – jamais sugeriram qualquer coisa que aludisse aos interesses da classe trabalhadora ou a uma tendência contra a escravidão.

Tampouco os pobres livres tomaram o outro rumo possível de se unirem aos escravos numa luta comum com base numa causa primária. A revolução de Sólon em Atenas no começo do século VI a.C., por exemplo, pôs fim à servidão por dívida e à compensação advinda da venda de atenienses mandados como escravos ao exterior, mas não trouxe a emancipação de outros, não atenienses, que viviam na escravidão em Atenas. Séculos mais tarde, quando a grande onda de revoltas dos escravos chegou, depois de 140 a.C., começando no ocidente romano e espalhando-se pelo oriente grego, a totalidade dos pobres livres manteve-se simplesmente à parte. Não era um problema deles, devem ter pensado; e corretamente, pois o resultado das revoltas não lhes prometia nada, fosse o que fosse. Muitíssimos homens livres podem ter aproveitado o caos para se enriquecer, por meio da pilhagem ou de outro expediente. Essencialmente, era isso que faziam quando surgia a oportunidade em uma campanha militar, nada mais. Os escravos eram, num sentido básico, irrelevantes para seu comportamento naquela ocasião[25].

Em 464 a.C. eclodiu uma grande revolta hilota, e em 462 Atenas enviou uma força hoplita comandada por Címon para ajudar os espartanos a suprimi-la. Quando a revolta terminou, depois de quase cinco anos, permitiu-se que um grupo de rebeldes escapasse, e foi Atenas que lhe deu asilo, instalando-o em Naupacto. Mudança comparável aconteceu na primeira fase da guerra do Peloponeso. Em 425 os atenienses tomaram Pilos, porto na costa oeste do Peloponeso. A guarnição era pequena e Pilos de modo algum um porto importante. Não obstante, Esparta ficou tão amedrontada que logo pediu a paz, porque o apoio ateniense era um perigoso centro de contaminação, convidando à deserção e a uma eventual revolta entre os hilotas messênios. Atenas finalmente concordou com a paz em 421, e logo em seguida fez uma aliança com Esparta, na qual uma das condições era: "No caso de surgir uma rebelião da classe escrava, os atenienses apoiarão os espartanos em tudo que puderem, de acordo com seu poder."[26]

Obviamente, a atitude de uma cidade para com os escravos de outra está fora do nosso assunto. Atenas concordou em ajudar a reprimir os hilotas quando era aliada de Esparta; encorajou as revoltas dos hilotas quando estava em guerra com ela. Isso reflete táticas elementares, não um juízo sobre escravidão. O mesmo tipo de distinção deve ser feita nos exemplos, recorrentes na história espartana, de hilotas libertados como garantias em uma luta interna pelo poder. Da mesma forma, também, com relação aos casos que aparentemente não eram incomuns na Grécia do século IV, mas sobre os quais nada é conhecido além da cláusula constante do acordo entre Alexandre e a Liga Helênica, obrigando os membros a garantirem que "não haverá mortes ou banimentos contrários à lei de cada cidade, nem confisco de propriedades, nem redistribuição de terras, nem cancelamento de dívidas, nem libertação de escravos para fins de revolução"[27]. Meras táticas outra vez. Escravos eram recursos e podiam ser úteis numa situação particular. Mas só um número de escravos específico, os que estivessem disponíveis no exato momento; não escravos em geral, ou todos os escravos, e naturalmente não escravos no futuro. Alguns eram libertados, mas a escravidão continuava intacta. Exatamente o mesmo comportamento pode ser encontrado no caso inverso, quando um Estado (ou classe dominante) apelava para seus escravos para ajudarem a protegê-lo. Era muito comum que em uma crise militar escravos fossem libertados, recrutados pelo exército ou pela armada e obrigados a lutar[28]. E outra vez o resultado era alguns escravos libertados enquanto a instituição continuava exatamente como antes.

Em resumo, em certas condições de crise e tensão a sociedade (ou um de seus setores) se defrontava com um conflito dentro de sua escala de valores e crenças. Às vezes era necessário, no interesse da segurança nacional ou no de um programa político, renunciar ao uso, e ao enfoque, normal dos escravos. Quando isso acontecia, a instituição prosseguia sem nenhum enfraquecimento perceptível. O fato de que isso acontecia não é sem importância; sugere que entre os gregos, mesmo em Esparta, não havia o horror, o desprezo profundamente enraizado, e muitas vezes neurótico, aos escravos, como sucedia em outras sociedades. Isso teria tornado virtualmente impossível libertá-los e armá-los, *en masse*, qualquer que fosse o propósito. Sugere, mais ainda, algo sobre os próprios escravos. Alguns deles lutaram por seus amos, e isso não é um fato sem importância.

Nada é mais difícil de compreender que a psicologia do escravo. Mesmo quando, como no sul dos Estados Unidos, parece haver muito material – autobiografias de ex-escravos, impressões de viajantes de sociedades não escravagistas e similares –, o quadro que emerge não deixa de ser ambíguo. Há uma escassez absoluta de evidências referentes à Antiguidade, e os fragmentos que existem são indiretos e tangenciais, nada fáceis de serem interpretados. Assim, a apologia predileta é invocar o fato de que, fora alguns casos muito especiais em Esparta, os registros não apontam nem revoltas de escravos nem temor de levantes. Mesmo que os fatos sejam aceitos como verdadeiros, não induzem a uma conclusão cor-de-rosa. Os escravos se revoltaram muito poucas vezes, mesmo nos Estados do Sul[29]. Uma rebelião em alta escala é impossível de ser organizada e posta em prática salvo em circunstâncias muito inusitadas. A combinação certa apareceu apenas uma vez na história antiga, durante duas gerações do fim da República romana, quando havia grandes concentrações de escravos na Itália e na Sicília, muitos deles quase completamente abandonados e sem assistência, outros lutadores profissionais (gladiadores), e quando toda a sociedade estava em convulsão, com uma grande crise de valores sociais e morais[30].

Nesse ponto é necessário relembrar que os hilotas diferenciavam-se dos escravos pessoais em pontos básicos. Primeiro, tinham os necessários laços de solidariedade que vêm da família e da nacionalidade, intensificados pelo fato, que não deve ser subestimado, de não serem estrangeiros mas um povo sujeitado que trabalhava suas próprias terras em estado de servidão. Esse complexo inexistia entre os escravos do mundo grego. O autor peripatético de *Oeconomica* fez a inteligente recomendação de que nem o indivíduo nem a cidade deveriam ter muitos escravos da mesma nacionalidade[31]. Segundo, os hilotas tinham direito a um tipo de propriedade: a lei, pelo menos, permitia que retivessem tudo que produzissem além das quantidades fixas a ser entregues a seus amos. Terceiro, superavam numericamente a população livre em um grau sem paralelo em outras comunidades gregas. Esses são os fatores peculiares, em minha opinião, que explicam as revoltas dos hilotas e a permanente preocupação espartana a respeito, mais do que a crueldade dos espartanos[32]. É engano pensar que a ameaça de rebelião aumenta automaticamente com o crescimento da miséria e da opressão. A fome e a tortura destroem o espírito; quando muito estimulam esforços para fuga ou outras formas de comportamento puramente individual (inclusive a traição dos companheiros de infortúnio), ao passo que a revolta exige organização, coragem e persistência. Frederick Douglass, que em 1855 escreveu a análise mais penetrante vinda de um ex-escravo, resumia a psicologia nestas palavras: "Açoite e espanque seu escravo, deixe-o com fome e desmoralizado, e ele seguirá seu amo como um cão puxado pela corrente; mas alimente-o, dê-lhe conforto físico – e os sonhos de liberdade surgirão como intrusos. Dê-lhe um amo *mau* e ele aspirará a um amo *bom;* dê-lhe um bom amo e ele desejará tornar-se *seu próprio* amo."[33]

Há muitos meios, além da revolta, pelos quais os escravos podem protestar[34]. Sobretudo podem fugir, e embora não tenhamos cifras parece certo dizer que o escravo fugitivo era um fenômeno bastante comum nas cidades gregas. Tucídides estimava que mais de 20.000 escravos atenienses fugiram na década final da guerra do Peloponeso. Foram abertamente encorajados a isso pela guarnição espartana baseada em Deceleia, e Tucídides insiste absolutamente na operação. Obviamente achou que os danos para Atenas eram sérios, aumentados ainda pelo fato de que muitos eram trabalhadores especializados[35]. Minha preocupação imediata é com os próprios escravos, não com Atenas, e devo salientar muito enfaticamente que grande número de escravos especializados (presumivelmente os que recebiam melhor tratamento) assumiu o risco e tentou fugir. O risco não era pequeno, pelo menos para os bárbaros: nenhum trácio ou cário andando pelo interior da Grécia sem credenciais podia ter certeza do que o esperava mais adiante na Beócia ou na Tessália. Na verdade, há uma insinuação de que esses 20.000 em particular, e outros mais, podem ter sido muito maltratados depois de escapar acreditando na promessa de Esparta. Um historiador confiável do século IV a.C. atribui a grande prosperidade de Tebas no fim do século V à venda muito barata de escravos e outras presas de guerra saqueadas de Atenas durante a ocupação espartana de Deceleia[36]. Embora não haja meio de determinar se isso é uma referência aos 20.000, a suspeita é óbvia. Excetuando-se a ética, não havia nenhum poder, dentro ou fora da lei, que pudesse ter impedido a reescravização de escravos fugitivos mesmo se eles tivessem recebido uma promessa de liberdade.

O *Oeconomica* (1344a35) resume a vida do escravo como consistindo de três elementos: trabalho, punição e comida. Há chicoteamentos e até torturas mais que suficientes, na literatura grega, de um extremo ao outro. Não considerando as artimanhas psicológicas (sadismo e similares), o chicoteamento significa simplesmente que o escravo, como escravo, deve ser aguilhoado no desempenho da função que lhe é atribuída. Assim, também, atuavam os vários planos de incentivo frequentemente adotados. O escravo eficiente, habilidoso, confiável podia ter esperança de atingir uma posição de supervisão. Nas cidades, em particular, podia muitas vezes alcançar uma curiosa espécie de semi-independência, vivendo e trabalhando por sua conta, pagando uma espécie de renda para seu proprietário e acumulando dinheiro para, por fim, comprar sua liberdade. A alforria era, naturalmente, o maior incentivo de todos. Mais uma vez somos frustrados pela ausência de números, mas é indiscutível que a alforria era fenômeno comum na maior parte do mundo grego. Essa é uma importante diferença entre o escravo grego, de um lado, e o hilota ou o escravo americano, do outro. Também é uma prova importante do grau da alegada "aceitação" de sua posição pelo escravo[37].

IV

Agora é hora de tentarmos juntar tudo e formar algum juízo sobre a instituição. Isso já seria bastante difícil em circunstâncias normais e tornou-se quase impossível devido a dois fatores estranhos impostos pela sociedade moderna. O primeiro é a confusão do estudo histórico com juízos morais sobre escravidão. Nós condenamos a escravidão e ficamos embaraçados com os gregos, a quem admiramos tanto; por isso ou tendemos a subestimar o papel da escravidão em sua vida ou a ignoramos totalmente, esperando que de algum modo ela desapareça por si mesma. O segundo fator é mais político e remonta pelo menos a 1848, quando o *Manifesto comunista* declarou que "A história de todas as sociedades existentes até hoje é a história da luta de classes. Homens livres e escravos, patrícios e plebeus, senhores e servos, mestres de corporação e artífices, resumindo, o opressor e o oprimido, estão em constante oposição mútua..." Desde então, a escravidão antiga tem sido um campo de batalha entre marxistas e não marxistas, mais um tema político que um fenômeno histórico.

Agora observemos que uma parte considerável da população do mundo grego era constituída de escravos ou outros tipos de mão de obra servil, muitos deles bárbaros; que de modo geral a elite em cada cidade era composta de homens de ócio, completamente livres de qualquer preocupação com assuntos econômicos, graças a uma força de trabalho que compravam e vendiam, sobre a qual tinham extensos direitos de propriedade e, igualmente importante, o que podemos chamar de direitos físicos; que à condição de servidão nenhum homem, mulher ou criança, independentemente de sua posição ou riqueza, podia estar certo de escapar em caso de guerra ou outra emergência imprevisível e incontrolável. Parece-me que, vendo isso tudo, se pudéssemos emancipar-nos do despotismo de pressões morais, intelectuais e políticas alheias, concluiríamos sem hesitação que a escravidão foi um elemento básico na civilização grega.

Tal conclusão, todavia, deve ser o ponto de partida da análise, não o fim da argumentação, como é tão frequente atualmente. Talvez fosse melhor evitar a palavra "básica", porque ela foi apropriada previamente como um termo técnico pela teoria da história marxista. Qualquer outro que a usasse em um assunto como o do título deste capítulo estaria compelido, pela situação intelectual (e política) em que trabalhamos, a qualificar o termo logo de início, para distinguir entre *uma* instituição básica e *a* instituição básica. De fato, o que tem acontecido é que, sob a forma exterior de uma discussão sobre a escravidão antiga, aparece uma discussão incoerente da teoria marxista nada elucidativa quer do marxismo quer da escravidão[38]. Nem nosso entendimento do processo histórico nem nosso conhecimento da sociedade antiga têm avançado significativamente por meio dessas repetidas afirmações e contra-afirmações, afirmações e negações da proposta "A sociedade antiga baseava-se no trabalho escravo". Tampouco ganhamos muito com o persistente debate sobre as causas. A escravidão foi a causa do declínio da ciência grega? Da perda da moralidade sexual? Do generalizado desprezo pelo emprego lucrativo? Essas são questões essencialmente falsas, impostas por um tipo ingênuo de pensamento pseudocientífico.

A abordagem mais produtiva, sugiro, é pensar em termos de propósito, no sentido de Immanuel Kant, ou de função, como os antropólogos sociais preferem. A questão mais promissora para a investigação sistemática não é se a escravidão foi o elemento básico, ou se ela provocou isso ou aquilo, mas como funcionava. Isso elimina as tentativas estéreis para decidir o que foi historicamente anterior, a escravidão ou alguma outra coisa; evita a imposição de juízos morais sobre a análise histórica, anteriores a ela; e deve evitar a armadilha que chamarei de erro do livre arbítrio. Há uma máxima de Emile Durkheim que diz: "O caráter voluntário de uma prática ou de uma instituição nunca deve ser suposto de antemão."[39] Dada a existência da escravidão – e é "dada" porque nossas fontes não nos permitem voltar a uma fase da história grega na qual ela ainda não existia –, a escolha que se apresentava aos gregos era imposta social e psicologicamente. Nas *Memoráveis*, Xenofonte diz que "os que podem fazê-lo compram escravos para poder ter companheiros de trabalho". Essa frase é citada muitas vezes para provar que alguns gregos não possuíam escravos, o que não precisa ser provado. Seria muito melhor citado para demonstrar que *aqueles que podem* compram escravos – Xenofonte coloca claramente todo esse fenômeno exatamente no campo da necessidade.

A questão da função não permite só uma resposta. Há tantas perguntas quanto contextos: função em relação a quê? Quando? Onde? Buckland começa sua obra sobre a lei romana da escravidão observando que "raramente se apresenta um problema, em qualquer ramo do direito, cuja solução não possa ser afetada pelo fato de que uma das partes da transação é um escravo"[40]. Isso resume a situação à sua maior simplicidade, do modo mais declarado, e é uma afirmação correta tanto para a lei grega como para a romana. Além disso, eu argumentaria, não existe nenhum problema ou prática em qualquer ramo da vida grega que não tenha sido afetado, de algum modo, pelo fato de muitas pessoas nessa sociedade, mesmo se não na situação específica sob consideração, serem (terem sido ou poderem vir a ser) escravas. A conexão nem sempre era simples ou direta, nem o impacto necessariamente "mau" (ou "bom"). O problema do historiador é exatamente descobrir quais eram as conexões, em toda a sua realidade e complexidade, suas qualidades, seus defeitos ou sua neutralidade moral.

Acredito que veremos, na maioria das vezes, que a instituição da escravidão acabou sendo ambígua em sua função. Certamente as atitudes gregas em relação a ela estavam crivades de ambiguidade, e não raramente de tensão. Para os gregos, disse Nietzsche, o trabalho e a escravidão eram "um mal necessário, do qual nos *envergonhamos*, como mal e como necessidade ao mesmo tempo"[41]. Houve muita discussão: isso está claro na literatura que se conservou, e não foi cômoda ou inequivocamente unilateral, embora não tenha terminado em abolicionismo. Na lei romana, "a escravidão é o único caso no qual, nas fontes ainda existentes... é declarado existir um conflito entre o *Ius Gentium* e o *Ius Naturale*"[42]. Em certo sentido era um conflito acadêmico, visto que a escravidão prosseguiu; mas nenhuma sociedade pode carregar um conflito desses dentro de si, em torno de um conjunto tão importante de crenças e instituições, sem que as tensões venham a eclodir de alguma forma, independentemente de quão distantes, no tempo e no espaço, as linhas e conexões possam estar do estímulo original. Talvez o sinal mais interessante entre os gregos possa ser encontrado nos propósitos, e até certo ponto na prática, no século IV a.C., de renunciar à escravidão de gregos[43]. Todos eles fracassaram no mundo helênico, e acho que esse único fato revela muito sobre a civilização grega depois de Alexandre[44].

Vale a pena chamar a atenção para dois exemplos repletos de ambiguidade, dos quais nenhum recebeu a atenção que merece. O primeiro vem de Lócris, colônia grega no sul da Itália, onde se dizia que a descendência se dava pela linha materna, anomalia que Aristóteles explica historicamente. A razão, diz ele, é que a colônia foi fundada originalmente por escravos e seus filhos com mães livres. Timeu escreveu um violento protesto contra esse relato insultante, e Políbio, por sua vez, defendeu Aristóteles em uma longa digressão (12.6a), da qual, infelizmente, só nos chegaram fragmentos. Uma de suas observações merece ser citada: "Supor, como Timeu, ser improvável que homens outrora escravos dos aliados dos espartanos pudessem permanecer afáveis e aceitar a afeição de seus antigos amos é tolice. Pois quando tiveram a sorte de recuperar sua liberdade (e um certo tempo já se passou) esses homens, que tinham sido escravos, não só se empenharam em aceitar a afeição de seus antigos amos como também em manter seus vínculos de hospitalidade e de sangue; na verdade, seu objetivo é conservá-los muito mais que os vínculos naturais, com o expresso propósito de apagar por esse meio a lembrança de sua antiga degradação e posição humilde, porque querem parecer mais descendentes de seus amos que homens libertados por eles."

No curso de sua polêmica Timeu tinha dito que "não era hábito dos primitivos gregos servirem-se de escravos comprados"[45]. Essa distinção, entre escravos comprados e escravos capturados (ou procriados por estes), tinha sérias nuances morais. Inevitavelmente, como era seu hábito, os gregos encontraram uma origem histórica para a prática de comprar escravos – na ilha de Quios. O historiador Teopompo, nativo da ilha, expressou-o deste modo: "Depois dos tessálios e dos lacedemônios, o povo de Quios foi o primeiro dos gregos a utilizar escravos. Mas não os adquiriam do mesmo modo que os primeiros; pois verificaremos que os escravos dos lacedemônios e dos tessálios eram gregos que anteriormente habitavam o território agora possuído por eles... chamando-os hilotas e *penestae,* respectivamente. Mas em Quios havia escravos bárbaros pelos quais havia sido pago um preço."[46] Essa citação foi preservada por Ateneu, que escrevia por volta de 200 d.C. e prosseguia dizendo que o povo de Quios recebeu finalmente a punição divina por sua inovação. As histórias que ele conta a seguir são curiosas e interessantes, mas não há tempo para elas.

Essa não é uma história muito boa, o que não a torna menos importante. Por uma notável coincidência, Quios oferece-nos as primeiras evidências contemporâneas das instituições democráticas no mundo grego. Em uma inscrição de Quios que remonta, muito provavelmente, a 575-550 a.C., há uma referência inequívoca a um conselho popular e às "leis (ou decretos) do *dêmos*"[47]. Não desejo atribuir qualquer sentido além do simbólico a essa coincidência, mas é um símbolo com enormes implicações. Já insisti no fato de que quanto mais avançada for a cidade-Estado grega mais se constatará ter havido nela a verdadeira escravidão, em vez de tipos "híbridos" como a hilotagem. Colocada de modo mais direto, as cidades nas quais a liberdade do indivíduo atingiu sua expressão mais alta – muito obviamente Atenas – foram cidades onde floresceu a escravidão na forma de bens pessoais. Os gregos, como todos sabem, descobriram tanto a ideia da liberdade individual como a estrutura institucional na qual ela podia ser realizada[48]. O mundo pré-grego – o mundo dos sumérios, babilônios, egípcios e assírios (e não posso evitar acrescentar os micênios) – era, num sentido muito profundo, um mundo sem homens livres, conforme o Ocidente veio a compreender esse conceito. Era também um mundo no qual a escravidão na forma de propriedade pessoal não desempenhava nenhum papel consequente. Isso, também, foi uma descoberta grega. Característica da história grega, em resumo, é o avanço, lado a lado, da liberdade *e* da escravidão.

7
ENTRE A ESCRAVIDÃO E A LIBERDADE*

I

Tirei meu título do *Onomastikon*, ou *Livro de vocábulos*, de um grego alexandrino do século II de nossa era, chamado Júlio Pólux. No fim de uma seção (3.78-83) um tanto longa que relaciona, às vezes com exemplos, as palavras gregas com sentido de "escravo" ou "escravizar", em certos contextos pelo menos, Pólux observa que também há homens como os hilotas em Esparta ou os *penestae* na Tessália que ficavam "entre os homens livres e os escravos". É inútil imaginar que esse trabalho é muito profundo ou sistemático, pelo menos na forma abreviada com que chegou a nós, mas os alicerces foram lançados em uma obra muito mais antiga escrita por um estudioso muito culto, Aristófanes de Bizâncio, que viveu na primeira metade do século III a.C. O interesse da breve passagem que citei está no fato de que ela sugere de um modo aguçado que a categoria social podia ser vista como uma série contínua ou como um espectro; que havia categorias sociais que só podiam ser definidas, mesmo sendo isso muito cruel, como "entre a escravidão e a liberdade". Habitualmente os escritores gregos e romanos não se preocupavam com tais nuanças. Para ser exato, os romanos tinham uma palavra especial para o homem que tinha sido libertado, *libertus*, distinta de *liber*, um homem livre. E quando se chegava às categorias políticas, mais ainda, eram feitas distinções de todos os tipos, necessariamente. Mas com referência à categoria social (que espero me seja permitido distinguir de categoria política, nesta fase), e muitas vezes para fins de direito privado, eles estavam satisfeitos com a antinomia escravo ou livre, embora dificilmente tenham podido ignorar certas gradações.

Existe um mito grego que exemplifica nitidamente o aspecto lexicográfico, um mito seguramente muito mais antigo que

---
* Publicado originalmente em *Comparative Studies in Society and History* 6 (1964), 233-49, e reproduzido com a autorização do jornal.

o texto literário, ainda existente, que o mencionou pela primeira vez, o *Agamenon* de Ésquilo, apresentado em Atenas em 458 a.C. Héracles foi atacado por uma doença que persistiu até que ele foi a Delfos consultar Apolo. Lá o oráculo disse-lhe que sua doença era uma punição por ter matado Ifito à traição, e que só poderia curar-se se fosse vendido como escravo por um número limitado de anos e entregasse o dinheiro da venda aos parentes de sua vítima. Assim, foi vendido para Onfale, rainha dos lídios (mas originalmente uma figura puramente grega), e expiou sua culpa trabalhando para ela. Os textos – muito numerosos ao longo de séculos – discordam em vários pontos: por exemplo, se Héracles foi vendido para Onfale pelo deus Hermes ou por amigos que o acompanharam à Ásia para esse fim; se o período de sua servidão foi de um ano ou três, etc.[1]

Não se pode esperar clareza em um mito, naturalmente, ou, neste caso, nas instituições legais da sociedade antiga na qual esse mito particular surgiu. Os textos antigos falam todos de Héracles sendo "vendido" e para descrever sua categoria enquanto trabalhou para Onfale empregam ou *doûlos,* a palavra grega mais comum para "escravos de propriedade particular", ou *latris,* palavra curiosa que significava "homem assalariado" e "criado", bem como "escravo". A palavra *latris* perturba os lexicógrafos e os historiadores jurídicos modernos, mas a situação histórica por trás da "confusão" léxica é, com toda certeza, que na Grécia primitiva, como em outras sociedades, "serviços" e "servidão" se fundiam uma com a outra. O código bíblico era explícito (*Deuteronômio,* 15.12-17): "Quando um de teus irmãos... te for vendido, seis anos servir-te-á, mas no sétimo o despedirás forro... Se, porém, ele te disser: não sairei de ti; porquanto te ama a ti e à tua casa, por estar bem contigo, então tomarás uma sovela e lhe furarás a orelha na porta, e será para sempre teu servo."

As observações cínicas são tentadoras. Deixando de lado a possibilidade muito real de que a limitação de seis anos fosse, como uma ilustre autoridade expressou-o, "um programa social mais que uma lei que funcionasse efetivamente"[2], soa de modo estranho "Se, porém, ele te disser: não sairei de ti; porquanto te ama a ti e à tua casa." Suspeita-se que a transição de um cativeiro mais limitado para uma escravidão total não foi nem tão suave nem tão voluntária; que, diferentemente de Héracles, as vítimas na vida real, uma vez caídas no cativeiro, tinham pouca esperança de ser libertadas, que, como nos trabalhos forçados, seus amos podiam encontrar artifícios suficientes para mantê-las presas para sempre. O estadista ateniense do século VI, Sólon, referindo-se aos homens tornados escravos por dívidas, usou estas palavras: "Eu libertei aqui (em Atenas) os que estavam em escravidão ignóbil, amedrontados diante dos caprichos de seus amos."[3] E as palavras gregas que empregou foram precisamente as que se tornaram a terminologia clássica para a escravidão de propriedade particular: *douleía* – escravidão; *despótes* – amos; *eleútheros* – um homem livre. Os estudiosos modernos, também, falam regularmente da escravidão por dívida. Por que não? Por que fazer jogo de palavras? Por que traçar distinções complicadas, abstratas?

Os homens que Sólon libertou pertenciam a uma classe restrita embora numerosa: eram atenienses que tinham caído na servidão de outros atenienses em Atenas. Seu programa não se estendia aos não atenienses, forasteiros, que eram escravos em Atenas, exatamente como a limitação bíblica de seis anos era restrita a "um de teus irmãos", um compatriota hebreu, e não se estendia aos gentios. Tampouco essa era uma distinção sentimental, uma retórica vazia dando vãs esperanças para o grupo, simulando que eles eram diferentes dos forasteiros quando na verdade compartilhavam do mesmo destino. Toda a história de Sólon (como os conflitos muito semelhantes dos primeiros dias da história de Roma) prova que a distinção tinha um significado, embora pudesse ter estado ausente em alguns casos individuais ou em alguns períodos determinados. Pois Sólon pôde abolir a escravidão por dívida – na verdade, tinha sido conduzido ao poder com esse objetivo expresso – em consequência de um conflito político que chegou à beira da guerra civil. Os escravos atenienses tinham continuado atenienses; agora reafirmavam seus direitos como atenienses e forçavam o fim da instituição – servidão por dívida – que os tinha privado *de facto* de todos ou da maioria desses direitos. Não se opunham à escravidão como tal, somente à sujeição de atenienses por outros atenienses. Portanto, qualquer que seja a semelhança superficial, essa não foi uma revolta de escravos; nem tampouco os comentaristas antigos jamais fizeram tal ligação, apesar de terem recorrido à terminologia de escravo.

Não estou tratando da história da escravidão por dívida e sua abolição (vide capítulo 9 sobre esse assunto) ou da clientela em Atenas ou Roma e nem, neste momento, de apresentar um conteúdo preciso da noção de "direitos". Estou apenas tentando, preliminarmente, estabelecer a necessidade de distinguir as várias formas de servidão, embora os contemporâneos não estejam preocupados com isso, pelo menos não em seu vocabulário. Com relação a isso, vale a pena prosseguir um pouco mais no assunto das revoltas. A síndrome da revolta por dívida foi um dos fatores mais significativos na primitiva história da Grécia e de Roma, e continuou até mesmo na história clássica. As revoltas dos hilotas também foram importantes e muito persistentes na história de Esparta. Os escravos de propriedade pessoal, ao contrário, não demonstraram nenhuma tendência a isso, em qualquer época da história grega; e na história romana[4] só houve revoltas em massa de escravos durante um curto período, entre 135 e 70 a.C. Lá pelo fim da Antiguidade, finalmente, houve uma revolta mais ou menos contínua, na Gália e na Espanha, dos camponeses aviltados, semiescravizados, e dos escravos, em conjunto[5].

As diferenças de tratamento, a relativa dureza ou brandura dos amos não servem para explicar as diferenças do padrão de revolta e particularmente da propensão à revolta. A única distinção que se destaca claramente é que os escravos de propriedade pessoal, ao mesmo tempo os mais privados de direitos entre todos os tipos de escravos e os mais completamente marginalizados em todos os sentidos, eram exatamente os que mostravam menor tendência a uma ação conjunta, o menor ímpeto para conseguir a liberdade. Em certas condições era concedida, a alguns escravos isolados, uma considerável liberdade e muitas vezes prometida uma emancipação eventual como incentivo. Mas isso é um outro assunto. Os escravos, enquanto escravos, não demonstravam nenhum interesse na escravidão como instituição. Mesmo quando se revoltavam, seu objetivo era ou voltar para a terra de origem ou inverter a situação em que estavam, para se tornarem senhores e reduzir à escravidão seus antigos amos ou qualquer pessoa que estivesse a seu alcance. Ao mesmo tempo que pensavam na liberdade, em outras palavras, aceitavam completamente a noção prevalecente: a liberdade para eles, como indivíduos, incluía o direito de possuir outros indivíduos como escravos. Os escravos por dívidas e os hilotas, ao contrário, lutavam – quando o faziam – não só para, como indivíduos, mudarem de uma categoria para outra, mas também para abolir esse tipo particular de servidão (embora não para abolir todas as formas, e em particular a de escravo como bem imóvel, o que era significativo).

II

Para um grego da época de Péricles ou um romano dos dias de Cícero, "liberdade" tinha se tornado um conceito definível, e a antinomia escravo-livre uma distinção aguda e significativa. Nós somos seus herdeiros e suas vítimas. Às vezes os resultados são divertidos, como os primeiros esforços no Extremo Oriente, no século XIX, para lidar com a palavra "liberdade", para a qual não tinha equivalente e que até então "mal era possível" verter, digamos, em chinês[6]. E às vezes os resultados não são nada divertidos, como quando os administradores coloniais ocidentais e as organizações bem-intencionadas decretavam a abolição imediata de práticas como o pagamento do dote da noiva ou a "adoção" de devedores baseados no fato de que eram artifícios para a escravização[7]. Meu tema, porém, não é o sistema social ou político em vigor mas a história; a simples antinomia escravo-livre, que me proponho discutir, também tem sido um instrumento danoso de análise quando aplicado a alguns dos períodos mais interessantes e produtivos de nossa história. "Liberdade" não é um conceito menos complexo que "servidão" ou "escravidão"; é um conceito que não teve sentido nem existiu na maior parte da história humana; precisou ser inventado finalmente, e essa invenção só foi possível em condições muito especiais. Mesmo depois de ter sido inventado, no entanto, ainda continuava existindo grande número de homens que não podiam ser situados socialmente nem como escravos nem como livres, que estavam "entre a escravidão e a liberdade", na vaga linguagem de Aristófanes de Bizâncio ou de Júlio Pólux.

Vejamos um caso especial que foi submetido à corte real da Babilônia na metade do século VI a.C., no chamado período neobabilônico ou caldeu[8]. Um homem tomou emprestada uma quantia de dinheiro a uma mulher que era chefe de uma ordem religiosa, e ofereceu seu filho como garantia da dívida. Depois de quatro anos a mulher morreu e o débito e a garantia foram transferidos para seu sucessor. O devedor também morreu, e seu filho, agora seu herdeiro, ficou na posição simultânea de devedor e de garantia da dívida (uma raridade no antigo Oriente Próximo, devo acrescentar, onde a cessão de esposas e filhos por débito era comum, mas a do próprio devedor rara, diferentemente da prática greco-romana). Depois de dez anos o fiador entregou uma quantidade de cevada de sua propriedade e foi ao tribunal. Os juízes fizeram um cálculo, de acordo com as proporções convencionais, convertendo cada dia de serviço em cevada e depois convertendo a cevada (tanto a real como a fictícia) em dinheiro; essa aritmética deu uma soma igual ao empréstimo original mais 20% de juros por ano durante dez anos; o tribunal decidiu, consequentemente, que o débito estava pago e o fiador foi liberado.

Durante esses dez anos de serviço, o fiador que trabalhou para pagar a dívida de seu pai (que se tornou sua) era um homem livre ou um escravo? Os israelitas foram escravos no Egito porque eram convocados, como a maioria dos egípcios natos, para trabalhar compulsoriamente para o faraó? A resposta parece ser claramente "nem uma coisa nem outra", ou, melhor ainda, "sim e não". Em situações análogas os gregos e os romanos definiam essas obrigações de serviço como "características de escravos", e isso capta a nuança correta. Na Babilônia e no Egito havia escravos de propriedade pessoal no sentido estrito de propriedade, cujos serviços não eram calculados à base de determinada quantidade de cevada, ou de qualquer outra coisa por dia, que não podiam herdar, possuir propriedades ou recorrer aos tribunais. Mas não havia nenhuma palavra nas línguas dessas regiões para englobar todos os outros, os que não eram escravos na forma de propriedade pessoal. Chamá-los todos de "livres" não tem sentido porque isso elimina as significativas variações da categoria social, inclusive a presença de elementos de falta de liberdade, entre a massa da população.

Se examinarmos os vários códigos legais do antigo Oriente Próximo, recuando até o III milênio a.C., seja babilônico, assírio ou hitita, o fato central é a existência de uma hierarquia de classes sociais com o rei no alto e os escravos, que eram considerados um bem móvel, embaixo de tudo, havendo normas – no direito penal, por exemplo – diferentes para cada uma. Os tradutores empregam muito frequentemente o termo "homem livre", mas creio que isso é invariavelmente uma tradução inadequada no sentido estrito, a imposição de um conceito anacrônico em textos nos quais ele não está presente. Basta ler os comentários apensos às traduções para apreciar o erro: cada uma dessas traduções exigiu voltas das mais complexas no comentário para que as várias cláusulas dos códigos não incidissem em crassas contradições internas com a inserção de "homem livre". O que os códigos empregam realmente são termos técnicos de classes sociais, que não temos como traduzir com precisão porque em nossa tradição a hierarquia e a diferenciação das classes sociais são diferentes. Daí, por exemplo, hititólogos cuidadosos recorrerem a traduções convencionais como "homem das ferramentas", talvez não muito lúcidas mas com a grande vantagem de não induzir a erro. Nossa palavra "escravo" é uma tradução razoável para esse termo de categoria social, mas então é necessário salientar o fato de que os escravos nunca foram muito significativos nem indispensáveis no antigo Oriente Próximo, o que não acontecia na Grécia ou em Roma.

O caso neobabilônico que relatei aconteceu sessenta ou setenta anos antes das guerras médicas, em cuja época a cidade-Estado grega tinha adquirido sua forma clássica, na Ásia Menor e nas ilhas do Egeu bem como na Grécia continental, no sul da Itália e na Sicília. Uma análise adequada da Grécia clássica exigiria muito mais espaço do que disponho, pois a sociedade não era assim tão homogênea em todas as comunidades gregas, muito espalhadas e independentes, como muitas vezes se pretende. Vou me restringir a duas cidades, Atenas e Esparta, nos séculos V e IV a.C., as duas cidades que os próprios gregos consideravam os melhores exemplos de dois sistemas sociais e de ideologias profundamente contrastantes.

Atenas é, naturalmente, a cidade que primeiro nos vem à mente associada com a palavra "liberdade". E Atenas era a cidade grega que tinha o maior número de escravos na condição de bens móveis. O número real é assunto controvertido – como o são praticamente todas as estatísticas sobre a Antiguidade ou, melhor dizendo, as suposições estatísticas –, mas boa parte do debate é altamente irrelevante visto que ninguém pode negar seriamente que eles constituíam um setor crítico da força de trabalho (numa proporção nunca atingida pelos escravos no antigo Oriente Próximo). Minha suposição é da ordem de 60-80.000, que daria uma proporção da população livre aproximadamente igual à dos estados do Sul dos Estados Unidos na primeira metade do século XIX, mas com um padrão de distribuição diferente. Proporcionalmente, mais atenienses que sulistas possuíam escravos, mas as grandes concentrações pertencentes a uma só pessoa eram poucas porque não havia plantações nem *latifundia* romanos.

Para o que nos interessa no momento há certos pontos sobre a escravidão em Atenas a serem avaliados, acerca dos quais discorrerei brevemente.

1. Não havia atividades em que os escravos não estivessem envolvidos fora a política e a militar, e mesmo essas duas categorias devem ser entendidas muito estritamente, pois os escravos predominavam na polícia e no que chamaríamos de serviços administrativos inferiores. Opostamente não havia atividades nas quais os homens livres não estivessem envolvidos, que os escravos monopolizassem; eles chegaram quase a isso nos serviços domésticos e na mineração. Em outras palavras, não era a natureza do trabalho que distinguia o escravo do homem livre, mas a classe social do homem que executava o trabalho.

2. Os escravos eram estrangeiros em duplo sentido. Depois da abolição da escravidão por dívida realizada por Sólon, nenhum ateniense podia ser escravo em Atenas. Portanto, todos os escravos que ali se encontrassem ou tinham sido importados de fora do Estado ou nascido dentro do Estado, de mãe escrava. "Fora do Estado" podia significar um Estado grego vizinho bem como a Síria ou o sul da Rússia – a lei nunca proibiu os gregos de escravizarem outros gregos, o que é diferente de atenienses escravizarem outros atenienses –, mas as provas parecem mostrar que a grande maioria era de fato não gregos, "bárbaros" como eles os chamavam, e por isso digo "estrangeiros em duplo sentido".

3. Os proprietários de escravos tinham o direito, essencialmente sem restrição, de libertar seus escravos, direito que parece ter sido exercido com alguma frequência, especialmente entre os criados domésticos e artesãos especializados, embora, como de costume, não possamos expressar numericamente esse padrão.

4. A atitude contemporânea foi resumida por Aristóteles quando escreveu (*Retórica*, 1367a32): "A condição do homem livre é que ele não vive sob a coação de outro." Nesse sentido, os escravos alforriados eram homens livres, se ignorarmos, como podemos fazer legitimamente nesta análise resumida, as libertações condicionais e as obrigações menores para com o ex-amo. Mas em outro sentido "homem livre" é uma categoria excessivamente vaga. A distinção entre cidadãos e não cidadãos livres não era meramente política – o direito de votar ou de ter um cargo público –, ia muito mais longe: um não cidadão não podia possuir bens de raiz, por exemplo, exceto por uma especial concessão desse privilégio pela assembleia popular, concessão raramente feita. Tampouco, na maior parte do período em questão, um não cidadão podia casar-se com uma cidadã; seus filhos eram bastardos por definição, sujeitos a vários impedimentos legais e

excluídos do corpo de cidadãos. Escravos alforriados não eram cidadãos, embora livres no sentido amplo, e portanto sofriam todas as limitações de liberdade que já mencionei. Além do mais, devemos notar que na mesma medida em que os escravos eram libertados, com muita frequência, relativamente tarde na vida, e na mesma medida em que seus filhos não eram libertados junto com eles – práticas que existiam, embora não saibamos em que proporção –, negava-se às mulheres libertadas o direito de gerarem filhos livres.

Agora vejamos Esparta no mesmo período, nos séculos V e IV a.C., e dentro do mesmo esquema.

1. Os espartanos propriamente ditos eram um grupo relativamente pequeno, talvez nunca mais de 10.000 homens adultos, declinando esse número de modo mais ou menos constante durante o período.

2. Os escravos de propriedade pessoal, tal como existiam, representavam um total insignificante. Em seu lugar havia uma população servil relativamente numerosa, conhecida como hilotas (a palavra de etimologia controvertida), espalhada pelos extensos territórios do sul e do oeste do Peloponeso, nos distritos de Lacônia e Messênia. Outra vez nos faltam números, mas é certo que os hilotas superavam os espartanos em número, talvez várias vezes mais (em contraste com Atenas, onde a proporção de escravos em relação aos homens livres era provavelmente da ordem de 1 para 4, de escravos em relação aos cidadãos menos de 1 para 1).

3. A origem dos hilotas é controvertida. Podem até ter sido gregos, para começar, mas sendo ou não eram o povo da Lacônia e Messênia, respectivamente, a quem os espartanos dominaram e depois mantiveram subjugados em seus próprios territórios de origem. Isso os distingue imediatamente – e de modo absolutamente nítido – dos escravos de propriedade pessoal "estrangeiros", não só geneticamente mas também na história posterior, pois eles estavam ligados por algo mais que o elo fraco e negativo de compartilhar de um destino comum; por laços de parentesco, nacionalidade (se posso usar esse termo) e tradição, todos permanentemente reforçados por continuarem vivendo em seu solo nativo.

4. Na medida em que faz algum sentido usar a terminologia de propriedade, os hilotas pertenciam ao Estado e não aos espartanos a quem eram atribuídos. (Devo dizer que a palavra "pertenciam", que explica a predisposição dos gregos de chamar

os hilotas de "escravos", é justificada pela existência de uma outra população peloponesiana politicamente sujeita à Esparta mas, ao mesmo tempo livre e com a cidadania de suas próprias comunidades, os *perioikoi*, que estou ignorando nesta discussão.)

5. Em consequência do item anterior, apenas o Estado podia libertar os hilotas. Isso só aconteceu em um tipo de situação: quando foi inevitável usar hilotas para o serviço militar, os selecionados tornavam-se livres, ou antecipadamente ou como recompensa subsequente. Uma vez livres, não se tornavam espartanos mas adquiriam uma categoria social distinta e curiosa, como acontecia com os espartanos que perdiam sua posição social por uma razão qualquer, de modo que, como em Atenas, a categoria dos "homens livres" era um conglomerado, não um grupo único homogêneo.

Esses pontos não esgotam o quadro nem a série de diferenças entre Atenas e Esparta, mas espero ter dito o suficiente para deixar claro que as diferenças eram muito marcantes, mas também que o número de possibilidades de categorias sociais era bem considerável. Falta acrescentar que enquanto, para nosso tema, Atenas foi um modelo típico das comunidades gregas mais altamente urbanizadas da Grécia continental e das ilhas do Egeu, Esparta foi única, em seu conjunto. Todavia, se limitarmos nosso enfoque exclusivamente aos hilotas, então os paralelos estavam longe de ser incomuns, em menor grau na própria Grécia que nas áreas de expansão grega leste e oeste, tais como a Sicília ou as regiões às margens do mar Negro, onde as populações autóctones foram reduzidas a uma posição bastante semelhante à dos hilotas para poder figurar junto com eles sob o título de "entre os homens livres e os escravos"[9], como o fez Pólux.

Agora, simplesmente para ilustrar a variedade que realmente existia, quero rever rapidamente uma instituição que conhecemos do chamado código de leis de Gortina, em Creta[10]. Esse texto foi inscrito em pedra no século V a.C., mas suas disposições podem ser muito mais antigas. O código nem de longe está completo, e há problemas para interpretá-lo terrivelmente difíceis. Está claro, todavia, que havia uma população servil que em algum sentido "pertencia" a indivíduos de Gortina que podiam comprá-los ou vendê-los (aparentemente com restrições aludidas, mas não esclarecidas, no código), diferente da situação em Esparta com a qual comparações levianas são feitas com muita frequência. Contudo, essa mesma população servil tinha direitos que os escravos de Atenas não tinham. Por exemplo, as normas referentes ao adultério e ao divórcio e as disposições normativas das relações entre homens escravos e mulheres livres não deixam dúvida de que é mais próprio falar de casamento, de uma relação que era mais que o *contubernium* romano entre escravos, porque ela criava direitos obrigatórios, mas que ao mesmo tempo era muito menos que o casamento entre pessoas livres. Entre outras coisas, um marido escravo não era o tutor de sua mulher; esse papel era desempenhado pelo amo dela. Depois, esse casamento não originava a criação de um grupo de parentesco, embora criasse a família elementar para certos fins. Daí um acordo de pagamento por adultério poder ser estabelecido com os parentes de uma mulher livre, mas só com o amo de uma mulher escrava. (Também devo observar que os escravos por dívida são claramente diferenciados no código dos escravos que estou tratando.)

Depois das conquistas de Alexandre, o Grande, finalmente, quando os gregos e macedônios tornaram-se a classe governante no Egito, Síria e outras terras do antigo Oriente Próximo, eles não encontraram dificuldades em se adaptar à estrutura social ali existente por milênios, modificando mais o topo da pirâmide que sua base. Uma cidade no estilo grego como Alexandria tinha seus escravos de propriedade pessoal exatamente como em Atenas; no interior do Egito, todavia, os camponeses continuaram na sua posição tradicional, nem livres nem sem liberdade. As cessões reais de terras para os ministros favoritos incluíam vilas completas junto com seus habitantes. A estes era imposto trabalho compulsório de vários tipos, precisamente como aos israelitas milhares de anos antes. Nosso grande historiador dessa era, Rostovtzeff, escreveu sobre esses camponeses que "possuíam uma considerável liberdade social e econômica em geral e uma considerável liberdade de movimentação em particular... Contudo, não eram completamente livres. Estavam atados ao governo e não podiam escapar dessa sujeição porque dela dependiam seus meios de subsistência. Essa escravidão era real, não nominal"[11]. O que ao mesmo tempo confirma minha opinião e ilustra, com a imprecisão e a insuficiência de suas formulações, quão longe ainda estamos de uma análise adequada do padrão social.

Os romanos, que acabaram substituindo os gregos como governantes de toda essa área, tinham uma história da servidão mais semelhante à de Atenas que à de Esparta ou à do Oriente Próximo, mas com características próprias que merecem ser examinadas. Eles, também, tiveram uma crise interna no período antigo provocada pela escravidão em massa por dívida. Eles, também, voltaram-se para os escravos de propriedade pessoal em grande escala, a forma de trabalho servil que era característica de Roma no que definirei arbitrariamente como seu período clássico: aproximadamente os três séculos entre 150 a.C. e 150 d.C. Aqui "Roma" é ambígua: normalmente a usamos para referirmo-nos tanto à cidade às margens do Tibre como a todo o Império romano, que lá pelo fim da era clássica estendia-se do Eufrates ao Atlântico. Não quero enfocar nenhuma dessas, todavia, mas a Itália, a área latina central do Império, que se tornou suficientemente uniforme do ponto de vista social e cultural para justificar que a tratemos como uma unidade. E desejo destacar algumas características da escravidão na Itália que acrescentam novas dimensões ao quadro que tracei até aqui.

1. As propriedades de grande extensão territorial da Itália, os *latifundia*, especializadas na criação de gado, produção de azeitona e vinho, pelo menos até serem substituídas pelo sul dos Estados Unidos, permaneceram como o modelo ocidental da agricultura tocada por escravos *par excellence*. O número de escravos nelas existente, e nas casas urbanas dos ricos, atingiu proporções muito maiores que na Grécia. Na luta final entre Pompeu e César, por exemplo, o filho de Pompeu recrutou oitocentos escravos entre seus pastores e criados pessoais para juntá-los ao exército de seu pai (César, *Da guerra civil,* 3.4.4). Por meio de uma lei do ano 2 a.C., Augusto limitou a cem a quantidade de escravos que um homem podia alforriar em seu testamento, e só quem tivesse quinhentos ou mais é que poderia libertar esse total (Gaio, *Instituições,* 1.43). Um certo Pedânio Segundo, prefeito da cidade em 61 d.C., teve quatrocentos escravos (Tácito, *Anais,* 14.43.4). São exemplos do extremo superior da escala, para ser preciso, mas ajudam a fixar o nível global.

2. Depois da alforria, o homem libertado adquiria a categoria social de seu ex-amo; assim, o escravo de um cidadão romano, quando libertado, tornava-se também um cidadão, distinguido por algumas incapacidades menores (principalmente com respeito a seu antigo amo), mas, não obstante, com direito de votar e de casar-se na classe dos cidadãos. Este último tinha implicações interessantes e divertidas. Dentro do território imperial romano havia uma complicada variedade de categorias sociais livres, no sentido de que havia numerosos não romanos, homens

livres e cidadãos de suas comunidades, que não tinham nem os direitos políticos da cidadania romana nem o *ius conubii,* o direito de contrair matrimônio legítimo com uma cidadã romana. Mas um ex-escravo, pelo simples ato privado da manumissão, que não necessitava da aprovação governamental, passava automaticamente na frente dos outros, pelo menos diante da lei, desde que seu amo fosse cidadão romano.

3. Uma proporção significativa da atividade industrial e comercial em Roma e em outras cidades era executada por escravos atuando independentemente, controlando e administrando a propriedade conhecida como um *peculium.* Esse era um instrumento legal inventado em primeiro lugar para permitir que os adultos atuassem independentemente enquanto ainda estivessem tecnicamente sob a *patria potestas,* e cuja tenacidade em Roma é uma das características mais notáveis da história social dessa civilização. A extensão do *peculium* aos escravos criou problemas legais de grande complexidade – no caso de uma ação judicial, para dar o exemplo mais óbvio –, mas não estou tratando deles no momento, com exceção de uma notável anomalia. Podia acontecer, e não era raro, que um pe*culium* incluísse um ou mais escravos, deixando o escravo encarregado do *peculium* na posição de dono de outros escravos *de facto,* embora não *de jure.* As razões de eu ter destacado o *peculium* talvez possam ser melhor esclarecidas por algumas perguntas retóricas. Em que sentido um escravo preso com correntes em um dos notórios *ergastula* agrícolas e um escravo administrando um curtume importante que era seu *peculium* eram ambos membros da mesma classe que nós (e os romanos) chamamos de "escravos"? Quem era mais livre, ou mais carente de liberdade, um escravo com um *peculium* ou um escravo por dívida "livre"? O conceito de liberdade pode ser empregado de modo útil nessas comparações?

4. Visando assegurar seu controle administrativo, os primeiros imperadores, começando com Augusto e atingindo um *crescendo* sob Cláudio e Nero, fizeram extenso uso de suas próprias *familiae* para administrar o Império. Os *servi* e os *liberti Caesaris,* os próprios escravos do imperador e os libertos por ele, encarregaram-se das repartições públicas e até mesmo as dirigiram durante algum tempo. A investigação cuidadosa mostra que mesmo os filhos desses escravos imperiais, se também fossem escravos – e aqui há complicações decorrentes da categoria a que pertencem as mães, que não necessito examinar agora –, não eram, em

regra, libertados com seus pais, mas continuavam como *servi Caesaris*, progredindo no serviço se eram capazes e ganhando sua própria liberdade quando chegasse a hora. Daí foi criada uma situação curiosa na qual servidores públicos importantes não só saíram da categoria de escravo mas também deixaram seus filhos atrás de si nessa categoria. Mais interessante ainda, pode-se dizer, generalizando, que na Roma do século I de nossa era as maiores oportunidades para a mobilidade social encontravam-se entre os escravos imperiais. Ninguém entre os pobres livres poderia ter ascendido a uma posição como a de chefe do departamento de contas, ou, ainda nesse campo, ao mais baixo dos postos da administração. Duvido que seja necessário fazer mais comentários a esse respeito.

III

Todas as sociedades que discuti até agora, desde as do Oriente Próximo no terceiro milênio a.C. até a do fim do Império romano, compartilhavam, sem exceção e durante toda sua história, da necessidade da mão de obra servil, involuntária. Estrutural e ideologicamente o trabalho servil era integral, indispensável. No primeiro volume do pseudoaristotélico *Oeconomica* lemos: "Da propriedade, a primeira e mais necessária espécie, a melhor e mais manejável, é o homem. Portanto, a primeira providência é procurar bons escravos. Há dois tipos de escravos: o supervisor e o trabalhador." Exatamente assim, sem justificativa ou rodeios. Não é necessário acumular citações; é mais simples observar que nem mesmo os antigos que acreditavam na fraternidade do homem opuseram-se à escravidão: o melhor que Sêneca, o estoico, e São Paulo, o cristão, puderam apresentar foi alguma variação sobre o tema "a categoria social não tem importância". Diz-se que Diógenes, o cínico, certa vez foi raptado por piratas e levado a Corinto para ser vendido. De pé no local do leilão, apontou para um coríntio que estava entre os compradores e disse: "Venda-me para ele; ele precisa de um amo." (Diógenes Laércio, 6.74)

    Mais reveladora é a firme implicação em muitos textos antigos, e não raro a afirmação explícita, de que um elemento da liberdade era a liberdade de escravizar outros. Aristóteles escreveu o seguinte na *Política* (1333b38ss.): "O treinamento para a guerra não deve ser adotado com o objetivo de escravizar homens que não merecem esse destino. Seus objetivos devem ser estes: primeiro, impedir que os homens sejam escravizados; segundo, colocar os homens em posição de exercerem liderança...; e, terceiro, possibilitar que os homens se tornem senhores dos que naturalmente merecem ser escravos." Pode-se objetar que não fui justo em escolher um texto de Aristóteles, o mais famoso expoente da doutrina da escravidão natural, doutrina combatida em sua própria época e geralmente rejeitada pelos filósofos das gerações posteriores. Tentemos então um outro texto (Lísias, 24.6). Por volta do ano 400 a.C. um mutilado ateniense, que tinha tido sua pensão suspensa com base no fato de que o total de suas propriedades tornava-o não habilitado para recebê-la, apelou formalmente para o Conselho solicitando que seu caso fosse reconsiderado. Um de seus argumentos foi que ainda não podia se permitir a compra de um escravo para ajudá-lo, embora esperasse consegui-lo algum dia. Aqui não estamos diante de um teórico, mas de um humilde ateniense que se dirige a um grupo de concidadãos esperando ganhar uma pensão insignificante. As implicações – e toda a psicologia – dificilmente poderiam saltar aos olhos de modo mais gritante.

Não me proponho levantar a velha questão de origem da desigualdade das classes, para perguntar por que o trabalho servil era indispensável. Meu ponto de partida é o fato de que em todas as civilizações ora consideradas, tanto quanto nossa documentação recua no tempo (incluindo-se a nova documentação fornecida pelas tábuas em Linear B), havia uma confiança bem-estabelecida no trabalho servil. Todas essas sociedades, até onde podemos acompanhar seus passos, já eram complexas, articuladas, hierárquicas, com uma considerável diferenciação de funções e divisão de trabalho, com amplo comércio exterior e com instituições políticas e religiosas bem-definidas.

O que mais me interessa agora é o que aconteceu depois: o desenvolvimento essencialmente diferente entre o Oriente Próximo e o mundo greco-romano, e, neste último, as grandes diferenças em períodos distintos, bem como a desigualdade de desenvolvimento em diferentes setores. Já mencionei a diferença mais fundamental, isto é, a tendência entre gregos e romanos de retirar a confiança dos semilivres do interior para depositá-la nos escravos do exterior e, como corolário, a aparição da ideia de liberdade. Surgiu uma situação social completamente nova, na qual não só alguns dos componentes eram diferentes de qualquer coisa já conhecida antes, mas também as relações e a expansão entre eles, e o pensamento. Podemos não ser capazes de rastrear o processo, mas podemos, sem dúvida alguma, indicar sua primeira declaração literária no longo poema *Os trabalhos e os dias*, no qual Hesíodo, um proprietário beócio independente do século VII a.C., ousava criticar livremente seus superiores, os "príncipes devoradores de presentes" com seus "julgamentos desonestos".

Em outro poema, a *Teogonia*, também atribuído a Hesíodo – e não é importante se a atribuição é correta ou não, pois a *Teogonia* e *Os trabalhos e os dias* são aproximadamente da mesma época, o que basta para esta discussão –, a mesma situação social nova encontrou expressão numa outra área de comportamento humano, nas relações do homem com seus deuses. Como Henri Frankfort colocou, o autor da *Teogonia* "não tem nenhum precedente oriental em certo aspecto: os deuses e o universo foram descritos por ele como um assunto de interesse privado. Nunca se tinha ouvido falar de tal liberdade no Oriente Próximo..."[12] Era uma doutrina sólida no antigo Oriente Próximo que o homem fosse criado para o propósito único e específico de servir os deuses: esta era a clara extensão, em um plano superior, da estrutura hierárquica da sociedade. Nem a religião grega nem a romana compartilharam dessa ideia. O homem foi criado pelos deuses, é claro, e esperava-se que ele os servisse de vários modos, bem como os temesse, mas seu propósito, sua função não era essa, e certamente não só essa. Institucionalmente a distinção pode ser expressa desse modo: enquanto no Oriente Próximo o governo e a política eram uma função da organização religiosa, a religião grega e romana era uma função da organização política.

Hesíodo é frequentemente chamado de poeta camponês, o que é inexato, porque não só possuía escravos, como também entendia a escravidão como uma condição essencial da vida para sua classe. Portanto, o escravo do exterior era uma condição para a liberdade tão necessária como a emancipação dos clientes e escravos por dívidas do interior. Os métodos pelos quais os estrangeiros eram introduzidos na sociedade não nos interessam. Mas vale a pena considerar por um momento um aspecto da situação do estrangeiro, o "racial", que está sendo muito discutido hoje, quer por historiadores quer por sociólogos, principalmente com referência ao sul dos Estados Unidos. É importante termos em mente que os "estrangeiros" eram frequentemente vizinhos de estirpe e culturas similares; que apesar de os gregos terem tentado denegrir a maioria de seus escravos pondo-lhes o rótulo de "bárbaros", e apesar de os escritores romanos (e seus seguidores modernos) estarem repletos de referências desdenhosas a "orientais" entre seus escravos e libertos, a precariedade dessa simples classificação e suas consequências eram bastante evidentes mesmo para eles. O fato decisivo é que a manumissão amplamente difundida e a ausência da endogamia estrita, juntas, destroem qualquer fundamento para uma comparação útil com o sul dos Estados Unidos, sob esse aspecto. Quando os legisladores romanos concordaram com a formulação "A escravidão é uma instituição do *ius gentium* (direito de todas as nações) pela qual alguém fica sujeito ao *dominium* de outro, contrariamente à natureza" (*Digesto,* 1.5.4.1), estavam dizendo efetivamente que a escravidão era indispensável, que só era defensável com base nisso e que uma pessoa estava sujeita a ser escravizada só porque era estrangeira. Um estrangeiro, em resumo, era um estrangeiro. Essa definição tautológica é a melhor que podemos apresentar. Por isso a expansão do Império romano, por exemplo, convertia automaticamente grupos do exterior em habitantes livres do Império.

Por que, devemos então perguntar, existia a tendência histórica em algumas comunidades gregas, como Atenas, e em Roma para a polaridade do habitante do Império livre e do estrangeiro escravo, enquanto em outras partes não se produziu uma evolução comparável (ou, se aparecerem sinais incipientes, logo abortaram)? Max Weber sugeriu que a resposta estava no afrouxamento do controle real sobre o comércio e o consequente aparecimento de uma classe comerciante livre que atuaram como catalisadores sociais[13]. Não confio muito nessa hipótese, que não pode ser nem verificada nem falsificada a partir dos dados gregos ou romanos. As mudanças decisivas ocorreram precisamente nos séculos dos quais carecemos de documentação e para os quais não há perspectivas realistas de que venha a ser descoberta. Devo confessar de imediato que não tenho explicação alternativa para apresentar. Tornar a examinar o mito grego e romano pode ajudar, mas a esperança, em minha opinião, está na vasta documentação do antigo Oriente Próximo.

Digo "esperança", e nada mais, porque não adianta imaginar que o estudo da servidão no Oriente Próximo nos tenha levado muito longe. Uma razão é a classificação primitiva em escravos e livres que foi meu tema, e agora desejo voltar a ele e sugerir um enfoque. Dizer simplesmente, como fiz até aqui, que havia categorias sociais entre a escravidão e a liberdade obviamente não é suficiente. Como se deve proceder para formular as diferenças entre um servo bíblico que esperava sua libertação e um homem que escolhia a escravidão perpétua e tinha a orelha perfurada para marcar sua nova categoria social? Ou entre um hilota em Esparta e um escravo de propriedade pessoal em Atenas?

O historiador grego da Sicília, Diodoro, que escreveu na época de Júlio César, apresenta a seguinte variação do mito de Héracles e Onfale. Héracles, diz ele, teve dois filhos enquanto esteve com a rainha lídia, o primeiro de uma escrava durante seu período de escravidão, o segundo da própria Onfale depois de recuperar a liberdade. Diodoro apontou o caminho sem perceber. Todos os homens, a menos que sejam Robinson Crusoe, são aglomerados de reivindicações, privilégios, imunidades, responsabilidades e obrigações em relação aos outros. A categoria social de um homem é definida pelo total desses elementos que possui ou tem (ou não tem) a possibilidade de adquirir. O real e o potencial devem ser considerados: o potencial dos *servi Caesaris*, por exemplo, era sempre um fator na psicologia da categoria social no começo do Império romano, e às vezes se tornava uma realidade, quando um deles subia bastante na escala civil e era libertado. Obviamente nada disso pode ser expresso em termos numéricos, quantitativos: não é uma questão de um homem ter um privilégio ou uma responsabilidade a mais que outro. É mais uma questão de localização em um espectro ou numa série contínua de categorias sociais; os *servi Caesaris* como uma classe, nesta linguagem, ficavam mais perto da linha final da liberdade que os escravos de qualquer proprietário privado em Roma.

É possível, além do mais, traçar uma tipologia de direitos e obrigações. A título de ilustração, sugiro o seguinte esquema, ainda em forma de esboço[14]:

1. Reivindicações de propriedade, ou poder sobre as coisas – uma categoria complexa que requer análise posterior: por exemplo, a diferença entre o poder de um escravo sobre seu *peculium* e o poder de um proprietário em sentido estrito; ou diferenças de acordo com as distintas categorias das coisas, terras, gado, dinheiro, bens pessoais, e assim por diante.

2. Poder sobre o trabalho e movimento humano, tanto de si mesmo como de outro – incluindo-se, é claro, o privilégio de escravizar os outros.

3. Poder de punir e, inversamente, imunidade à punição.

4. Privilégios e responsabilidade nos procedimentos judiciais, tais como a imunidade à apreensão arbitrária ou a capacidade de processar e ser processado.

5. Privilégios na área da família: casamento, sucessão e assim por diante – envolvendo não só direitos de propriedade e direitos de *conubium,* mas também, suprimida em uma etapa, a possibilidade de proteção ou redenção em caso de dívida, resgate ou luta de extermínio entre famílias.

6. Privilégios de mobilidade social, tais como a manumissão ou emancipação, e seus opostos: imunidade à, ou responsabilidade de, escravidão, servidão penal e similares.

7. Privilégios e deveres nas esferas sacra, política e militar.

Disse o bastante, espero, para invalidar qualquer sugestão de que proponho um procedimento mecânico. Em Atenas os escravos de propriedade pessoal e os não cidadãos livres e ricos (Aristóteles, por exemplo) eram igualmente impedidos de casar com uma cidadã; nos termos da minha tipologia, ambos não tinham o privilégio de *conubium*. Todavia, seria absurdo igualá-los com seriedade só por esse aspecto. Ou, para dar um exemplo mais significativo de caráter completamente diferente: os escravos atenienses e os hilotas espartanos pertenciam a alguém, mas o fato de esse alguém ser um indivíduo particular em um caso e o Estado espartano no outro introduziu uma distinção muito importante. Essas várias combinações devem ser ponderadas e julgadas em termos da estrutura global da sociedade individual que está sendo examinada.

Se me perguntam então: Em que se converteu a definição de propriedade tradicional de um escravo? Onde está a linha divisória, na sua série contínua, entre livre e escravo, livre e não livre?, minha resposta tem de ser mais complicada. Para começar, a ideia de uma série contínua ou de um espectro é metafórica: é tênue demais. Não obstante, não é uma má metáfora quando aplicada ao antigo Oriente Próximo ou aos primeiros períodos da história grega e romana. Lá uma categoria social se transformava gradualmente em outra. Lá, embora alguns homens fossem propriedades de outros e embora o abismo entre o escravo e o rei fosse tão grande como a maior distância social possível, nem a definição de propriedade, nem qualquer outro critério único é realmente significativo. Pode-se dizer que lá, em resumo, a liberdade não era uma categoria útil, e portanto não tem sentido perguntar onde se traça a linha divisória entre o livre e o não livre.

Na Atenas e na Roma clássicas, por outro lado, a linha divisória tradicional, a distinção tradicional segundo o fato de um homem ser ou não propriedade de outro continua sendo uma regra decisiva conveniente para a maioria dos propósitos. Para eles a metáfora de uma série contínua se desfaz. Mas o problema não tem sido entender essas duas sociedades, relativamente atípicas, mas as outras, sociedades que não entendemos muito bem justamente porque, em minha opinião, não nos libertamos da antinomia escravo-livre. E se meu enfoque se mostrar útil acho que levará a um melhor entendimento de Atenas e Roma também, onde a categoria de "homem livre" necessita de uma subdivisão precisa.

Eu terminaria com um modelo altamente esquemático da história da sociedade antiga. Ela mudou de uma sociedade na qual a categoria social seguia ao longo de uma série contínua para outra na qual as categorias sociais se agrupavam nos dois extremos, o escravo e o livre – um movimento que se deu de modo quase completo nas sociedades que mais atraem nossa atenção por razões óbvias. E depois, sob o Império romano, o movimento foi revertido; a sociedade antiga retornou gradualmente a uma série contínua de categorias sociais e transformou-se no que chamamos de mundo medieval.

8
AS CLASSES SOCIAIS SERVIS DA GRÉCIA ANTIGA*

I

Como mencionei no começo do capítulo 7, o terceiro volume do *Onomastikon* de Júlio Pólux, um escritor do século II d.C. de Alexandria, contém um bloco de onze capítulos dedicado à linguagem da servidão. Pólux raramente define suas palavras, em sentido próprio, e tampouco ilustra seu uso muitas vezes. Contudo, está claro que as numerosas palavras constantes dos capítulos 73-83 podem todas, sem exceção, ser traduzidas como "escravo", "escravidão", em muitos contextos. A seção termina, no capítulo 83, com alguns termos como "hilota" e *penestes*, homens que, diz Pólux, ficam "entre o homem livre e o escravo", seguidos de uma pequena parte dedicada aos libertos.

Ainda que incompleta, a lista de palavras que significam escravo inclui uma dúzia de raízes distintas: uma variedade e uma profusão de terminologia servil que seria difícil, senão impossível, comparar com outras sociedades. As distinções variam quanto à espécie: por exemplo, escravo comprado ou nascido na casa (*argyronetos-oikogenes*), escravo marcado a ferro em brasa (*stigmatias*), ou peculiaridades regionais, como quando Pólux diz que os atenienses chamam seus escravos de *paides* (meninos) mesmo quando são mais velhos. Essas são distinções evidentes por si mesmas. Outras são mais sutis e ilusórias: no século IV a.C., por exemplo, havia uma visível tendência (não observada por Pólux) de dizer *doûlos* quando a ênfase estava no elemento pessoal, mas *andrapoda* quando o aspecto da propriedade devia ser ressaltado[1].

Algumas dessas distinções são sociologicamente interessantes e reveladoras, mas por si mesmas não indicam nada mais profundo. Outras fazem supor algo mais básico: o escravo e o hilota eram duas categorias diferentes num sentido em que o es-

---

* Originalmente publicada na *Revue internationale des droits de l'antiquité*, 3 ser., 7 (1960) 165-89, e reproduzido com autorização dos editores. Reduzi um pouco as observações mais eruditas.

cravo nascido em casa e o escravo comprado não o eram. A questão que quero acompanhar vai ainda mais longe: deixando de lado o hilota, o *penestes* e similares; há uma gama de classes sociais oculta no grupo que tendemos a juntar sob o título único de "escravo"? *A priori* eu diria que deve existir, que o que chamamos de escravidão era uma instituição que variou considerável e significativamente em diferentes partes do mundo grego. Por volta de 600 a.C. – para estabelecer um ponto de partida aproximado, pois me proponho passar por alto a questão muito difícil da população servil nos mundos de Homero e Hesíodo – os gregos tinham uma longa e complexa história atrás de si, cheia de conquistas, migrações (internas e externas), mudanças sociais, revoluções, avanços tecnológicos e todos os tipos de contato com outras sociedades. Essa história não foi absolutamente a mesma em todos os lugares da Grécia, e tampouco o foi a história nos séculos que se seguiram ao ano 600. A economia, o governo, as leis referentes à terra, à herança e ao comércio, tudo era diferente, em maior ou menor grau, de um século para outro e de um local para outro. A escravidão, ou o regime de trabalho de modo mais geral, não era algo autônomo, e portanto é só através de uma insistência artificial em um tipo místico de unidade grega que os historiadores da Antiguidade partem, como o fazem habitualmente, da premissa de que a palavra *doûlos* indica exatamente a mesma categoria de pessoas onde quer que apareça. Esse pode ou não ser o caso em dado exemplo, mas é assunto para ser demonstrado, não pressuposto.

Há um fetichismo sobre palavras que deve ser superado. Os gregos tinham em conjunto palavras demais para escravo (fora as utilizadas para hilotas); mesmo depois de excluir termos como "escravo marcado" e similares ainda restam muitos. Como Collinet demonstrou em uma situação análoga, observando o sistema de colonização romana, tal profusão de terminologia refletia provavelmente a realidade histórica[2]. Em princípio há muitas possibilidades. Pode ter havido uma diversidade original nas instituições, paralelamente à diversidade na terminologia; e essas diferenças podem ter continuado ou ter sido gradualmente eliminadas por um processo de convergência, enquanto a terminologia múltipla permaneceu. Talvez tenham sido cunhadas palavras diferentes, no começo, para descrever essencialmente a mesma classe social ou instituição em localidades diferentes. Neste caso também, a divergência e a convergência no desenvolvimento subsequente são igualmente possíveis. Finalmente, sempre existe a possibilidade de uma palavra permanecer inalterada enquanto a instituição diverge de uma região para outra. Não acredito que haja qualquer regra nesse assunto; há exemplos de cada uma dessas possibilidades na área da terminologia social técnica. Devemos começar com as palavras individuais – os rótulos – mas precisamos transcendê-las imediatamente.

Neste capítulo me dedicarei principalmente a um tipo de distinção, isto é, as diferenças mais ou menos formais de natureza jurídica. Limitando-me desse modo, não quero dizer que esse seja o aspecto mais importante da classe social, ou que seja um aspecto autônomo. Uma análise completa exigiria a consideração do papel econômico dos não livres e da psicologia da classe social (como se revela, por exemplo, na hierarquia dos empregos). Também exigiria que se considerasse a história política das diferentes comunidades gregas, as primeiras conquistas, por exemplo, ou o impacto da tirania ou da democracia na evolução da estrutura social. Penso, todavia, que uma análise jurídica adequada proporcionará um instrumento essencial para o estudo mais amplo, e esse é o fim limitado a que se destina este capítulo.

II

Uma importante palavra para designar a condição servil (construída sobre a raiz de "casa"), omitida na obra de Pólux, é o familiar *oikeus* do código de Gortina (ele tampouco inclui a palavra usada em Gortina para designar o amo, *pastas*). A situação com respeito à população servil de Creta é especialmente confusa, graças ao fato de que a língua do código é diferente da língua das outras inscrições cretenses, e ao fato de que os testemunhos literários, em Aristóteles e em fragmentos de escritos helenísticos, são incompletos, inconsistentes e ininteligíveis em grande parte. Todavia, o código tomado separadamente fornece informações coerentes, suficientes para meus propósitos, e portanto limitarei a discussão de Creta a essa única fonte[3]. Tal limitação seria ilegítima, é claro, se eu estivesse me propondo fazer uma análise completa da escravidão em Creta, o que não é o caso. Então teria que tratar de muitas palavras, como *aphamiotai*, *klarotai* e *mnoia*, às quais as fontes literárias se referem em especial. Nenhuma dessas palavras aparece no código, que se satisfaz com dois termos servis, *oikeus* e *doûlos*. A maior parte dos estudiosos modernos acha que essas duas palavras representam duas classes sociais diferentes, usualmente traduzidas como "servo" e "escravo", respectivamente[4]. Há cinquenta anos Lipsius argumentou que essa é uma interpretação errada, que as duas palavras são sinônimos no código e que nele só aparece uma categoria social de não livres[5]. Seus argumentos nunca foram efetivamente rebatidos; que eu saiba foram simplesmente ignorados, e um exame do texto mostra que ele estava certo.

Para começar, há passagens no código onde *oikeus* e *doûlos* são sinônimos e intercambiáveis: todos concordam com isso. Se, então, as duas palavras significam a mesma coisa em uma disposição e coisas diferentes em outra disposição do mesmo código, o resultado é a confusão, e nada mais, como é muito evidente em exegeses modernas. Imprecisões dessa ordem em assuntos legais são perfeitamente possíveis em poesia e mesmo em escritos históricos, mas não em um código de leis. Em segundo lugar, não há uma única disposição no código na qual seja estabelecida uma norma para um *oikeus* e outra para um *doûlos*[6]. Em terceiro lugar, há normas sobre *doûloi* seguidas de silêncio acerca de *oikees*, e há normas para *oikees* seguidas de silêncio acerca de *doûloi*. Por exemplo, na coluna II há uma penalidade fixada no caso de um *doûlos* violar uma mulher livre, mas não se o autor for um *oikeus*, e há penalidades para o caso de um homem livre ou um *oikeus* do sexo masculino violar uma *oikeus* do sexo feminino, mas não para o caso de um *doûlos* fazê-lo; há penalidades fixadas para adultério entre um *doûlos* e uma mulher livre ou uma *doûle*, mas nem uma palavra sobre o adultério envolvendo um *oikeus*, homem ou mulher, até umas linhas mais adiante, quando as normas das provas são expostas, e de repente a palavra para o adúltero não livre já não é *doûlos* e sim *oikeus*. Tudo isso é perfeitamente inteligível no caso de *oikeus* ser igual a *doûlos;* mas torna-se sem sentido se não for assim.

Não estou querendo dizer que tudo sobre os *doûloi* de Gortina está perfeitamente claro. O código é demasiadamente incompleto para isso, e há mais dificuldades insolúveis do que certezas na situação, mas persistem dificuldades em qualquer das hipóteses. Tampouco estou sugerindo que não havia distinção na origem entre um *oikeus* e um *doûlos*. Mas meu assunto é somente a situação no código, não o que pode ter ocorrido em alguma data anterior. Além do mais, é provável que, na linguagem corrente, houvesse a tendência de dizer *doûlos* para algumas categorias de não livres, domésticos por exemplo, e *oikeus* para outras categorias, do mesmo modo que os oradores atenienses do século IV tendiam a traçar uma linha divisória sutil entre *doûloi* e *andrapoda*. Não há dúvida de que também existiam distinções práticas entre um escravo recentemente comprado destinado exclusivamente a tarefas domésticas, digamos, e uma família servil que lavrava a terra há várias gerações. Mas tais distinções existem sempre que há escravidão em uma sociedade complexa, sem afetar a essência da instituição. Em relação a direitos, privilégios e obrigações, não encontro no código de Gortina, tal como chegou a nós, nada que requeira um destaque para os propósitos da presente análise.

Para ambos os termos a palavra que significa "amo" é *pastas*, que contém um tom de propriedade mais incisivo, ou pelo menos mais óbvio, que o do muito mais comum *despotes* grego. E em grande parte o *doûlos-oikeus* "pertencia" a seu amo: este podia vendê-lo e comprar outros (aparentemente com restrições, aludidas mas não suficientemente esclarecidas no código); seus filhos pertenciam ao amo, um filho nascido de uma escrava divorciada ou solteira pertencia ao amo de seu ex-marido, ou ao amo de seu próprio pai, ou a algum outro *pastas*, de acordo com algumas normas estabelecidas; o amo tinha responsabilidade legal pelos delitos de seus *doûloi* e, na minha opinião, recebia as multas em que outros incorriam por delitos contra seus *doûloi* (não, como alguns acreditam, que as multas eram pagas à vítima servil para seu proveito)[7].

Por outro lado, quando um habitante de Gortina dizia *doûlos* ou *oikeus* tinha claramente alguma coisa em mente que diferia, em pontos essenciais, do que um ateniense do século V queria dizer com *doûlos*. Os não livres de Gortina tinham pelo menos dois privilégios que o código protegia em suas disposições sobre sucessão, isto é, o direito do domicílio e o direito ao rebanho (se possuíssem algum)[8]. Se esses podem ser chamados de direitos de propriedade em algum sentido próprio, não é uma questão crucial aqui. Eles também parecem ter tido o direito de possuir suas próprias roupas e os artigos domésticos (pois assim interpreto a cláusula que diz que se dois *oikees* se separarem por morte ou divórcio, a mulher "pode pegar o que é seu")[9]. Alguns estudiosos acreditam que também possuíam dinheiro, mas não há prova disso, e com certeza não possuíam as quantidades necessárias para fazer frente às multas legais (que atingiam 200 estáteres para o *doûlos* que violasse um homem ou uma mulher livre). Tampouco concordo com a interpretação da lei de sucessão que permite a um *oikeus* ficar com a propriedade agrícola de seu amo se este falece sem deixar parentes próximos[10].

Mesmo em minha interpretação estreita dos privilégios, todavia, o não livre tinha certos direitos de propriedade ou quase-propriedade desconhecidos em Atenas e em muitas outras cidades clássicas. Estes eram acompanhados de certos direitos pessoais (talvez até mais importantes), acima de tudo o direito de casamento. As normas referentes ao adultério, divórcio e relações entre *doûloi* e mulheres livres não deixam dúvida de que é mais adequado falar aqui de casamento, de uma relação que era mais que um *contubernium,* porque criava certos direitos, mas que era ao mesmo tempo bem menos que um casamento entre pessoas livres. Em primeiro lugar, o marido que não era livre não era o *kýrios* (tutor) de sua mulher: esse papel era desempenhado pelo amo dele ou dela, conforme o caso. Além disso, tal casamento não levava à criação de um grupo de parentesco, embora criasse a família elementar para certos fins. A prova mais simples encontra-se na disposição referente à composição nos casos de adultério: o acordo deve ser feito com o parente de uma mulher livre, mas com o amo de uma *doûle*[11].

Mais uma distinção aparece na primeira seção do código, que trata do procedimento em disputas legais sobre a classe social de um homem (se ele é livre ou não) ou sobre a propriedade de um escravo. Em tais casos, diz a lei, a pessoa que é objeto da discussão não pode ser levada à força antes da sentença do tribunal. Todavia, continua, um *nenikamenos* ou um *katakeimenos* pode ser levado. Essa observação não é ampliada, mas o contraste deve significar que ambos – o homem que perdia uma causa no tribunal e deixava de pagar (um *nenikamenos),* e o homem que passava a ser escravo por acordo direto (um *katakeimenos) –* não são, de certa maneira, nem livres nem escravos. O que isso significa em relação ao *katakeimenos* é explicado, em parte, no chamado segundo código. Se um *katakeimenos* comete um delito, ele terá que pagar a multa; mas se não tem meios para pagar então a parte ofendida e o amo (chamado *katathemenos* e não *pastas,* muito significativamente) se reunirão para resolver e farão alguma coisa (desconhecida porque a pedra, infelizmente, está quebrada nesse ponto). Se, por outro lado, um *katakeimenos* é ofendido, seu amo moverá a ação por ele "como por um homem livre" e os dois dividirão a recompensa em partes iguais. Se o amo deixa de tomar providências, o *katakeimenos* pode fazê-lo pessoalmente, desde que primeiro pague sua dívida (e portanto, presumivelmente, se liberte da escravidão)[12].

Em todos os pontos desse campo particular, o *katakeimenos*, nitidamente, não era nem livre nem não livre, mas desfrutava de alguns privilégios e limitações de ambas as condições. Quanto tempo mais vigorou essa classe social de meio-termo é outra questão. Não há menção de *katakeimenos* nas seções sobre violação, adultério e divórcio, e nenhuma discussão informativa na seção que trata da sucessão. Tampouco sabemos qualquer coisa sobre o *nenikamenos*, além do fato de que podia ser "levado à força". O verbo grego *(agein)* pode significar "levado para os serviços domésticos", ou vendido no exterior, uma distinção de grande importância visto que no segundo caso o resultado é escravização definitiva no sentido mais amplo da palavra. Os outros, os mantidos em servidão em casa, tinham uma posição social superior, pelo menos em princípio. Era sempre possível, quer legalmente quer por acordo privado, que o período de servidão fosse fixado e chegasse a um término. Além do mais, esses homens conservavam seu lugar dentro da estrutura familiar e da sociedade, e persistia a possibilidade de que seus parentes pagassem sua dívida e os libertassem. Finalmente, ainda eram, em certo sentido, membros da comunidade política (desde que já fossem membros antes de cair em servidão). Seus direitos políticos estavam suspensos, sem dúvida, mas a crise de Sólon em Atenas mostra que não eram completamente sem valor sob certas condições.

Na ausência de disposições específicas no código, três possibilidades devem ser consideradas para o *nenikamenos*. Ou devia ser vendido no exterior, ou a parte vencedora podia escolher entre mantê-lo consigo e vendê-lo, ou se tornava um escravo em Gortina exatamente igual ao *katakeimenos*. Na fase atual de nosso conhecimento, não consigo ver como é possível escolher entre essas possibilidades. A falta de disposições, na seção sobre delitos do código, referentes ao *nenikamenos* parece sugerir que ele deve ser distinguido do *katakeimenos*. Por outro lado, é fato que os dois estão no grupo dos *agogimos* (sujeitos a ser levados à força) e nada é dito para indicar que seus destinos eram diferentes. Sou de opinião que o *katakeimenos* podia ser vendido no exterior, e essa possibilidade não é indicada explicitamente para o *nenikamenos*. Em outra parte, num decreto de Halicarnasso do século V ou no chamado *dikaiómata* de Alexandria, por exemplo, a lei determinava expressamente a venda no exterior, exatamente como na antiga disposição romana *trans Tiberim*[13]. Mas não creio que tenhamos exemplos suficientes para comprovar a opinião, aceita usualmente, de que essa era uma norma grega universal da lei. Numa situação análoga, o código de Gortina aponta na direção oposta. Aquele que é resgatado do exterior pertencerá a quem o resgatou até que tenha reembolsado o total. A cláusula final dessa disposição não teria sentido se o homem resgatado fosse vendido outra vez no exterior[14]. É claro que não se segue necessariamente que o *nenikamenos* estava na mesma posição, mas isso é pelo menos um paralelo de Gortina, e creio que ele é mais convincente que o decreto de Halicarnasso ou os *dikaiómata* de Alexandria.

III

Nada pode ser argumentado sobre o código de Gortina e *silentio*. Afinal, não é um código no sentido estrito, como o *Code Napoléon* ou o *bürgerliches Gesetzbuch:* áreas inteiras de comportamento são completamente negligenciadas, áreas que sem dúvida alguma eram cobertas pela lei apesar de sua ausência no código[15]. Podemos estar certos de que a classe social do *nenikamenos* era igualmente coberta, e portanto perfeitamente clara em Gortina, ainda que não o seja para nós. O mesmo é válido para a disposição que diz que, se um filho é fiador de seu pai, enquanto este viver o filho responde com sua pessoa e com a propriedade que adquiriu. São conhecidas cláusulas com uma formulação semelhante a essa, oriundas de lugares tão afastados como a Beócia, Heracleia no sul da Itália e Delos, e em cada caso o texto disponível carece de detalhes sobre a execução na pessoa[16]. Temos de concluir que não podemos estar certos das exatas consequências em nenhum desses casos, nem tampouco ter certeza de que fossem as mesmas em cada comunidade e em cada século.

Precisamente esse ponto óbvio, que cada um de nossos textos elabora com uma clara referência local, não pode ser ignorado quando tentamos estabelecer um modelo *grego*. O enfoque lexicográfico é perigoso. Se procurarmos qualquer termo social "técnico" em Liddell e Scott, encontraremos alguns sentidos ou sombras de sentido com apenas uma indicação (e às vezes nenhuma) de que as variações em torno da ideia essencial podem significar diferenças institucionais locais de magnitude considerável. Teria sido impossível, como já observei, que o código de Gortina usasse a palavra *doûlos*, sem nenhum qualificativo, para uma variedade de classes sociais. Mas é perfeitamente adequado que esse código, ou qualquer outro documento legal, use a palavra num sentido diferente em alguns aspectos decorrentes de seu uso em outras comunidades gregas (exatamente como os nomes dos meses, as denominações da moeda ou as unidades de peso). Uma vez que o mundo grego era dividido em pequenas unidades, e porque a história dessas diversas unidades não era idêntica, suas instituições legais e sociais variaram com o passar do tempo. Muitas vezes, todavia, as palavras individuais eram as mesmas em regiões extremamente afastadas. Isso cria grandes dificuldades para nós, mas não para as pessoas que as usavam.

Até aqui, sem tentar ver sistemático ou completo, apontei uma meia dúzia de classes sociais ou situações de servidão não livres, mais ou menos diferentes, encontradas em uma ou outra comunidade grega. Como estabelecer uma classificação que tenha sentido se a terminologia é indício insuficiente e muitas vezes enganosa? Não podemos esperar muita ajuda dos escritores gregos. Os documentos legais, quer sejam leis, decretos, acordos ou cartas, tratam de casos ou regras específicas, não de análise de jurisprudência. Não havia juristas, ou pelo menos não dispomos de nenhum texto jurídico conservado. Os filósofos, os oradores e os historiadores estavam satisfeitos com a antinomia mais simples possível: homem livre e escravo, *eleútheros* e *doûlos*. Em seus objetivos não havia interesse na sociologia ou na jurisprudência da servidão, e eles podiam chamar os hilotas de *doûloi* em muitos dos contextos, por exemplo, mesmo sabendo perfeitamente que os hilotas e os *doûloi* atenienses não eram absolutamente a mesma coisa. Um texto tão rudimentar como as poucas linhas de Pólux que enumeram algumas palavras locais para uma classe social que ficava entre a escravidão e a liberdade é uma exceção na literatura disponível.

A *Política* de Aristóteles, por si só, serve de ilustração suficiente tanto para a situação léxica real como para a indiferença fundamental dos escritores antigos para com as ramificações da servidão. Examinando Estados que tinham sido apresentados como modelos ou aproximações do ideal, Aristóteles afirma (1296a34ss.) que nenhum solucionou o problema, reconhecidamente difícil, de estabelecer um sistema apropriado para tratar os hilotas. Pode ser significativo o fato de que ele usa *heiloteia* e *penesteia* aqui, e não *douleía,* quando fala sobre Esparta, a Tessália e Creta. Os cretenses, admite, não tiveram de enfrentar revoltas de seus *perioikoi,* e algumas páginas adiante estabelece uma correspondência direta entre essa palavra em seu uso cretense e o hilota espartano[17]. Em outra parte do livro escreve (1264a21) que os *doûloi* cretenses tinham todos os privilégios dos homens livres, salvo o acesso ao ginásio e o direito de possuir armas, e ainda em outras passagens (embora não em um contexto espartano ou cretense específico), parece diferenciar *doûloi* de *perioikoi*[18]. Não acredito que seja possível desfazer as confusões (e provavelmente as contradições) nessas passagens. Esse é um ponto importante. Outro é que, embora Aristóteles acreditasse que a palavra *perioikos* era usada para duas categorias sociais completamente diferentes em Esparta e em Creta, não achava esse fato tão anômalo ou inquietante a ponto de exigir comentário especial.

Obviamente Aristóteles percebeu que a situação das classes sociais entre os não livres era complicada e muitas vezes obscura. Um pensador grego dificilmente poderia não ter tomado conhecimento das complexidades, contudo os textos revelam uma persistente falta de interesse em examinar detalhadamente o assunto, muitas vezes com consequências cômicas (para nós) na terminologia. Há um longo trecho em *O herói,* de Menandro, por exemplo, que fala de um irmão e uma irmã que estão na escravidão por dívida. Numa conversa entre dois escravos na casa, um pergunta ao outro sobre a moça. "Ela é uma escrava?" O segundo responde, "Sim – parcialmente –, de certo modo"[19], e então prossegue para contar como ela se tornou escrava por dívida. É uma comédia, naturalmente, e essa história em particular levanta questões históricas e legais muito difíceis. Mas não precisamos deter-nos nelas. Lísias, Isócrates e Diodoro atestam a existência da servidão por dívida na época clássica e pós-clássica[20]. E não escreviam comédias. Tampouco as escrevia o filósofo Teofrasto quando anotou em seu testamento: "De meus escravos quero a manumissão de Molão, Timão e Parmênio, que já são livres."[21] Também não o fazia o lexicógrafo Harpocrácio, ao dizer na sua definição do procedimento legal conhecido como *díke apostasiou*: "E os que são condenados tornam-se necessariamente escravos, mas os que vencem, já sendo homens livres, tornam-se assim completamente livres." Eu poderia continuar a amontoar exemplos, mas isso não nos serviria para nada. Há provas inequívocas de que em todos os tipos de terminologia os gregos reconheciam a existência de categorias sociais que ficavam no meio-termo, mas nem procuraram nem fizeram uma análise sistemática. Quando era necessária uma distinção, contentavam-se em fazer (ou transmitir) normas locais sobre procedimentos, propriedade, casamento ou o que fosse preciso para uma categoria social específica, como vimos com alguns detalhes em Gortina.

Na verdade, a frase vaga de Menandro, "Sim – parcialmente –, de certo modo", demarca o exato ponto até onde conseguimos avançar. E foi um passo importante termos conseguido chegar até aí. Há meio século, Arangio-Ruiz achou necessário começar o primeiro capítulo de seu livro, *Persons and Family in the Law of the Papyri,* com estas observações: "O romanista que tenta averiguar pelos papiros que regime o mundo grego-egípcio adotou com relação aos problemas de personalidade inevitavelmente começa com (o jurista romano) Gaio, para buscar os princípios pertencentes ao *status libertatis, status civitatis* e *status familiae.* Mas o primeiro contato com o novo ambiente jurídico é suficiente para persuadi-lo de que tal investigação será vã. A despeito de tudo que havia no Egito, homens livres e escravos, participantes e não participantes das diversas comunidades nacionais, *patres e filiifamiliae,* faltavam as rígidas linhas divisórias que só um povo com verdadeira vocação jurídica é capaz de traçar."

Um ano depois, em 1931, Koschaker, em seu clássico estudo da instituição que rotulamos de *paramone,* falou ainda mais incisivamente contra os preconceitos dos romanistas que ainda dominavam – e portanto viciavam – o estudo das classes sociais gregas e greco-egípcias[22]. Uma pessoa em *paramone,* afirmava, era meio escrava, meio livre.

Atualmente a literatura jurídica sobre o assunto deixa bem claro que Arangio-Ruiz e Koschaker estavam certos, pelo menos em relação aos papiros. Filólogos e historiadores tendem a tentar outra conduta, quando tratam propriamente da Grécia, o que me parece ao mesmo tempo sem utilidade e ilusório. Frequentemente não se voltam para Roma para formar seus conceitos, mas para o mundo medieval, e introduzem servos e servidão no quadro grego. Aparecem servos por todo lado: no relato de Aristóteles sobre a crise de Sólon, em Creta, em Esparta, para citar apenas os exemplos mais óbvios e mais comuns. O problema que isso apresenta, em primeiro lugar, é que servidão, por si mesma, constitui um termo que tende a cobrir um considerável número de classes sociais[23]; em segundo lugar, que há demasiadas diferenças entre o hilota espartano, digamos, e o servo da sociedade feudal; em terceiro lugar, que é errado aplicar a todas as pessoas não livres, que não sejam nitidamente escravos de propriedade particular, um único e mesmo termo como "servo"; e, em quarto lugar, que a servidão (não importa quão imprecisamente definida) não pode ser ampliada para incluir quer o escravo por dívida, quer a pessoa em *paramone,* duas categorias que, estamos aprendendo agora, se propagaram amplamente entre os povos de língua grega durante muitos séculos. Estamos atrelados a uma sociologia muito primitiva que presume existirem apenas três tipos de situação de trabalho: o livre, assalariado contratado, o servo e o escravo. De algum modo, todos devem ser enquadrados em uma dessas categorias. Um exemplo surpreendente ocorre no Extremo Oriente, onde os missionários, os administradores coloniais e os estudiosos aplicaram a etiqueta de escravo em uma fantástica variedade de classes sociais na China, Birmânia e Indonésia, com consequências desastrosas tanto para o ensino como para a administração. A antropologia moderna reexaminou com êxito esse campo e demonstrou que as possibilidades de existência de camadas sociais nem de longe estão esgotadas pela classificação tripla que herdamos de Roma e da Europa medieval[24]. A Grécia antiga, parece-me claro, é plenamente comparável a esse respeito, e devemos encarar com seriedade, e literalmente, a ideia de um amplo espectro de categorias sociais. Quando Pólux, e Aristófanes de Bizâncio antes dele, escreveram "entre a escravidão e a liberdade", queriam dizer *entre* a escravidão e a liberdade.

O simples fato de dizer que alguém é meio escravo ou meio livre, mesmo sendo um passo importante, não é suficiente nem tampouco significativo. Para definir essa posição intermediária Koschaker voltou-se para a propriedade e insinuou que *paramone* constituía um caso de *geteiltes Eigentum* (direitos de propriedade divididia). Desenvolveu essa ideia juntando uma quantidade de práticas e instituições aparentemente diferentes. Uma é a escravidão por dívidas "anticrética", na qual o devedor dá seu serviço pessoal em vez de juros. Não se conhece nenhum exemplo seguro na própria Grécia, e a análise de Koschaker baseou-se em um pergaminho grego, datado de 121 d.C., encontrado em Dura--Êuropos no rio Eufrates. O documento é um contrato de empréstimo estipulando que, em vez de juros, "Barlaas (o tomador), ficando *(paramenon)* com Fraates (o emprestador) até a ocasião do reembolso, fará para ele serviços de escravo *(doulike khreía)*, executando tudo que lhe for ordenado, e não se ausentando, nem de dia nem de noite, sem a permissão de Fraates". Além do mais, se Barlaas não pagar o empréstimo na data convencionada, "continuará com Fraates, fazendo os mesmos serviços de acordo com as disposições acima até o reembolso do dinheiro"[25]. Esse é um texto tardio de uma área periférica, naturalmente, mas se algo semelhante era inerente à situação ática no tempo de Sólon (e à situação do *katakeimenos* em Gortina), como Koschaker sugeriu muito plausivelmente, então essa seria a mais velha forma de *paramone*. A segunda forma, melhor comprovada, é a *paramone* em conexão com a manumissão, pela qual um escravo é libertado mas tem que "permanecer" em serviço (expressado em linguagem muito semelhante à do pergaminho de Dura). Para essa forma temos documentação do século IV a.C. em diante, numa grande área do mundo grego. A terceira é o chamado "contrato de serviço" dos papiros.

Alguns dos documentos de *paramone* especificam realmente o elemento da servidão dizendo, em uma frase ou outra, que o trabalho executado será "o de um escravo", "próprio de escravo", ou que a pessoa servirá "como um escravo". O que distingue o serviço de um homem livre do serviço de um escravo é o fato de que o deste último é total e que o trabalho malfeito pode redundar em punição direta, sem necessidade de se recorrer a um procedimento formal. "Ele fará tudo que lhe seja dito" é a fórmula operativa. *Paramone,* como Koschaker disse, "não reside simplesmente na esfera das obrigações mas cria... uma relação de poder"[26]. Tampouco esta é uma questão de sutil distinção jurídica. Desde os primeiros tempos de sua história, os gregos consideraram o serviço doméstico como "próprio de escravo" por sua própria natureza. Esse é o motivo pelo qual os gregos livres simplesmente não podem ser encontrados como criados, e isso, por sua vez, explica por que palavras como *oiketes* e *therapon,* que em sentido estrito significam nada mais que "criado", eram regularmente empregadas para dizer "escravo" sem criar confusão ou sensação de uso inadequado.

Em certo sentido é correto dizer que os gregos acabaram por resumir essa situação particular no simples verbo *paramenein* (permanecer com). Nem todas as várias formas institucionais de *paramone* eram igualmente antigas. Não creio que tenhamos informação suficiente para decidir a respeito de prioridades, mas a ampla disseminação dessa forma de expressão em um mundo dividido, sem análise e escritos jurídicos sistemáticos, é surpreendente. E para nós é muito tentador conceituar a forma de expressão em uma única instituição uniforme. "Podemos", perguntou Koschaker, "transferir para *paramone* por dívida o conceito jurídico de direitos de propriedade dividida descoberto na *paramone* de manumissão?" Sua resposta foi um incondicional sim, com base, achava ele, no "parentesco, senão na identidade jurídica, de ambas as instituições, tendo o mesmo nome, a mesma terminologia jurídica e uma concordância de grande alcance em seu conteúdo"[27]. Todavia, essa inegável concordância é uma abstração, e apenas isso. Por um lado, um homem que foi escravo é libertado, mas sua liberdade é parcialmente retirada no mesmo ato em que esta lhe é dada: por um período, às vezes definido e outras não, continua atado ao serviço total "como um escravo", como o escravo que ele sempre foi. Por outro lado, um homem livre renuncia "livremente" a uma parte de sua liberdade em troca de manutenção ou de um empréstimo, ou talvez até de um salário. Um caminha na estrada da escravidão para a liberdade, o outro na direção oposta, e ambos se encontram. Esse ponto de encontro, esse estado intermediário, é a *paramone* – assim prossegue a doutrina de Koschaker. Mas a identidade é tão completa assim? E se o homem livre tivesse obrigações financeiras ou militares para com o Estado, que o escravo alforriado em *paramone* não teria, em princípio? Qual seria a categoria social de seus filhos e quem a determinava? Quais eram suas respectivas posições em disputas legais com terceiros? Como se situavam em relação à propriedade de terras e aos direitos de sucessão e testamento? Sobretudo, quais eram as penalidades no caso de não execução dos serviços requeridos? O escravo alforriado em *paramone* retornaria então à escravidão: a manumissão, dizem alguns textos muito explicitamente, torna-se nula e sem efeito. Mas certamente não era tão simples no caso do escravo por dívida.

Já mostrei, com o exemplo de Gortina, que ainda não podemos responder a essas questões com clareza ou precisão, pelo menos quanto à Grécia propriamente. Talvez as provas de que dispomos nunca nos permitam fazê-lo. Todavia, suponho que a resposta provavelmente é, primeiro, que havia diferenças significativas em algum desses assuntos entre o escravo alforriado em *paramone* e o homem livre que tinha entrado nesse estado; em segundo lugar, que as normas e princípios não eram uniformes independentemente do tempo ou do lugar, que, em outras palavras, às vezes variavam com as diferentes estruturas sociais e políticas que o mundo grego criou ao longo de sua história. Não estou pensando nas variações de pouca importância, das quais há inúmeros exemplos nos documentos de manumissão disponíveis, como a duração da *paramone* ou os requisitos exatos da manutenção, ou as disposições referentes aos filhos. O que tenho em mente é mais básico, algo que afeta a natureza da própria instituição, a definição precisa da classe ou classes sociais particulares. Sugiro, em outras palavras, que englobar todas essas situações diferentes sob o mesmo título, *paramone*, é uma abstração excessiva. Admitido o importante elemento comum, ainda persistem diferenças, baseadas no fato de que se chegava à *paramone* de pontos de partida completamente diferentes. Essas diferenças não devem ser postas de lado como faz Koschaker. Sugiro, além disso, que a propriedade é um critério demasiadamente restrito. "Direitos de propriedade dividida" é um conceito útil até certo ponto, mas há aspectos da questão das categorias sociais intermediárias que, parece-me, não podem ser entendidos desse modo, exceto distorcendo muito a noção.

Mais recentemente Westermann tentou outro enfoque, que enfatiza mais os direitos pessoais, por assim dizer, que a propriedade. Parte do fato de que há uma fórmula regular nas manumissões délficas (semelhante às de outras comunidades). O escravo alforriado, diz o texto com algumas variações, "será libertado, não estará sujeito a detenção, e pode ir para onde quiser". Essa fórmula, que Westermann acredita "ter sido idealizada em Delfos pelos sacerdotes locais de Apolo", é tratada por ele como uma definição grega de liberdade mais ou menos formal e completa. "Para os sacerdotes délficos, portanto, a liberdade individual consistia na posse de quatro liberdades – categoria social, inviolabilidade pessoal, liberdade de atividade econômica e direito de movimentação irrestrito."[28]

Os pontos fracos dessa análise são graves. Em primeiro lugar, não há quatro elementos mas só três, na melhor das hipóteses. O primeiro, que Westermann chama de "classe social" é pura tautologia. Os textos dizem que o escravo alforriado será livre, e a liberdade obviamente não é um elemento da liberdade. Tampouco "fazer o que se quer" e "ir onde se quiser" são duas categorias distintas de ação. Só por meio de interpretação é que a primeira pode ser traduzida como "liberdade de atividade econômica", e essa liberdade não pode existir sem liberdade de movimentação. Em segundo lugar, os mesmos documentos tiram imediatamente essas duas liberdades em caso de *paramone*, deixando Westermann na curiosa posição de argumentar que o escravo alforriado em *paramone* é pelo menos meio livre apesar de não ter os dois elementos mais essenciais da liberdade. Em terceiro lugar, a liberdade de movimento, à qual Westermann dá grande ênfase, acaba se tornando visivelmente instável como prova de categoria social livre. Em Gortina, por exemplo, os libertos não a tinham: ficavam restritos a um lugar (ou distrito) chamado *Latosion*[29]. Ou, para citar um exemplo completamente diferente, consideremos a elite espartana, os *homoioi*, que, num sentido absolutamente real, careciam quase totalmente de liberdade de movimento.

IV

Afinal de contas, os redatores desses documentos délficos, como Koschaker observa corretamente, não eram juristas profissionais, "suas formulações eram frequentemente imprecisas e contraditórias, e eles... misturavam elementos formais díspares"[30]. Estou longe de me convencer, diante das provas, que foram os sacerdotes de Apolo que elaboraram as categorias, como Westermann afirma, e tenho certeza de que quem quer que o tenha feito não tinha noção de que estava "definindo" a categoria social de um homem livre em qualquer sentido fundamental. Essas inscrições tinham um propósito, e só um: tornar público um ato formal que mudava a categoria social de um indivíduo (ou indivíduos). Não era sua função, ou objetivo, apresentar um tratado jurídico sobre liberdade. Por isso davam essa informação por um costume tido como necessário, e paravam aí. Visto que a manumissão era frequentemente incompleta, modificada por condições suspensivas ou por *paramone*, e visto que o autor da manumissão tinha ampla autonomia em vários detalhes referentes aos filhos, à sucessão, ao reembolso de um empréstimo *eranos* e similares, o que era necessário incluía aquelas coisas que ele podia ou não conceder. Daí a frequente referência a fazer o que se quer e a ir onde bem se entende, sempre que fosse o caso. Mas havia outros elementos de liberdade cuja determinação não dependia do poder do autor da manumissão, que eram assuntos da legislação da *pólis*, e estes, obviamente, não aparecem nas inscrições. Se, por exemplo, a lei nos Estados da Grécia central restringia a propriedade da terra aos cidadãos, como fazia muito provavelmente, não dependia do autor da manumissão conceder ou recusar esse privilégio a seu ex-escravo, ou tampouco fazer qualquer referência ao assunto. Também não podia dizer nada significativo nas áreas de capacidade legal, taxação, obrigações militares e culto (com exceção dos requisitos relativos a seu próprio enterro e à manutenção de sua tumba).

Pode-se objetar que agora confundo categorias políticas e sociais com outras propriamente jurídicas. A isso responderia que tal "confusão" é inerente às instituições e ao pensamento grego. Separá-las seria mais elegante, mais romano, mas não seria mais grego. Quando Diodoro, por exemplo, tentou explicar o fundamento lógico da lei do faraó egípcio Bócoris, que proibia empréstimos tendo por garantia a própria pessoa, escreveu o seguinte (1.79.3): "Os corpos dos cidadãos tinham que pertencer ao Estado, a fim de que este pudesse valer-se dos serviços que seus cidadãos lhe deviam, tanto em tempo de guerra como de paz. Pois seria absurdo", ele achava, "que um soldado, justamente no momento de partir para lutar por sua pátria, pudesse ser tomado por seu credor por conta de um empréstimo, e que a ganância de pessoas físicas pudesse, desse modo, pôr em perigo a segurança de todos." A historicidade do relato de Diodoro sobre a legislação de Bócoris não vem ao caso: dificilmente se pode discutir que aqui ele estava expressando a concepção grega clássica da relação do indivíduo com a *pólis*. A *pólis* era acima de tudo uma comunidade, e uma comunidade seria imperfeita se alguns de seus membros pudessem, então, ser subtraídos do serviço de interesse comum, de sua condição integral de membro, em outras palavras. Por isso Aristóteles (*Constituição de Atenas*, 9.1), com toda razão, incluiu a proibição de Sólon de empréstimos garantidos pela própria pessoa entre suas medidas mais importantes e mais "demóticas".

Nenhuma definição de liberdade seria completa, dentro de tal estrutura, se ignorasse o aspecto da comunidade. Idealmente, um dos extremos do espectro das categorias sociais seria o escravo como bem pessoal, que era apenas um objeto. Tal classe social provavelmente nunca existiu, mas esteve-se muito próximo dela em alguns momentos da história grega. Mas qual era o outro extremo, o oposto do escravo como bem particular? Logicamente poder-se-ia dizer que era a categoria social absolutamente livre de qualquer restrição, o ideal anarquista. Deixando de lado o fato de que essa categoria social, também, nunca existiu (o que não é uma séria objeção conceitualmente), essa é uma lógica falsa, isto é, falsa quanto às realidades da vida e do pensamento grego. O oposto de escravo como bem particular era o cidadão pleno, o homem capaz de desempenhar todos os papéis, tanto os privilégios como as obrigações da cidadania. Não só o meteco estava numa posição inferior do espectro, mas também o cidadão cuja posição social se via limitada por uma ou outra razão, quer por restrições de propriedade em uma *pólis* oligárquica, por exemplo, quer pela perda de direitos civis em uma comunidade tão democrática como a de Atenas. Evidentemente a linha mais definida estava em algum ponto no meio do espectro. O meteco era um homem livre em comparação com o escravo, o hilota ou o escravo por dívida em *paramone*. Ao estabelecer essa linha, todavia, deve-se ter em mente as categorias sociais e políticas (categorias históricas, em outras palavras) bem como as estritamente legais.

O modo pelo qual essas categorias se interligam pode ser ilustrado de duas maneiras, ambas demonstrando que, em certos aspectos, os homens que, de um ponto de vista restrito, estavam aparentemente do lado livre da linha, depois de um exame mais detalhado acabam por ocupar ali uma posição insegura. Se consideramos a classe social como algo que supõe potencialidades bem como uma condição presente, então um elemento da liberdade é a possibilidade ou a impossibilidade de sua perda[31]. Na Atenas clássica um cidadão não podia ser escravizado, nem por ação pública nem por ação privada, exceto na obsolescência peculiar que era a lei referente ao resgate. Um não cidadão, todavia, estava sujeito à escravidão penal por certos delitos, e havia ainda mais diferenças a esse respeito entre eles, como entre os libertos e os metecos (homens livres vindos do exterior)[32]. Meu outro exemplo encontra-se na área da transmissão de categoria social para descendentes. É impossível estabelecer as normas nessa área nem distinguir uma cidade da outra, e, dentro das cidades individualmente, uma época da outra. É suficiente citar o código de Gortina de um lado, e do outro a lei ateniense de 451/50 dispondo a bilateralidade como requisito para a legitimidade. A liberdade de um homem para casar-se, culminando, no conceito grego, na liberdade de escolher uma mãe de filhos legítimos – e a legitimidade era, acima de tudo, um conceito de comunidade política –, não pode, portanto, ser definida exceto combinando-se o que chamaríamos de lei privada com noções políticas. E, como vimos, havia também várias possibilidades a esse respeito.

Em resumo, meu argumento é que na Grécia antiga a categoria social só pode ser analisada efetivamente adotando-se um enfoque que foi desenvolvido na jurisprudência contemporânea, particularmente na análise de propriedade. Isso implica, primeiramente, romper com a noção tradicional de direitos em uma série de conceitos que incluem reivindicações, privilégios, imunidades, poderes e seus opostos (obrigações e similares)[33]. Em segundo lugar, isso envolve a consideração da classe social (ou liberdade) como um acúmulo de privilégios, poderes, etc., e portanto a definição de qualquer classe social em particular, ou da classe social de qualquer indivíduo, a partir da posse e localização dos elementos do acúmulo de direitos. A análise não deve ser feita apenas em termos de posse, pois é claro que certos privilégios – como o direito de casar-se – podem estar totalmente ausentes, isto é, a pessoa não livre pode não possuí-los, mas tampouco outra pessoa poderá tê-los com relação àquela. A análise também não pode ser feita apenas em termos da pessoa não livre e seu amo. O Estado espartano, por exemplo, tinha certos poderes sobre o hilota que o amo deste não tinha[34].

Aqui não posso fazer mais que repetir as categorias necessárias da análise: (1) reivindicações da propriedade, ou poder sobre as coisas – um complexo de elementos que requerem diferenciação ulterior tanto em sua escala (desde o *peculium* até a propriedade total), como em sua aplicação às distintas categorias de coisas (por exemplo, rebanho, terra, produto agrícola ou dinheiro); (2) poder sobre o trabalho, a movimentação de um homem; (3) poder de punir; (4) privilégios e responsabilidades nas ações legais, tais como imunidade contra a captura arbitrária ou a capacidade de acionar e ser acionado legalmente; (5) privilégios na área da família: casamento, sucessão e assim por diante; (6) privilégios de mobilidade social, tais como manumissão e emancipação (e seu inverso); (7) privilégios e deveres nas esferas religiosa, política e militar[35].

Esse método de análise, creio, nos possibilitará esclarecer o modelo grego de classe social, com suas categorias intermediárias e mistas, e introduzir uma precisão muito necessária nesse quadro. Ele oferece uma técnica para definir *paramone*, por exemplo, ou para diferenciar o sistema de Creta do de Esparta. E, talvez ainda mais importante, nos ajudará a ver o desenvolvimento histórico e as tendências das estruturas e dos conceitos sociais gregos em sua adequada relação com a história da *pólis* como estrutura política. É um fato, acredito, que o progresso político e social nas *póleis* gregas esteve acompanhado pelo triunfo da escravidão, como bem pessoal, sobre outras categorias de trabalho servil. Mas também é um fato que boa parte do mundo grego não adotou essa forma de atuação (ou não o fez totalmente), e que a época helenística estava cheia de práticas de escravidão por dívida e parentesco nas regiões orientais mais que na Grécia continental e no Ocidente[36]. Essas são distinções mais que formais: são chaves substanciais do sistema social e político como um todo, de suas instituições e valores. O último inclui as instituições legais, e nesse campo, naturalmente, algumas generalizações vagas sobre a lei grega comum (e o pensamento jurídico grego) devem naufragar diante das provas indiscutíveis da existência de profundas diferenças qualitativas no tempo e no espaço.

9
A SERVIDÃO POR DÍVIDA E O PROBLEMA DA ESCRAVIDÃO*

I

Vamos começar com os detalhes da história mítica referente ao herói grego Héracles, ao qual aludi no começo do capítulo 7. Em Delfos, o deus disse a Héracles que a doença que o afligia era um castigo pelo assassinato à traição de Ifito, e que ele só poderia curar-se sendo vendido como escravo por um número limitado de anos e repassando o valor de sua venda para os parentes da vítima. Assim, foi vendido a Onfale, rainha dos lídios, e purgou sua culpa a serviço dela. Os textos discordam em vários pontos: se foi vendido por Hermes ou por amigos que o acompanharam à Ásia para esse fim, se o período de servidão foi de um ano ou três, e assim por diante.

Os detalhes em si não têm importância. Não se deve pressionar muito um mito, ou a linguagem na qual sua história é repetida por escritores tão distanciados no espírito e no tempo como Sófocles e Diodoro. Não obstante, vários pontos que emergem não deixam de ser interessantes. O primeiro é léxico. Sófocles chama Héracles de *latris* de Onfale (*Traquinianas*, 70, equiparado, pelo escoliasta, a *doûlos*)[1] e usa duas vezes um verbo significando "vender" em relação a isso (linhas 250, 252)[2]. Apolodoro (2.6.2-3) emprega *latreuo* e *douleuo* indiferentemente em seu relato, Diodoro (4.31.5-8) só *doûlos* e seus derivados. A palavra *latris* tem sido um pesadelo para o lexicógrafo desde os tempos helenísticos até o caótico verbete em Liddell e Scott, pois significa "homem alugado", "criado" e "escravo", confusão intolerável não só para os lexicógrafos mas também para muitos historiadores do Direito acostumados a normas legais elaboradas e a termos técnicos apropriados a elas[3]. Mas no estágio "pré-legal" (e muitas vezes depois que o "pré-legal" cedeu caminho ao "legal"[4]) "servi-

---
* Publicado originalmente em francês na *Revue historique de droit français et étranger*, 4 ser., 43 (1965) 159-84, e reproduzido (pela primeira vez em inglês), com algumas revisões, com autorização dos editores.

ço" e "servidão" fundiam-se, de fato, um no outro. Foi então que surgiu a escravidão por dívida, na Grécia e em Roma, e vale a pena observar que a língua grega, tanto quanto eu saiba, não tinha uma palavra específica de uso geral significando "escravo por dívida" (daí Dionísio de Halicarnasso não ter podido traduzir as palavras latinas *nexum* e *nexus* para o grego exceto recorrendo a circunlóquios).

Escolhi a história de Héracles para introduzir minha análise, a despeito do fato de ela falar mais de "venda" como escravo que propriamente de escravidão por dívida e apresentar complicações (como a venda no exterior) que nos levariam longe demais, se seguíssemos por esse caminho[5]. Como veremos, "venda" como escravo e escravidão por dívida não podem ser distinguidas de modo muito preciso. Na linguagem corrente, mesmo atualmente, as palavras "débito" e "obrigação" são vagas e amplas ao mesmo tempo: compreendem não só obrigações no estrito sentido legal, débitos originados de empréstimos e transações comerciais ou obrigações decorrentes de um delito ou de um crime, mas também obrigações "morais" cujo cumprimento não pode ser imposto por um tribunal. Na discussão do período crítico de que trataremos primordialmente, uma discriminação mais exata é desnecessária e muitas vezes enganosa. Todos os "débitos" podiam ou não ter seu cumprimento imposto pelos tribunais, conforme o caso, sem uma diferença significativa entre obrigações "legais" e "morais". Os homens viviam em uma rede de obrigações. Algumas originavam-se só da classe social, dentro do grupo de parentesco, *familia* ou comunidade: a obrigação de proporcionar um dote para a noiva, por exemplo, ou de sustentar parentes ou patronos. Outras originavam-se de atos hostis, como nos casos de homicídio; ainda outras decorriam de atos amistosos, um presente ou outro serviço.

Sem dúvida havia distinções no peso desses diferentes tipos de débito, mas é anacrônico descartar certas expressões comuns da ideia como metafóricas ou insistir em alguma forma de acordo bilateral anterior. Não havia atos desinteressados nas sociedades primitivas e arcaicas: todos tinham a firme e legítima expectativa de um retorno[6]. A linha que dividia um presente de um empréstimo talvez não fosse invisível, mas era fina e frágil, como se vê facilmente no grupo semântico em torno do *mutuum* latino e seus correlatos. *Si datum quod reddatur, mutuum* (se algo é dado para ser retribuído, é chamado de *mutuum*), escreve Varrão

(*Da língua latina*, 5.179), e prossegue citando a antiga forma do dialeto grego siciliano *moitos*, do escritor do século V Sófron, palavra que Hesíquio compara com o grego *kháris*. "Erguemos um templo para as graças em um lugar público", explica Aristóteles (*Ética*, 5.5.7), "que pode ser uma retribuição; pois essa é uma característica da graça, visto que é apropriado não só retribuir a quem nos agraciou, mas também, em outro momento, tomar a iniciativa para favorecê-lo." E Hesíodo, como era de se esperar, resume todo o complexo, em toda a sua marcante praticidade (*Os trabalhos e os dias*, 349-55): "Toma providências corretas, ou melhores, se puderes; para que se tiveres necessidade depois, possas encontrá-lo seguro... Dá a alguém que dá, mas não dês a alguém que não dê. Um homem dá ao pródigo, mas não ao avarento."

Por outro lado, os empréstimos resvalam dos presentes e caem no roubo. "Por que", pergunta Plutarco em *Questões gregas* (*Moralia*, 303B), "em Cnosso era costume roubarem dinheiro aqueles que o tomavam emprestado?"; e responde com outra pergunta: "Era assim para que, se não pagassem, pudessem ser acusados de violência e punidos mais ainda?" Esse é um texto curioso, único, que eu saiba, entre os escritores gregos e romanos. Mas uma lei do século V a.C., de Tasos, dispõe que a ação contra qualquer pessoa que compre uvas na vinha antes do mês de Plintérion seja "como por violência"[7]. Embora o editor original comente que isso foi só "uma simples referência processual sem qualquer implicação de parentesco entre os delitos"[8], é uma inferência sugestiva, não obstante, e não inevitável ou evidente por si mesma[9]. O ponto crucial em relação ao débito, pelo menos, é que na lei primitiva ele é regularmente equiparado ao delito e portanto ao crime. Como Ihering escreveu há cerca de um século, o sequestro pessoal nas Doze Tábuas era "um ato da lei civil... e atingia a união desigual mais extrema entre débito e castigo...; *por lei* o devedor pagava com a ruína de toda a sua existência por sua incapacidade de pagar a dívida". A lei grega, observa em um *post scriptum*, nunca eliminou "o elemento penal da lei privada e do processo civil" e acrescenta um paralelo extremamente oportuno para nossos propósitos (embora não tenha citado a passagem de Plutarco e não pudesse ter conhecido o texto de Tasos), isto é, disposições nas antigas leis norueguesas que equiparavam explicitamente obrigações da lei civil ao roubo *(rán)*[10]. Vou me restringir a um exemplo. Se um homem se recusava a pagar sua cota da remuneração do bispo por dirigir os ofícios divinos e se persistisse na sua recusa mesmo depois de formalmente notificado, "seria intimado diante do *thing* sob a acusação de roubo"[11].

O extremo rigor das leis da dívida é fato muito conhecido e presente em todas as sociedades primitivas e arcaicas (e frequentemente muito mais tarde também, como o atestam as prisões de devedores), particularmente quando devedor e credor pertencem a classes sociais diferentes. Era uma brincadeira cruel legislar, como em Gortina, que se um escravo por dívida (*katakeimenos*) sofresse uma injúria passível de processo e seu amo não movesse a ação em seu favor, ele poderia fazê-lo por si mesmo, desde que primeiro saldasse sua dívida[12]. A totalidade do sistema romano das *legis actiones* era outra brincadeira cruel, em particular o *sacramentum* e o *manus iniectio*, para os que "não tinham o respaldo de uma casa poderosa"[13]. Por mais voltas que se dê, as palavras *partis secanto* (ele será cortado em pedaços) e seu horrível som não podem ser apagados das Doze Tábuas, aceitas como tal por todos os escritores romanos posteriores[14].

II

A obsessão com as dívidas que se percebe nas sociedades primitivas e arcaicas deve portanto ser diferenciada segundo a ameaça implícita. Salvo em casos excepcionais, era somente entre classes, entre rico e pobre, para colocar em termos simples e amplos, que a dívida levava à escravidão na prática. Com "escravidão" ou "servidão" quero dizer qualquer relação de dependência pessoal, exceto as familiares e econômicas (como na situação moderna de trabalho assalariado), tanto no caso de escravos como bens pessoais, de hilotas ou das categorias sociais que podem ser descritas, no dizer do antigo lexicógrafo Pólux (3.83), como estando "entre os homens livres e os escravos". É necessária uma palavra geral muito ampla, não menos abrangente que a palavra "dívida": o poder sobre uma pessoa tomou várias formas específicas, como aconteceu com as obrigações que eram muito frequentemente a ocasião para sua entrada em cena.

É muito fácil entender como o pobre ficava endividado, mas o outro lado da operação era talvez mais complicado do que se acredita habitualmente. Por que um homem rico emprestaria – pois vamos acabar tratando de empréstimo – a não ser para outro homem rico? A resposta convencional é que ele visa ao lucro através dos juros que cobra (a taxas excessivas, naturalmente). Na melhor das hipóteses, todavia, essa é uma resposta parcial para as fases mais primitivas, na verdade uma resposta totalmente falsa. Uma digressão bem curta sobre os documentos, bastante abundantes, do Oriente Próximo, que tratam de "vendas" e "empréstimos" pode ajudar a explicar os motivos. Por exemplo, nove tabuinhas de um arquivo pequeno de uma família encontrado em Nipur em 1950-1951 revela como, durante um sítio da cidade no século VII a.C., os filhos pequenos (todos mulheres, menos um) foram vendidos por preços simbólicos, e dois dos textos usam uma forma muito impressionante: "Toma minha filhinha... e mantém-na viva... para que eu possa comer."[15] Há outros textos cuneiformes nos quais não é pago dinheiro algum[16]; outros, ainda, nos quais a transação toma a forma de um empréstimo, a criança (ou um adulto) sendo transferida para o "credor" como garantia, como substituição dos juros, ou como ambas as coisas[17]. Em Nuzi, nos acordos deste último tipo não era fixado um tempo-limite ou tinham um prazo grande, chegando a cinquenta anos em alguns casos. Como Mendelsohn diz, devemos supor que muito poucos desses penhores eram resgatados, visto que a força de trabalho era "a característica mais essencial da transação e não o próprio empréstimo"[18].

Quando um texto de Nuzi estipula que por três talentos de cobre um homem entrega seu filho, um tecelão, por cinquenta anos, e que se o "devedor" romper o acordo reembolsará o cobre, receberá seu filho de volta e fornecerá outro tecelão, fica perfeitamente claro que o empréstimo era simplesmente fictício e que a força de trabalho constituía o único objetivo, sendo o dinheiro, na verdade, o pagamento adiantado pelos cinquenta anos[19]. Mais que um milênio e meio depois, um pergaminho grego muito conhecido de Dura-Êuropos, datado de 212 d.C., revela que se podia conseguir o mesmo resultado de um modo mais complicado e sofisticado[20]. Em vez de juros sobre um empréstimo de 400 dracmas o devedor concordava, na linguagem típica da *paramone* grega, em permanecer com o "credor" executando serviços próprios de escravo e em reembolsar o dinheiro depois de um ano. Depois segue-se uma cláusula de renovação que, como diz Welles, parece "destinada a impedir que o tomador do empréstimo salde sua dívida", perpetuando assim a relação "semelhante à de escravo", e não creio que possa haver alguma dúvida de que isso era entendido e pretendido por ambas as partes desde o início[21].

Comentando o convênio, os estudiosos discutiram excessivamente a questão da nacionalidade[22]. A situação social na base da transação era a dos partos, mas as formas dos documentos e das instituições legais eram muito familiares no mundo grego helenístico. O ponto importante, pelo menos para nossos propósitos, é a sobrevivência, nessa civilização limítrofe mista do século II de nossa era, de um velho princípio comum tanto à sociedade greco-romana como à do Oriente Próximo, em suas primeiras fases, e a muitas outras civilizações também. Nas palavras de uma eminente autoridade sobre o sudeste da Ásia: "O conceito de trabalho como mercadoria vendável, deixando de lado a pessoa do vendedor, é relativamente recente na história da civilização."[23]

Não estou querendo dizer que todos os empréstimos eram fictícios e que todos os acordos dessa forma eram simplesmente acertos de serviço, ou que nunca se dispunha da mão de obra sem se dispor da pessoa, mesmo em situações muito antigas. A família cujo arquivo continha os "documentos do sítio" de Nipur não era formada nem de negociantes de escravos como tais nem era um estabelecimento industrial ávido de mão de obra. As evidências, embora incompletas, sugerem que tinha um enfoque empresarial que a levou a uma variedade de atividades, como Balunamhu de Larsa, cem anos antes, na geração anterior a Hamurábi. Como seu pai antes dele, era um magnata muito rico que possuía terras e também alugava barcos, emprestava dinheiro a juros e às vezes sem juros, aceitava tanto escravos como pessoas livres em garantia e depois alugava-os para outros[24]. Para um homem desses presumivelmente fazia pouca diferença se seus lucros provinham do reembolso com juros de seu empréstimo ou do uso, qualquer que fosse, de uma garantia, uma pessoa ou uma coisa (usualmente terra). E a lei, posto que lhe dava essa dupla possibilidade, amparava-o contra qualquer risco e quase lhe dava uma garantia absoluta contra ele.

O campo de possibilidades está muito bem exemplificado em um grupo de documentos neoassírios da última metade do segundo milênio[25]. Os empréstimos registrados ali são de dinheiro ou de trigo, ou de ambos, com prazos diversos, e às vezes com a condição de que se acrescentarão juros se o empréstimo não for saldado no prazo. A garantia toma a forma de terra, casas, escravos, esposas, filhos e filhas. O motivo, do que toma emprestado ou do credor, naturalmente não está explicado, e isso é exatamente o que gostaríamos de saber. Quando lemos no nº 60, que se refere a um empréstimo de trigo por onze meses, que a terra e as casas são empenhadas como garantia, e que "se ele (o credor) não obtiver satisfação desses campos e casas, obtê-la-á de seus (do devedor) filhos e filhas", o objetivo do credor parece suficientemente claro. No nº 56, todavia, a disposição é esta: "A mulher do devedor viverá na casa do credor como garantia. No dia em que ele (o devedor) pagar o trigo, o dinheiro e os respectivos juros, resgatará sua mulher." Podemos ter certeza, neste caso, que o credor fez mais um empréstimo que um acordo de serviço, que, em outras palavras, realmente queria a devolução do dinheiro, ou, como no pergaminho de Dura-Êuropos e em alguns acordos de Nuzi, preferia (ou pelo menos tanto queria um como o outro) conservar os serviços da senhora e não ter seu "empréstimo" saldado? Os comentaristas inclinam-se automaticamente para a primeira alternativa, mas eu creio que, embora possa ser mais provável, decididamente não é a única possível.

É justamente esse tipo de pressuposto unilateral, também creio, que impediu a correta apreciação dos célebres pontos cruciais da escravidão por dívida, na história primitiva da Grécia e de Roma. Falamos demasiadamente rápido da falta de pagamentos e da execução individual, uma possibilidade, naturalmente, mas não a única. A "dívida" também pode ter sido arrumada para criar um estado de escravidão, o mesmo que, entre iguais, pode ter tido como propósito manter laços de solidariedade ou proporcionar uma espécie de seguro contra uma necessidade futura (como indica muito explicitamente a passagem de Hesíodo já mencionada). Realmente, irei mais longe e direi que a mão de obra e a solidariedade, historicamente, são anteriores ao benefício em forma de juros. Nos primeiros tempos da Grécia e de Roma, como fizeram os ricos e os bem-nascidos, os proprietários de grandes latifúndios, para obter e aumentar sua força de trabalho? Conhecemos o trabalho assalariado e os escravos como bens pessoais através de nossas fontes mais antigas, os poemas homéricos e as Doze Tábuas, mas está claro que essas não são as respostas. A mão de obra consistia essencialmente de trabalhadores servis – clientes, hilotas, *pelatai* ou como quer que fossem chamados – e escravos por dívidas. Isto é, como entre as classes sociais, a dívida era um recurso deliberado por parte do credor para obter mais mão de obra servil, e não um instrumento de enriquecimento por meio de juros[26].

III

O trabalho na forma de servidão pessoal estava no centro da crise de Sólon em Atenas, a única situação desse tipo na Grécia arcaica sobre a qual estamos suficientemente informados para tentar uma análise mais sistemática. "Os pobres junto com seus filhos e suas esposas eram escravizados pelos ricos": esse é o princípio do relato de Aristóteles (*Constituição de Atenas*, 2.2). Não precisamos tomar "escravizados" (*edouleuon*) literalmente, pois os escritores gregos usavam *doûlos* e *douleuo* para qualquer forma de sujeição, tanto no sentido estrito de um escravo como bem pessoal quanto em qualquer outro. Mas não há dúvida que Aristóteles compreendeu que na Atenas de Sólon grande parte da população ateniense carecia, de certo modo, de liberdade (e enfatizo "ateniense", visto que os escravos que eram bens pessoais não fazem absolutamente parte da história). Assim fizeram também todos os outros escritores posteriores, gregos ou romanos.

Aristóteles e outros escritores posteriores mostraram-se, também, unânimes em sua preocupação com a dívida como a questão-chave, e foram seguidos tão entusiasticamente pelos escritores modernos que certas complexidades e nuanças passaram despercebidas. Para começar, parece não ter sido notado que nenhum escritor antigo compara inequivocamente os *hektemoroi* ("os que separam a sexta parte"), que também estão presentes no relato sobre Sólon feito por Aristóteles, com os escravos por dívidas[27]. Para ele *hektemoros* era sinônimo de *pelates*, e nos comentários e nos léxicos, como em Plutarco, *thes* é introduzido como um terceiro sinônimo. O exato sentido de *pelates* não está de modo algum claro hoje em dia, mas tanto quanto eu saiba, nunca foi aplicado ao escravo por dívida na Antiguidade. Dionísio de Halicarnasso (2.9.2) usou-o para traduzir a palavra latina *cliens* (como fizeram outros escritores), mas nunca no contexto de *nexum*, para o qual, como já observei, não existia uma única palavra em grego. Os *hektemoroi*, portanto, constituíram uma classe distinta cujas raízes estão perdidas na Idade das Trevas da história grega, homens que lavravam a terra tendo que pagar uma taxa fixa correspondente a um sexto da colheita, presumivelmente sem liberdade para deixar as terras mas não presos ao que nos referimos quando falamos de uma relação devedor-credor[28]. Não eram o estrato do qual, em regra, surgiam os escravos por dívidas, e como classe podem, portanto, ser excluídos de nossa discussão[29].

Todavia, não devemos excluí-los antes que possam revelar mais uma distinção muito importante. Se os *hektemoroi* não pagassem o sexto que lhes era taxado, diz Aristóteles, eles e seus filhos eram *agogimoi,* e, continua, "todos os empréstimos eram feitos tendo a pessoa como garantia, até Sólon". A palavra *agogimoi* tem muitos significados, mas aqui pode-se precisar como "arrebatar para vender no exterior". O ponto crucial é se *agogimoi* refere-se só aos *hektemoroi* que não pagavam ou também aos devedores. Temos que julgar a partir das palavras de Aristóteles, com a ajuda posterior da longa citação de Sólon na qual o legislador enumera as medidas que tomou:

1. Fazendo desaparecer os *hóroi* libertei a terra que tinha sido escravizada;

2. Eu trouxe de volta do exterior três categorias de atenienses: (a) os que tinham sido vendidos legalmente, (b) os que o tinham sido ilegalmente, e (c) os que tinham fugido;

3. Libertei os que estavam em vergonhosa escravidão em sua própria pátria.

Dificilmente se negará que há uma certa obscuridade tanto no poema de Sólon como no sumário conciso de Aristóteles. Contudo, parece-me que uma leitura exata, sem forçar, esclarece alguns aspectos. A "supressão da carga" dos atenienses pobres por Sólon consistiu de três etapas distintas: (1) aboliu a categoria de *hektemoros;* (2) resgatou, tanto quanto possível, os atenienses que tinham sido vendidos legalmente no exterior, os *agogimoi*, entre os quais estavam os *hektemoroi* que não tinham podido pagar seu sexto[30]; (3) cancelou as dívidas existentes e proibiu dívidas garantidas com a pessoa no futuro, libertando assim os escravos por dívidas de seu tempo e abolindo essa categoria de Atenas daí para a frente.

Três questões permanecem. Também havia devedores insolventes entre os *agogimoi*? Aqueles "escravizados" em sua pátria eram devedores que não tinham pago, ou estavam escravizados como consequência imediata de terem feito uma dívida? Havia uma escolha de possibilidades no tratamento de devedores que não pagavam, e, se havia, quem fazia essa escolha e como? Espero ter demonstrado na primeira parte deste artigo que não é evidente por si mesmo, como se crê atualmente, que todos os problemas surgiram da impossibilidade do pagamento de dívidas. As provas comparativas sugerem, ao contrário, que precisamos levar em conta a alternativa que coloquei em minhas perguntas, uma alternativa na qual a falta de pagamento não tem um papel importante. Mas as provas gregas não nos levarão mais longe[31]. É preciso voltarmo-nos para Roma em busca de ajuda.

O paralelo entre a crise de Sólon e o conflito do *nexum* não pode ter escapado aos estudiosos da Antiguidade. Realmente, Dionísio de Halicarnasso (5.65.1) e inclusive Marco Valério citam Sólon como precedente em um grande debate com Ápio Cláudio em 494 a.C., que nos diz muito sobre Dionísio como historiador, mas nada de valor sobre sua história. Mas Cícero, na *República* (2.34.59) e em outras passagens, não é mais preciso ou útil. O fato concreto é que, lá pelo fim da República, o *nexum* tinha morrido há muito tempo e o tipo de relação que ele representava era tão incompreensível que os próprios romanos só sabiam que tal instituição existira um dia, que significava escravidão por dívidas e que tinha sido abolida no século IV. Os juristas e os eruditos tinham as Doze Tábuas, naturalmente – foi isso que manteve viva a lembrança do *nexum*. Os analistas e historiadores então narraram seus contos dramáticos, mas ninguém pode argumentar seriamente hoje que suas histórias se baseiam em uma percepção profunda da natureza da instituição, ou mesmo da situação social subjacente.

Em um ponto, todavia, as histórias são unânimes. As vítimas podiam sofrer abusos de todos os tipos, serem acorrentadas, obrigadas a trabalhos excessivos, agressões físicas, violência sexual, fome, mas nunca recebiam ameaças de morte ou venda no exterior, o que era consequência de um processo judicial formal que se seguia à falta de pagamento ou ao não cumprimento de outras obrigações, conhecido como *manus iniectio*, explicitamente descrito nas Doze Tábuas. *Nexum* e *manus iniectio*, em resumo, eram duas instituições distintas[32], a primeira, nas palavras de Sólon, dando origem aos que eram escravizados em sua pátria, tremendo diante de seus amos, a segunda, enviando romanos para a escravidão no exterior, para além do Tibre. O paralelo ateniense e romano parece-me convincente, e a explicação para a diferenciação em ambos os casos, ainda que hipotética, pode ser usada. Dado o rigor da lei da dívida, os que se endividavam – e enfatizo outra vez que neste momento só estou cuidando das dívidas entre as classes – protegiam-se contra as últimas sanções de escravidão por dívida. Não tinham outra proteção, outra escolha[33].

Até aqui acredito estarmos em terreno seguro. Mas somos levados a uma especulação muito difícil quando tentamos imaginar a situação real com algum detalhe. Imbert afirmou que devemos eliminar do *nexum* não só sua relação falsa com a *manus iniectio*, mas também a obsessão da falta de pagamento. O simples fato de estabelecer a ligação do *nexum*, na sua opinião, colocava imediatamente o devedor nas mãos do credor, *in fidem*[34]. Acho que ele está certo; o material comparativo que já apresentei não prova isso, mas pelo menos estabelece a possibilidade. Não há objeção para assinalar que as fontes romanas revelam o sentido de poder original de *fides* inconscientemente, por assim dizer, enquanto a nível do consciente elas se referem somente aos devedores que não pagavam. No mundo de Tito Lívio, como no de Plutarco, a dívida era atemorizante por causa da usura ou porque talvez não se pudesse pagá-la quando vencesse. Portanto, quando pensavam no *nexum* ou em Sólon, supunham naturalmente que a escravidão era consequência da falta de pagamento. Sua suposição não prova nada. Tampouco se dedicavam a pensar nas etapas posteriores. Que acontecia com o escravo por dívidas no final? Tito Lívio preocupa-se unicamente com os maus-tratos; Dionísio menciona o trabalho para o credor; nenhum dos dois parece ter se perguntado se a situação se mantinha a mesma até a morte, a não ser que a frase de Dionísio, "usavam-nos como escravos comprados" (5.53.2), deva ser considerada como uma resposta deliberada, o que duvido.

Só um antiquário erudito como Varrão dá a impressão de ter pensado em algo. "Um homem livre que dá seu trabalho em servidão pelo dinheiro que deve, até que tenha saldado *(dum solveret)* o débito, é chamado de *nexus.*"[35] Para Varrão a ideia que se achava atrás de *nexum* era, portanto, que um homem que não pudesse cumprir com sua obrigação de pagar tinha que compensá-la com seu trabalho (como um escravo, exatamente como nos textos gregos desde a época arcaica até o pergaminho de Dura). Infelizmente há uma possível ambiguidade no texto. Como devemos entender *dum solveret?* Significará "até pagar tudo" como é normalmente traduzido (significado corrente no século I a.C.), caso em que estamos de volta, outra vez, às brincadeiras cruéis? Ou "até que tenha pago com seu trabalho" (como traduzi), que seria a consequência lógica de "dá seu trabalho pelo dinheiro que deve"? Varrão, com seu interesse de antiquário, pode ter tido a distinção em sua mente, mas outra vez, mesmo que o soubéssemos, isso nos diria algo sobre Varrão, não sobre o *nexum.* Também não devemos superestimar Varrão. Ele termina a sentença que citei com estas palavras: *ut ob aere obaeratus* (como um devedor preso por dívidas), exemplo típico de demonstração etimológica errônea. Em outro lugar, em *De re rustica* (1.17.2), diz que entre os tipos de trabalhadores agrícolas não escravos estão "os que chamamos de *obaerati* (ou *obaerarii*) e que ainda existem em grande número na Ásia, Egito e Ilíria". Isso prova o quanto é perigoso o pouco conhecimento, pois Varrão, tendo descoberto que algumas formas de trabalho servil eram comuns no leste helenístico e entre os bárbaros setentrionais, chegou à conclusão falsa de que eles eram todos escravos por dívidas no estilo romano antigo[36]. Sobre este ponto temos meios de comprovação; sobre o *nexum* não temos nenhum, mas é razoável não se supor maior conhecimento, por parte de Varrão, sobre um ponto que sobre outro.

A introdução dos *obaerati* assinala a incapacidade de Varrão e seus contemporâneos para imaginar uma dívida em outros termos que não o monetário. Alguns estudiosos vêm se apegando depressa demais ao que parece um anacronismo. *Nexum*, observam, é uma instituição consideravelmente mais primitiva que a cunhagem de moedas (e os numismatas concordam que Atenas só começou a cunhar moedas depois de Sólon). Há uma confusão aqui, todavia: o dinheiro não precisa ser moeda, e na Mesopotâmia ele era usado em vendas e empréstimos, milênios antes que alguém tivesse pensado na cunhagem de moedas. Em uma economia agrária amplamente não monetária, não é de dinheiro que um camponês ou um lavrador sem terras necessita quando está em dificuldades, e sim de comida, sementes de trigo ou animais de carga; e, a despeito da ausência de provas, creio que podemos supor que os empréstimos assumiam essa forma na Grécia e Roma antigas, exatamente como aconteceu na Mesopotâmia (para o que temos ampla documentação). A prática romana posterior, com a insistência em que todos os julgamentos deviam ser expressados em termos monetários, não é relevante para o período arcaico.

Se isso é correto, todavia, cria uma nova dificuldade para o enfoque do *nexum* que estou propondo. É concebível que um camponês que pedia um empréstimo em sementes de trigo pudesse passar imediatamente para a situação de escravo? Como podia, então, cultivar seu trigo, fazer a colheita e saldar sua dívida? Não é mais razoável aceitar a sequência relatada por Tito Lívio em termos muito patéticos (2.23.5-6): primeiro a perda da terra e das colheitas e só depois, quando mais nada havia para ser tomado, a perda da liberdade?

Não subestimo as dificuldades, mas não hesito em rejeitar a opinião "mais razoável". Para começar, há o ponto elementar de que a garantia real é um desenvolvimento ulterior em Roma; de que, originalmente, a reivindicação da propriedade do devedor pelo credor era uma consequência de sua reivindicação da pessoa do devedor[37]. Depois há as provas comparativas de que as garantias real e pessoal não precisavam ser alternativas mas podiam ser empregadas simultaneamente. Esse era o caso em alguns dos documentos assírios da época média que já citei (por exemplo, n°s 39 e 55). O pergaminho de Dura concedia o direito definitivo de execução, em um caso no qual a escravidão era certamente imediata, tanto da pessoa como de suas posses[38]. Finalmente, e talvez o que seja mais importante, estão as considerações da situação social em seu conjunto. Temos que aceitar, acredito, a opinião unânime das fontes, por mais vagas e imprecisas que sejam em muitos aspectos, de que em Atenas e em Roma a crise da escravidão por dívidas incluía uma parte substancial do corpo de cidadãos. Pode ter sido um exagero de Aristóteles dizer que "os pobres eram escravizados pelos ricos", mas nem as reformas de Sólon nem a complexa história de conflito entre patrícios e plebeus em Roma teriam qualquer sentido a não ser que a generalização estivesse bem perto da verdade. Podemos acreditar que havia uma grande multidão de famílias sem terra? E o que faziam? E quem emprestava dinheiro, trigo para ser semeado ou qualquer outra coisa para essa gente, sem a mais leve esperança de que pudessem devolver o empréstimo?

Francamente, sou incapaz de imaginar tal estado de coisas, e, no entanto, é a única suposição possível do ponto de vista tradicional. O principal engano, creio eu, está no conceito errôneo da natureza da escravidão. Deixamos que Tito Lívio nos desviasse da verdade, com seus devedores definhando nos cárceres privados dos patrícios. Isso pode ter ocorrido durante o breve período de espera que antecedia a venda no exterior em *manus iniectio;* não faz sentido de outro modo[39]. Tampouco o modelo do escravo como bem pessoal é obrigatório para os *latifundia.* O que se queria dos escravos por dívidas era trabalho (e também o realce da categoria social dos "credores"), e não está excluído que muitos extraíam o trabalho, e seus produtos, de suas próprias fazendas. Isso é especulativo, naturalmente, e para descobrir os canais certos de especulação devemos voltar-nos para outras sociedades, porque não há absolutamente nenhuma documentação greco-romana.

Em um caso neobabilônico, por exemplo, um tribunal decidiu que uma dívida de dinheiro tinha sido paga, depois de dez anos, com juros acumulados, mediante uma combinação de serviço pessoal em escravidão e um pagamento total de trigo, este último presumivelmente procedente de uma fazenda que o escravo por dívida tinha herdado de seu pai (junto com a dívida, que também tinha herdado)[40]. Esse não era um juízo vago, além do mais, e sim um cálculo exato, feito pelo tribunal, baseado em 20% de juros (com o que a dívida triplica em dez anos) e uma proporção convencional entre meses de serviço e *gur* de trigo. Um exemplo completamente diferente procede do mundo atual, entre os Apa Tanis, que vivem em um vale afastado do Himalaia oriental e onde não tinha chegado a intervenção administrativa europeia quando foram estudados pela primeira vez em 1944 e 1945. Lá um escravo por dívidas pode trabalhar para pagar uma dívida mediante serviço direto para seu credor ou para outros, ou ambas as coisas de uma só vez. Se a dívida continua sem ser paga por muito tempo, "sua posição transforma-se gradualmente na de um escravo". Como tal, ele pode estar ligado à casa e sem direito a ter propriedades, ou ser "separado", com terra adjudicada para cultivar e o direito de adquirir propriedades[41].

Se os Apa Tanis e os neobabilônicos podiam encontrar tais soluções para o problema, ou se Héracles podia cancelar sua dívida, trabalhando em condições fixas, isso ainda não nos diz o que faziam os atenienses ou os romanos. Mas o que nos diz, em minha opinião, é que devemos pensar em um procedimento flexível. O único ponto fixo é que havia uma incisiva divisão de classes, na qual todo o poder, inclusive o direito de proteger os próprios interesses, estava de um só lado. Um devedor tinha pouca chance. Na verdade, tinha pouca chance mesmo antes de tornar-se um devedor, porque era pobre e essencialmente indefeso contra as más colheitas e a fome, contra a guerra e suas depredações, contra a unilateralidade da lei. Quando a sorte não lhe era propícia, sua única defesa era pôr-se *in fidem,* no poder dos poderosos. Na prática, isso podia – e suspeito que fosse assim – significar muitas possibilidades, incluindo-se empréstimos verdadeiros e empréstimos fictícios (como em Nuzi), servidão imediata ou retardada, escravidão permanente ou temporária. O que se excluía era a força total da lei da dívida, tal como a expressava a *manus iniectio*. Era para defender-se da fome e da morte, em suma, que o pobre aceitava a escravidão por dívidas[42].

IV

O elemento de conflito social paira sobre a história da escravidão por dívidas em todo o mundo antigo. Todavia há distinções, tanto na instituição como na sua história posterior, que refletem diferenças entre os sistemas sociais onde floresceu a escravidão por dívidas. Devemos ter cuidado aqui, dada a natureza variada e aos limites das fontes. Para a época arcaica da Grécia e de Roma não temos documentos privados e só as referências contemporâneas muito fragmentadas; mas existe uma considerável tradição analítica e histórica. Para o antigo Oriente Próximo temos uma grande quantidade de documentos privados e de disposições dispersas em "códigos legais" – coisas muito difíceis de se conciliar –, mas não informações históricas. O Israel antigo é um caso à parte, com seus códigos mas não documentos, e com o acréscimo de seus breves, mas não insignificantes, registros de protesto. O Egito helenístico é herdeiro em linha direta do padrão do Oriente Próximo. E nenhuma dessas sociedades, finalmente, deixou-nos uma análise jurídica sistemática.

Em que pese as diferenças no caráter das fontes, creio que podemos assinalar uma distinção muito nítida: na Grécia e em Roma a classe devedora se rebelou, mas não no Oriente Próximo. Estabelecidos de modo diferente, a reforma, os melhoramentos e a abolição se deram na Grécia e em Roma como consequência direta do conflito vindo de baixo, às vezes atingindo proporções genuinamente revolucionárias; em outros lugares a iniciativa partiu de cima, dos legisladores, em resposta às reclamações e insatisfações, sem dúvida, mas no todo com pouco efeito, e nenhum de grande alcance, sobre o próprio sistema social[43].

A escravidão por dívidas não é uma instituição que desaparece simplesmente sem qualquer razão[44]. Tampouco pode ser abolida com um simples decreto, a não ser que uma força suficiente esteja presente para apoiar os direitos e que existam alternativas viáveis para ambas as classes – uma força de trabalho substituta para a classe credora e garantias para os devedores emancipados (e em potencial)[45]. É mais que uma suspeita que no antigo Oriente Próximo as famosas melhoras das leis e as moratórias raramente foram impostas, pelo menos por muito tempo seguido. Não há confirmação nos documentos privados, por exemplo, para o § 117 do código de Hamurábi fixando um limite de três anos para a escravidão por dívidas da esposa e filhos de um homem[46]. Quatro reinados mais tarde, o rei Amizaduga declarou uma moratória logo após ascender ao trono: um ato comum de clemência de um novo rei, provando exatamente que tais decretos e disposições progressistas não tinham realmente significado na prática[47]. E não há outra base, além do sentimento, para acreditar que a libertação do sétimo ano dos códigos bíblicos era "mais um programa social que uma lei efetivamente atuante"[48]. Não há provas documentais nem em um sentido nem em outro, mas o estribilho constante, especialmente entre os profetas, parece uma indicação muito clara, como a redução feita por Neemias das taxas de juros em resposta ao argumento "levamos à escravidão nossos filhos e nossas filhas"[49].

Com Neemias estamos na segunda metade do século V a.C. Entre os israelitas o problema ainda era aparentemente agudo, e a resposta do legislador apenas um tímido paliativo. Depois, parece provável, apesar da escassez e dificuldade das provas, que a situação continuou mais ou menos sem mudanças por cerca de três séculos, até que as conquistas e a expansão do período macabeu tornaram possível, pela primeira vez, um suprimento suficientemente grande de escravos estrangeiros, na forma de bens pessoais. Mas a história judaica, nesse período e no seguinte, não oferece nenhum modelo por causa dos problemas especiais impostos às instituições da escravidão, de qualquer tipo, pelas considerações religiosas, que mais tarde foram exacerbadas pelas revoltas dos anos 66-70 e 132-135 d.C., a consequente dispersão de grande número de judeus e a perda de uma autoridade central política e eclesiástica. No período talmúdico, na verdade, parece ter havido um ressurgimento, sob os sassânidas, da escravização de judeus por judeus, na qual as dívidas e a pobreza, outra vez, tiveram um importante papel[50].

Para os dois séculos anteriores à época de Neemias há abundante material neobabilônio. Em seu estudo desses documentos, Petschow conclui que, em contraste com alguns períodos anteriores da história da Babilônia e da Assíria, o número de exemplos de entregas de crianças para escravidão é notoriamente menor e que só há um exemplo conhecido de autoescravização[51]. Petschow observa, todavia, que carecemos completamente de documentos sobre execução, quer real quer pessoal; e que o único texto judicial, que já discuti[52], revela que o princípio de "hipoteca própria" deve ter existido, visto que pela lei um filho (ou filha) continuava na escravidão mesmo depois da morte de seu pai e sua sucessão na herança. Embora possa ter havido um declínio, a prática continuou, não só até Alexandre conquistar a Babilônia, mas até o fim da Antiguidade, na maior parte da área oriental do mar Egeu (e não era desconhecida no Ocidente). Isso é, por exemplo, o que se deduz do comentário de Díon Crisóstomo (15.23), de que "miríades" de homens livres "vendem-se e assim tornam-se escravos por contrato"; ou das repetidas proibições dos imperadores romanos posteriores, conservadas nos códigos de leis de Teodósio e Justiniano[53].

O fracasso dos imperadores romanos posteriores em acabar com a "escravização voluntária" de crianças e adultos é simplesmente o último ato de uma história muito comprida e anterior ao segundo milênio a.C. Por que essas promulgações reais teriam sido tão persistentemente ineficazes? Nem todos os imperadores – babilônicos, ptolomaicos, romanos – careceram de poder. Longe disso. Tampouco tentaram promover a liberdade, em qualquer sentido dessa palavra que um ateniense ou um romano da República teria aceitado. A sociedade do Oriente Próximo sempre foi uma sociedade estratificada, na qual grandes setores da população nunca foram totalmente livres (deixando-se de lado os escravos de propriedade pessoal). O que isso significava exatamente não é fácil de definir, ou mesmo compreender hoje em dia. Como Rostovtzeff escreveu dos camponeses do Egito ptolomaico, "eles tinham uma boa dose de liberdade social e econômica em geral e de liberdade de movimento em particular... E ainda assim não eram inteiramente livres. Estavam amarrados ao governo e não podiam escapar dessa escravidão porque dela dependiam seus meios de subsistência. Essa escravidão era real, não nominal"[54]. A frase fundamental é "amarrados ao governo", pois, como ele prossegue sugerindo com muita plausibilidade (embora em linguagem descuidada), a resistência ptolomaica à escravidão na forma de bem pessoal em geral e à escravização de camponeses "livres" em particular, no Egito e na Síria, quando eles a controlaram, é melhor explicada pelo fato de que a disseminação dessa última prática "teria privado o rei de uma valiosa mão de obra livre, especialmente dos *laoi* na agricultura e na indústria"[55].

É de acordo com isso, creio, que se pode compreender por que os soberanos do Oriente Próximo tentaram frequentemente melhorar e algumas vezes até suprimir um só tipo de escravidão. Num mundo em que havia graus de falta de liberdade, mais que liberdade, podiam ocorrer choques de interesses nos quais um tipo de escravidão interferia em outro. Principalmente se o interesse real se chocava com outros, os éditos reais sobre dívida e escravidão tinham pouca probabilidade de se impor durante muito tempo[56]. Os mesmos últimos imperadores romanos que parecem não ter tido muito sucesso com suas ordens de que os nascidos livres não podiam "ser escravos de seus credores" (prática que se espalhou pelos Bálcãs, norte da África e inclusive na própria Itália, finalmente), tiveram êxito total em fomentar um novo tipo de escravidão, o posterior "colonato" (uma forma de classe camponesa vinculada)[57]. O motivo para isso era abertamente fiscal; a linguagem que eles usaram lembra maravilhosamente as expressões observadas repetidamente neste capítulo com respeito à escravidão por dívidas – por exemplo, "obrigados por uma penalidade servil a executar os deveres apropriados a eles como homens livres", ou "embora possam parecer homens nascidos livres, devem ser considerados escravos da terra"[58] e, significativamente, esses interesses temporais dos imperadores coincidiam com os interesses dos grandes proprietários de terras que procuravam mão de obra imóvel.

Agora, o que pode ter significado "ser escravo de seus credores" na prática efetiva no fim do século III de nossa era, ou "os que ignoram a lei recebem teus filhos ou homens livres em troca do dinheiro que tu lhes deves"? Não creio que saibamos, tampouco que haja uma resposta única. Mas a tendência, disponho-me a argumentar, era de apagar a diferenciação entre a escravidão por dívidas e a escravidão. Sempre foi possível para o devedor cair na escravidão *de facto* e às vezes *de iure* também, como nas disposições bíblicas do *Êxodo* 21.2-6 e *Deuteronômio* 15.16-17. Agora, todavia, nos últimos séculos da Antiguidade pode ser significativo que os textos se refiram mais frequentemente à venda (como Díon Crisóstomo já havia feito), e particularmente à venda de crianças. Uma vez que as pessoas eram lançadas no mercado de escravos e levadas pelos mercadores de escravos, os direitos teóricos de redenção, se é que existiam, tornavam-se completamente sem sentido. E o mesmo acontecia com as proibições imperiais dessa prática. A escravidão tradicional por dívidas tinha, finalmente, perdido muita importância, pois as classes mais pobres em conjunto eram rebaixadas a um nível mais uniforme de escravidão, com o colonato como instrumento-chave. Mas ainda havia muitos indivíduos satisfeitos em obter um lucro rápido e homens ávidos de se aproveitarem deles. Portanto, a penhora e a venda de indivíduos livres continuou, mas agora como um fenômeno cada vez mais marginal, especialmente o primeiro, outrora parte integral da situação da mão de obra.

Falando em termos gerais, a tendência, em toda a decadência do Império, era a uniformidade a esse respeito. Se o velho núcleo clássico, Grécia e Itália, ainda parecia algo diferente, era porque a história da escravidão por dívidas ali tinha sido totalmente diferente alguns séculos antes. Para começar, a instituição fora mais completa e drástica. A não ser que as fontes nos tenham levado a conclusões errôneas, na Grécia e em Roma houve um tempo em que, como os próprios escritores antigos diziam, uma classe inteira estava "escravizada" à outra. No Oriente Próximo, a escravidão por dívidas, em que pese toda a importância que teve, nunca alcançou tais proporções, e muitas vezes parece ter se reduzido ao emprego de membros dependentes da família como penhores, enquanto o *pater* ficava livre da escravidão.

Depois veio a queda da Grécia e de Roma, e também ela foi completa e drástica. Essa queda não ocorreu assim sem mais nem menos, nem foi meramente o resultado de um grande acúmulo de miséria e reclamações – nunca é. Algo novo tinha alterado a situação da Ática do século VII e da Roma do século V. Este não é o lugar para tentar definir as mudanças, pois isso exigiria um novo exame das bases da história social das primitivas (pós-micênicas) Grécia e Roma. O efeito, em todo caso, foi que a escravidão por dívidas foi abolida *tout court* por uma ação política, e sua reaparição impedida pelo poder político crescente da classe emancipada, quando passou a fazer parte da comunidade que governava a si mesma, na qual pôde usar sua posição tanto para fins políticos como econômicos. (Para esta discussão, é indiferente se a comunidade que surgiu na época clássica era democrática ou oligárquica.) As classes abastadas, por sua vez, resolveram sua contínua necessidade de mão de obra empregando, em escala cada vez maior, escravos pessoais, provenientes do exterior. No Oriente Próximo não houve tal evolução política, nenhuma emancipação geral das várias categorias de escravos "nacionais", e portanto um pequeno desenvolvimento da escravidão, como objeto pessoal, como uma instituição essencial.

10
O COMÉRCIO DE ESCRAVOS NA ANTIGUIDADE: O MAR NEGRO E AS REGIÕES DO DANÚBIO*

I

O silêncio das fontes, tanto gregas como latinas, sobre o comércio de escravos – em qualquer tempo ou lugar – é bem conhecido. Geralmente, só era quebrado quando alguma circunstância especial atraía o escritor. Assim, entre as inúmeras referências aos cativos de guerra, o método de venda e dispersão é habitualmente ignorado. Podemos supor que a excepcional narrativa de Tucídides (6.62; 7.13) de como a expedição ateniense comandada por Nícias se apoderou da cidade siciliana de Hícara, embarcou toda a população para Catânia, para ali vendê-la por 120 talentos, foi motivada pelas implicações políticas e militares do incidente, não por qualquer interesse particular no procedimento como tal. De modo similar, a história detalhada do Heródoto sobre o mercador de escravos Paniônio de Quios, e o castigo merecido que sofreu no final, deveu-se ao fato de que Paniônio se especializara em eunucos (castrava jovens livres e depois os vendia)[1]. Os eunucos suscitavam uma indignação moral entre os escritores gregos que a escravidão comum não provocava.

As regiões do Danúbio e do mar Negro seguem o padrão normal a esse respeito. Com a possível exceção de uma passagem dúbia no discurso de Demóstenes contra Fórmio (34.10), não consegui encontrar qualquer referência à obtenção de escravos dessas áreas, seja nos discursos de Demóstenes e Isócrates, seja nos escritos geográficos e etnográficos subsistentes, fora os de Estrabão, ou no discurso boristênico de Díon Crisóstomo, ou nas epístolas pônticas de Ovídio (exceto algumas notas imprecisas e pouco úteis deste último sobre pirataria e sequestro). A cidade de Eno, na embocadura do rio Ebro, e a ilha de Tasos, para usar outro tipo de exemplo, ocuparam posições dominantes no comércio com a Trácia e mais tarde com os getas, mas há só uma

---

* Publicado originalmente no *Klio* 40 (1962), 51-59, e reproduzido com autorização dos editores.

menção da passagem de escravos por seus mercados, e assim mesmo muito indireta (Antifonte, 5.20): um ateniense chamado Herodes devolveu uns escravos trácios para serem resgatados, provavelmente no período de 417-414 a.C. Quando digo "só uma menção", incluo não apenas as fontes literárias, mas também as inscrições. Em todo o rico material epigráfico de Tasos há raríssimas referências a escravos – e nenhuma, mesmo remotamente, ligada ao comércio de escravos[2]. Tampouco um único documento de Bizâncio ou Éfeso ilumina a breve, mas certa, evidência de Políbio (4.38.1-4) e Heródoto (7.105) sobre a importância dessas duas cidades como centros do comércio de escravos. Em geral, os textos epigráficos tendem a provar nada além do fato de que existiram escravos ou que eles às vezes eram libertados ou vendidos, ou ainda que às vezes se revoltavam ou fugiam – pontos que não necessitam de provas, mas exigem elaboração, e isso muitas vezes não conseguimos.

De fato, há pouco material sobre escravidão entre os povos do oeste e do norte do mar Negro, especialmente os citas[3]. Mas qualquer que seja o valor dessa informação, ela não é diretamente importante para o tema da exportação de pessoas da região para serem escravizadas na Grécia e em Roma (ou mesmo em Ólbia e Panticapeu). Não há correlação automática entre a escravização de "bárbaros" por povos mais avançados e a prática dos nativos em sua própria sociedade[4]. Além disso, as provas sobre a sociedade cita não têm muito valor. Heródoto e seus predecessores realmente conheciam algo, ainda que seus breves relatos subsistentes sejam pouco claros. Por volta do século IV a.C., todavia, criara-se um mito utópico, estabelecido nesse século pelo historiador Éforo e reproduzido com pouca mudança e nenhuma informação nova ou independente até o fim da Antiguidade; Posidônio aparentemente foi seu agente transmissor dos gregos para os romanos[5].

II

A ausência de dados sobre o comércio de escravos pode provar algo sobre as atitudes e interesses dos escritores antigos, mas nada sobre a existência de um comércio de escravos, seu caráter ou escala. O argumento do silêncio não serve para nada. Só da Atenas dos séculos V e IV é concludente a informação da presença contínua ali de escravos em número considerável, procedentes das regiões do mar Negro. Há a existência, de 477 a 378 a.C. (ambas as datas prováveis, não certas), de uma força policial de escravos citas, do Estado, primeiro com trezentos e depois aumentando talvez para mil integrantes[6]. Depois há a lista fragmentária de escravos confiscados e vendidos em hasta pública, em seguida ao processo pela mutilação das hermas: dos 31 escravos cuja nacionalidade se pode identificar, treze eram trácios, sete cários e os outros de origem variada – da Capadócia, Cólquida, Cítia, Frígia, Lídia, Síria, Ilíria, Macedônia e Peloponeso[7]. O uso corrente de Thrata, Davo e Tibeio como nomes de escravos (às vezes, inclusive, como sinônimos da palavra escravo) na comédia e em outros lugares é uma prova a mais. Thrata é simplesmente a forma grega feminina da palavra que significa "trácio"[8]. Estrabão identifica Davo como nome dácio característico, e Tibeio como paflagônio, e vale a pena ressaltar que seus outros exemplos de nomes nacionais de escravos incluem Getas e os nomes frígios Manes e Midas junto com Lido e Siro[9]. Finalmente, há uma detalhada análise de Lauffer das lápides das tumbas de Láurio, distrito da Ática, na qual (com outras provas) ele conclui que nas minas de prata atenienses, onde o número de escravos chegou a alcançar trinta mil em seu apogeu, os não gregos eram maioria, e, deles, "muitos procediam da Ásia Menor e outros países orientais, com uma alta proporção das regiões com suas próprias minas, como a Trácia e a Paflagônia"[10].

A mera presença de escravos do mar Negro em Atenas pressupõe um comércio de escravos com o mar Negro. Por que, temos que perguntar, os atenienses tiveram a notável ideia, em princípios do século V a.C., de comprar arqueiros citas para que trabalhassem como policiais (usados inclusive para expulsar da assembleia os cidadãos barulhentos)? Os citas eram arqueiros famosos e costumavam ser usados como mercenários no século VI. Mas a ideia de comprá-los – não de contratá-los – só podia ter surgido se os escravos citas já fossem um fenômeno conhecido. Além do mais, o uso relativamente generalizado de escravos na polícia e nas minas implica um comércio contínuo e organizado. A mera casualidade – acidentes da pirataria e da guerra – podia manter um suprimento geral, mas não garantir que a necessidade séria e contínua de especialistas pudesse ser atendida na hora certa e na quantidade suficiente. Esse comércio, além de tudo, já existia em pequena escala por volta do final do século VII a.C., cresceu rapidamente depois e continuou ininterruptamente – sem dúvida, com flutuações – até o século VI de nossa era.

Obviamente, isso é dizer mais do que o material ateniense sozinho poderia garantir. Há, de fato, uns poucos textos literários, espalhados por quase toda a Antiguidade clássica, que se relacionam com o tema e são muito sugestivos uma vez que nos tornemos mais conscientes da simples ideia de que a presença de escravos supõe necessariamente um comércio de escravos (quando falei do silêncio das fontes, não quis dizer silêncio absoluto, mas falta de interesse no comércio de escravos como tal). Há duas referências antigas em Arquíloco e Hipônax, para a Trácia e a Paflagônia, respectivamente, que, embora o tom penda mais para o sequestro, implicam pelo menos um comércio primitivo[11]. Depois existe a tradição, registrada por Heródoto (2.134-135), de que a famosa cortesã de Náucratis, Ródopis, com quem o irmão de Safo se envolveu, era uma escrava trácia transportada para o Egito por um sâmio. Os trácios, escreve Heródoto em outro momento, vendem seus filhos para exportação, e Filóstrato (*Vida de Apolônio*, 8.7.12) diz o mesmo sobre os frígios. Os lexicógrafos explicam a palavra grega *halonetos* dizendo que se formou (segundo o modelo de *argyronetos*, "comprado com prata") a partir do fato de que os escravos do interior trácio podiam ser comprados com sal[12].

Ainda em outro contexto, isto é, na história de Paniônio, Heródoto (8.105) supõe que Éfeso era um centro de comércio de escravos, e ainda continuava desempenhando essa função quatrocentos anos mais tarde, na época de Varrão[13]. Políbio supõe que Bizâncio também o era, e Estrabão diz o mesmo, explicitamente, de Tanais, na foz do Don[14]. Políbio escreve também que as regiões do mar Negro ofereciam escravos em maior número e de melhor qualidade. Não precisamos aceitar seus superlativos, mas que o número era grande está claro pela repetida inclusão de trácios, getas, citas, frígios, capadócios, sempre que os escritores romanos ou gregos posteriores enumeram as nacionalidades dos escravos que enchem as ruas das grandes cidades[15]. Finalmente, chamo a atenção para algumas referências, relativamente posteriores, a escravos "citas": uma observação feita pelo historiador contemporâneo Díon Cássio sobre os escravos do imperador Caracala, o elogio de Juliano a seu tutor cita e a afirmação de Sinésio no sentido de que os escravos domésticos eram habitualmente citas[16]; para o importante material em Amiano Marcelino relativo ao comércio de escravos em grande escala, que foi a consequência da fuga dos godos para a Trácia no ano 376[17]; e para as referências de Amiano, Claudiano e Procópio sobre o fornecimento de eunucos das regiões orientais do mar Negro[18].

Dificilmente uma passagem isolada dessa lista constitui algo mais que um indício indireto. E tampouco seria difícil lançar dúvida sobre a confiabilidade de algumas das afirmações ou a veracidade geral dos autores individuais. Não obstante, não vejo como evitar a impressão do grupo de textos como um todo, variando no tempo, virtualmente, de um extremo ao outro do mundo antigo. Não são meros estereótipos repetidos de uma geração a outra como os contos fantásticos sobre os citas e os hiperbóreos. Ao contrário, quase toda passagem é única, os autores falam de suas próprias sociedades, e o efeito cumulativo parece justificar a generalização sobre o comércio contínuo de escravos no mar Negro e no Danúbio, de que já falei antes. E há alguma confirmação epigráfica. Um terço, talvez, de todos os escravos cujas sepulturas estavam marcadas por simples pedras com inscrições na Rodes helenística origina-se da região do mar Negro (definida, em sentido amplo, com a inclusão do norte da Ásia Menor), como acontecia aproximadamente com um quinto dos escravos com nacionalidade identificada nos textos de manumissão de Delfos, do século II a.C.[19].

Essas frações não devem ser consideradas seriamente como estatísticas precisas. Todavia, somadas às provas de Láurio dos séculos IV e V, oferecem uma confirmação suficiente dos indícios, escassos mas contínuos, das fontes literárias. Até agora, nenhuma outra evidência comparável veio à luz. A nacionalidade de um escravo era assunto de considerável importância para o comprador; isso é sugerido de vários modos, tal como o conselho do autor peripatético do *Oeconomica*, para misturar as nacionalidades como medida de segurança tanto dentro de uma propriedade individual como dentro de uma cidade[20] – bom conselho, certamente, como as revoltas dos escravos sicilianos viriam provar. De acordo com a lei romana o vendedor de um escravo era obrigado a declarar a nacionalidade deste. A razão, diz uma glosa inserida no excerto do *Digesto* referente ao comentário de Ulpiano sobre o édito do edil, era que se sabia que algumas nacionalidades davam bons escravos, outras não[21]. Os pouquíssimos acordos romanos de vendas de escravos que possuímos mostram que a lei se cumpria na prática[22]. Todavia, a maior parte das provas epigráficas não pertence a compras, mas a manumissões ou enterros, e então a nacionalidade era assunto sem importância, raramente mencionada.

Como substitutivo temos que nos contentar em trabalhar com nomes, dos quais dispomos em abundância. As dificuldades são bem conhecidas[23]. Os escravos, por definição, não tinham nome. Esse o motivo de, na Roma primitiva, serem chamados simplesmente de Marcípor ou Lucípor, até se tornarem numerosos demais[24]. Varrão fala como se fosse sempre o amo quem designasse o nome, e dá um exemplo interessante de como se procedia. "Se três homens comprava, cada qual, um escravo em Éfeso", escreve, "um podia tomar seu nome do vendedor Artemidoro e chamá-lo Artemas; o outro, da região onde fez a compra, e daí Ion da Jônia; o terceiro podia chamar o seu de Efésio, por causa de Éfeso."[25] Não é necessário acrescentar que o número de possibilidades era muito grande, mas é importante observar que Varrão se concentra tão completamente no lugar da compra que se esquece totalmente da nacionalidade do escravo como ponto de partida para seu nome. Mas o fato é que os escravos com nomes claramente procedentes de sua nacionalidade eram uma pequena minoria. Outro fato é que havia muito poucos nomes de escravos como tais na Antiguidade, isto é, nomes que não foram usados também por homens livres. Mais importante, não havia povos ou nacionalidades específicas de escravos, de modo que o aparecimento de (digamos) nomes trácios em um grupo de documentos carece de importância a não ser que o contexto demonstre, ou pelo menos crie a probabilidade disso, que eles se referem a escravos ou libertos. Nos primeiros papiros ptolomaicos, por exemplo, encontram-se muitos nomes trácios, mas eram na origem mercenários – homens livres, não escravos[26].

Não obstante, o ceticismo geral é um erro, em minha opinião. O trabalho de Thylander sobre os portos do sul da Itália e o de Mócsy sobre a Panônia demonstraram que o estudo dos nomes pode dar resultados interessantes[27]. O que se necessita com mais urgência é uma série de estudos desse tipo, realizados sistematicamente, região por região – pois o avanço ulterior na análise da escravidão antiga em geral, devo acrescentar, requer maior apreciação das variações regionais. Não se deve esperar resultados quantitativos muito significativos ou confiáveis, mas surgirão tendências e probabilidades. Isso é especialmente certo para o período imperial romano, quando a simples diferença entre nomes de escravos e libertos gregos e latinos é significativa (embora não perfeita) ao indicar a origem oriental ou ocidental; quando, além do mais, depois da incorporação do leste helenístico ao Império, muitíssimos escravos com nomes gregos (se não tinham nascido escravos) procediam do baixo Danúbio, das áreas do norte e leste do mar Negro, e de locais remotos da Ásia Menor.

Neste ponto deve-se fazer uma distinção entre as áreas do norte do mar Negro e as do sul. A história das populações nativas do norte do mar Negro (tomando-se "norte" em um sentido muito amplo outra vez) diferiam essencialmente da maioria das outras áreas em que os gregos tinham se estabelecido, por causa de sua instabilidade. Sucessivas ondas de migração e conquista caracterizaram essa região praticamente ao longo de toda a história grega e romana. Com respeito ao suprimento de escravos, isso trouxe duas consequências. Primeiro, as guerras em grande escala entre os nativos produziram grande quantidade de cativos para exportar. Segundo, as frequentes migrações e conquistas provocaram enorme confusão nas nacionalidades, que nem os gregos nem os romanos foram capazes de desfazer – mesmo que o tivessem querido, e em circunstâncias normais foi um assunto absolutamente indiferente para todos, menos alguns estudiosos como Posidônio e Estrabão[28]. Portanto, as afirmações gerais, como a de Sinésio sobre a nacionalidade cita dos escravos domésticos, não devem ser consideradas literalmente, mas genericamente. Com "citas" o futuro bispo queria dizer godos, equivalência mais tarde habitual no Império, como a identificação de godos e getas. Antes que os godos entrassem em cena, "cita" podia significar qualquer pessoa da vasta área norte do mar Negro, e é muito provável que um uso tão vago já prevalecesse em época tão remota como o século V a.C. O que eu disse anteriormente sobre a utopia dos escritos antigos sobre os citas se ajusta a essa suposição.

Mesmo agora, no estado imperfeito de nosso conhecimento, acho que certas conclusões gerais podem ser tentadas. Desde o fim do século VII a.C., os países situados na margem ocidental do mar Negro foram uma fonte constante e importante de escravos. No princípio da era cristã, as regiões meridionais e a Ásia geralmente forneciam mais escravos que as setentrionais, mas isso não significa que os escravos procedentes do norte possuídos como bens pessoais fossem poucos ou sem importância. Com a *pax romana*, as regiões do norte e nordeste adquiriram inclusive mais importância que antes, e conservaram-na até o final do mundo antigo. Neste ponto levo a sério Amiano e Sinésio. Mais que isso, acredito que a opinião predominante tende a subestimar o número de escravos existente no fim do Império romano. Quaisquer que tenham sido as mudanças acontecidas no papel econômico da escravidão ou no tratamento dos escravos, os números ainda eram altos, e são estes que contam quando se trata do comércio de escravos.

Não há dúvida que houve flutuações. As conquistas romanas no norte e oeste da Europa podem, durante o período de expansão, ter reduzido o afluxo de escravos provindos de áreas do mar Negro, da mesma forma que a incorporação da Ásia Menor aumentou-o. As guerras entre os sucessores de Alexandre, a atividade dos chamados piratas cilícios na última metade do século II a.C. e as guerras de Mitriadates devem ter mudado o equilíbrio regional durante algum tempo. Tais flutuações só podem ser presumidas, não podem ser expressas em termos quantitativos.

III

Finalmente chego ao próprio comércio, a homens como o liberto Aulo Caprílio Timóteo, que descrevia a si mesmo como um mercador de escravos (*somatemporos*) em sua lápide em Anfípolis, datada, com base no estilo, de época não anterior ao século I de nossa era. A lápide mostrava uma cena com oito escravos, acorrentados pelo pescoço e levados em fila[29]. Esses foram os homens que deixaram tão poucos vestígios nas fontes antigas e menos ainda em nossa literatura moderna. Superestimamos a pirataria e, além do mais, deixamos o processo por terminar. De fato, os escritores gregos e romanos e os textos epigráficos fazem tanto alarde sobre a pirataria quanto silêncio sobre o comércio de escravos. A explicação é que a pirataria era uma atividade irresponsável, imprevisível; uma vez permitida, atuava indiscriminadamente sobre suas vítimas, apoderando-se de gregos e italianos que encontrasse em seu caminho, bem como de bárbaros. E quando praticada em escala demasiadamente grande, além do mais, a pirataria se convertia em um indício, e um estímulo, do colapso social e político geral, o que Estrabão (14.5.2) percebeu tão obviamente em seu relato dos piratas cilícios.

Não estou sugerindo que a pirataria (ou o sequestro) não tenha tido importância na história da escravidão, mas que, primeiro, não foi o meio básico de suprimento de escravos (especialmente durante os grandes períodos em que um poder importante conseguia reduzir essa atividade a proporções muito pequenas); segundo, mesmo quando foi muito ativa, a pirataria não pode ter sido a explicação completa. O que os piratas fizeram com seus cativos? A resposta é que, quando não estabeleciam um preço para seu resgate (coisa frequente), entregavam-nos a comerciantes profissionais, como os exércitos faziam com seus prisioneiros. O exército, como instrumento de fornecimento de escravos, merece por si mesmo um estudo completo, pois desempenhou esse papel desde o começo até o fim do mundo antigo, consciente e sistematicamente, empregando diversos meios e recursos em diferentes épocas e circunstâncias. No princípio deste capítulo mencionei duas breves referências de Tucídides aos cativos de Hícara, em número, pelo menos, de sete mil e quinhentos. Esse é um exemplo claro. Outro, muito relacionado com a área do mar Negro, é a invasão da Cítia por Filipe II da Macedônia, no começo de 339 a.C., que, segundo uma tradição que remonta provavelmente ao historiador contemporâneo Teopompo, ensejou o cativeiro de vinte mil mulheres e crianças (além do saque de muitas outras riquezas)[30]. Um terceiro exemplo, igualmente relevante, é a atividade escravagista dos oficiais de Roma na Trácia, em 376 d.C., descrita com detalhes por Amiano[31]. O exército, suponho, sempre foi um fator mais significativo nesse quadro que a pirataria.

De qualquer modo, essa não é a história completa da obtenção de escravos. Em sua biografia de Apolônio de Tiana (8.7.12), Filóstrato apresenta um comprido discurso altamente retórico, supostamente preparado por seu herói para o processo diante do imperador Domiciano, no qual era acusado de ter assassinado um jovem arcádio de boa família. "Embora", diz ele, "se possa comprar aqui" em Roma "escravos do Ponto, da Lídia ou da Frígia – realmente pode-se encontrar uma multidão de escravos trazidos até aqui, visto que esses, como outros povos bárbaros, sempre têm estado sujeitos a amos estrangeiros e não veem nada de mal na escravidão –, os frígios costumam até vender seus filhos... os gregos, ao contrário, amam a liberdade e nenhum grego jamais venderá um escravo fora de seu país. Por essa razão os sequestradores e mercadores de escravos nunca viajam por territórios gregos." Filóstrato não é o escritor antigo mais confiável, mas essa passagem em particular, apesar de toda a sua retórica, é uma manifestação sociológica geral que não vejo por que pôr em dúvida. Ela diz o que podíamos ter adivinhado, de qualquer modo, a partir de um estudo da obtenção de escravos em outras sociedades, sobre as quais dispomos de documentação, dizendo que havia uma operação diária, totalmente independente de guerras e pirataria, na qual mercadores profissionais viajavam para locais muitas vezes remotos e compravam crianças e adultos livres (bem como cativos) dos nativos, para exportá-los para o mundo grego e romano. Os mercadores também não eram sempre gregos ou romanos. Diz-se que o imperador Juliano rejeitou a proposta, em 362, de fazer uma campanha contra os godos na fronteira do Danúbio, alegando que "procurava um inimigo mais valioso; os mercadores gálatas eram bastante bons para os godos, que eles punham à venda em toda parte sem distinção de categorias"[32]. Essas etapas no processo de obtenção de escravos eram demasiadamente remotas para que os escritores antigos as descrevessem, e não adianta pensar que conseguiremos alguma vez uma espécie de quadro (exceto por analogia com experiências mais modernas). Mas Procópio nos dá um indício. Os abasgos, escreve ele (8.3.12-21), são um povo que vive na costa oriental do mar Negro até o Cáucaso. O poder estava nas mãos de dois chefes, que tinham o costume de pegar jovens bonitos, castrá-los e vendê-los a altos preços no território romano. Até Justiniano pôr fim a essa prática, ao converter os abasgos ao cristianismo, conclui Procópio, a maioria dos eunucos da corte do imperador, e entre os romanos em geral, vinha dessa nação.

Deixando-se de lado o fator eunuco, a narrativa de Procópio pode encontrar um paralelo exato em muitos casos da época medieval e moderna, em todo o mundo[33]. Não é possível fazer uma avaliação quantitativa, mas eu colocaria esse procedimento, que não era o de guerra nem o de pirataria, no topo das antigas técnicas de obtenção de escravos – especialmente nas regiões consideradas neste artigo. Deve ser ressaltado o papel dos chefes e da nobreza, como faz Procópio (e todas as provas de tempos mais modernos). Esse comércio não só ajudava a pagar as importações gregas e romanas em áreas nativas, mas também enriquecia os chefes e nobres, e assentava as bases de uma diferenciação social mais profunda, bem como uma helenização parcial, entre os citas e outros[34]. Uma vez conseguidos, os novos escravos eram transportados do interior para centros costeiros importantes e dali para todo o mundo mediterrâneo.

11
Inovação técnica e progresso econômico no mundo antigo*

É lugar-comum dizer que gregos e romanos, juntos, acrescentaram muito pouco à provisão mundial de conhecimentos e equipamentos técnicos. O período neolítico e a Idade do Bronze repartiram entre si o invento ou a descoberta, e depois o desenvolvimento dos processos essenciais da agricultura, metalurgia, cerâmica e indústria têxtil. Com eles, gregos e romanos construíram uma grande civilização, cheia de poder, intelecto e beleza, mas transmitiram a seus sucessores muito poucos inventos novos. A engrenagem e o parafuso, o moinho rotativo e o moinho de água, a prensa de parafuso direta, a vela de popa à proa, a técnica de soprar o vidro, a fundição de bronze oco, o concreto, a lente de vidro, a catapulta de torção, o relógio de água e o órgão de água, os autômatos (brinquedos mecânicos) movidos a água, vento e vapor – essa pequena lista é exaustiva e não acrescenta muito a uma grande civilização de mais de mil e quinhentos anos.

Paradoxalmente, houve ao mesmo tempo mais e menos progresso técnico no mundo antigo do que revela o quadro habitual. Houve mais, uma vez que evitemos o erro de buscar só grandes invenções e também olhemos para o desenvolvimento dentro dos limites da técnica tradicional. Houve menos – muito menos – se evitamos o erro oposto e olhamos não meramente para a aparência de uma invenção, mas também para o alcance de seu emprego. A elaboração da comida oferece uma ilustração clara. Nos dois séculos que vão de 150 a.C. a 50 d.C. (em números arredondados) houve progressos contínuos nas prensas de vinho e azeite usadas nos latifúndios romanos. Não me refiro à prensa de parafuso, mas a avanços como o refinamento da forma das pedras de moinho e seus núcleos, graças ao qual os artesãos faziam prensas mais eficientes e mais manejáveis[1]. Em algum lugar nesse mesmo período foi inventado o moinho de água, e essa deve ser classificada como uma invenção radical que permitiu a subs-

---

* Originalmente publicado em *Economic History Review*, 2ª série, 18 (1965), 29-45, e reproduzido com a autorização dos editores.

tituição da força muscular, humana ou animal, pela força da água. Mas durante os três séculos seguintes teve uso tão esporádico que o resultado total foi muito pequeno².

Na agricultura houve um acúmulo de conhecimento empírico acerca de plantas e fertilizantes. Mas não havia cultura de plantas ou criação de animais seletiva, nenhuma mudança notável nas ferramentas ou nas técnicas, quer quanto à aragem ou aproveitamento do solo, quer quanto à colheita ou à irrigação. Houve várias mudanças nos usos da terra, naturalmente, mas eram respostas às condições políticas ou a modos de consumo que variavam (especialmente a insistência no fato de que a categoria social era medida pela brancura do pão de cada um), ou a pressões econômicas rudimentares. Tanto quanto se sabe, nunca foram atingidos, em medida significativa, nem produtividade crescente nem racionalismo econômico (no sentido de Max Weber). Alguém, na Gália, inventou uma segadora mecânica primitiva, movida por bois, que foi usada nos latifúndios das zonas setentrionais dessa província, mas nem os proprietários de terras de outros lugares do Império sentiram a necessidade de copiá-la, nem ninguém, inspirando-se nela, se dispôs a procurar recursos que economizassem trabalho em outros ramos da agricultura³. Em compensação, uma tradução inglesa do escritor latino do século IV, Paládio, que apresentou uma breve descrição da máquina gaulesa, foi o estímulo direto para a invenção da "colheitadeira de Rudley", que teve uma carreira útil e proveitosa na Austrália durante quarenta ou cinquenta anos (pelo menos até 1885)⁴.

Na mineração, o espaço para a invenção foi, em certo sentido, muito restrito. As poucas ferramentas necessárias já estavam aperfeiçoadas muito antes dos gregos, e não se pôde progredir muito até o descobrimento dos explosivos. Não obstante, havia muito a ser feito nas áreas de prospecção, maquinário e refinação, e o mundo antigo alcançou seus êxitos máximos muito cedo, nas minas de prata atenienses dos séculos V e IV a.C. As galerias, a ventilação e a iluminação nessas minas, a lavagem, a trituração e a fundição nos moinhos e fornos próximos, bem como a utilização de derivados, tudo isso se mostrou tão adequado e eficaz como o que se encontraria nos mil anos seguintes, às vezes melhor⁵. A geologia da zona de Láurio poupou aos atenienses o desafio mais sério, a drenagem. Outros lugares tiveram menos sorte, especialmente nas províncias do oeste e norte do Império romano, e outra vez houve ali uma falta de inovações efetivas. "O custo e a ineficácia da maquinaria de drenagem antiga tornaram difícil a exploração das minas abaixo do nível das águas subterrâneas."[6] Fora o chamado parafuso de Arquimedes, do qual só há evidências dispersas, tinha-se mais confiança em tirar água manualmente ou com uma roda-d'água operada por um pedal. Não há provas da existência de um recurso tecnicamente tão simples como uma bomba hidráulica movida por um animal.

O trabalho puramente artesanal nas minas atenienses exige algum comentário porque introduz uma distinção necessária na discussão. Havia uma precisão, uma perfeição de medidas, e portanto uma qualidade estética, nas paredes e degraus das galerias – só para dar dois exemplos – que nunca foram igualadas na Antiguidade. Algo similar não é encontrado em outras minas e sim nos templos e edifícios públicos contemporâneos de Atenas. A qualidade é psicológica, por assim dizer, não técnica. Os artesãos de Atenas dos séculos V e VI, tanto livres como escravos, tinham uma tradição de artesanato que se impôs inclusive nos lugares mais "incríveis", como as galerias das minas de prata. Mas não se pode confundir esse fator com o progresso técnico. E tampouco o crescente domínio dos materiais, consequência inevitável do orgulho e da habilidade.

Não subestimo a importância dessas qualidades, ou da qualidade dos produtos que eles criavam. Mas, dentro de limites bastante amplos, limites que já tinham alcançado as civilizações pré-gregas do Mediterrâneo oriental, tais considerações de qualidade são irrelevantes na análise do crescimento técnico e econômico. A beleza incomparável das moedas gregas, afinal, não contribuiu em nada para sua função de moeda (exceto para os colecionadores modernos, naturalmente, que transferem a questão para uma esfera de debate completamente diferente).

A cerâmica pintada é o melhor exemplo, que, além do mais, tem uma importância especial devido ao fato de ser a única indústria antiga cuja história podemos escrever (ou poderemos escrever algum dia). O torno é uma invenção muito antiga, e o mundo egeu da Idade do Bronze já conhecia tudo sobre as propriedades da argila, como modelar muitas formas agradáveis, como colorir, cozer e dar brilho. As culminâncias que os gregos atingiram nessa arte estão patentes em museus de todo o mundo. Todavia, esses avanços realizaram-se, todos eles, sem nenhuma inovação técnica e graças ao grande domínio dos processos e materiais já conhecidos – mas, acima de tudo, graças ao seu grande sentido artístico. Depois, no decorrer do século IV a.C., o gosto pela cerâmica delicadamente pintada desapareceu quase bruscamente, e houve de imediato um declínio muito forte da qualidade. Mas as pessoas continuaram precisando de vasilhas, e os gregos e romanos ricos continuaram pedindo vasilhas melhores, com algum tipo de decoração. A decoração em forma de moldagem sucedeu à pintura e, como consequência, introduziu-se uma técnica nova na indústria, a única na história de toda a Antiguidade clássica. Isto é, a técnica, usada durante muito tempo, de vazar um molde foi adaptada do metal para a argila, para produzir artigos no novo estilo. Os especialistas parecem concordar sobre o fato de que os resultados não levam à suposição de nenhuma mudança importante nem na rapidez nem no custo da produção. Achou-se uma moda nova convertendo-se uma técnica velha. Os gregos do século IV não eram homens de Neanderthal e não é o caso de se aclamar esse passo em especial como um feito brilhante.

Há um perigo declarado em prosseguir nessa linha de argumentação, o de cair na armadilha de supor que certos valores são sempre e necessariamente da maior importância. A ideia de que a eficácia, a produtividade crescente, o racionalismo econômico e o crescimento são bons *per se* é muito recente no pensamento humano (embora pareça ter se arraigado de modo notável desde que começou a existir). Poderíamos considerar o Pont du Gard um modo fantasticamente caro de levar água potável para uma cidade não muito importante do sul da Gália. Os romanos da Gália colocavam a água potável e a demonstração de poder num ponto mais alto de sua escala de valores que os custos. Era um ponto de vista racional também, ainda que não possa ser considerado, de modo algum, racionalismo econômico.

Admitido isso, o mundo antigo ainda apresenta uma grande questão, a qual nos é imposta, pelo menos, por dois fatos. O primeiro é que o mundo antigo era muito pouco ambíguo relativamente à riqueza. A riqueza era uma coisa boa, uma condição necessária para a vida boa, e assim devia ser. Não havia a tolice de considerar a riqueza como uma carga, nem sentimentos de culpa subconscientes, nem restituições de usura no leito de morte. O outro fato, que já mencionei, é que, falando intelectualmente (ou cientificamente), existia uma base para um avanço técnico, na produção, maior que o efetivamente realizado. Por que, então, a produtividade não avançou nitidamente, se o interesse, o conhecimento e a necessária energia intelectual parecem ter estado presentes? Essa questão não pode ser descartada simplesmente apontando-se para valores alternativos, não, pelo menos, quando um deles era um desejo muito forte de riqueza e consumo em grande escala.

Mas, em primeiro lugar, sabemos de fato que a produtividade não melhorou? Sabemos realmente alguma coisa sobre ela? Em um sentido que pode ser expressado quantitativamente, a resposta deve ser não. O obstáculo crônico do historiador de economia antiga é a falta de números. Inclusive as estatísticas de população, razoavelmente confiáveis, são tão escassas que a questão básica de seu crescimento ou diminuição, em dado lugar, dentro de um período de tempo determinado, nunca pode ser solucionada realmente com alguma segurança. Mas há alguns números sobre população; sobre produção, nenhum. Os escritores antigos nunca pensaram no assunto e é de esperar que a arqueologia preencha essa lacuna de modo adequado. Por isso vemo-nos forçados a enfoques indiretos, mais a indícios que a índices, a argumentos provenientes da atitude, dedução e silêncio, todos métodos reconhecidamente suspeitos e enganosos. Contudo, no fim, estou convencido de ter captado a questão corretamente.

Convém começar com o aspecto intelectual. E outra vez recorro a um lugar-comum: o mundo antigo caracterizava-se por um divórcio claro, quase total, entre a ciência e a prática. O objetivo da ciência antiga, tem sido dito, era saber, não fazer; entender a natureza, não domesticá-la. A colocação é certa, mesmo sendo um lugar-comum, e as tentativas de pô-la em dúvida, que parecem estar bastante em moda atualmente, são um erro, em minha opinião, e por certo fracassarão. O veredito de Aristóteles mantém-se firme. No final da primeira seção da *Política* (1258b33ss.), ele escreveu o seguinte (segundo a tradução de Barker): "Um relato geral das várias formas de aquisição foi apresentado agora: um estudo minucioso de seus detalhes poderia ser útil para propósitos práticos; mas determo-nos muito tempo nele seria de mau gosto... Há livros sobre esses assuntos de vários escritores... qualquer pessoa interessada pode estudar esses assuntos com o apoio desses textos."[7] Aristóteles foi o maior erudito da Antiguidade, um investigador incansável e o fundador de bom número de disciplinas novas em ciência e filosofia. Sua curiosidade era ilimitada, mas "o bom gosto", uma categoria moral, se interpunha para considerar inaceitável o conhecimento e suas aplicações práticas, exceto quando a aplicação era ética ou política.

A mecânica foi uma das ciências novas sistematizada pela primeira vez por Aristóteles e sua escola. Em um pequeno tratado sobre o assunto, escrito por um discípulo desconhecido, os princípios da alavanca, da roda, da balança e da cunha são explicados com ilustrações extraídas de uma gama muito restrita de instrumentos. A lista *completa* é esta: funda, torno, polia, boticão de dentista, quebra-nozes e balancim oscilatório sobre um poço. A dedução é inequívoca, pelo menos para mim: o autor evitou deliberadamente qualquer referência a instrumentos e máquinas usados nos processos industriais, e quando não pôde evitá-lo totalmente – no caso do torno e da polia – fez referências tão abstratas quanto possível. Aqui há um contraste interessante com os filósofos jônicos primitivos. Eles eram pensadores altamente especulativos e seu interesse concentrava-se na cosmologia, um tema muito mais remoto que a mecânica. Contudo, não hesitavam em fazer analogias e extrair indicações da roda de oleiro, do engenho para pisar panos, dos foles de ferreiro e de outros objetos do artesanato e da indústria[8]. Os pitagóricos, também, apesar de todo o seu misticismo, conduziram seus interesses, em ondas e impulsos rítmicos, a consequências muito práticas e tecnicamente importantes[9]. Mas depois houve uma mudança, e pode-se traçar o divórcio entre a ciência e a filosofia, de um lado, e os processos produtivos, de outro, em linha contínua até o fim da Antiguidade.

O século e meio que se seguiu a Aristóteles marcou o apogeu das realizações científicas antigas e o homem que despontou entre todos os outros foi Arquimedes, o maior e mais inventivo cientista do mundo antigo. E ele foi muito elogiado por sua recusa em contaminar sua ciência. Como disse Plutarco (*Marcelo*, 17.3-4), "tinha um espírito tão grande, uma alma tão profunda e tal riqueza de teorias que lhe deram um nome e uma reputação por uma espécie de sagacidade divina, mais que humana, que não quis deixar atrás de si nenhum tratado sobre essas matérias, mas, considerando as ocupações mecânicas e toda arte que satisfaz às necessidades como ignóbeis e vulgares, dirigiu sua ambição exclusivamente para os estudos cuja beleza e sutileza são necessariamente puras".

As invenções práticas de Arquimedes, apresso-me a acrescentar, foram militares e apenas consequência do estímulo extraordinário e irresistível do sítio de sua cidade natal, Siracusa, pelos romanos. Os antigos tinham paixão por catálogos de invenções e inventores. Esse interesse remonta à época em que os mitos foram criados: Prometeu é o primeiro exemplo. Mais tarde sistematizou-se muitíssimo e surgiu uma literatura considerável sobre o tema, que atingiu seu apogeu – como muitos outros campos – com os peripatéticos. Ainda se pode ler um bom exemplo no sétimo livro da *História natural* de Plínio. "Invenções" deve ser entendido do modo mais amplo possível, pois a categoria incluía leis, costumes, crenças éticas, artes e ofícios, bem como artefatos e processos[10]. O ponto crucial para nós é que, enquanto em outros campos os nomes dos indivíduos eram regra, nas artes industriais são muito raros: geralmente só são registrados os locais da invenção, e às vezes nem mesmo esses. Escrevendo sobre a prensa de parafusos para a uva, Plínio (18.317) foi tão preciso que datou sua invenção (chamou-a de "prensa grega") "dos últimos cem anos" e um aperfeiçoamento posterior mais importante, com maior precisão, dos últimos vinte e dois anos. Mas não sabia o nome do inventor, embora soubesse quem inventou o diadema, o escudo, a música, a prosa e o jogo de bola. Naturalmente não podia atribuir uma invenção tão recente a Cécrope ou a Rômulo, mas citou frequentemente reivindicações conflitivas, e é evidente que em sua erudição ampla, mas sem sentido crítico, não encontrou nada referente à prensa de parafuso. Várias cidades antigas alegavam ser o berço de Homero. Várias cidades italianas do século XVII se bateram com igual veemência (e com a mesma falta de base) pela honra da invenção dos óculos[11]. Isso mostra as diferenças de atitude. Na Antiguidade, "só a língua era inspirada pelos deuses, nunca a mão"[12]. E aqui saímos do domínio da ciência pura para entrar no do gosto e interesse populares entre as classes cultas da sociedade em geral e no do julgamento moral implícito. Era nesses círculos (incluindo-se homens como o próprio Plínio) que repousava a posse da propriedade, em outras palavras, nos que teriam recebido, em grande escala, os lucros dos avanços técnicos, se tivesse havido algum. Mais tarde direi algo mais sobre eles, mas primeiro vamos examinar os técnicos.

Especificamente, o que acontece com os escritores que Aristóteles descartou, mas com os quais, admitiu ele, pode-se aprender tudo sobre as artes práticas? Tinha em mente os agrônomos, mas em vez de tratar deles prefiro ir diretamente ao mais crítico e avançado de todos os campos e analisar Vitrúvio. Era profissional especializado e um leitor incansável. No seu livro *Da arquite-*

tura, escrito provavelmente no reinado de Augusto e considerado como um manual completo sobre o tema, Vitrúvio aproveitou sua própria experiência e a do importante conjunto dos escritos helenísticos e explicou os princípios científicos bem como as melhores práticas. Em sua obra temos o melhor exemplo disponível, legado pela Antiguidade, do conhecimento e pensamento de um homem que fazia e não apenas sabia, além do mais engenheiro de primeira classe e arquiteto. Assim, tratou dos seguintes tópicos: arquitetura em geral e qualificações do arquiteto, planejamento urbano, materiais de construção, templos, edifícios civis, edifícios domésticos, pavimentação e reboco, fornecimento de água, geometria, mensuração, astronomia e astrologia, e, finalmente, "máquinas" e instrumento de assédio.

Vitrúvio foi um escritor discursivo. Tinha muito a dizer, por exemplo sobre a ética de sua profissão, especialmente nos longos prefácios de cada um dos dez livros. O último, que trata de máquinas, começa com uma exposição sobre o descuido dos arquitetos, característica facilmente remediável pela adoção universal de uma lei de Éfeso que tornava o arquiteto responsável direto por todos os custos que excedessem sua estimativa original em mais de 25%. É muito significativo, portanto, que em toda a obra encontre-se apenas uma passagem que leva em conta a obtenção de uma maior economia do esforço ou uma maior produtividade. Vitrúvio recomenda (5.10.1) que nos banhos públicos a sala de água quente para homens seja instalada junto à das mulheres, para que possam ser alimentadas por uma única fonte de calor. Temos que reconhecer que este não é um exemplo muito impressionante. Ao contrário, a descrição do moinho de água para moer trigo é surpreendentemente curta, só um pequeno parágrafo (10.5.2), e completamente desprovida de comentários, tanto que só o leitor disposto a fazê-lo poderá apreciar as implicações do esforço e da produtividade. Vitrúvio não aponta nenhum indício nessa direção. Em resumo, é correto dizer que para ele a única finalidade do progresso técnico (fora as considerações estéticas) é a obtenção de operações que de outro modo seriam impossíveis, ou só possíveis mediante um esforço excessivo. Visto que, segundo ele, as cortinas dos palcos e outros equipamentos do teatro não podem ser operados sem máquinas, julgo conveniente completar meu livro com um tratado sobre máquinas. Define a máquina (10.1.1) como "um sistema material contínuo especialmente apropriado para mover pesos", e discute sob esse título numa profusão de itens como a escada de assédio, a polia múltipla e o torno, o vagão e o fole, ao lado do moinho de água e da catapulta.

Dispersos pelos prefácios há vários relatos tirados da história das invenções. Invariavelmente as circunstâncias, e portanto a explanação, ou são acidentais (como na descoberta das lavras de mármore de Éfeso, quando dois carneiros que brigavam fizeram ruir um pedaço da encosta) ou frívolas (como no descobrimento do princípio da gravidade específica, por Arquimedes, em resposta a uma consulta sobre o meio para desmascarar um desonesto artesão que trabalhava com prata). Nem em relação ao passado, nem ao presente ou ao futuro, Vitrúvio concebe a tecnologia como algo que podia progredir graças a um esforço constante e sistemático. Seu ponto de vista era totalmente utilitário. Exatamente ao contrário de Aristóteles, só tratava de assuntos práticos e encaminhava o leitor que desejava se preocupar com "coisas que não servem para nada útil, mas só para nosso deleite" (os autômatos de Ctesíbio) à literatura existente (10.7.5). Contudo, sobre o assunto que nos interessa, Vitrúvio e Aristóteles estavam de acordo. Em essência, também o estavam todos os outros escritores, e essa unanimidade é o que justifica o argumento do silêncio.

Examinei as atitudes tão longamente não só por causa da necessidade de buscar indícios aqui, mas também porque as atitudes são a chave do bloqueio. Naturalmente houve limites materiais ou obstáculos, também, para o progresso técnico. Ctesíbio tentou fazer uma catapulta de torção com molas metálicas e também fabricou uma catapulta de ar comprimido, mas teve que abandoná-las por serem um mau negócio[13]. O conhecimento metalúrgico inadequado e a falta de ferramentas de precisão tornavam essas invenções ineficazes. Talvez, considerando outro caso, a demora na utilização da prensa de parafuso possa ser explicada pela sua ineficiência até que fosse inventada uma cortadora de parafuso adequada. Mas que condições materiais impediram homens capazes de fazer cataventos tão complicados de conceber o moinho de vento? Ou de unir a alavanca e a roda para fazer o carrinho de mão?

E, sobretudo, o que aconteceu com o moinho de água? Potencialmente ele foi uma revolução técnica em si mesmo: "era capaz", escreve Forbes, "de produzir mais energia concentrada que qualquer outra fonte de energia da Antiguidade"[14].

Era usado para um único processo, a moagem de trigo, ramo no qual tinha havido uma história razoavelmente contínua de avanços técnicos, um processo de imensa importância para a sociedade pelo qual o Estado romano, em particular, estava grandemente interessado. Todos os argumentos "racionais" supõem uma adoção rápida e ampla; contudo, o fato é que, embora tenha sido inventado no século I a.C., sabe-se que não foi muito usado até o século III d.C. e que seu emprego se generalizou nos séculos V e VI. Também é um fato que não temos absolutamente provas de sua aplicação em outras atividades até o final do século IV, e então só uma única referência, possivelmente suspeita (Ausônio, *Mosella*, 362-4), a uma máquina de cortar mármore perto de Tréveri[15].

Uma "defesa" comum – escolhi a palavra deliberadamente porque ela simboliza um enfoque falso do problema total, não pouco frequente – é que o uso do moinho de água era inviabilizado pela ausência de rios de fluxo rápido. Mas isso não é defesa. Entre uma série de contra-argumentos basta salientar que alguns dos moinhos mais bem conhecidos recebiam energia de aquedutos, abundantes no Império romano. Inclusive Atenas teve um moinho semelhante no século IV d.C., e Atenas figura entre as últimas cidades do mundo a ter água corrente. Mas a cidade de Roma não teve nenhum, ou quase nenhum, até o fim do século IV. No ano 39 ou 40, o imperador Calígula provocou uma escassez de pão na capital ao ordenar que os animais dos moinhos transportassem suas presas de guerra gaulesas[16]. Naquela ocasião, sem dúvida, os moinhos de água não só eram conhecidos como funcionavam eficazmente. A *Antologia grega* contém um breve poema, escrito meio século aproximadamente antes de Calígula, que celebra a nova invenção com estas palavras:

> Oh, detende vossas mãos ocupadas, moças que moeis no moinho;
> Que o galo que anuncia o amanhecer não perturbe vosso sono.
> As ninfas do rio, por desejo de Deméter, receberam ordem
>   Para fazer vosso trabalho; e sobre a roda mais alta brincam
> E fazem girar os raios do eixo, sobre cuja espiral
>   A roda côncava do moinho de Nísiro gira sem demora.
> Uma Idade de Ouro chegou outra vez; por estarmos livres do trabalho
>   Aprendemos a saborear os frutos ganhos da Mãe Terra.[17]

Não podemos pretender que um poeta grego vá mais longe, mas será uma total fantasia que ele tenha tocado no ponto essencial sem perceber? Liberar as moças escravas de seu trabalho (ou os animais, se quisermos ser mais precisos que o poeta) não era um incentivo suficientemente forte.

Também é necessário eliminar o argumento de que a falta de capital foi uma consideração decisiva. Durante o século seguinte à conquista do Egito por Alexandre, o Grande, os ptolomeus levaram a cabo uma transformação impressionante, em benefício exclusivo das rendas reais. Recuperaram grandes quantidades de terra, melhoraram e aumentaram o complexo sistema de irrigação, obtiveram novas colheitas e melhores espécies, introduziram o ferro em uma escala que Rostovtzeff classificou de "quase equivalente a uma revolução"[18] e fizeram mudanças administrativas e governamentais. Mas tudo que realizaram – e estavam preparados para despender grandes recursos – foi feito por meio da utilização dos instrumentos e processos do mundo grego do qual procediam. Só o *sakiyeh* para tirar água e a bomba de parafuso eram inovações genuínas, e seu uso foi severamente restringido.

O que dá importância a este quadro é o fato de que, simultaneamente, os ptolomeus fundaram e mantiveram o Museu de Alexandria, que durante dois séculos foi o centro ocidental mais importante de pesquisa e invenção científicas. Lá, Ctesíbio, o maior inventor da Antiguidade, dedicava-se à tecnologia militar quando não exercitava seu gênio em brinquedos mecânicos. Mas nada permite supor que sua habilidade mecânica tenha se dirigido para a agricultura, para o processamento de alimentos ou para a manufatura. Desde seu começo a Sociedade Real, apesar de seu patrocínio aristocrático, foi encarregada de problemas de utilidade prática em muitos campos. Mas não o Museu de Alexandria. Por que não? Por que nem os ptolomeus, nem os tiranos sicilianos, nem os imperadores romanos obrigaram seus engenheiros sistematicamente (ou mesmo intermitentemente) a dedicar-se à pesquisa para uma produtividade maior, pelo menos nos setores da economia que originavam as rendas reais? Qualquer que seja a resposta, não era falta de capital (ou de autoridade). Fundos, mão de obra e habilidades técnicas estavam disponíveis (e eram gastos) em grandes quantidades, cada vez maiores, para estradas, edifícios públicos, fornecimento de água, drenagem e outras comodidades, mas não para a produção. Naturalmente, o esforço para incrementar a produtividade podia não ter tido êxito – mas nunca foi sequer tentado. Só conheço uma exceção: nas fábricas reais de Pérgamo é que o pergaminho se tornou viável e foi produzido em grandes quantidades. Essa exceção não prova, sem dúvida, a regra, mas pelo menos demonstra que estamos diante de uma questão legítima.

O capital privado, na verdade, não teria estado facilmente disponível para a promoção e utilização de muitas das inovações técnicas possíveis. Havia muitos indivíduos com recursos, mas não entre os interessados na produção (exceto a agrícola). Para onde quer que nos voltemos na indústria e no comércio, o quadro é o mesmo e sempre negativo: a ausência de medidas para a superação dos limites dos recursos financeiros individuais. Não havia instrumentos de crédito apropriados – nem papéis negociáveis, nem escrituração contábil, nem pagamentos a crédito. A procura desesperada dos "modernizadores", entre os historiadores da economia antiga, de algo que possam apresentar contra, digamos, Toulouse de Lübeck, no século XV, é prova suficiente. Salvo alguns textos ocasionais e duvidosos aqui e ali, o máximo que podem apresentar é o sistema de transferência bancária (OP) para os pagamentos de trigo no Egito helenístico. Havia muito empréstimo de dinheiro, mas concentrava-se em pequenas operações de agiotas para camponeses ou consumidores, ou em grandes empréstimos para permitir que homens das classes superiores fizessem frente a gastos políticos ou outros convencionais. Só o empréstimo feito sobre o valor do navio era produtivo em certo sentido, e tinha, invariavelmente, restrições quanto à quantidade e à usura das taxas de juros, mais uma medida preventiva dos altos riscos do tráfego marítimo que um instrumento próprio de crédito. De modo semelhante, no campo da organização dos negócios: não existiam associações ou corporações a longo prazo, nem corretores ou agentes, nem guildas – de novo, com as exceções ocasionais e irrelevantes. Em resumo, faltavam os instrumentos de organização e operação para a mobilização dos recursos de capitais privados[19]. A única exceção salienta estes pontos negativos: os gregos iniciaram e os romanos levaram a um alto grau as associações dos cobradores de impostos *(publicani)*. Mas essa ideia simples não foi transferida para outras atividades econômicas.

A divisão do trabalho requer um estudo especial. Existe uma passagem na *Ciropedia* de Xenofonte (de meados do século IV a.C.), citada pelos escritores modernos com tanta frequência e solenidade que me vejo na obrigação de reproduzi-la integralmente. O contexto é a superioridade das refeições servidas no palácio persa, com sua equipe de cozinheiros especialistas. Xenofonte expõe (8.2.5): "Que esse seja o caso não é de se estranhar. Pois, assim como os diversos ofícios estão mais desenvolvidos nas cidades grandes, também as refeições do palácio são preparadas de um modo superior. Nas cidades pequenas os mesmos homens fazem camas, portas, arados e mesas, e frequentemente até constroem casas, e ainda ficam agradecidos se podem encontrar bastante trabalho para manter-se. E é impossível para um homem que se dedica a muitas atividades fazê-las todas bem. Nas grandes cidades, todavia, porque muitos necessitam de cada atividade, um só ofício basta para sustentar um homem, e muitas vezes só uma parte dele: por exemplo, um homem faz sapatos para homens, outro para mulheres; há lugares onde um homem ganha sua vida simplesmente consertando sapatos, outro cortando-os, outro costurando a parte de cima, enquanto outro não executa nenhuma dessas operações e sim une as partes. Obrigatoriamente, aquele que se dedica a uma tarefa muito especializada terá que fazê-la melhor."

Esse é um texto importante e voltarei a ele. Mas não dá motivo para entusiasmos sobre o tema da divisão do trabalho. Em primeiro lugar, Xenofonte está claramente mais interessado na especialização de artesãos que na divisão do trabalho. Em segundo lugar, as virtudes de ambas as coisas, em sua mente, são a melhora da qualidade, não o aumento da produtividade. E de forma geral a "análise" completa pertence a um *corpus* de afirmações "econômicas" rudimentares, dispersas entre os escritores antigos, que Schumpeter pôs em seus devidos lugares quando escreveu: "Os estudiosos clássicos bem como os economistas... são propensos a cair no erro de aclamar como uma descoberta tudo que supõe desenvolvimentos posteriores, e a esquecer que, em economia como em outros campos, a maioria das afirmações de fatos fundamentais só adquire importância graças às superestruturas que eles se destinam a suportar e são lugares-comuns na ausência dessas superestruturas."[20]

Certamente não é inconcebível que, como afirmou um estudioso, a insistência de Xenofonte sobre a qualidade estivesse "condicionada pelas exigências de sua comparação. O empresário autêntico... também teria, provavelmente, levado em conta o aumento da quantidade"[21]. Não é inconcebível, mas o fato é que ninguém descobriu ainda uma frase em escritor grego ou romano que indique tal cálculo. A divisão do trabalho não é discutida com frequência, mas quando acontece o interesse situa-se exclusivamente no artesanato, na qualidade[22]. Além do mais, tudo que conhecemos sobre a produção antiga fala contra a divisão extensiva do trabalho, ou mesmo da propagação da especialização. É suficiente, acredito, assinalar primeiramente a predominância do *autourgos,* o homem que trabalha para si e por si mesmo, ou do pequeno estabelecimento com quatro, cinco ou seis homens, no decurso de toda a história antiga; em segundo lugar, as numerosas provas dos relatos de obras públicas registrados nas inscrições, com sua incrível fragmentação das operações, revelando a pobreza dos recursos empresariais e o baixo nível de especialização da maioria dos trabalhadores. Não é só a análise introdutória de *A riqueza das nações* que está mil e quinhentos ou dois mil anos distante no futuro, mas a própria fábrica de alfinetes.

Richard Baxter disse: "Se Deus te mostra um caminho no qual podes legalmente ganhar mais que em outro (sem dano para tua alma ou para outro) e o rejeitas escolhendo o caminho menos lucrativo, cruzas um dos extremos de sua chamada e te recusas a ser servidor de Deus." Aristóteles teria se horrorizado com isso, embora admitisse *(Política,* 1256b38ss.) a existência de homens que pensavam que a riqueza não tinha limites. O velho Catão, por outro lado, teria esfregado as mãos de satisfação, acrescentando um sorriso irônico ante o parêntese "sem dano para tua alma ou para outro". Mas ele, também, teria se separado rapidamente de Baxter quando chegasse a uma passagem como "Deus te ordenou que trabalhasses de um ou de outro modo para ganhar o pão de cada dia"[23]. Isso não era nem o caminho para a riqueza nem sua finalidade. Os deuses de Catão mostraram-lhe muitos modos de conseguir mais; mas eram todos políticos e parasitários, os da conquista, os produtos dos saques de guerras e a usura; o trabalho não era um deles, nem sequer o trabalho do empresário.

Ante a impossibilidade de agrupar toda a sociedade antiga em uma generalização, não seria errado dizer que desde o mundo homérico até Justiniano a grande riqueza era uma riqueza em terras, que a nova riqueza procedia da guerra e da política (inclusive subprodutos como o arrendamento de impostos), não das empresas, e que tudo que houvesse de disponível para investimento acabava em terras o mais rápido possível. Nunca existiu uma época, que eu saiba, em que os grandes proprietários da Antiguidade não tenham prosperado como classe. As crises agrárias foram crônicas entre os humildes, mas mesmo nos piores dias do século III ou V os magnatas extraíam grandes lucros de suas propriedades[24].

Na maioria dos períodos estavam ausentes moradores urbanos, que entregavam a administração e a exploração de suas terras ou a arrendatários ou a escravos e escravos administradores. Em qualquer caso sua psicologia era a de alguém que vive de rendas, e portanto nem suas circunstâncias materiais nem suas atitudes favoreceram a inovação. Não eram tão imbecis nem tão mesquinhos que não pudessem abandonar a produção de grãos pelo cultivo da azeitona e do vinho ou a criação de gado quando as circunstâncias os pressionavam, ou que não pudessem distinguir (às vezes) um investimento em terras de um pior. Mas essencialmente suas energias destinavam-se a gastar sua riqueza, não a construí-la, e gastavam-na em política e na boa-vida. A esse respeito Catão representava um ponto de vista minoritário, o da legislação suntuária que surgiu repetidamente na Antiguidade – tentativas de impedir que a aristocracia gastasse acintosamente seus recursos, que sempre fracassaram justamente porque, qualquer que fosse a sorte de determinado indivíduo, a classe tinha uma receita contínua que nem o Trimalcião de Petrônio poderia superar.

Catão detestava ganhar dinheiro em suas fazendas, e seu livro *De agricultura* está repleto de conselhos minuciosos a esse respeito, conselhos que podem ser resumidos em dois títulos. Primeiro, não desperdiçar tempo ou equipamento de trabalho; adquirir de ambos exatamente o que seja necessário, nem mais nem menos, e descobrir modos de mantê-los ocupados todo o tempo. Segundo, vender, não comprar; produzir e fazer na propriedade tudo que seja possível para atender às necessidades de consumo. Tudo isso é forma de economizar, não racionalismo econômico. Seu conselho, citando Schumpeter outra vez, de que "o proprietário de terras devia vender os escravos que envelheciam antes que se tornassem inúteis e mostrar-se o amo mais duro possível ao inspecionar sua fazenda é sem dúvida muito sintomático com relação a muitos aspectos, mas não envolve uma análise econômica"[25]. Num sentido bem literal, Catão foi incapaz de determinar que tipo de exploração era lucrativa e qual não era, e as vantagens de uma em relação à outra[26]. Os cálculos que apresenta são fundamentalmente ininteligíveis, e existe sua omissão mais famosa, o fato de não considerar as distâncias dos centros de consumo. Escritores posteriores – Varrão e Columela – corrigiram-no neste ponto específico, questão de senso comum; mas eles também, se me for permitido usar uma expressão muito fora de moda, não tinham o espírito do capitalismo.

Podem objetar que me voltei para o lugar errado, entre os magnatas das terras. Aceito isso, embora não possa deixar de observar que os dois séculos cobertos por Catão, Varrão e Columela foram os mais férteis em invenções de máquinas agrícolas – a segadora gaulesa, a prensa de parafuso e o moinho de água – e que os três manuais parecem ignorar totalmente o que se passava nesse campo. E a seguir acrescento que não há outro lugar para onde olhar. Houve, certamente, prósperos transportadores em centros como Cádiz, Alexandria e Óstia, que acumularam fortunas consideráveis a despeito de sua organização empresarial muito primitiva. Houve homens que fizeram grandes investimentos na mineração e na indústria; mas quando os examinamos mais de perto – homens como o general ateniense Nícias ou os italianos que exploraram as minas espanholas depois que Roma conquistou a península – vemos que na maior parte das vezes também eles viviam de rendas, obtendo-as mais do trabalho de seus escravos nas minas e nos moinhos que dos escravos ou arrendatários nos campos. E eram uma minoria muito pequena, sem influência sobre a forma ou a direção da economia. A ênfase deve ser colocada não em "minoria" – os princípios habitualmente são pequenos –, mas na falta de influência. Mesmo no Império romano a contribuição quantitativa dos comerciantes e fabricantes foi pequena, sua posição social humilde, seu futuro sem interesse[27].

Há a história, repetida por muitos escritores romanos, de um homem – curiosamente sem nome – que inventou um vidro inquebrável e apresentou-o a Tibério, antevendo uma grande recompensa. O imperador perguntou ao inventor se alguém mais conhecia seu segredo e foi informado de que não; depois disso mandou que o decapitassem imediatamente, para que o ouro não ficasse reduzido ao valor da lama. Não tenho opinião formada sobre a veracidade dessa história, e é só uma história. Mas não deixa de ser interessante que nem Plínio, o Velho, nem o historiador Díon Cássio tenham se surpreendido com o fato de o inventor ter-se dirigido ao imperador em busca de recompensa, em vez de procurar um investidor em busca de capital para tirar proveito da invenção[28]. Não duvido que tivesse podido encontrar o capital, mas os escritores antigos, quando pensavam nesse assunto, só viam a ameaça de uma produção excessiva. O nível extremamente baixo de demanda e sua pequena flexibilidade: esse é o assunto principal da passagem da *Ciropedia* que já citei. Nas cidades pequenas há tão pouca demanda que um homem precisa saber fazer tudo, e mesmo assim ainda é difícil garantir a subsistência. Nas grandes cidades, todavia, há mais gente, e portanto mais demanda. Mas inclusive nas cidades grandes, Xenofonte nos diz em outro lugar, a demanda não chegará a ser premente. Por volta de 350 a.C. ele apresentou um panfleto, *As rendas,* no qual propunha que o Estado ateniense passasse a usufruir de investimentos feitos em escravos a serem alugados para indivíduos que tivessem concessão para explorar as minas de prata. O esquema previa tamanho incremento na mineração que cada cidadão poderia tirar sua manutenção completa do aluguel dos escravos de propriedade do Estado. Argumentou cautelosamente, prevendo possíveis objeções, inclusive a seguinte (4.4-6): "De todas as atividades que conheço, essa (a exploração das jazidas de prata) é a única cuja expansão não causa inveja... Se há mais caldeireiros, por exemplo, o trabalho no cobre torna-se mais barato e eles se retiram. O mesmo é verdade no comércio do ferro... Mas um aumento no total do minério de prata... traz mais pessoas para essa indústria."

Aqui e na passagem da *Ciropedia,* Xenofonte só pensa na fabricação para o mercado local; de outro modo não valeria a pena analisar seus comentários. Xenofonte estava fundamentalmente certo; nossos escritores modernos é que estão errados quando exageram o comércio de exportação antigo. A exportação – uso o termo para referir-me ao comércio exterior de uma cidade ou região, não simplesmente no sentido estrito de comércio com nações estrangeiras – era economicamente significativa só em produtos alimentícios básicos (trigo, vinho, azeitonas), em escravos e em artigos de luxo. Disso temos muitas provas. E os artigos de luxo, apesar de lucrativos para poucos comerciantes, eram poucos e insignificantes no que diz respeito à produção. Nem os ceramistas de Atenas nem os tecelões de linho de Tarso, para destacar dois exemplos de épocas diferentes de comércio local que dominaram o mercado da exportação durante longos períodos, foram mais que pequenos artesãos, trabalhando sozinhos ou com uns poucos ajudantes. Os tecelões de linho, reclama Díon Crisóstomo (34.21-23), eram homens respeitáveis, mas pobres demais para poder pagar a taxa de quinhentas dracmas exigidas por Tarso pelo exercício dos direitos de cidadania.

Somos frequentemente vítimas da grande maldição da arqueologia, a indestrutibilidade das vasilhas. Como R. M. Cook observou, é só "porque as vasilhas sobrevivem que sua importância industrial parece grande". No século V a.C., Atenas forneceu muita cerâmica fina a todo o mundo grego e aos etruscos, e a produção total em qualquer tempo era o trabalho de uns cento e vinte e cinco pintores, trabalhando com um número ainda menor de moldadores e ajudantes. Além disso, há provas de que "era pouco frequente o contato regular entre um ceramista e um mercador ou um mercado"[29]. No século seguinte esse comércio morreu porque a demanda desapareceu, mas a economia ateniense não foi visivelmente afetada, nem sua prosperidade mais que a de Corinto em época anterior, quando Atenas tomou seu lugar no mercado mundial. Uns poucos artesãos se viram deslocados, a qualidade caiu vertiginosamente – e foi tudo.

O primeiro século do Império romano apresenta outro tipo de exemplo. A cerâmica fina dessa época era a *terra sigillata*, bastante simples, louça vermelha bem-feita, com decorações modeladas, quando as tinha. No começo do período várias cidades italianas, inclusive Arezzo, monopolizaram a produção (daí o nome de louça aretina). Mas não por muito tempo: a paz de Augusto, a consequente expansão da população e a urbanização das províncias ocidentais viram a difusão da manufatura de *terra sigillata* para vários centros na Gália e ao longo do Reno. Arezzo foi eliminada do mercado e a qualidade decaiu. Com base nessa e em mais uma ou duas evoluções semelhantes, na manufatura das lâmpadas de terracota, por exemplo, Rostovtzeff e seguidores construíram uma grande teoria sobre a descentralização econômica, a ruína da burguesia, o fim do capitalismo emergente e as sementes do declínio do Império romano[30]. Não tenho intenção de ofender, mas essa teoria é uma paródia anacrônica da sociedade afluente. O que aconteceu foi que uns poucos comércios menores saturaram o mercado, algumas centenas de artesãos no Império ocidental, em algumas cidades, foram substituídos por algumas centenas em outras cidades, e nada mais. Para começar não existia burguesia, a sociedade imperial não tomou conhecimento das substituições e saiu ilesa de tudo. Não que tudo isso seja insignificante como indício. Revela, primeiro, que a escassa tecnologia e as pequenas quantidades de capital necessárias, a ampla difusão de habilidades artesanais e os custos excessivos do transporte por terra se juntaram para promover a difusão da manufatura quando a população se dispersou para longe das costas mediterrânicas; e, em segundo lugar, que a produção para o mercado interior e a pouca flexibilidade da demanda eram tão dominantes como acreditava Xenofonte. Na questão mais ampla, David Hume viu exatamente o quadro quando escreveu: "Não me lembro de uma passagem, em qualquer escritor antigo, onde o crescimento de uma cidade esteja adstrito ao estabelecimento de uma fábrica. O comércio, que se diz ter florescido, é, antes de tudo, o intercâmbio dos bens que convinham aos diferentes solos e climas."[31]

E agora tenho outra história, sobre um outro imperador romano e outro inventor sem nome. Esse homem foi até Vespasiano com um aparelho para transportar a baixo custo colunas pesadas para o Capitólio. O imperador deu-lhe uma boa recompensa mas recusou-se a usar a invenção, dizendo: "Como poderei alimentar a plebe?"[32] Nunca consegui entender essa história; os imperadores alimentavam a plebe em Roma com pão e circo, não com empregos. Mas a sentença misteriosa, citada com frequência, contrasta frontalmente com a de Arthur Young: "Todos, menos os idiotas, sabem que as classes inferiores devem ser mantidas na pobreza ou nunca trabalharão"[33], e essa distinção não é difícil de compreender. Nunca houve, na Antiguidade, o menor perigo de que as classes inferiores pudessem ser outra coisa senão pobres, e não tinha muita importância se alguns deles, especialmente os cidadãos das capitais, eram trabalhadores ou não. Não eram responsáveis nem pelos produtos nem pelos lucros. Esses vinham dos camponeses e do trabalho servil, e a sua laboriosidade era conseguida por meios que nada tinham a ver com salários ou tecnologia.

Um fator constante durante toda a história antiga foi a presença de um suprimento suficientemente abundante de mão de obra servil. Nos períodos e regiões centrais, tanto gregos como romanos, eram escravos como bens pessoais; em outras épocas, eram clientes, hilotas, escravos por dívidas, *coloni*. Naturalmente este é um fato-chave, mas suas implicações são complexas e muitas vezes ilusórias. Nem sempre se pode apontar para os escravos e dizer, simplesmente e com segurança: "Aqui está a explicação para uma tecnologia e uma economia estáticas." Uma relação ocasional na proporção de um por um parece provável, como no transporte de minério ou na drenagem de água das minas. Aparelhos mecânicos foram usados algumas vezes para essas finalidades, mas normalmente o minério continuava a ser trazido das minas em bolsas de couro nas costas dos escravos, e a água continuava a ser removida manualmente, também por escravos. Por outro lado, foi nas minas espanholas (onde a exploração surpreendeu inclusive os escritores contemporâneos) que se empregou o parafuso de Arquimedes[34]. E foi nos *latifundia* romanos com seus famosos *ergastula* que houve maior progresso com as máquinas agrícolas. Qualquer que tenha sido o efeito do trabalho servil, a esse respeito não aconteceu o que se observou no sul dos Estados Unidos, onde os escravos impediam o progresso com a destruição das ferramentas de precisão e outras formas de sabotagem. Columela (1.7.6-7) levanta essa questão – só ele entre os escritores antigos, pelo que sei – e curiosamente o faz no contexto do cultivo do trigo, enquanto recomenda o emprego de escravos nas tarefas mais especializadas, como a vinicultura. O trabalho escravo especializado na Antiguidade era tão bom como quaisquer outros: vê-se isso claramente na cerâmica fina, no trabalho em metal ou nos edifícios monumentais.

A prova decisiva chegou com o Império romano. A paz interna e a inclusão no Império de muitos antigos centros de suprimento de escravos reduziram o fluxo destes no mercado (compensado, embora num grau que não podemos calcular, pela procriação de mais escravos). No fim do Império, além do mais, um aumento persistente nas classes parasitárias – o exército, a burocracia e a igreja – provocou certa escassez de mão de obra. Portanto, quando lemos na *História natural* de Plínio (18.300), na sentença que vem logo após a descrição da segadora gaulesa, que "a diversidade de métodos empregados depende da quantidade de colheitas e da escassez de mão de obra", a implicação, a consequência, tem que ser evidente por si mesma. Infelizmente os fatos contradizem a lógica. A adoção do moinho de água realmente parece outra reação à escassez de mão de obra (e animais), mas já vimos quanto foi lenta e incompleta em ambos os casos. E não havia mais nada de diferente.

É desnecessário examinar a história econômica do fim do Império romano detalhadamente para observar, do que ninguém discorda, que nem a técnica nem a produtividade ou o racionalismo econômico avançaram nesses séculos finais da Antiguidade. Mas também é necessário perguntar de novo por que, quando as circunstâncias pareciam exigir o progresso nesse sentido, as únicas soluções para os problemas de trabalho e produção foram pressões burocráticas, maior exploração nos impostos e uma decadência geral dos status (ou talvez dos padrões) sociais dos elementos livres da população produtiva. As respostas, assinalo, são as que mencionei antes. O trabalho servil e outras formas de trabalho subordinado eram muito úteis. As mudanças ocorridas durante o Império romano na situação dos ricos foram políticas, não econômicas, e por isso não constituíram um estímulo importante para alterar a situação produtiva. No fim, o colapso militar e político do Império obrigou a aristocracia ocidental a voltar às suas fazendas e aos princípios de um sistema senhorial.

Os interesses do Estado eram um outro assunto; do século II em diante, os imperadores enfrentaram dificuldades contínuas e crises nos suprimentos e nas rendas. *Eles* tinham boas razões para preocupar-se mais com a produção. O fato de, em vez disso, terem pensado em mais arregimentação, em tornar maior ainda a parte do leão, parece-me perfeitamente explicável em termos de atitudes, de processos mentais. Nem mesmo aquele homem extraordinário mas anônimo que, no século IV, escreveu um livro curto, *Das coisas da guerra,* suplicando ao imperador (provavelmente Valentiniano I) para adotar uma série de inventos militares que economizariam dinheiro e mão de obra, teve a menor ideia de que esses inventos podiam ser aplicados também para fins civis. Deixou extravasar sua indignação pela miséria e pobreza do povo, pelos impostos excessivos, pela ociosidade e acumulação de riqueza da aristocracia. Elogiou a inventividade dos bárbaros. Mas nunca saiu do campo tradicional da tecnologia militar[35].

Os juízos pejorativos dos escritores antigos sobre o trabalho, especialmente o do artesão ou de qualquer pessoa subordinada a outra, são tão frequentes, numerosos e unânimes, tão envolvidos em todos os aspectos da vida antiga, que não podem ser descartados como simples retórica vazia. Em outras sociedades escravagistas, das quais temos documentação mais completa, essas consequências e seus efeitos práticos são inequívocos. Ao escrever sobre a Grande Migração, por exemplo, sir Keith Hancock disse: "Os bôeres se convenceram bem depressa de que o trabalho artesanal e o trabalho servil eram a mesma coisa – convicção que se enraizou tão profundamente em suas mentes que seus descendentes do século XIX deixaram para os imigrantes ingleses quase todas as oportunidades de emprego industrial especializado nas cidades em expansão."[36] Ou Tocqueville, cujos apontamentos de 1831 estão repletos da ideia de que "a escravidão é até mais prejudicial para os amos que para os escravos", porque, como lhe disse um importante comerciante de Louiseville, "ela nos priva da energia e do espírito empresarial que caracterizam os Estados que não têm escravos"[37]. A escravidão grega e romana funcionava em um contexto diferente, sem dúvida alguma, tanto interna como externamente, e as comparações devem ser feitas com cuidado e reservas. Mas esse aspecto particular parece-me válido e necessário.

Nada do que eu disse deve ser entendido no sentido de que não houve nenhum tipo de progresso técnico ou econômico na Antiguidade. Evidentemente, a quantidade e a qualidade dos produtos aumentaram e os padrões de vida melhoraram, pelo menos para os ricos. A extensão da urbanização sugere, e a qualidade da vida urbana confirma, que uma parcela maior da receita total estava disponível para gastos não produtivos. E houve um aumento mais ou menos constante da população, provavelmente durante o século I d.C. Este último ponto é delicado. Exige um exame e revela, talvez de modo mais decisivo que qualquer outro, o limite mínimo mais alto da expansão econômica. A população cresceu no sentido de que havia mais gregos no século V a.C. do que no século VIII, mais romanos no século I a.C. do que no século V. Todavia, no mesmo espaço de tempo, gregos e romanos, respectivamente, ocuparam muito mais território. Esse é o único meio de absorver uma população crescente, e para apreciar o significado desse ponto devemos lembrar que na maior parte do tempo de que falamos, os termos "gregos" e "romanos" eram abstratos, não rótulos de unidades econômicas e políticas reais. A chamada colonização grega, de 750 a 550 a.C., aproximadamente, por exemplo, durante a qual estabeleceram-se Estados gregos novos e independentes, tão distantes a leste como Trebizonda no mar Negro e a oeste como Marselha, não representa um benefício real para os assentamentos gregos no Egeu. Foi simplesmente a consequência de uma população que superava os meios disponíveis (mesmo depois que foi permitida a distribuição desigual de bens).

O mundo antigo só tinha duas soluções para o desequilíbrio originado por um sério aumento de população. Uma, reduzir a população mandando-a para fora. A outra, arranjar meios adicionais, na forma de produtos de saques de guerra e tributos cobrados dos povos conquistados. Ambas eram paliativos, não soluções, e portanto uma prova da incapacidade de aumentar suficiente ou significativamente a produtividade. Por um certo tempo Roma deu a impressão de ter escapado desse dilema. Obtendo grandes áreas escassamente povoadas, deu início a uma rápida colonização interna (na Espanha e Gália, por exemplo). Essa ilusão chegou ao fim no século I. Alguns historiadores acreditam que se seguiu um equilíbrio estável, a Idade de Ouro dos Antoninos de Gibbon, mas é desnecessário debater a questão. As pressões bárbaras começaram então a impor novas exigências ao Império. Isso abalou a economia, e a organização política não pôde fazer frente a esse desafio no Ocidente.

Terceira Parte
MICENAS E HOMERO

12
OS ARQUIVOS DO PALÁCIO MICÊNICO E A HISTÓRIA ECONÔMICA*

I

Em junho de 1952 Michael Ventris fez a inesperada descoberta de que a língua das tabuinhas de argila escritas em Linear B era o grego. Os escritos gregos primitivos retrocederam, então, mais de meio milênio, para o período de, aproximadamente, 1440-1200 a.c.[1] No final de 1953 Ventris publicou seu achado em um artigo escrito em colaboração com John Chadwick[2], e imediatamente houve uma eclosão de artigos na imprensa e em jornais especializados, muitos deles efêmeros, equivocados e enganadores. Poucos especialistas estavam em condições de julgar essa torrente nos três anos seguintes, até que Ventris e Chadwick publicaram sua grande obra de 450 páginas em 1956, com dados filológicos, arqueológicos e históricos, completamente documentada e ilustrada; pela primeira vez, o não especialista pôde ver por si mesmo exatamente o que tinha sido realizado e o que há para ser aprendido[3]. A parte I do livro conta a história da decifração, uma análise detalhada da escrita e da linguagem, e um resumo provisório dos achados sobre a história, economia, organização social e cultura micênicas. A parte II apresenta trezentos textos selecionados, com traduções e comentários minuciosos, ocupando em seu total mais da metade do livro. A seção final consiste de um vocabulário completo, uma lista de todos os nomes próprios, uma bibliografia com mais de duzentos itens, um índice geral e um quadro de concordâncias.

Embora ainda seja muito cedo para julgar o significado total da decifração para a história do período, há uma grande pro-

---
* Publicado originalmente na *Economic History Review*, 2ª série, 10 (1957-58), 128-41, como um artigo retrospectivo baseado em Ventris & Chadwick (1956). Esse livro ainda é fundamental para todo estudo micênico e portanto conservei o texto original, fazendo apenas um pequeno número de correções essenciais, imprescindíveis diante de achados subsequentes. Não tentei atualizar as referências bibliográficas, com muito poucas exceções; ao contrário, reduzi as notas eliminando comentários sobre artigos efêmeros, publicados nos anos que se seguiram à decifração do Linear B. O artigo é reproduzido com a autorização dos editores da *Economic History Review*.

babilidade de que a história da economia venha a ser um dos principais beneficiários. Este artigo pretende não só avaliar o material em seu estado atual, mas também colocar, em termos muito gerais e hipotéticos, algumas de suas implicações mais amplas para a história econômica, tanto metodológicas como de conteúdo[4]. O número de tabuinhas conhecido supera 3.500, muitas delas com pequenos fragmentos enquanto outras só têm nomes próprios. As trezentas publicadas no livro de Ventris e Chadwick exemplificam cada tipo e incluem todas as tabuinhas que têm alguma importância individual. Até aqui, as tabuinhas em Linear B só foram encontradas em Cnossos e Kaniá, em Creta, e, no continente, em Pilos, Micenas, Tirinto (na península do Peloponeso) e Tebas[5]. Quanto ao comprimento, as inscrições variam de três a quatro palavras até um máximo de umas cento e cinquenta, sendo as mais curtas as mais comuns. Em relação a seu contexto, sem exceção, há registros de arquivo de um tipo ou outro, especialmente listas e inventários compostos de um mínimo de palavras e cifras. Não se encontrou uma única comunicação, acordo, norma administrativa, lei ou decisão judicial; em outras palavras, nada que possa lançar luz sobre o pouco material de que dispomos; e, além disso, nada que mostre uma ligação direta com o mundo exterior.

A interpretação dos textos – e, na verdade, a própria decifração – ressente-se, portanto, da ausência quase total de um controle contextual. Hipoteticamente poderíamos passar por uma série considerável de tabuinhas lendo "Roupas de linho de D.: um manto, uma túnica" (219 = KN L 594), e outras semelhantes, entender errado cada palavra isolada e não se aperceber[6]. E pode-se aventar facilmente uma dúzia de explicações plausíveis desse inventário, sem possibilidade de decidir entre elas. A escrita das tabuinhas compõe-se de 87 signos silábicos, talvez 250 ideogramas (contando-se as variantes), números e símbolos de peso e volume. Em conjunto, os mais de trezentos signos são singularmente inadequados para a língua grega, e os críticos da decifração deram muita importância ao fato. Voltarei a esse ponto na próxima seção. Aqui é necessário observar apenas que a dificuldade e as deficiências da escrita constituem um segundo obstáculo importante no progresso da decifração e interpretação.

Os autores dividem seus documentos em seis categorias:

1. *Listas de pessoal* (14 tabuinhas de Pilos, 18 de Cnossos e 1 de Micenas). Algumas são enumerações muito curtas: "Sete mu-

lheres moedoras de grão, dez moças, seis rapazes" (1 = PY Aa 62). Outras juntam os ideogramas de trigo e figos com símbolos de quantidade, e Ventris e Chadwick acham que isso se refere a rações. Outras ainda, muito mais longas, parecem catalogar homens sob títulos administrativos, designações de trabalhos específicos e similares. Mesmo de um ponto de vista otimista, pouco sentido se conseguiu extrair delas, com a possível exceção de um grupo (nos 53-60), que pode, como acreditam seus autores, registrar atribuições militares de mão de obra feitas antes de um ataque contra Pilos (provavelmente o próprio ataque que ocasionou sua destruição)[7].

2. *Gado e produtos agrícolas* (11 de Pilos, 32 de Cnossos, 4 de Micenas). As tabuinhas sobre gado são todas breves. Revelam quantidades muito grandes de ovelhas, cabras e porcos (nessa ordem), pouco gado bovino e ainda menos cavalos. Em muitas, a preponderância excessiva de carneiros sobre ovelhas e a frequência de números redondos nos totais mostram que não havia censos de rebanhos. Ventris e Chadwick salientam "tributo imposto a seus súditos pelo senhor" (p. 198)[8]. As tabuinhas sobre produtos também são breves, contudo suficientemente variadas para sugerir rações (cereais, azeitonas, figos) em alguns casos (mais para grupos que para indivíduos), requisições em outros. Várias listas de especiarias bem detalhadas de Micenas atraíram especial atenção e atualmente podem ser explicadas à vontade[9].

3. *Propriedade e uso da terra* (47 de Pilos, 12 de Cnossos). São os documentos mais complexos, os mais amplamente discutidos, sem dúvida os mais importantes – e os mais ininteligíveis. Resumir seu conteúdo em um parágrafo é impossível, e sua análise será deixada para a seção III.

4. *Tributo proporcional e oferendas rituais* (33 de Pilos, 9 de Cnossos). Sob esse título, redigido de maneira bastante curiosa e nada consistente, os autores incluem um variado sortimento de textos, que consideram distintos dos outros pela indicação explícita de que "as operações são evidentemente de natureza sazonal ou periódica" (por exemplo, 168 = PY Es 644: "A contribuição ano após ano de Copreu: 84 l. trigo" e assim por diante para treze anotações, cada uma com um nome e uma quantidade diferentes)[10]; pela indicação de "imposição", "contribuição" e, se necessário, "déficit"; ou por outras indicações de uma programação fixa de "tributos ou oferendas", algumas vezes de caráter religioso (por exemplo, 172 = Tn 316, linhas 8-10: "PILOS: i-je-to-que

[executa certa ação?] no [templo] de Zeus e leva os presentes e leva esses para transportá-los. Para Zeus: um vaso de ouro, um homem. Para Hera: um vaso de ouro, uma mulher. Para Drímio o sacerdote [?] de Zeus: um vaso de ouro [lacuna]")[11].

5. *Tecidos, vasilhas e móveis* (18 de Pilos, 22 de Cnossos, 4 de Micenas). Essa categoria inclui inventários de uma variedade considerável de mercadorias. A maioria é do tipo "De Davo (?):... Três trajes do tipo tu-na-no medidas de lã" (210 = KN Lc 526); ou do tipo "Uma cadeira do tipo primavera (?) incrustada de cianita (?), prata (?) e ouro no espaldar (?), etc." (244 = PY Ta 714). Mas outras sugerem ou indicam explicitamente uma operação ou uma ocasião, e quanto mais detalhadas menos inteligíveis.

6. *Metais e equipamentos militares* (19 de Pilos, 29 de Cnossos). Essa categoria é muito comparável à anterior, com o interesse adicional de que, pela natureza das coisas constantes da lista, há um campo considerável para a comparação com os achados arqueológicos, e os autores tiraram proveito disso e fizeram um uso excelente da oportunidade.

II

O vocabulário das tabuinhas é notavelmente restrito: fora os nomes próprios, o total "não passa de 630 unidades léxicas ou 'palavras' separadas" (p. 385)[12]. A importância desse fato é salientada por três considerações adicionais: (1) Embora os textos abranjam cerca de duzentos anos e venham de três locais relativamente afastados, há uma total e surpreendente uniformidade na linguagem, e uma identidade de conteúdo, menos completa, mas também impressionante. "Novos achados", dizem os autores, "podem levar-nos a rever nossas opiniões a esse respeito; mas no momento o dialeto apresenta um extraordinário grau de homogeneidade comparado com as inscrições clássicas dispersas tanto no tempo como no espaço. Até a época helenística a Grécia não recobraria tal unidade linguística" (p. 76); (2) Os textos obedecem a fórmulas altamente rígidas, tanto nas complicadas tabuinhas de posse de terra como nos inventários mais simples[13]; (3) A sobrevivência física das tabuinhas foi acidental em um sentido muito especial. Feitas de argila de modelar, escrevia-se sobre elas quando ainda úmidas; depois eram postas para secar, mas não cozidas. Todas as provas (e especialmente a ausência de datas) evidenciam que elas eram destinadas a registros puramente temporários. Ventris e Chadwick sugerem mesmo que eram "trituradas em intervalos de um ano ou menos" (p. 114). O que restou, então, foram essas tabuinhas particulares casualmente guardadas no momento em que Cnossos, Pilos e Micenas, respectivamente, foram destruídas: e aconteceu serem incendiadas durante a destruição.

Várias são as inferências e conclusões a que se pode chegar. São poucas as perspectivas de que novos achados venham a ampliar de modo significativo o campo de ação dos textos, quer quanto ao conteúdo, quer quanto à linguagem. É extremamente improvável que diversas conflagrações em diferentes lugares e momentos, por mera coincidência, tenham selecionado, para sobreviver, os mesmos tipos de documentos, desentranhando-os de uma coleção muito mais variada[14].

A documentação, de algum modo, estendia-se a uma gama de atividades muito maior do que revelam as tabuinhas existentes. Não só é inconcebível que não haja nada nos escritos que se refira a relações exteriores (políticas ou comerciais), por exemplo, como também há provas de outras atividades nas próprias tabuinhas. A escrita à mão mostra que pelo menos seis escribas diferentes escreveram trinta e oito textos micênicos e que "mais de trinta foram responsáveis por cada uma das séries de Pilos e Cnossos, e em alguns casos um determinado escriba está associado a um único tipo de registro" (p. 109)[15]. As tabuinhas que temos são insuficientes no conjunto, em número e em alcance, para justificar tantos escribas profissionais, e devemos supor uma atividade considerável que escapou completamente à pá do arqueólogo. É ocioso fazer conjecturas sobre os motivos que determinaram a escolha dos materiais usados para documentação nessa época. Um exame das práticas usadas na Ásia Menor, Mesopotâmia e Egito, no II milênio a.C., revelará uma grande variedade de modelos nesse aspecto, e muito poucas vezes, ou nenhuma, podemos compreender a escolha; como tampouco podemos explicar adequadamente por que alguns povos usaram o material mais duradouro de todos – a pedra – para uma grande variedade de textos, enquanto que os reis de Micenas, que foram grandes construtores em pedra, nunca registraram nada sobre ela. O único erro que não podemos cometer é supor que os registros temporários indicam automaticamente operações de relativa insignificância. Não havia nem o interesse da preservação para a posteridade nem o interesse econômico (isto é, cálculo de longo alcance ou análise) para motivar a conservação de documentos uma vez que a operação já estava encerrada ou que uma série de relações tinha se modificado. Os registros serviam para necessidades correntes; o costume, a moda ou a disponibilidade das matérias-primas – não a importância – determinaram a escolha entre a argila, por exemplo, e o papiro[16]. Disso deduz-se, portanto, que, com relação ao conteúdo das tabuinhas micênicas, o argumento do silêncio é menos digno de crédito que nunca, salvo uns poucos contextos especiais.

As circunstâncias peculiares da sobrevivência nos dão uma superfície plana, sem profundidade. Podemos aprender algo das instituições micênicas no momento de sua morte, mas nada nas tabuinhas revela-nos sua história, muito menos uma história de cinco séculos. Certamente a relativa constância e uniformidade dos textos podem sugerir que pouca coisa mudou desde Cnossos em 1400 a.C. até Pilos e Micenas em 1200. Mesmo que fosse o caso, todavia, não seria adequado concluir que semelhante falta de mudança caracterizou sempre a Idade do Bronze desde 2000 a.C. Todos os registros arqueológicos depõem contra isso, e o mesmo acontece com as evidências da linguagem e da escrita. Situação incômoda e pouco comum, nessa forma extrema; mas fazer de conta que ela não existe e inventar uma história por trás das tabuinhas (em sua maior parte sem etimologias e filologia comparada), como se está fazendo em todas as partes, é convidar a essa espécie de reação que em antropologia, sob circunstâncias análogas, levou muitos a praticamente expulsar a história do reino do discurso racional.

É lugar-comum dizer que, no final de sua história, as instituições expressam-se frequentemente em termos e formas que perderam completamente seu significado original e que, em consequência, são totalmente enganosas para o observador de fora. Nesse contexto, todavia, é necessário insistir nisso. O vocabulário rigorosamente limitado, a uniformidade quase rígida da linguagem, a formulação entrecortada dos textos, e mesmo as formas estilizadas e as linhas das tabuinhas[17] – tudo isso é a marca de uma longa tradição de escribas, de uma pequena classe profissional com seu jargão peculiar, conservando registros que ninguém mais precisava ler (ou, segundo todas as probabilidades, lia). Aí, estou certo, está a chave para a notória falta de adaptação da escrita à língua grega. A poesia grega é inconcebível em Linear B, a prosa contínua é possível, embora improvável, mas inventários e documentos semelhantes seriam perfeitamente inteligíveis para os iniciados (de forma muito semelhante a qualquer código)[18]. Mas aí, também, está nossa maior dificuldade. Uma combinação de termos fossilizados e fórmulas semelhantes às de um código constituem uma armadilha permanente: as palavras, com frequência, podem significar qualquer coisa, menos o que parecem significar, como o estudo dos textos cuneiformes e hieroglíficos tem demonstrado repetidamente[19]. Antes de voltar ao conteúdo das tabuinhas, portanto, é necessário fazer um rápido exame do estado atual da decifração.

Ao apresentar o vocabulário de 630 palavras, Ventris e Chadwick expõem a seguinte aritmética: "40% das palavras têm formas que, considerando-se a evolução histórica, podem ser diretamente equiparadas com as homéricas ou clássicas, e têm significados correspondentes que se ajustam no contexto das tabuinhas com uma certeza virtual... Os 60% restantes incluem compostos sem equivalentes posteriores; ortografias nas quais o contexto não permite fazer uma escolha conclusiva entre as identificações possíveis...; e, finalmente, formas que ainda não podem ser explicadas etimologicamente, embora sua função e significado aproximado possam ser deduzidos do contexto" (p. 385)[20].

Semanticamente, todavia, o quadro é mais negativo que o anterior pelo seguinte: como os próprios autores advertem em seu capítulo inicial, "Mesmo onde o significado de dicionário das palavras existentes nas tabuinhas pode ser determinado com segurança (por exemplo, em uma frase como 'os ferreiros não deram' em 176 = PY Ma 123), não há garantia de que possamos entender o significado total de tal anotação, e a situação real ou transação que o escriba registra só pode ser adivinhada algumas vezes com o auxílio de analogias muito distantes." (p. 27)[21]

A certeza virtual de Ventris e Chadwick sobre os 40% limita-se frequentemente à sua relação filológica com o grego, e não ao seu significado nas tabuinhas. Por exemplo, há a importante palavra *wo-ze*, que eles definem como "trabalha", executa, possivelmente "lavra". A alternativa sugerida desmente por si só a certeza, e nas páginas 254-255 há uma longa discussão da palavra, justamente porque "seu significado nesse contexto é incerto". O contexto é a posse de terras, e nele raramente se pode atribuir um sentido claro a uma palavra isolada. Assim, *da-mi-jo* é definido como "uma espécie de propriedade agrícola, talvez equivalente a um *onaton paro damoi"*; contudo, *da-mi-jo* está incluída nos 40%, *o-na-to* (definida como "fazenda, terra arrendada ou compra [?] de terra") está nos 60%, simplesmente porque a primeira parece relacionada claramente com a palavra grega *demios*, enquanto a última não tem uma relação igualmente clara com o grego (pp. 235-6)[22].

O modo de incluir as palavras nas duas categorias faz com que o grupo dos 40% perca importância para o historiador. Uma grande parte – embora não a totalidade – constitui-se de nomes de objetos ou adjetivos. No outro grupo aparecem quase todas as palavras que parecem definir o caráter das propriedades rurais, na maioria termos de ofícios (uma classe numerosa), e todas, menos três, referentes a um grande número de "títulos" indicando posição social ou política[23].

Portanto, é impossível expressar o estado atual da decifração em porcentagens significativas. O progresso do aspecto linguístico deixou muito para trás o progresso na interpretação do conteúdo. Isso é exatamente o que poderia ter sido previsto. Os escritos hieroglíficos e cuneiformes já são lidos há muito tempo, e são incomparavelmente superiores em número, variedade e extensão. Contudo, nossa compreensão da posse de terra na Babilônia e no Egito, por exemplo, continua muito imperfeita[24]. A questão imediata com que nos defrontamos, então, não é a consideração desse ou daquele detalhe do mundo micênico, mas aquelas considerações gerais que podem ser legitimamente levantadas nesta fase.

III

Todas as tabuinhas foram encontradas nas ruínas do palácio (ou estreitamente ligadas a elas)[25]. Esse é um fato arqueológico de importância fundamental, pois leva à hipótese de que estamos diante de uma economia palaciana, de grande alcance e muito organizada, de um tipo amplamente confirmado e fartamente documentado em todo o antigo Oriente Próximo[26]. Tal economia não foi conhecida na Grécia depois da queda de Micenas e, muito logicamente, igualmente desconhecidos foram os arquivos e textos administrativos desse tipo e as estruturas palacianas grandes e complicadas com seus enormes armazéns e salas de arquivo[27]. Até onde chegou realmente a economia de palácio micênica, se cobriu a totalidade da economia ou deixou algum espaço para a atividade "privada" independente, agora não pode ser determinado, mas creio que a primeira é a melhor hipótese de trabalho.

Pelo menos isso é o que se deduz das tabuinhas: que os registros do palácio englobavam agricultura e pastoreio; uma grande gama de processos produtivos especializados; armazenamento de mercadorias de uma variedade e quantidade que vão muito além das meras necessidades de consumo do palácio, em seu sentido estrito (mesmo considerando-se um gasto excessivo e uma ostentação manifesta); e um pessoal numeroso, hierarquicamente ordenado, desde os "escravos" até o rei no ápice, relacionando-se cada estrato social, nos textos vigentes, ou com uma função (inclusive militar e religiosa, bem como "econômica") ou com a posse de terras, ou ambas ao mesmo tempo. Em todas essas atividades faltam muitas coisas importantes. Nas tabuinhas existentes não se pôde ler nenhuma palavra que seja possível traduzir, com segurança, como "comprar", "vender", "emprestar" ou "pagar um salário" (ou os substantivos correspondentes)[28]. Além de tudo, Ventris e Chadwick observam que eles "ainda não tinham podido identificar nenhum pagamento em prata ou ouro por serviços prestados" (p. 113), e que não há provas "de nada que se aproxime da moeda. Cada artigo é relacionado separadamente, e nunca há um sinal de equivalência entre uma unidade e outra" (p. 198)[29]. Tomados em seu conjunto, esses silêncios podem constituir legitimamente, creio, uma exceção à dúvida geral que levantei na seção II, sobre os argumentos baseados no silêncio. Eles revelam uma operação de redistribuição em massa, na qual todo o pessoal e todas as atividades, todos os movimentos de pessoas e de mercadorias, por assim dizer, eram fixados administrativamente. O trabalho era executado, as terras e as mercadorias eram repartidas, os pagamentos eram feitos (isto é, distribuições, cotas, rações) segundo programações fixas frequentemente corrigidas e reformuladas (talvez anualmente). Essa rede de atividades centralizadas requer registros – mais precisamente, registros na forma e nos mínimos detalhes, como temos nas tabuinhas. Mas pode-se prescindir de registros permanentes e mesmo, ao que parece, de balanços e resumos sistemáticos.

Isso não nega a existência do comércio, mas neste caso o silêncio dos textos bloqueia-nos completamente. Não sabemos nada sobre possíveis intercâmbios por particulares depois que a cadeia da distribuição administrativa era completada. Mais importante ainda, não sabemos nada sobre o comércio exterior, salvo que existia[30]. Tampouco sabemos quem o organizava ou quem executava as operações necessárias. Se fosse preciso adivinhar, eu me inclinaria pelo lado do palácio, embora não deseje arriscar qualquer tipo de adivinhação sobre o pessoal ou sua nacionalidade. A história do antigo Oriente Próximo mostra uma tendência inequívoca para que o palácio (ou o templo) monopolize o comércio sempre que possa, e a civilização micênica no período dos palácios labirínticos e da documentação elaborada apresenta todas as características de uma etapa exatamente igual a essa[31]. A ausência de textos, aqui, não é decisiva, da mesma forma que para todas as relações estrangeiras.

Neste ponto farei uma digressão para estudar um grupo de tabuinhas cuneiformes, porque contém muitas lições valiosas para o estudioso da economia micênica. Os documentos em questão procedem principalmente da cidade de Larsa e englobam o fim do reinado de Hamurábi e os cinco primeiros anos de seu sucessor, e registram, em grande escala, o comércio de pesca (uns 15.000 peixes em um exemplo). Na sua maioria os textos parecem simples e diretos, e a conclusão a que os assiriólogos chegaram rapidamente foi resumida por Heichelheim em 1938 em sua clássica *História da economia antiga:* "Numerosos documentos cuneiformes tratam da venda e arrendamento de propriedades, que, com o crescimento do capital de investimento, ensejou a possibilidade de um investimento lucrativo... Assim a pesca foi incluída (embora só até certo ponto) nos padrões econômicos mais avançados do Oriente Próximo antigo..."[32] Em 1942, Koschaker desenhou um quadro totalmente diferente[33]. Em vez da compra e venda em grande escala, capital e investimento, Koschaker viu uma quantidade de operações puramente administrativas: o peixe era entregue no palácio como pagamento obrigatório dos pescadores; o palácio, então, dispunha do produto através de um oficial, o *tamkarum,* embora os documentos não nos permitam acompanhar o procedimento depois que o oficial se encarregava do produto.

A explicação dessa divergência de opiniões quase incrível encontra-se nos próprios textos. Eles se parecem muito com simples acordos de vendas, com as palavras traduzidas habitualmente como "comprar" e "vender" e, pior ainda, com "preços" calculados em prata, com datas de pagamento e indicações ocasionais de atrasos no pagamento[34]. Como Koschaker descobriu, tudo isso era um disfarce jurídico. Os documentos não são acordos ou registros privados de nenhuma espécie, e sim "folhas" dos livros contábeis do palácio nos quais, para efeito de contabilização, todas as operações eram registradas com preços fictícios fixados em "prata", como se o peixe tivesse sido comprado do pescador e vendido para o *tamkarum,* quando na realidade tinha sido transferido de um para o outro como parte de uma rede de operações do Estado dentro da economia de palácio.

Koschaker não descobriu o monopólio do comércio do palácio ou uma economia de palácio administrativa. Sua existência já era bem conhecida. Mas o estudo de Koschaker revelou – e isso, na minha opinião, torna-o um ponto decisivo nos estudos econômicos do Oriente Próximo antigo –, primeiro, que esse tipo de economia foi mais predominante do que se tinha acreditado; segundo, que podia ter estado oculto nos lugares mais inesperados. Quanto ao método é importante salientar dois pontos em especial: (1) as leis de Hamurábi mostraram-se mais um obstáculo que uma ajuda nessas questões, muitas vezes ignorando ou contradizendo efetivamente as práticas legais e os princípios descobertos nos documentos contemporâneos; (2) a figura-chave das operações de Larsa era o *tamkarum* (*damgar* em sumério), conhecido em muitos lugares e que aparece em todos os livros como o mercador babilônio por excelência. Contudo, agora vemos que, sem mudança de nome, era às vezes não um comerciante privado e sim um membro da hierarquia palaciana[35].

A extensão da ficção legal nas tabuinhas de Larsa é assombrosa, pois uma operação administrativa é tratada como se fosse uma transação legal privada, de modo tão absoluto que uma geração de especialistas nas leis e na linguagem foi completamente enganada. Tampouco esse é o único exemplo: o recurso das ficções legais complexas era aparentemente um fenômeno comun no antigo Oriente Próximo[36]. As razões, acredito, nos escapam, mas podemos estar certos de que onde essas ficções foram empregadas as instituições relevantes já tinham atrás de si uma história longa e complicada. Com o uso da ficção, os escribas do antigo Oriente Próximo, que eram os juristas, adaptavam a lei para fazer frente a necessidades novas (ou revividas), ao mesmo tempo que mantinham a rigidez da forma, tão visível nos documentos dessa região[37].

Não estou preparando o terreno para sugerir que as tabuinhas de Micenas estão cheias de ficções legais. Sabemos muito pouco para fazer uma suposição como essa atualmente, e provavelmente tudo acabará sendo diferente. Mas não tenho nenhuma dúvida de que existe uma considerável história por trás das tabuinhas, da qual nada sabemos. Falta-nos, portanto, esse controle sobre os textos. E também não dominamos uma variedade de textos, documentos privados e leis para pôr ao lado das anotações do arquivo do palácio. "Um documento administrativo", nas palavras pessimistas de Koschaker, "fornece apenas um elo na cadeia de procedimentos, e só quando completa ela revela o mecanismo administrativo. Portanto um documento administrativo é, por si mesmo, inacessível, sua explicação um assunto sem esperança, se não dispomos de outros elos da cadeia."[38] Em relação às tabuinhas micênicas isso é particularmente certo com respeito aos textos de posse de terras, e eles são a chave de todo o complexo de documentos.

É desconcertante concentrar-se nessas tabuinhas de posse de terras. Em três anos escreveu-se muito sobre elas, construindo-se um quadro magnífico do regime de terras de Pilos (o único lugar onde foi encontrada uma série suficiente de textos), mas quase nada, na minha opinião, tem um grau de certeza razoável neste momento. Tudo se apoia em um punhado de palavras-chave (mais o ideograma de grão): *da-mo, ke-ke-me-na, ki-ti-me-na, ko-to-na* e *o-na-to,* que Ventris e Chadwick traduzem como "aldeia"; "aprox. comunitária"; "introduzida no cultivo (pela iniciativa privada?), de terra não administrada pelo *damos*"; "fazenda, lote de terra"; e "possessão, arrendamento ou compra (?) de terra", respectivamente[39]. Salvo *ko-to-na,* nenhum desses significados é determinado ou controlado pelo contexto, todos foram deduzidos filologicamente. Mesmo quando os filólogos chegam a um acordo (e nisso não foram muito longe), o historiador se encontra insatisfeito com a semântica – e é o significado que está em jogo. Das cinco palavras citadas, só *da-mo* é "evidente". O problema é que em Homero *dêmos* já tem três significados diferentes (nenhum deles equivalente a "aldeia"), e o grego posterior acrescentou mais três ou quatro. Embora todos esses significados tenham uma interligação, a escolha do que é correto faz uma grande diferença, se, de fato, algum deles fornece o sentido próprio das tabuinhas. Concluir que é "aldeia", ou "coletividade", mesmo como uma convenção, é introduzir uma interpretação muito precisa e de longo alcance pela porta dos fundos, e por tudo que eu disse fica claro por que não posso aceitar essa definição[40]. *Ko-to-na* apresenta uma dificuldade de outro tipo. O significado de "campo, lote" pode ser deduzido das fórmulas, mas seu elo grego é a palavra pouco usada *ktoina,* conhecida apenas por um pequeno número de inscrições ródias do século III ou IV a.C. (isto é, mil anos mais tarde) e por uma interpretação deturpada no lexicógrafo alexandrino Hesíquio (provavelmente do século V d.C.). O que era exatamente a *ktoina* de Rodes não ficou claro de modo algum[41], mas certamente não se tratava de "uma unidade de cultivo em pequena escala" (p. 232). As três últimas palavras não requerem um exame aqui: a situação léxica ainda é pior[42].

Não obstante, destacam-se uns poucos fatos e conclusões, quase (mas não de todo) sem ler nenhuma palavra isolada[43]. (1) Os acordos minuciosos referentes a terras eram parte importante da economia de palácio. Tanto a complexidade como os controles elaborados do sistema são evidentes por muitos indícios, dos quais destacarei no momento apenas o modo como os documentos se ajustam e os números muito precisos de cada anotação[44]. (2) Havia diferenças jurídicas essenciais na posse de terras. Qualquer que seja o significado de *ke-ke-me-na* e *ki-ti-me-na,* são os nomes de duas categorias opostas de posse (quase com certeza não precisamente "cultivado" e "não cultivado", ou "cultivável" e "pasto", ou algo desse gênero), o primeiro "quase invariavelmente" ligado a *da-mo* (p. 233). E essas duas palavras, embora as mais comuns, não esgotam os tipos de posse. (3) O pessoal especificado nas tabuinhas referentes a terras inclui toda a gama de classes sociais e ocupações de Micenas: de rei a "escravo", sacerdotisa, pastor, ceramista, etc. Esse fato, combinado com a ausência de qualquer indicação de aluguel (em "dinheiro" ou espécie), permite supor que muita (ou quase toda) terra era possuída de acordo com o cargo, classe social ou ofício e que as obrigações do e para o centro eram calculadas e cumpridas por meio de distribuições de cotas de terras e produtos (agrícolas, industriais e intelectuais). Devemos imaginar uma situação na qual oficiais, soldados, artesãos, pastores e fazendeiros possuíam terras (ou trabalhavam a terra) sob condição de prestar serviços ou produzir cotas de produtos, industriais ou agrícolas, conforme o caso. Devemos imaginar, além disso, uma variedade de complicações crescendo durante séculos, de modo que o mesmo indivíduo pudesse ocupar mais de uma fazenda, cada uma sob condições diferentes, ou que pudessem existir simultaneamente maneiras distintas de distribuir matérias-primas, ou que se pudesse considerar as distinções entre "escravo" e "livre", e assim por diante. Em tal sistema, os números precisos de coisas e as quantidades de terra tinham que aparecer nos registros – e aparecem; mas valores equivalentes não são encontrados[45].

IV

Um novo progresso na decifração e interpretação das tabuinhas – salvo a descoberta inesperada de material de qualidade totalmente diferente – baseia-se necessariamente (1) na investigação sistemática, quase estatística das palavras, combinações de palavras e fórmulas, sobre o modelo da análise criptográfica, (2) no estudo filológico complexo de equivalências com palavras e formas gregas conhecidas, e (3) nas analogias feitas com outras sociedades. Não precisamos nos deter nas duas primeiras. Já observei que há perigos e graves desvantagens em tentar construir sobre palavras e etimologias gregas. Em qualquer caso, isso é trabalho para os filólogos; o do historiador encontra-se no terceiro item[46].

A análise comparativa requer algumas considerações sobre o método. A primeira pergunta é: comparação com quem? Inevitavelmente, a descoberta de que a língua das tabuinhas era grega dirigiu imediatamente a atenção para as fontes gregas, e especialmente para as mais antigas, a *Ilíada* e a *Odisseia*. Em outra parte argumentei longamente que isso é uma ilusão, que a descontinuidade entre os mundos micênico e grego era tão grande que é inútil procurar no último um meio de conhecer o primeiro[47]. Não repetirei meus argumentos aqui, além da simples afirmação de que nunca no próprio mundo grego (isto é, excluindo-se as sociedades tão diferentes, basicamente, como o Egito ptolomaico) encontramos palácios complexos, arquivos, ou uma economia palaciana como em Micenas. Porque a língua grega sobreviveu, muitos termos micênicos também continuaram existindo, mas é um erro presumir que, no que se refere a instituições, seus significados tenham permanecido essencialmente inalterados na sociedade radicalmente diferente cujo embrião vemos nos poemas de Homero. Uma vez admitido isso, a inutilidade das analogias gregas atinge seu ponto máximo de declínio[48]. Outras analogias indo-europeias, na medida em que repousam exclusivamente na filologia e suprimiram o mito da sociedade indo-europeia, são ainda menos úteis[49].

A fonte alternativa de comparações é o mundo contemporâneo de Micenas – Egito, Síria, Ásia Menor, Mesopotâmia –, independentemente do grupo linguístico. A mera contemporaneidade, naturalmente, é uma garantia suficiente para a analogia, e uso essa palavra em sentido amplo ao referir-me à totalidade do II milênio a.C. e até alguns séculos mais além[50]. Todavia, ao considerar a economia administrativa do palácio, tentei indicar uma base apropriada. Se eu estiver certo, então a direção que os estudos posteriores deverão tomar é evidente. Ventris e Chadwick estabeleceram um ponto de partida importante. "Esses registros contemporâneos", escrevem eles, "apresentam a mais útil e importante analogia com as tabuinhas de Micenas, e serão frequentemente citados em nossos comentários." (p. 106) O passo seguinte, urgente, é tipológico. O método de análise comparativa por fragmentação é limitado e, em última análise, enganoso[51]. O mundo do antigo Oriente Próximo não era homogêneo. Tanto os restos materiais como os documentos mostram grande variedade e um movimento considerável. Deve ser estabelecida uma tipologia, e a partir dessa base de trabalho a análise comparativa sistemática será proveitosa. Disso, acredito, surgirá a economia de palácio como a instituição central. Micenas provavelmente ficará na periferia desse estudo, por causa da natureza dos documentos, mas a decifração tem, pelo menos, uma importante contribuição a fazer. Ela livra a "sociedade asiática" de sua tradicional ligação com o "Oriente" e com os vales ribeirinhos inundados[52].

Por economia palaciana entendo um padrão de organização – econômico, social e político – essencialmente diferente de qualquer um dos que aparecem nas tipologias ocidentais tradicionais. A presença de algumas semelhanças, como os escravos, por exemplo, ou a posse condicional das terras, é óbvia, mas sua localização no conjunto do contexto é diferente. "Certamente algum tipo de sistema feudal de posse de terra", dizem Ventris e Chadwick (p. 121), e muitos que escreveram sobre as tabuinhas micênicas compartilham esse mesmo ponto de vista. Mas é exatamente esse, na minha opinião, o obstáculo para entender não só Micenas mas também suas contemporâneas. Em nenhum outro lugar o feudalismo exótico, que tanto irritou Marc Bloch, cresceu com mais exuberância e em ambientes menos apropriados[53]. É necessário arrancar pela raiz todas as ervas daninhas e considerar essas relações sociais como algo novo e diferente[54]. Isso cria problemas muito grandes para os historiadores ocidentais, que carecem dos conceitos e da linguagem, e precisam inventá-los. Essa é uma dificuldade que requer ousadia disciplinada, e, sob o aspecto filológico, Ventris e Chadwick estabeleceram um precedente importante.

13
HOMERO E MICENAS: PROPRIEDADE E POSSE*

Até há pouco tempo foi aceito como verdade que os poemas de Homero refletiam o mundo micênico, que ruiu de repente por volta de 1200 a.c. Não é de surpreender, portanto, que desde a primeira publicação anunciando que as tabuinhas micênicas tinham sido decifradas a discussão desses documentos tenha sido repleta de referências, paralelos, analogias, argumentos e ressonância de Homero[1]. O procedimento tendeu a ser fortuito e arbitrário em extremo: uma passagem solta da *Ilíada*, o aparecimento de uma palavra especial ou um nome, tanto nas tabuinhas como nos poemas, e possíveis relações etimológicas são destacados quando parecem provar um ponto ou sugerir um significado; ou a ausência dessas identidades é invocada como prova. Mas não tem havido uma consideração sistemática quer dos problemas históricos envolvidos na justaposição de dois grupos de matérias, quer dos princípios metodológicos que devem ser aplicados para que a análise seja válida. O objetivo deste artigo é examinar ambos os aspectos do problema, o histórico e o metodológico, em um campo, as instituições e relações que têm por centro a propriedade e a posse. Proponho-me considerar, lado a lado, até que ponto parece haver continuidade (ou descontinuidade) entre o mundo das tabuinhas e a sociedade dos poemas, e até que ponto o material dos poemas (quer considerações gerais, quer passagens específicas ou palavras soltas) pode ser adequadamente empregado na interpretação dos textos micênicos (ou vice-versa).

I

Na busca de peças soltas em Homero, há o perigo de que a perspectiva básica se torne distorcida de modo geral. O registro ar-

---
* Publicado originalmente em *História* 6 (1957), 133-159. Como no capítulo precedente, eliminei das anotações comentários sobre trabalhos mais antigos que a meu ver não merecem nova publicação.

queológico na Grécia está marcado por um declínio muito acentuado depois da destruição de Micenas. Esse é um fato inegável que devemos dar por encerrado, enquanto a argumentação sobre a copa de Nestor e os tipos de escudo prossegue. Ele cria, por si mesmo, a ideia de que o mundo dos século X e IX era muito diferente do mundo dos séculos XV, XIV e XIII. Também é um fato inabalável que quatro séculos se passaram entre 1200 e 800, doze ou treze gerações, tempo suficiente para consideráveis transformações sociais e políticas[2].

O grau de importância das mudanças tornou-se evidente tão logo foram publicadas as primeiras leituras das tabuinhas micênicas. A própria existência da escrita já é, em si, de importância capital; como também o é a perda da arte depois da queda de Micenas[3]. Os poetas da *Ilíada* e da *Odisseia* viveram em uma época na qual a escrita tinha voltado à Grécia, mas o mundo que descreviam não a utilizou e se arranjou perfeitamente sem ela. E mesmo os séculos XVIII e XVII não escreveram como escreveu a sociedade de Pilos e Micenas. Para registros remotamente comparáveis às tabuinhas, temos que chegar a quase mil anos depois, aos inventários dos templos atenienses e délios; para uma comparação mais próxima, aos papiros do Egito depois de Alexandre, o Grande.

A questão não é só psicológica; é eminentemente prática. Os povos iletrados, mesmo os mais primitivos, são capazes de proezas de memória consideráveis nas rotinas ordinárias da vida. Transmitem suas mitologias e genealogias, selecionam padrões de parentesco bastante complicados, sabem exatamente onde estão localizadas suas terras de caça e de agricultura, e qual é o exato estado das obrigações a qualquer momento, em um *potlatch** ou nos acordos sobre o dote da noiva, tudo isso sem registrar nada em nenhum lugar. Para eles teria sido algo normal que Eumeu, sem consultar documentos, tivesse dito a um estrangeiro: Meu amo é tão rico que "nem vinte homens juntos têm tanta riqueza. Vou enumerá-la": "doze rebanhos de vacas no continente, doze de ovelhas, doze de porcos, e assim por diante[4]". Nas tabuinhas, todavia, não temos a simples enumeração de rebanhos, mas um sistema complexo de posses, entrelaçando-se frequentemente com uma estrutura hierárquica, apropriadamente articulada, da

---

* Palavra pertencente aos idiomas de algumas tribos de índios dos EUA, que significa uma festa cerimonial, no final da qual o anfitrião oferece valiosos presentes aos convidados ou destrói valiosos objetos de sua propriedade, para mostrar o grau de sua riqueza. (N. da T.)

população e uma elaborada especialização da ocupação e função, com distribuição de mão de obra e provisões, pagamentos a homens e deuses, tudo isso cuidadosamente registrado (em frações se necessário), catalogado e totalizado. Nem vinte Eumeus juntos teriam guardado essas operações na cabeça.

Posses, operações e registros não deixaram sua marca nos poemas. É inacreditável que poetas que descreveram a edificação da cabana de um pastor de porcos, a construção de uma balsa, as amarras de um navio e os preparativos para uma festa tenham conseguido ignorar tão completamente atividades que interessam a todos, do *ánax* aos escravos, se tais atividades faziam parte do mundo sobre o qual eles escreviam. Naturalmente, não esperamos encontrar referências frequentes à função operacional ou administrativa das classes sociais e do poder. Mas mesmo em *Beowulf*, por exemplo, que é muito mais limitado nessa gama de interesses – mais "principesco" – que a *Ilíada* (para não mencionar a *Odisseia*), e que é um poema muito menor, podemos ficar sabendo do costume de se enviar os filhos dos nobres para as cortes reais, do recrutamento de seguidores através de doações de tesouros ou terras, e da perda de terras pelo não cumprimento dos serviços prometidos[5]. Na *Ilíada*, apesar de suas longas digressões autobiográficas, *não há uma única* nota desse tipo; e tampouco na *Odisseia*, que volta repetidamente à questão do patrimônio de Ulisses. Não creio que a indiferença dos poetas seja explicação suficiente para a ausência total de referências à posse e ao funcionamento. Os autores de *Beowulf*, da *Canção de Rolando* e da *Canção de Nibelungo* eram igualmente indiferentes, mas *Gefolgschaft*, vassalagem e posse de terras, não obstante, são frequentes em seus poemas.

A explicação mais plausível é que a própria estrutura da sociedade (não meramente a escala) tinha mudado. Começamos portanto, antes de nos concentrarmos em qualquer dos detalhes, com o fato da descontinuidade, com uma brecha entre o mundo micênico e o homérico. Vistos em conjunto, os documentos confirmaram amplamente os achados arqueológicos. A questão é: quão profunda foi a descontinuidade?[6]

II

Um dos aspectos mais surpreendentes dos poemas homéricos é o modo pelo qual ignoram os movimentos populacionais no período posterior à queda de Micenas – não só as contínuas migrações da Grécia para a Ásia Menor e para o Ocidente, mas também as migrações, conquistas, assentamentos e reassentamentos que certamente ocorreram na órbita no mundo "grego". Há o relato de como Tlepólemo se estabeleceu com muitos partidários em Rodes[7]; há curiosa passagem na qual Menelau conta que tinha pensado em transplantar Ulisses com sua família, seus bens e seu povo para Argos[8]; e há o relato preciso da mudança dos feácios para a Esquéria sob o comando de Nausito: "E ele construiu um muro em volta da cidade, edificou casas, erigiu templos para os deuses e repartiu os campos."[9] Esta última é a única referência à divisão da terra no momento do assentamento (diferenciando-a da divisão de uma herança ou de uma propriedade tomada de um indivíduo, ou do produto dos saques de guerra), e pode ser, como acreditam alguns estudiosos, não uma referência a tempos primitivos, em absoluto, mas uma observação contemporânea que se insinuou no poema a partir da prática dos colonizadores gregos.

O que encontramos nos poemas é o mundo grego depois que acabaram os movimentos internos, o período posterior ao assentamento, um período de estabilidade. Assaltos a rebanhos, que às vezes acabavam se transformando em guerras, conflitos pelo poder e frequentes migrações de chefes *individuais* eram bastante comuns – mas assim também acontecia em muitas partes da Grécia no decurso da época arcaica e clássica. O número de histórias, nos poemas, sobre indivíduos que fugiram, usualmente por causa de um conflito familiar ou para escapar das consequências de uma luta de exterminação entre famílias, e que conseguiram situações de riqueza e poder no exterior, é decisivo, no meu entender. Tais situações são características de uma sociedade arcaica, na qual os padrões básicos de organização e ocupação da terra foram estabelecidos, e os nobres e os chefes tiveram tempo para formar uma rede de alianças pessoais.

Os períodos de grandes movimentos de pessoas "levam habitualmente a combinações de forças totalmente grotescas, que só podem ser separadas com dificuldade"[10]. Especialmente quando as migrações conduzem os povos para áreas de civilização relativamente avançada, sua estrutura social muitas vezes (provavelmente sempre) sofre uma transformação profunda; dentro de pouquíssimas gerações torna-se irreconhecível, por assim dizer. Esse foi nitidamente o caso dos invasores germânicos do Império romano, cujos padrões de assentamento variavam consideravelmente não só de região para região, mas, mais ainda, a partir da sociedade anterior ao assentamento, descrita brevemente por Tácito, até os séculos V e VI[11].

Provavelmente não há outras dez linhas em toda a literatura secular do mundo que tenham provocado tantos escritos – e mal escritos – como o capítulo 26 da *Germânia*, de Tácito. Atualmente muito poucos medievalistas responsáveis ainda se apegam à configuração, idealizada no século XIX, de uma aldeia primitiva indo-europeia que ocupava coletivamente a terra e a redistribuía periodicamente para manter o equilíbrio, forma de organização que conseguiu manter-se miraculosamente durante milhares de anos, sob as mais diversas condições e evoluções[12]. Infelizmente, a decifração das tabuinhas micênicas originou um ressurgimento dessas noções descartadas no lugar menos esperado, na literatura dos mundos de Micenas e Homero.

Tácito, afinal, descrevia um mundo instável, no qual havia "pelo menos tanto movimento contínuo... como assentamento permanente"[13]. Sabemos bastante sobre as consequências sociais das migrações germânicas, e o mais provável é que a entrada dos povos de língua grega no Egeu, no começo do II milênio a.C., tinha sido seguida de mudanças igualmente maciças durante os quinhentos e poucos anos que transcorreram até o momento da escrituração das tabuinhas; e que uma nova situação, com uma série de mudanças, surgiu no curso dos séculos que vão da queda de Micenas até o mundo dos poemas homéricos. A introdução da *Markgenossenschaft* na literatura das tabuinhas, portanto, envolve um duplo erro: primeiro, ressuscita um quadro histórico duvidoso, depois transfere esse quadro de uma esfera para outra muito diferente, baseando-se exclusivamente na filiação à família linguística indo-europeia (mais algumas conexões etimológicas complicadas e pouco convincentes de um pequeno número de palavras)[14].

Nos poemas homéricos, o regime de propriedade, em particular, já estava completamente estabelecido. Dificilmente se vê como as divisões e os assentamentos originais foram feitos, pois tudo isso ocorreu no passado e pertence à pré-história da sociedade. O regime que vemos nos poemas era, acima de tudo, um regime de propriedade privada. Não pretendo entrar nas controvérsias amplamente estéreis sobre a aplicabilidade de palavras como "privado" e "propriedade" para as fazendas primitivas e arcaicas[15]. É suficiente dizer que havia o direito livre e sem entraves de se dispor de toda riqueza móvel – um direito tanto conferido ao *filius familias* como ao *pater familias*; que a circulação contínua de riqueza, principalmente por doação, era um dos tópicos mais importantes da sociedade; e que, portanto, a transmissão por herança da propriedade de um homem, tanto móvel como imóvel, era aceita como um procedimento normal depois de sua morte. Esses direitos podiam ser alterados em algumas ocasiões, mas isso sempre acontecia por causa de algum defeito nas sanções, especialmente na capacidade do detentor do direito para exercê-lo; nunca por ser a existência desses direitos questionada. Mesmo Antínoo admitiu que as propriedades e a monarquia de Ulisses eram "patrimônio (de Telêmaco) por nascimento"[16].

Há problemas difíceis, certamente, mas geralmente se concentram na família, e não na comunidade ou no chefe supremo. Na medida em que os direitos e reivindicações ligados à propriedade se complicavam devido a um nascimento ilegítimo, por exemplo, ou pelos interesses futuros dos herdeiros, continuamos dentro dos limites do que chamo de propriedade "privada". Isto é, as escolhas e decisões, quando se tratava de assuntos familiares e não puramente pessoais e individuais, não estavam sujeitas aos direitos e poderes de algum agente externo, tanto um senhor feudal como uma coletividade. E só esta última está relacionada com nosso problema. A questão particular que devemos encarar é se, no mundo homérico, a terra era ocupada sob condição, no sentido duplo de que a retenção da propriedade exigia o cumprimento de obrigações ou a prestação de serviços, e de que a pessoa (ou grupo) de quem se dependia mantinha o direito, ainda que só um poder formal de veto, de controlar a disposição. É nessa área que o grau de continuidade ou descontinuidade entre os mundos micênico e homérico deve ser examinado.

A posse não deve ser confundida com a lealdade a um soberano. O mundo homérico tinha suas autoridades máximas, os reis em particular, às quais estava sujeita a riqueza de qualquer um, de diversos modos, resumidos na fórmula "honrá-lo como a um deus, com oferendas"[17]. Um homem podia, inclusive, ser rei de muitas *póleis*, como o pai de Eumeu[18]. A simples existência de um poder assim, no entanto, não garante por si mesma a crença de que existiam relações feudais. As posses feudais só constituem um dos laços possíveis entre as classes baixas e altas. No relato do oferecimento de Agamenon e Aquiles, de sete cidades, não há uma só palavra que sugira que as relações de propriedade nessas comunidades seriam transtornadas ou alteradas[19]. Em vez de honrar Agamenon com presentes, os habitantes honrariam Aquiles no futuro. Tampouco existe uma palavra que sugira que, em troca dos presentes, Aquiles deveria assumir obrigações de serviço para com o doador. Ao contrário, Agamenon é que se obrigava, satisfazendo essa obrigação com um presente "espontâneo".

Minha opinião é de que havia posses feudais, ou comparavelmente condicionais, no mundo homérico, e pretendo sustentar essa opinião examinando os textos (ou situações) específicos – em número muito pequeno – que foram apresentados como provas na direção oposta. Minha argumentação deve ser necessariamente negativa, o que é sempre difícil, especialmente quando a única fonte disponível é tão escorregadia como a *Ilíada* e a *Odisseia*. O raciocínio será que nem posse feudal, nem coletiva de aldeia, nem *ager publicus* – expressões que apareceram nesse contexto na literatura usual sobre esse tema – estão explicitamente indicados; e que a dedução de sua existência não é necessária e nem mesmo útil, às vezes.

As tabuinhas micênicas, ao contrário, indicam que em seu mundo a posse condicional era comum. Uma comparação entre os vocabulários próprios das tabuinhas e dos poemas, portanto, oferece um nexo importante na cadeia da argumentação, e vou examinar primeiro a terminologia antes de passar aos textos homéricos individuais.

III

Muitos objetos e ocupações têm o mesmo nome nas tabuinhas e nos poemas. Para nossa investigação essas palavras concretas não são reveladoras, e sim a terminologia classificatória. Para expressar noções aproximadamente comparáveis a "propriedade", "posse", "riqueza", "bens", os poetas tinham uma considerável variedade de palavras que usavam mais ou menos alternativamente: *aphenos, biotos, keimelia, kleros, kteana, ktemata, ktesis, patroïa, temenos* e outras menos frequentes. Com a única exceção de *temenos*, nenhuma delas foi lida com segurança nas tabuinhas, até agora. (Fato que não deve ter importância, porque os inventários e listas catalogam objetos precisos, não "bens" ou "posses" em geral, de modo que o vocabulário micênico pode muito bem ter tido palavras como *keimelia* ou *ktemata,* sem que estas apareçam nas tabuinhas.) Todavia, talvez não seja totalmente sem importância o fato de haver pelo menos cinco palavras nas tabuinhas indicando posse e, portanto, com caráter classificatório; só uma é homérica, *temenos*; as outras quatro são *kama, kekemena, kitimena* e *kotona (ktoina)*[20].

Quando nos voltamos para a linguagem das classes sociais, aparecem mais diferenças críticas. Tanto as tabuinhas como os poemas têm um considerável número de palavras que indicam categoria social de algum tipo (distintas de profissão ou ocupação). As mais reveladoras são as que identificam homens nas categorias mais altas, os líderes e os funcionários. Os dois conjuntos de palavras são[21]:

ánax	wanax
basileús	pa$_2$-si-re-u *(basileús)*
ákhos	damakoro
hetairos	eqeta *(hepetes)*
hegetor	korete (e *porokorete*)
koiranos	lawagetas
kreion	mo-ro-pa$_2$
medon	tereta *(telestas)*

Tanto *ánax* como *basileús* são muito frequentes na *Ilíada* e na *Odisseia*, com o significado de "rei", "senhor", "amo". Às vezes são intercambiáveis nos poemas, mas nem sempre: *basileús*, que aparece mais de cem vezes, nunca está no caso vocativo no masculino, e tampouco se aplica aos deuses, masculinos ou femininos. No período em que os poemas foram compostos, essa diferenciação especial certamente não era pertinente; na verdade, o mais provável é que *ánax* já tivesse perdido totalmente seu lugar no uso corrente e que se conservasse em áreas marginais do mundo grego e, fora isso, só na linguagem poética e nos cultos[22]. Wackernagel, o primeiro a compreender claramente o modelo linguístico homérico, propôs como explicação que *basileús* era uma palavra mais nova para "rei" e que no discurso direto e com referência aos deuses houve um compreensível retardamento, durante o qual *ánax*, mais antiga, reteve seu monopólio[23]. A decifração das tabuinhas micênicas confirmou essa conjectura, mas de um modo que Wackernagel não podia ter adivinhado, e que leva a uma explicação diferente do uso de Homero. Nas tabuinhas, *wanax* é claramente o soberano, mas *basileús* (supondo-se que seja a forma grega de pa₂-si-re-u) não²⁴. Em outras palavras, no período que vai desde que as tabuinhas foram escritas até os poemas homéricos, *basileús* subiu na escala social até que finalmente substituiu completamente *ánax* (por razões que, acredito, serão encontradas nas grandes transformações sociais que se seguiram à destruição de Micenas, e não simplesmente em uma moda linguística). Esse processo provavelmente foi completado por volta do final do século VIII, mas ainda não estava completo nos próprios poemas²⁵.

Ánax e *basileús* revelam, portanto, que até quando a mesma palavra classificatória aparece nos poemas e nas tabuinhas, pode haver uma diferença considerável em seu significado. E, além dessas palavras, as duas listas de palavras designativas de classes sociais não estão absolutamente relacionadas entre si²⁶. Uma situação estranha, pois a terminologia social é, em regra, muito tenaz; só muda seu significado quando necessário e, portanto, consegue conservar-se mesmo nas mudanças mais radicais de governo e organização social. A peculiaridade é ainda mais surpreendente quando descobrimos que quatro das palavras homéricas, *hegetor, koiranos, kreion* e *medon,* como *ánax,* parecem não ser palavras novas, que tivessem começado sua história com os poemas, mas sim arcaicas, não mais usadas fora da poesia grega.

Essas quatro palavras aparecem na *Ilíada* e na *Odisseia* e não há a menor diferença no modo em que os dois poetas as empregam. Isso sugere, muito incisivamente, que já estavam integradas nas fórmulas poéticas antes da separação das duas correntes²⁷. Um estudo de duas delas, *hegetor* e *medon,* revela, além de tudo, que se tiveram ou não um significado técnico preciso em algum momento, para os autores da *Ilíada* e da *Odisseia* eram só epítetos vagos, que significavam "líder" ou simplesmente "soldado", "guerreiro": *"Hegetores ede medontes"* é aplicado usualmente, mas nem sempre, no discurso direto, indiferentemente, para "conselheiros" ou chefes apenas, e para o exército como um todo; mais frequentemente a este último (ou a nenhum em particular), em um contexto no qual as palavras realmente não significam coisa alguma²⁸. Com referência a *medon* em particular, os poetas admitem, por assim dizer, que não sabiam o que significava. *Medon* aparece só uma vez, quando uma figura puramente mitológica, Fórcis, avô materno do ciclope Polifemo, é chamado de *"medon do mar estéril"*²⁹.

Os dois modelos divergentes de terminologia levam-nos, aqui, além do ponto de uma possível coincidência ou acidente. Quando duas palavras básicas diferem tão completamente, temos justos motivos para acreditar que sejam uma chave importante para as instituições. E outra vez parece-me que temos indícios que apontam para a opinião de que toda a estrutura da sociedade micênica estava destruída. Com a abolição do sistema micênico de posse e das classes sociais que se apoiavam nesse sistema, deu-se o rápido desaparecimento dos nomes técnicos apropriados para essas classes e para seus diversos tipos de propriedade. As palavras para "comando" que encontramos preservadas nos poemas ou eram palavras não técnicas, que receberão então um cunho técnico (mas só uma aparência de significado técnico)[30]; ou palavras realmente desconhecidas no vocabulário micênico. Ou, ainda, uma combinação de ambas.

Palavras como *medon* e *hegetor*, pode-se argumentar, são do tipo que não se esperaria encontrar em textos administrativos. São palavras de sentido geral, como *lord*, *Führer*, *seigneur* ou *Herr*, excessivamente imprecisas para os objetivos dos registros das tabuinhas, mas ideais para uma narrativa poética. Isso é seguramente certo, e é muito provável que os bardos micênicos já as estivessem usando regularmente. Contudo, não é o fato de essas palavras homéricas não aparecerem nas tabuinhas que é tão importante, mas o contrário, o fato de seis palavras aparentemente importantes das tabuinhas não aparecerem nem uma vez nas fórmulas poéticas. A *Canção de Rolando* usa ocasionalmente *dux*, *cuntes* e *barun* entre os repetidos *reis* e *seignurs*. A *Canção de Nibelungo*, que usa alternativamente *künic*, *fürst*, *reke*, *degen* e *ritter*, numa autêntica forma homérica, não obstante desce a palavras (e personagens) "não poéticas" como *marcgrave*, *marschalc*, *scenke*, *kameraere* e *küchenmeister*. São poucas as ocorrências, mas existem. Na *Ilíada* e na *Odisseia* não há nenhuma, e então defrontamo-nos com uma descontinuidade de vocabulário quase completa, com respeito às posses e às classes sociais.

Há pouca esperança, portanto, de que tanto o vocabulário como o conteúdo dos poemas possam fornecer indicações confiáveis para um mundo de quatro ou cinco séculos atrás, com um tipo de organização radicalmente diferente, estando esses dois mundos separados não só pelo tempo, mas também por uma profunda brecha na tradição.

IV

Obrigações pessoais de serviço, e em particular de serviço militar, desfilam por todos os poemas. Que eram obrigações, e não simplesmente questões de amizade ou boa vontade, é certo, mas em que repousava a obrigação não está claro de modo algum, exceto quando sua base era o parentesco. As únicas outras bases às quais, alguma vez, é feita referência explícita são a hospitalidade e o intercâmbio de presentes, e onde existem são motivo suficiente para laços mais fortes, como só agora estamos começando a compreender[31]. Quanto ao resto, vemo-nos reduzidos ao argumento baseado no silêncio. Nem uma única vez é mencionada a posse de terras, mesmo em ocasiões como a recusa de Aquiles em tornar a combater, quando a mais óbvia de todas as ameaças, a expropriação de uma propriedade pelo não cumprimento das condições, teria sido certamente adequada[32]. *Nem uma só vez,* deve ser ressaltado, apesar de os historiadores terem se apressado em aplicar a palavra "feudal", como no caso de Equépolo de Sícion, que deu uma égua a Agamenon "para que não tivesse que segui-lo até Ílion"[33]. Sícion estava nos domínios de Agamenon[34] e Equépolo estava obrigado a ir para a guerra. Não é inconcebível pensar que o laço que o obrigava fosse o de vassalagem, mas o poeta não o diz nem faz alusão a isso de modo algum[35].

Para citar outro exemplo, quando Menelau oferece-se para acompanhar Telêmaco através da Grécia e o interior de Argos, recolhendo presentes pelas "cidades dos homens"[36], não há nada na linguagem de poeta que seja essencialmente diferente do relato de Menelau sobre o êxito da coleta de presentes em suas viagens por Chipre, Fenícia, Líbia e Egito[37]; ou das narrativas de Ulisses sobre suas viagens pelo Egito e Tesprótia[38]. Ninguém poderia afirmar, razoavelmente, que os muitos presentes do Egito e Tesprótia representavam pagamentos feudais devidos, e não vejo como a situação da Grécia e do interior de Argos pudesse ser diferente, salvo a proximidade geográfica. Temos que reconhecer, outra vez, que não são inconcebíveis relações feudais no último exemplo; e devemos novamente salientar que o texto nada diz a esse respeito. Insistir em preencher todos esses silêncios com posses de terras feudais é cometer o erro metodológico de supor que, quando os poetas deixam de explicar uma situação, a peça que falta usualmente (ou sempre) é algo totalmente distinto de qualquer peça da qual haja provas evidentes. Mesmo uma rápida leitura de *Beowulf,* da *Canção de Rolando* ou da *Canção de Nibelungo* permite que entendamos perfeitamente que *Gefolgschaft* e vassalagem eram instituições-chave, embora também nessas obras os detalhes e as normas sejam muito pouco mencionados. O contraste com a *Ilíada* e a *Odisseia* é surpreendente; tanto assim que uma simples comparação é, por si só, quase suficiente para eliminar a possibilidade de que o mundo homérico fosse um mundo feudal.

Dois procedimentos característicos do mundo dos poemas germânicos aparecem juntos em uma só passagem autobiográfica de *Beowulf:* "Eu tinha sete invernos de idade quando o senhor dos tesouros, o gracioso soberano dos povos, recebeu-me de meu pai. O rei Hrethel aceitou-me, sustentou-me, deu-me riqueza e comida..." Mais tarde, o filho de Hrethel, Higelac, "deu-me terras, um lugar para morar e uma generosa possessão. Ele não precisou procurar entre os gépidas ou os Senhores da Espada, ou no reino sueco, um guerreiro menos bom – para comprá-lo com tesouros (ou obtê-lo por um preço)"[39]. Palavras como *thegn, degen,* e talvez a céltica *vassus,* refletem (no uso e na prática real, não só etimologicamente) o costume de enviar os filhos dos nobres para a corte de outro, do qual acabavam sendo vassalos. Entre os gregos, ao contrário, não há vestígios nem da prática nem da terminologia. Os poemas homéricos chamam repetidamente um herói de *therapon, hetairos* ou *keryx* de outro, nunca, nesse contexto, seu *pais, teknon* ou *koûros*[40]. E nunca é mencionado que no fundo da relação havia uma questão de terras. Os poemas também registram exemplos de guerreiros procedentes do exterior, que passavam a servir um rei, mas, invariavelmente, ou porque tinham sido forçados a fugir de uma luta de extermínio entre famílias ou de alguma outra ameaça, ou ainda porque tinham se tornado parentes (genros) não servidores[41].

Tentando explicar a falha de informação em Homero nas poucas passagens enigmáticas que desafiam o fácil entendimento, não devemos esquecer que na maioria das vezes os poetas fornecem farto material e que os casos que nos deixam intrigados são excepcionais. Aliança por parentesco, casamento e laços de hospitalidade, de um lado, e lealdade para com um rei, de outro, explicam satisfatoriamente uma quantidade muito grande de obrigações da sociedade homérica. Portanto, a indiferença dos poetas em tais assuntos – a explicação mais usual – não me parece absolutamente suficiente para as partes estranhas (embora obviamente possível em determinados casos). Muito mais verossímil, acredito, é a ignorância dos poetas. Eles sabiam, pelas fórmulas herdadas, que houvera grandes reis em Micenas, Pilos e em outros centros "pré-históricos"; mas, na realidade, não tinham ideia do que era um grande rei micênico, como se comportava, ou no que repousava seu poder. Do mesmo modo que preservavam o que para eles já não eram mais descrições reais de palácios ou de lutas de bigas, mutiladas a ponto de não serem mais entendidas, e de palavras e expressões que entendiam mal ou não entendiam absolutamente, assim também preservavam e repetiam pedaços de narrativas mutiladas e ininteligíveis de um passado que estava perdido não só institucionalmente, mas também, em grande parte, na memória[42].

Com respeito ao conteúdo da *Ilíada* e da *Odisseia*, há uma profunda diferença qualitativa entre narrativa e instituições (ou *background*). Quanto à primeira, eu argumentaria que são essencialmente sem valor como fontes. Com a única exceção da geografia política do mundo micênico, o cerne do fato histórico sepultado nos contos geralmente não pode ser detectado por nenhum método de análise, interno ou comparativo. Para esse fim, as provas externas diretas são indispensáveis[43]. As instituições, por outro lado, são descritas (muito frequentemente com detalhes) com considerável precisão. Para mencionarmos um exemplo: as inumeráveis genealogias podem ser descartadas na sua totalidade, como anais de famílias específicas de príncipes em lugares determinados; mas as instituições de parentesco, casamento e alianças dinásticas, que servem de base às genealogias, aparecem nos poemas tal qual existiram, em suas linhas essenciais, em algum momento do mundo grego (os séculos X e IX a.C., como sugeri)[44].

De modo geral, as instituições de propriedade e poder aparecem de forma consistente e coerente – e sem vestígios de posses condicionais. Aqui e ali, como vimos, a confusão e a incerteza insinuam-se. É impossível *provar*, logicamente, que as relações feudais ou quase feudais não estejam ocultas em certas passagens[45]. Mas é possível mostrar que não é necessária uma explicação feudal; que ou não há nenhuma explicação disponível, porque os poetas repetiram trechos que de há muito perderam o significado, ou que alguma alternativa é plausível e ao mesmo tempo mais coerente com o resto (e a maior parte) da evidência poética.

V

Nos poemas, a alienação da terra, de qualquer modo e em qualquer grau diferente da sucessão, é mencionada poucas vezes, e não duvido que acontecesse raramente. As alienações puramente privadas, de fato, limitam-se a uma referência duvidosa ao presente de Ulisses a seu escravo Eumeu; a duas prováveis transferências de terra (por dedução, não por afirmação explícita) a um genro estrangeiro residente no país de seu sogro[46]; e outra vez, por dedução, Fênix quando fugiu para junto de Peleu em Ftia[47]. As três primeiras são situações irrelevantes para nossos propósitos, e na quarta não há nenhuma sugestão, apenas uma possibilidade de posse condicional.

Surge, todavia, um sério problema com o *temenos*, definido normalmente como "uma porção de terra que não foi dividida em *kleroi* por lotes, mas posta de lado, guardada como um presente de honra para o rei ou heróis que se sobressaíssem"[48]. Essa definição é inaceitável. Não revela onde ocorreu e quais as consequências da suposta divisão de terras "em *keroi* por lotes"; acima de tudo, se ocorreu uma, duas ou dez gerações mais cedo. Nos poemas, a palavra *kleros* aparece dezoito vezes (e duas em compostos), mas nenhuma com o mais leve aspecto de divisão por lotes[49]. A definição tampouco sugere o estado da terra "posta de lado" durante o período em que, presumivelmente, estava desocupada; se estava cultivada e, em caso positivo, quem a administrava e qual era sua mão de obra. E também não qualifica o "presente", para sabermos se ele era dado de modo condicional ou permanente, se era o mesmo para os reis e para os heróis. Três passagens (e só três) dizem algo sobre a atribuição de um *temenos:* dos lícios a Belerofonte, dos etólios a Meleagro (promessa que não se cumpriu) e dos troianos a Eneias (promessa que, na realidade, nunca existiu, mas foi sugerida de brincadeira por Aquiles[50]). Outras seis referências dão vários detalhes sobre um *temenos*, como sua localização ou seus frutos, mas não dizem como nem quando foi adquirido. Cinco dos aquinhoados são reis: Sarpédon e Glauco conjuntamente, o *basileús* do escudo de Aquiles, Otrinteu, Alcínoo dos feácios e Ulisses[51]. O sexto, um caso muito peculiar, é Telêmaco[52].

A primeira observação que se deve fazer é que não é nem óbvio nem necessário, apesar dos léxicos, que a palavra *temenos* tenha o mesmo significado em todas as passagens[53]. No grego clássico *temenos* significava "terra de deus", aplicada igualmente à pista de corrida pítica, à Acrópole e ao recinto de um herói; à terra reservada para um deus na divisão inicial quando uma colônia era fundada e à terra dada por um indivíduo, de sua propriedade pessoal, como doação, dedicação ou por testamento[54]. *Temenos* vem de *temeno* (cortar), mas esse fato etimológico não significa que cada *temenos* tivesse que ser destacado de uma reserva comum de terras, da mesma forma que o significado da raiz de *kleros* não exige que cada lote assim rotulado por Homero ou Iseu seja o produto de um loteamento. De Homero em diante os gregos não tiveram dificuldade em dizer *kleros* quando estava perfeitamente claro que não havia ligação, mesmo a mais remota, com a divisão em lotes (exatamente como a palavra "lote" é o termo padrão na linguagem administrativa e coloquial norte-americana para um pedaço de terra); e depois de Homero não encontraram dificuldade em chamar todo pedaço de terra dedicado a um deus de *temenos,* quer tivesse sido "destacado" ou não. Acredito que o significado usual em Homero também estava divorciado de qualquer associação a "corte", e o *temenos* significava comumente nada mais que "terra real", isto é, "propriedade privada" que se distinguia de todas as outras propriedades pelo simples fato de pertencer a um rei.

Essa sugestão resolve o que, de outro modo, seria um quebra-cabeça sem solução, pois jamais é feita qualquer referência ao fato de um rei receber um *temenos* em circunstâncias comuns, ao subir ao trono; tampouco à transferência de um *temenos* por ocasião de sua morte. Há muitos desterros e assassinatos nos dois poemas, mas nenhuma palavra sobre o *temenos,* no qual, se houvesse realmente um vínculo garantido só com o trono, o *dêmos* ou os *gerontes* (anciãos), ou outro agente, teriam tido um grande interesse, quando, por exemplo, Agamenon foi assassinado. Na interminável narração do destino da propriedade de Ulisses, jamais alguém menciona seu *temenos.* Sabemos que Ulisses tinha um porque nos contam que ele era adubado. Mas não sabemos como o obteve, nem a assembleia, os pretendentes, Penélope ou mesmo Atena demonstram qualquer preocupação com o fato. Quando os pretendentes, em seus momentos de maior benevolência, tranquilizaram Telêmaco dizendo que só querem a realeza e não as propriedades de Ulisses, não há qualquer indício de que o *temenos* pudesse acompanhar a primeira e não as últimas. De fato, em uma passagem (embora se admita não ser muito confiável) diz-se que Telêmaco está na posse de um *temenos;* visto não ser ele um rei, isso só pode significar que estava de posse da propriedade de seu pai (se é que significa alguma coisa)[55].

O único rei que recebe um *temenos* nos poemas é Belerofonte, na Lícia. O rei "deu-lhe sua filha e metade de toda a honra de sua realeza; e os lícios reservaram-lhe um *temenos*"[56]. Duas gerações depois, seus netos, Sarpédon e Glauco, eram os "mais reverenciados na Lícia com lugares de honra, comidas e cálices cheios, e todos nos olham como deuses, e possuímos *(nemomestha)* um grande *temenos* às margens do Xanto"[57]. Aqui, e só aqui, o *temenos* parece ter nuanças especiais e uma ligação direta com o recebimento e retenção do poder real[58]. Mas já não estamos no mundo grego. A dignidade real conjunta, a linha de descendência peculiar, pela qual o filho da filha de Belerofonte (Sarpédon) supera o filho de seu filho (Glauco) em categoria, e a complexa prática posterior referente a tumbas e lápides, tudo isso aponta para a Lícia, como um caso distinto, em sua organização social, do padrão grego homérico e pós-homérico[59]. Se de qualquer modo o poeta da *Ilíada* foi exato em suas informações sobre o *temenos* na Lícia, então não devemos transferir a instituição lícia para os gregos, cujos reis, sem exceção, nunca receberam um *temenos,* segundo as provas de que dispomos[60].

O caso dos heróis, todavia, é algo diferente. Aquiles apenas zombava de Eneias quando perguntou se os troianos lhe tinham prometido um *temenos* caso ele vencesse o combate singular, e a breve passagem não nos diz nada além de que tal concessão, em princípio, não era inconcebível[61]. A história de Meleagro é muito mais detalhada. Os *gerontes,* através dos sacerdotes escolhidos para falar por eles, ofereceram a Meleagro, como incentivo, uma grande recompensa: podia escolher uma superfície de terra *(tamesthai)* na parte mais fértil da planície de Calidão, um *temenos* metade vinha e metade terra cultivável[62].

Não há nada em ambas as histórias que sugira que as concessões de terra mencionadas eram de posse condicional. De fato, é impossível pensar em qualquer condição razoável. Se os presentes tivessem sido dados, certamente teriam sido concedidos em caráter permanente, passando a integrar os bens permanentes de Eneias e Meleagro, e passando a seus descendentes com o resto de suas propriedades.

Tampouco há qualquer coisa nas histórias (ou no relato da concessão a Belerofonte) que sugira que a terra oferecida era de propriedade da comunidade. Essa é uma suposição, apresentada por alguns estudiosos somente, procedente pelo que sei da etimologia de *temenos* e de vários dados comparativos, irrelevantes ou falsos em sua maior parte[63]. Houve exemplos na história grega posterior, quando, no momento de um assentamento, era estipulado que se deixava terra reservada para futuros colonizadores. Mas então era terra de qualidade inferior que ficava em vacância, não a mais fértil[64]. *Ficava em vacância,* enquanto Meleagro pôde escolher entre as melhores terras cultivadas em Calidão. Mesmo os reis espartanos, tão frequentemente chamados de sobreviventes dos tempos homéricos (ou micênicos), recebiam terras no exterior, entre os *perioikoi,* não em casa[65].

Não conheço nenhum texto, em qualquer fonte grega, que justifique a crença em uma reserva de terra de propriedade pública, mantida cultivada até o dia em que a comunidade desejasse doá-la, de modo permanente ou não, a um indivíduo. As dificuldades práticas, especialmente com os recursos e organizações disponíveis no mundo homérico, teriam sido enormes. Antes de Meleagro fazer sua escolha, quem mantinha a planície de Calidão arada, adubada e produtiva; quem fornecia e controlava a força de trabalho; e como a colheita era distribuída, em um mundo sem mercado de alimentos ou refeições públicas? (Se o relato de Homero se refere a terras públicas, então toda a planície, deve ser lembrado, e não apenas o *temenos* de Meleagro, era cultivada através de uma administração pública.) Uma resposta que tem sido sugerida para isso é que "um *temenos* não pode ser concebido, salvo como um pedaço de terra acompanhada dos camponeses que a adornavam"[66]. Dadas as premissas, essa é a única resposta possível – e não encontro nenhuma prova para justificá-la. Os camponeses presos à terra, como os servos, não aparecem em nenhuma parte dos poemas, e não há nenhuma sugestão, nem na história de Meleagro nem em qualquer outro lugar, de que o rei ou o herói ganhasse escravos como parte da concessão da terra[67].

Tampouco existia ali qualquer agente que ocupasse e administrasse a terra pública. Em toda a *Ilíada* e a *Odisseia,* os anciãos não se dedicam a outra função além de aconselhar o rei, quando este o deseja e solicita. Seria incoerente com qualquer outra referência aos *gerontes* se, com relação às terras públicas, eles tivessem, de algum modo, autoridade para agir independentemente do rei, e mesmo, em certo sentido, com um poder maior. (Os atos ilegais e a tomada do poder não estão relacionados com o assunto.)

Como o *dêmos,* aparecem, como um corpo, só em dois contextos de tempo de paz nos poemas. Assistiam à assembleia quando eram convocados, e ali seu papel era puramente passivo. As reuniões da assembleia serviam para mobilizar a opinião pública, por assim dizer, mas o povo nunca votava nem dava sua opinião em assuntos de ordem política[68]. Mas algumas vezes o *dêmos* tomava providências. Todos os troianos são covardes, diz Heitor a Páris em uma passagem, "caso contrário, estarias usando uma túnica de pedra há muito tempo por tuas más ações"[69]. Há outras referências, embora não tão pitorescas, ao *dêmos* voltando-se contra um malfeitor em um ato equivalente a um linchamento[70]. Nessas ocasiões a opinião pública levou à ação, mas supõe-se que foi espontaneamente, e não conduzida através de canais formais ou de representantes. Não consigo encontrar outra passagem onde o *dêmos* fizesse algo, além de possuir ou dirigir alguma coisa[71].

Dois outros textos devem ser considerados. Nenhum tem qualquer ligação com *temenos,* mas às vezes ambos são mencionados como prova da posse coletiva de terra. O primeiro é o símile na *Ilíada* em que dois exércitos são comparados a dois homens que, segurando as varas de medir, discutem por causa dos limites em um campo comum *(epixynos),* onde em um pequeno espaço disputam cotas iguais[72]. A palavra *xynós* (e seus compostos) aparece em Homero apenas na *Ilíada,* e mesmo aí não com muita frequência. Tanto quanto posso determinar, ela se refere a algo comum a um grupo específico, cuja participação emerge diretamente do contexto. A palavra *koinós* continua sendo usada desse modo (usualmente para uma herança) em grego clássico e nas inscrições dos papiros[73]. Daí o sentido da passagem da *Ilíada* ser, mais provavelmente, "comum aos dois", mais que "comum a toda a comunidade". Só a partir da língua, não há fundamento para a imediata rejeição de Thompson da explicação da herança em favor da sua, que diz que "com o relaxamento dos velhos laços comunitários, cada ocupante começou a arar e a segar quando bem entendesse", criando conflitos sobre limites[74]. Esse ponto de vista se apoia no material comparativo, que não leva a nenhuma conclusão porque se limita a demonstrar que a propriedade coletiva da terra existiu em alguns lugares do mundo; e em etimologias engenhosas e frequentemente atrativas, mas irrelevantes para o significado homérico[75]. Contra ela está o fato, que considero quase decisivo, de que "os velhos laços comunitários" nunca são mencionados nos poemas; e o fato adicional de que um assentamento significava divisão imediata da terra em propriedades agrícolas privadas. Quando transferiu os feácios para a Esquéria, Nausítoo "repartiu os campos" *(edassat', arouras)*[76], e o verbo que o poeta usa, *dateomai*, significa normalmente "dividir em propriedades pessoais", no sentido privado de propriedade (tal como uso essa expressão em todo este capítulo)[77].

O segundo texto oferece ainda menos base para o ponto de vista da terra comunitária. No vigésimo quarto livro da *Odisseia*, o herói vai à fazenda que "Laertes adquiriu por si mesmo, depois de passar por muitas fadigas"[78]. É razoável supor uma referência ao espaço livre de uma terra não cultivada anteriormente, mas parece desnecessário forçar a passagem para ler nela a noção adicional de que o poeta estava tentando distinguir entre terra de propriedade privada e terra coletiva[79]. Uma simples leitura dos versos, sem distorções especiais ou sutilezas, faz um sentido perfeitamente correto, com a ênfase em "depois de passar por muitas fadigas", fórmula familiar, empregada, por exemplo, para salientar que Briseida tinha custado muito sacrifício a Aquiles[80]. Portanto, o significado essencial é que, na época posterior aos assentamentos, quando ataques, heranças e doações eram as formas habituais de aquisição, Laertes tinha feito algo inusitado: tinha passado fadigas para desbravar uma terra nova[81].

Nada do que eu disse até aqui exclui a possibilidade de que houvesse trabalho sob uma disciplina comunitária, em um sistema de campo aberto. Um dos painéis do escudo de Aquiles, de fato, presta-se facilmente a essa interpretação[82]. Nesse caso, deve-se examinar três erros que foram cometidos ao se tirarem conclusões ulteriores. Primeiro, as alternativas não se excluem entre si: um sistema de campo aberto pode coexistir com cercas e fazendas. Portanto, as partes estranhas em Homero que localizam propriedades agrícolas reais e as repetidas descrições delas como parte pomar e parte terra cultivável poderiam significar que essas terras em especial eram desmembradas de áreas de campo aberto (se é que estas existiram)[83]. Segundo, o trabalho "comunitário" da terra não implica necessariamente a posse comunitária da terra. Em tempos históricos encontra-se com mais frequência o primeiro que o segundo[84]. Terceiro, não existe um processo fixo de evolução pelo qual o sistema de campo aberto seja sempre a forma mais primitiva de organizar o trabalho de lavrar a terra, vindo as cercas e as fazendas mais tarde. As migrações e conquistas nunca foram seguidas de padrões fixos de assentamentos, e não era desconhecido para as grandes propriedades privadas num primeiro momento; depois as gerações posteriores criaram campos abertos (e às vezes de comunidades de aldeias), resultado de complicados fatores políticos, demográficos e ecológicos[85].

Finalmente, nada do que eu disse nega a possibilidade de concessões ocasionais de terras. Na história de Meleagro, o poeta não disse que era uma parte de um *ager publicus* aquela que foi oferecida ao príncipe recalcitrante. Isso é uma invenção de estudiosos modernos que se aproveitaram de um texto referente apenas à parte mais fértil da planície de Calidão. Por que não podemos acreditar, alternativamente, que Meleagro teve que escolher entre as melhores terras de posse privada, exatamente como, segundo Heródoto, o povo de Apolônia expiou sua culpa para com Evênio, na geração anterior às guerras médicas, oferecendo-lhe os melhores *kleroi* e a casa mais bonita da cidade, que ele mesmo escolheu?[86] Evênio fez sua escolha e o povo de Apolônia compensou os proprietários comprando suas propriedades[87]. No mundo homérico o procedimento teria sido diferente. Não havia tesouro público nem compra de terras. Mas isso não significa que não houvesse meios de obter compensação. "Ora essa", disse Alcínoo aos nobres feácios, "vamos lhe dar, cada um de nós, um grande tripé e um caldeirão; e depois faremos uma coleta entre o povo para nos recompensarmos, pois é pesado para uma só pessoa dar o presente sem se reembolsar."[88] E com isso estamos outra vez na área da soberania e do poder real (ou poder da comunidade), não na da posse e do regime de propriedade[89].

VI

Nesta longa análise negativa, talvez eu tenha carregado nas cores ao parecer insistir em que *não* há vestígios de propriedade comunitária nem de posse condicional de terras nos poemas. Certamente é um erro aceitar, no sentido literal, a imagem criada pelos poetas, de que o mundo aqueu inteiro (e o troiano também) era essencialmente o mesmo em todas as partes[90]. Ulisses, Nestor e Agamenon diferiam entre si por seu temperamento e proezas, mas só como três indivíduos da mesma comunidade, inclusive da mesma família, podiam diferir. Ítaca, Pilos e Argos também eram diferentes, por seu terreno e riqueza, mas não por suas instituições. Contudo, nos documentos literários e epigráficos mais primitivos, distintos da *Ilíada* e da *Odisseia*, são vistas imediatamente diferenças muito profundas nas instituições sociais e políticas. Algumas dessas variações, muito provavelmente, tinham suas raízes no período de migração e assentamento que se seguiu à destruição da civilização micênica; outras resultaram das diferenças regionais no ritmo ou direção da mudança social posterior. Portanto, pode ser que algumas das passagens estranhas dos poemas, frequentemente explicadas como anacronismos – reminiscências micênicas – sejam, em vez disso, reflexos das diferenças no mundo grego tal como existiu depois do período de assentamento[91]. E pode ser que algumas reflitam diferenças dentro das comunidades individuais, pois eram sociedades de grande complexidade, nas quais não houve necessariamente uma só norma de organização que todos seguiam com uma regularidade infalível[92].

Mas nada disso ajuda muito. São as partes excepcionais as requisitadas para desemaranhar o mundo das tabuinhas, uma vez que as cenas homéricas típicas procedem claramente de outro mundo. E essas partes singulares, sobrevivências ininteligíveis ou sem sentido, ou visões fragmentárias das genuínas variações pós-micênicas, quaisquer que sejam elas, são sempre tão ilusórias e incertas em seu significado que usá-las como guias para o mundo micênico é realmente o caso de um cego guiando um coxo.

Não é necessária uma análise detalhada do novo material para demonstrar quão diferente do dos poemas, na qualidade, foi o regime de propriedade e posse das tabuinhas. Basta uma exposição muito simples, que farei nos termos mais gerais para evitar discussões sobre os significados precisos dos termos técnicos.

1. Um número significativo de tabuinhas, especialmente de Pilos, registra, de algum modo, posses de terra, ou para fins de cadastro ou como registro de propriedades junto com distribuições de sementes.

2. Todos os signos sugerem que a situação da posse era variada e complicada. Algumas terras parecem ter sido ocupadas diretamente, enquanto as restantes eram retidas de alguém, presumivelmente em condição de serviço.

3. Se *para damo* significa o que parece, então uma proporção significativa de terra era retida "do" *damos*[93].

4. Entre os que retinham terras *para damo*, havia homens chamados oleiros, ferreiros e assim por diante, um ou dois sacerdotes ou sacerdotisas, e, os mais numerosos de todos, os *teoio doe-*

ro (theou doûloi, "servos ou escravos do deus"), grupo misterioso de homens e mulheres que certamente não estavam no mesmo nível do *doero* habitual (que eram relacionados nas tabuinhas mas nunca tinham seu nome mencionado)[94].

5. Posses e propriedades podiam entrelaçar-se, de modo que um indivíduo podia ocupar terras livres (pelo menos não há indicação contrária) e outro lote ou lotes "pertencentes" a outra pessoa.

Não me parece necessário prosseguir. Em todos os pontos significativos da propriedade e da posse de terras, o quadro é totalmente diferente do homérico. Por essa razão, muito do que se escreve atualmente é dirigido para etimologias, ligações indo-europeias – e a palavra *temenos,* aparentemente a única conexão direta com Homero. Vimos que nos poemas a palavra é muito difícil e pouco clara, e agora podemos dedicar-nos a seu único aparecimento certo nas tabuinhas. Uma tabuinha de Pilos, na primeira linha, tem as palavras *wanakatero temeno tosojo pema,* seguidas pelo ideograma do grão e o número 30; e na segunda linha, *rawakesijo temeno,* GRÃO, 10. O resto do texto curto, embora continuando com GRÃO e um número no fim de cada anotação, não repete a palavra *temenos*[95]. *Temenos,* portanto, é um termo referente à terra, relacionado com *wanax* (como acontece às vezes em Homero) e com *lawagetas* (desconhecido de Homero). No momento presente não se pode dizer mais que isso, exceto por conjectura[96].

VII

Minha argumentação pode ser resumida em três afirmações gerais breves.

1. O que aconteceu depois da queda da civilização micênica não foi só uma decadência dentro da estrutura social existente, mas uma decadência e uma mudança de caráter simultâneas. Depois, ao surgir uma nova sociedade grega desses novos começos, moveu-se em uma direção muito diferente, de modo que o tipo de mundo que tinha existido antes de 1200 a.C. nunca mais reapareceu na Grécia antiga propriamente dita. Nesse sentido a ruptura foi completa e permanente.

2. Dada a natureza da *Ilíada* e da *Odisseia,* é metodologicamente falso considerar uma palavra, frase ou passagem isolada-

mente quando se estudam as instituições. Isso é válido tanto para o mundo homérico em si como para esse mundo em comparação com outro.

3. O mundo homérico era totalmente pós-micênico, e as chamadas reminiscências e sobrevivências são raras, isoladas e mutiladas. Assim, Homero não é só um guia pouco recomendável para as tabuinhas; não é guia de espécie alguma.

14
CASAMENTO, VENDA E PRESENTE NO MUNDO HOMÉRICO*

O enfoque do casamento homérico que prevaleceu por muito tempo tem duas partes: que se baseava em um casamento por compra; e que nos poemas são vistos elementos novos que anunciam o momento em que o casamento por compra teria sido substituído por um acordo formal de casamento, acompanhado normalmente por um dote[1]. A despeito de essa opinião ter alcançado uma aceitação quase completa entre os juristas, nunca conseguiu resolver algumas das dificuldades mais sérias apresentadas pelos textos. Seu porta-voz de maior autoridade, Paul Koschaker, em artigo fundamental sobre as formas de casamento entre os povos indo-germânicos, salientou repetidamente as dificuldades. "Não vemos a ponte", escreveu ele, "entre o casamento por compra, que ainda é visto na época homérica, e o *engyesis* posterior". Além do mais, o estado de nossas fontes relativas ao aparecimento do casamento livre na Grécia "é particularmente insatisfatório"[2].

Proponho-me reexaminar o assunto em termos de dois pares de problemas.

O primeiro par trata da venda e presente. A expressão "casamento por compra" deve ser entendida um pouco metaforicamente. Na linguagem da maioria dos povos que tem (ou teve) a instituição, as palavras que significam "preço da noiva" são diferentes das palavras usuais para "preço de venda"; e os verbos "comprar" e "vender" não são usados para casamento. O casamento nunca é confundido com a compra de uma escrava. Na linguagem de Homero, uma esposa pode ser chamada de "companheira de cama cortejada", *mneste alochos,* nunca de *onete alochos,* "companheira de cama comprada". Os juristas modernos falam do casamento por compra, todavia, aplicando o teste de "se o acordo do casamento é controlado pelas disposições da lei de venda"[3]. Passarei, então, a relacionar o que sabemos sobre a

---
* Publicado originalmente na *Revue internationale des droits de l'antiquité,* 3ª série, 2 (1955), 167-94, e reproduzido com a autorização dos editores. Como nos dois capítulos anteriores, reduzi as notas.

venda homérica para ver se esse teste resiste. Além disso, ligarei com a venda a instituição da doação e do intercâmbio de presentes.

O segundo par de problemas é distinguir entre matérias de fato e matérias de direito, entre práticas que podem ter sido usuais, mas não essenciais, e práticas jurídicas próprias; e determinar o lugar do casamento dentro da estrutura da sociedade homérica.

I

Certos fatos relevantes, e geralmente indiscutíveis, sobre o casamento homérico podem ser resumidos rapidamente.

1. Salvo as várias referências a Ulisses dando uma esposa para um escravo, todos os casamentos de que temos informação realizavam-se exclusivamente entre os nobres e chefes mais poderosos, de modo que se torna impossível dizer-se algo sobre a lei ou os costumes do casamento entre os plebeus.

2. O procedimento mais frequente para se obter uma esposa era que o homem desse ao pai desta presentes substanciais, chamados habitualmente de *hedna*[4]. Esse é o chamado casamento por compra. Não só é demonstrado no maior número de casos específicos, como também é salientado pela palavra *anaednon*, usada em circunstâncias especiais como a oferta de Agamenon de uma filha a Aquiles[5], quando um homem podia obter uma esposa sem dar presentes.

3. Outro procedimento comum era a obtenção de uma esposa em decorrência da realização de uma façanha, ou em um *agón*, uma disputa. Às vezes o resultado era a aquisição de grandes riquezas por parte do pai, como quando Melampo legou o rebanho de Ificlo para Neleu[6], de modo que podemos pensar que o resultado não era diferente da "compra da noiva" habitual; mas em outros casos não há presentes envolvidos, como na disputa entre os pretendentes para ver quem podia empunhar o arco de Ulisses[7].

4. Em três exemplos o casamento por captura ou é aludido ou está implícito. Um é o casamento de Páris e Helena[8]; o outro é quando a cativa Briseida afirma que Pátroclo tinha prometido dá-la em casamento a Aquiles[9]; e o terceiro é uma menção em um fragmento da *Tebaida* de que Eneu obteve sua esposa como prêmio na pilhagem de Oleno[10]. Alguns juristas descartaram completamente a ideia de casamento por captura como um erro essencial do ato jurídico do casamento[11]. Mas para nossos objeti-

vos basta observar que, de fato, temos dois casamentos válidos, precedidos de captura, quer a vítima estivesse de acordo quer não, e um que foi alegado ter sido prometido[12].

5. Vários casamentos não envolviam nem presentes, nem *agón*, nem captura. Não me proponho examinar os exemplos problemáticos dos seis filhos de Éolo, que estavam casados com seis filhas deste[13]; e o do rei dos feácios, Alcínoo, cuja esposa Arete parece que era sua irmã[14]. Se eles refletem de algum modo uma realidade histórica, é a de um mundo ainda mais antigo que a sociedade homérica, então quase totalmente destruído. Mas nem o oferecimento de Agamenon de sua filha a Aquiles, nem a proposta de Alcínoo de dar Nausícaa a Ulisses são anacrônicos[15], e ambos incluíram presentes ao marido, em vez do contrário.

6. Em conjunto, são feitas claras referências ao dote – se me é permitido usar essa palavra num sentido algo amplo – em oito ocasiões, e há uma nona no *Hino a Afrodite*[16].

7. Com muito poucas exceções, os casamentos, na *Ilíada* e na *Odisseia*, eram entre estrangeiros, isto é, entre um homem de uma comunidade e uma mulher de outra. Esse fato pode ser explicado pela circunstância de que as personagens todas moviam-se nos círculos mais altos, nos quais o casamento era um instrumento importante para estabelecer laços de poder entre chefes e reis.

8. Finalmente, embora o normal fosse que a esposa entrasse para a casa *(oîkos)* do marido (ou do pai do marido), o contrário não era de forma alguma desconhecido; que o marido entrasse para a casa de seu sogro e mais tarde se tornasse seu chefe[17].

II

Nem uma só vez, quer na *Ilíada*, quer na *Odisseia*, existe uma transação de venda – mesmo se concebermos "venda" num sentido bem amplo – na qual tenhamos certeza de que dois gregos estiveram envolvidos, ou dois troianos. Ou uma das partes é um estrangeiro, normalmente fenício ou táfio, ou o poeta não indica a nacionalidade da segunda parte[18]. Todas as passagens na última categoria, sem exceção, referem-se à compra de escravos, e parece legítimo deduzir, de tudo que nos dizem os poemas, que os vendedores de escravos eram habitualmente, e talvez sempre, estrangeiros. Certamente não há um exemplo disponível no qual um grego ou um troiano façam esse papel.

Além disso, os escravos eram praticamente as únicas coisas compradas pelos gregos. As duas únicas exceções são um embarque de vinho, enviado de Lemnos para o acampamento aqueu, claramente um fato anormal, e uma alusão à aquisição de joias de comerciantes fenícios[19]. Não há vestígios de compras de nenhum dos elementos básicos da riqueza, fora os escravos: nem terra, nem metal, nem gado, nem armas, nem tesouros[20]. Não há nada nem remotamente comparável à situação imaginada por Hesíodo, quando o poeta adverte seu irmão, em linguagem inequívoca: Toma cuidado para que, por causa de teu comportamento, teu vizinho não compre tua propriedade em vez de tu a dele[21].

Salvo o caso do embarque de vinho de Lemnos, pelo qual os aqueus no campo de batalha obtinham o fornecimento de vinho em troca de bronze, ferro, peles, gado e escravos – tudo isso produto de saque, imagino –, os objetos que os gregos davam pelos escravos não estão especificados. Em seu lugar o poeta usa palavras vagas, gerais, que só podem ser traduzidas como "riqueza", "posses" ou "bens"[22]. Uma grande variedade de coisas poderia ser imaginada sob esses títulos, qualquer coisa menos terra, de fato. Mas gado, tenho certeza, não estava normalmente incluído, a despeito do fato de que o gado era o que servia de padrão para o estabelecimento das proporções de intercâmbio[23]. "Mas então Zeus, filho de Cronos, tirou o juízo de Glauco, de tal modo que ele trocou, com Diomedes, filho de Tideu, sua armadura de ouro que valia um rebanho de cem cabeças por uma que valia nove."[24] É significativo que, fora o caso da carga de vinho de Lemnos, os aqueus sempre tenham dado algo "valendo um número X de cabeças de gado" em troca de alguma outra coisa, nunca "um número X de cabeças de gado". Laertes comprou Euricleia "com alguns de seus bens... e deu o valor de vinte cabeças de gado"[25].

Dado semelhante modelo de vendas, tão rudimentar e rigidamente limitado, a noção de um casamento homérico por compra parece incongruente. Todavia, para discutirmos a questão, aceitemos como base, em lugar disso, o ponto de vista de Pringsheim sobre a venda homérica, que nem está definido com tanta acuidade, nem é tão negativo. Pringsheim acredita que "no intervalo entre a *Ilíada* e a *Odisseia* o intercâmbio se transformou lentamente em venda; que apareceram os termos legais técnicos para compra, embora com aplicações limitadas; e que a venda ainda está limitada a certos bens e ainda não claramente separada da troca"[26].

Agora, o que está sendo proposto é que o casamento por compra existe sempre que "a realização de um casamento seja controlada por dispositivos da lei de vendas". Uma dificuldade imediata surge do fato de que é extremamente raro um povo aplicar a linguagem de venda ao casamento, como Koschaker reconheceu em sua última obra sobre o assunto. Sua resposta é que, não obstante, é próprio do historiador legal, por interpretação, demonstrar de que modo, realmente, casamento e venda concordam em sua estrutura jurídica, quando esse é o caso[27]. Mas para a lei homérica, se, segundo o ponto de vista de Pringsheim, a venda começou a aparecer só no período intermediário entre a *Ilíada* e a *Odisseia*, e não continuou por muito tempo na *Odisseia*, não vejo como é possível, mesmo com a interpretação mais hábil, fazer com que a lei do casamento corresponda à lei de venda, que mal acabava de surgir. Os defensores da opinião do casamento por compra, devemos lembrar, não acham que ele surgiu no período homérico, e sim que aí começou a declinar. Portanto, imaginam uma situação na qual uma estrutura jurídica moribunda era modelada segundo outra, que estava nascendo exatamente na mesma ocasião. Obviamente isso é impossível[28].

Koschaker insistiu, além do mais, que com "venda" queria dizer particularmente a venda de bens de raiz, não a de escravos e bens móveis. A última, afirmava, usualmente envolvia estrangeiros e consequentemente desconfiança mútua, e não pode ter sido um modelo para a lei de casamento[29]. Mas isso é precisamente o que encontramos em Homero. Que regras da lei de venda podiam ter existido em uma sociedade na qual as transações de venda estavam limitadas à aquisição, por troca, de escravos e joias trazidos por estrangeiros, que entravam no mundo homérico como homens sem direitos, aos quais se permitia entrar por tolerância e conduzir suas trocas à distância de um braço, sendo depois obrigados a sair imediatamente? Não pode ter havido mais que uma barganha até se chegar a uma base de troca mutuamente aceitável, seguida de uma troca simultânea dos objetos combinados e da partida dos estrangeiros[30]. Fora da própria troca nada comprometia as duas partes; e uma vez que os estrangeiros fossem embora, não podia haver nenhum tipo de ação para retificar um erro ou uma fraude. Uma venda incompleta era nula; uma venda completada era irrevogável, independentemente das condições, termos ou consequências.

III

Se as vendas eram raras e totalmente periféricas no mundo homérico, as trocas, em compensação, eram frequentes e indispensáveis em uma grande variedade de circunstâncias – não na forma de venda, mas na de troca de presentes[31]. Em essência, o ato de dar presentes no mundo homérico era normalmente uma ação bilateral, não unilateral. Embora mantivesse a aparência externa de um ato gratuito, voluntário, estava muito perto da obrigação. Para todos os fins práticos, todo presente ou era a retribuição de um serviço já recebido ou a compensação por um dano ocasionado, ou, ainda, pretexto para provocar um presente em contrapartida, imediatamente ou em data futura, não necessariamente especificada. No segundo tipo, o doador muitas vezes corria um risco, como no caso do presente de despedida a um hóspede amigo. Quando Ulisses, ao regressar, encontrou pela primeira vez seu pai, o herói ainda estava disfarçado e contou a Laertes uma história fantástica, dizendo-lhe que tinha hospedado Ulisses durante cinco anos e lhe dado numerosos presentes. Laertes, certo de que seu filho tinha morrido, respondia o seguinte: "Os inumeráveis presentes que deste foram em vão. Pois, se tivesses achado esse homem ainda vivo na terra de Ítaca, terias saído carregado de generosos presentes em retribuição."[32]

Os presentes do pretendente eram comparáveis. Eram dados ao pai da moça com a intenção de provocar um presente de volta, a moça para casar[33]. "Pois esse não era o comportamento dos pretendentes no passado", era a censura de Penélope. "Todos que pretendessem conseguir uma esposa, filha de um homem rico, e disputavam-na entre si... davam esplêndidos presentes."[34] O presente de volta era equivalente ao presente original, daí o fato de a filha de um homem rico inspirar especialmente presentes de grande valor ao se lhe fazer a corte. Mas, como com o presente de despedida a um hóspede amigo, sempre existia o risco de que eles fossem dados em vão. A filha de um homem rico tinha muitos pretendentes, que competiam com seus presentes, e só um deles não daria o seu em vão. "Será o mais feliz em seu coração, acima de todos os outros", disse Ulisses a Nausícaa, "aquele que vencer com seus presentes de cortejo e te levar para sua casa."[35] E a fim de que o leitor não perdesse nenhum detalhe, um dos escoliastas explicou cuidadosamente que Ulisses quis dizer "vencer os outros pretendentes"[36].

A razão de se darem presentes durante o cortejo era simplesmente que presentear fazia parte de todas as ocasiões importantes. O casamento era, naturalmente, uma ocasião de grande importância, particularmente nos círculos sociais superiores nos quais os heróis de Homero se moviam. Neles um casamento funcionava, entre outras coisas, como uma aliança política; de fato, casamento e hospedagem amistosa eram os dois recursos fundamentais para estabelecer alianças entre os nobres e chefes. E a troca de presentes era a expressão invariável da conclusão de uma aliança.

Nesses círculos, não se tratava de compensar o pai pela perda dos serviços de sua filha. Essa noção encontra-se realmente em muitas partes do mundo, expressamente declarada, e tem sido usada para explicar por que uma noiva tem que ser "comprada" de seu pai. Mas em Homero não há uma palavra que permita supor essa ideia, e parece totalmente inadequada para as filhas dos reis e chefes homéricos. Não era para ressarcir Alcínoo pela perda dos serviços de Nausícaa como lavadeira que se esperava que seus pretendentes competissem com a magnitude de seus presentes, e sim para atingir o alto nível adequado à filha de um homem de classe social e riqueza extremas.

Tem sido observado que no valor (expressado em gado) os *hedna* eram muitas vezes maiores que o preço mais alto de uma escrava comprada. Mas não foi tão claramente observado que os *hedna* eram perfeitamente comparáveis em valor com os presentes trocados em outras ocasiões importantes[37]. Era característico dos aristocratas homéricos reclamarem do valor, mesmo nos troféus mais honoríficos, de modo que nem conchas de caurim nem coroas de louro contentavam-nos. Os objetos de presente tinham valor intrínseco como ouro, prata e gado – isso era o que lhes dava seus valores de prestígio[38]. "Escolhe um muito bonito", é a sugestão de Mentes para Telêmaco a respeito do presente de despedida oferecido por este, "isso te dará outro valioso em troca."[39] Daí a atmosfera de lances e barganhas em torno dos presentes de casamento – "o pai e o irmão de Penélope exortam-na a casar-se com Eurímaco, pois supera a todos os pretendentes em presentes e aumentou enormemente seus presentes de cortejo"[40]. Mas é uma interpretação errada de todo o modelo de comportamento referente à riqueza ver na oferta uma evidência de um sistema de vendas[41].

A linguagem homérica da oferta de presentes no casamento é reveladora em parte, mas ao mesmo tempo é ambígua e pode enganar. O único ponto certo é que nem uma única vez Homero emprega em qualquer contexto matrimonial uma palavra que tenha ligação com vendas, enquanto que de vez em quando recorre à terminologia direta de "presentes"[42]. Os presentes de cortejo são quase que invariavelmente chamados de *hedna*[43]. A terminologia de "dote", todavia, é muito mais variada. *Hedna* só é usada duas ou três vezes, e nos outros casos o poeta emprega expressões gerais de doação, simbolizadas pelo adjetivo descritivo *polydoros,* isto é, "proporcionador de muitos presentes", referindo-se ao marido[44].

A própria palavra *hedna* é que tem se mostrado mais problemática. Treze vezes significa os presentes do pretendente ao pai da moça, e três vezes a palavra *anaednon* ("sem *hedna*") indica um casamento sem tais presentes[45]. Em uma referência a Penélope, todavia, que é repetida palavra por palavra duas vezes, *hedna* significa dote, e em outra passagem o verbo correlato aparece num contexto que não permite uma decisão sobre seu sentido[46].

O fato de que a mesma palavra possa ter dois sentidos opostos tem sido um obstáculo para os comentaristas, desde os antigos escoliastas[47]. Se os *hedna* são entendidos como dinheiro de compra, não há uma saída satisfatória. Alguns procuraram uma solução sugerindo que o pai devolvia todo ou parte do dinheiro da compra como presente para sua filha, proporcionando-lhe com isso uma certa proteção[48]. Essa suposição é impossível tendo-se em vista as provas[49]. Que a noiva recebia presentes é um fato, naturalmente. Helena, por exemplo, deu a Telêmaco um fino traje para que sua noiva o usasse no dia de seu casamento[50]. Tal presente, todavia, fazia parte do enxoval, não podendo ser comparado nem confundido com o gado e o tesouro dados como *hedna* para o pai da moça, ou com os dotes genuínos, como o dote considerável prometido a Aquiles por Agamenon[51]. É verdade que os pretendentes deram presentes a Penélope, diretamente, depois que ela os censurou por não fazerem a corte do modo convencional[52]; mas não se pode generalizar a partir desse exemplo, porque todo o problema do comportamento dos pretendentes – se podemos tirar alguma conclusão adequada da história de Penélope – era sua recusa em se dirigir ao pai de Penélope[53], de modo que há um elemento de escárnio nos presentes que deram a ela no último momento[54]. Tanto a linguagem que Agamenon usa ao oferecer o dote a Aquiles como a referência ao dote recebido por Príamo junto com sua esposa Laótoe não deixam dúvidas de que o normal era entregar o dote ao esposo⁵⁵.

A maioria dos estudiosos prefere uma explicação em duas etapas, isto é, que *hedna* como dote, o uso mais raro, aparece nas últimas partes dos poemas e demonstra que a mudança do casamento por compra para a forma grega clássica de casamento já estava em andamento⁵⁶. Na melhor das hipóteses, esse recurso de uma distinção entre estratos antigos e modernos nos poemas, duvidosa de qualquer modo, poderia explicar uma anomalia linguística, mas não o modelo real de presente de casamento. Normalmente a argumentação torna-se um círculo vicioso. Visto que *hedna* significa quase sempre "preço da noiva", diz a argumentação, seu uso como "dote" é uma aberração ulterior. A mudança no significado se produziu quando apareceu em cena o dote e começou a substituir o preço da noiva. E a prova dessa sequência é deduzida do uso da palavra *hedna*, completando assim o círculo⁵⁷.

O defeito essencial desse quadro, fora o sofisma na própria noção de casamento por compra, é que o dote aparece declarado em todas as seções dos poemas, tanto nas antigas como nas modernas. Na verdade só há um caso na *Odisseia* de um presente do pai para o noivo, se excluirmos as passagens de Penélope, enquanto há cinco exemplos diferentes de dote na *Ilíada*⁵⁸. Tampouco existe aqui uma justificativa para uma concepção alternativa, ou a de preço da noiva ou a de dote. Andrômaca é chamada de *alokhos polydoros* de Heitor ("esposa que traz muitos presentes"), embora ele a tenha conquistado "dando numerosos presentes de corte *(hedna)*"⁵⁹. Portanto, não há motivo para supor que uma mudança básica na situação global dos presentes matrimoniais aconteceu durante o período em que os poemas homéricos estavam sendo feitos, independentemente da terminologia.

Curiosamente, não há nenhuma palavra especial em Homero para "dote", nem *pherne,* nem *proix,* comuns no grego posterior, nem qualquer outra. O emprego ocasional de *hedna* pode indicar apenas uma tentativa de preencher o vazio, mediante um procedimento que seria absurdo se *hedna* significasse "preço da noiva", mas que é inteligível em termos de presente. Embora a oferta de presentes tenha continuado em grande variedade de situações, três contextos tiveram uma significação tão especial que se desenvolveu uma terminologia individualizada para os respectivos presentes. Um foi o dos presentes para compensar um dano – *apoina;* um segundo, o dos presentes de hospitalidade por amizade – *xeineia*; e o terceiro o dos presentes de casamento: *hedna*. *Xeineia* e *hedna* creio que são perfeitamente comparáveis, o primeiro significava presentes que acompanhavam a hospitalidade por amizade, o outro os presentes que acompanhavam o casamento, e a mesma palavra podia ser usada independentemente da direção na qual os presentes iam.

Parece provável que a própria moça às vezes era considerada como o presente de volta e que nenhum dote a acompanhava. Mas a prática mais usual, acredito, era a de uma troca de presentes, além da mão da moça. Isso estaria mais de acordo com o modelo geral de oferta de presentes da época. Provavelmente existiam circunstâncias peculiares ou inusitadas sempre que nenhum dote era dado, embora não possamos esperar que o poeta nos informe tão precisamente. Com relação aos presentes do pretendente, é interessante notar que em dois casos em que a conquista de uma mulher é expressamente rotulada de *anaednon*, "sem presentes de corte", as condições especiais estão claramente definidas. Um é o oferecimento de Agamenon de compensar Aquiles, sua filha para esposa *anaednon* e um dote tão grande "como ninguém jamais deu junto com sua filha"[60]. O outro é a promessa de Cassandra a Otrioneu, se tivesse conseguido fazer aquilo de que se jactava, expulsar o exército aqueu[61]. Mas, outra vez, estamos mal informados sobre o conjunto, pois não são poucos os casamentos dos quais não se diz nada a esse respeito, tanto se havia presentes em uma direção ou em outra, como se não os havia. O historiador deve, portanto, recuar em seu juízo do modelo, e o meu, como já mencionei, é que uma troca de objetos de presente era o usual, e que as exceções eram provenientes de uma ou outra situação peculiar entre os dois interessados do sexo masculino, o noivo e o pai.

IV

A pergunta seguinte é se a troca de presentes, embora uma prática aprovada e um assunto de grande interesse para o historiador social, foi de importância significativa sob o ponto de vista jurídico. A esse respeito devemos citar o relato de Heródoto do *agón*, graças ao qual Clístenes de Sícion escolhe um marido para sua filha Agariste, por volta de 575 a.C. O *agón* que durou um ano serviu para guiar Clístenes na escolha de seu futuro genro, mas o ato que selou o casamento foi um intercâmbio verbal mais ou menos formal: *engyo – engyomai*[62]. O casamento teria sido igualmente válido se Clístenes tivesse escolhido outro método – por exemplo, ir até a praça de Sícion e designar o décimo homem que encontrasse –, desde que os dois homens tivessem intercambiado as solenidades do *engyo – engyomai*.

Em face disso, os *hedna* de Homero eram análogos ao *agón* de Clístenes – um recurso ritual para a escolha do cônjuge. De fato, o oferecimento dos *hedna* convertia-se muitas vezes em um *agón*, ficando a moça com o doador mais generoso. Mas, desde que eram possíveis casamentos válidos – e aconteciam – sem essas preliminares, somos forçados a concluir que os *hedna,* apesar de toda a sua importância, eram irrelevantes juridicamente, ou necessários só em certas condições[63]. E então surgem mais dois problemas.

1. Havia mais que um modo de realizar um casamento juridicamente válido? Como proposta geral, Koschaker distinguia entre o que chamava, segundo a terminologia germânica, de *Muntehe* e *muntfreie Ehe,* isto é, casamentos nos quais a esposa ficava sujeita à autoridade do marido e casamentos livres nos quais o marido não adquiria autoridade por direito de casamento e os filhos usualmente pertenciam ao grupo familiar da mãe. Era o *muntfreie Ehe,* afirmava, que, em vários sistemas legais, originava o casamento despadronizado, que se baseava essencialmente no consentimento das duas partes. Na Grécia homérica, todavia, não há nenhum indício da existência de um casamento no qual o marido não tivesse autoridade. Mesmo na Faécia, onde Arete, a rainha, parece ter um poder que vai muito além do de qualquer outra mulher nos poemas, somos informados explicitamente de que "Aqui os feitos e as palavras dependem de Alcínoo"[64]. Além do mais, é necessário ressaltar outra vez que a maioria dos casamentos homéricos era realizada entre estrangeiros, justamente a situação em que, em outros sistemas legais, surgiu o *muntfreie Ehe*, mas não aqui, segundo as provas disponíveis. Tampouco fui capaz de encontrar qualquer outra combinação que revele um padrão. Havia *hedna* do noivo para o sogro quando a mulher se juntava à casa do sogro[65]. E havia dotes em ambas as situações[66].

2. Se os *hedna* não eram indispensáveis, havia alguma outra coisa, alguma outra cerimônia que o fosse? Não encontro uma resposta satisfatória para essa pergunta, em parte porque as provas dos poemas são muito fragmentárias, e em parte porque,

aqui, movemo-nos em uma área na qual nos defrontamos com o que Gilbert Murray chamava de "expurgações homéricas"[67]. Nos poemas, como os temos agora, houve uma expurgação sistemática de todo o complexo de ritos e rituais: sacrifícios humanos, casamentos entre irmãos, pactos de sangue etc. Agora sabemos que *gamos* significa tanto "casamento" como "banquete nupcial" em Homero, e os dois sentidos parecem tão intercambiáveis que em várias passagens é impossível decidir por algum deles[68]. Não há provas de atos sacros relacionados com o casamento em nossos textos, contudo somos tentados a pensar que no banquete era feito algum ritual específico – um ritual de mãos, por exemplo, ou um ritual de pacto de sangue –, o ato decisivo que estabelecia a validade do casamento. Mas há pouca base para sucumbirmos a essa tentação. Um problema é que aparentemente o *gamos* podia ser celebrado sem a presença de uma das partes, como no *gamos* de Menelau para sua filha Hermíone, que a seguir foi enviada para seu marido, o filho de Aquiles, na Tessália[69].

A *Odisseia* usa aqui duas expressões diferentes. Primeiro, diz que Menelau enviava Hermíone "para o filho de Aquiles", e depois, algumas linhas mais adiante, "para a famosa *asty* (cidade) dos mirmidões". A expressão mais comum nos poemas é "conduzir (ou enviar) para o (ou do) *oîkos* ou *doma* de fulano"[70]. Não creio que essa linguagem signifique que uma transferência formal de uma casa para outra era realizada através de alguns rituais ou de expressões formais, embora tal conclusão não possa ser excluída. Mas a ênfase sobre a casa aponta para a essência da relação matrimonial, e daí para o poder último de decisão a respeito da validade ou não de um casamento.

Na Grécia clássica a validade legal de um casamento era um assunto de interesse público, pois estabelecia a cidadania dos filhos e a aplicação das leis de sucessão. Era primordialmente em torno da legitimidade dos filhos que a lei do casamento gravitava. Esse ponto central, todavia, estava ausente na Grécia de Homero, onde não havia *pólis,* cidadania ou problema político de legitimidade. Quem, então, definiu a distinção, que existia claramente, entre uma esposa e uma concubina? A resposta encontra-se em uma destas duas direções: ou esse assunto repousa na jurisdição do grupo de parentesco, ou no corpo muito menor da família, o *oîkos*.

Inclino-me por este último, e não pelo grupo de parentesco maior. A despeito da opinião predominante, não consigo encontrar nenhuma prova da autoridade do clã nos poemas, salvo em um campo claramente definido, o da luta de exterminação entre famílias[71]. Mas, para nossos objetivos presentes, basta notar que nem uma vez, nos poemas, é sugerido que a escolha de um marido ou de uma mulher envolvesse qualquer outra pessoa além do noivo, seu pai e irmãos, e da moça, seu pai e irmãos. Mesmo o aparecimento dos irmãos não é habitual, e em caso algum se estende para além do *oîkos* e chega ao grupo de parentesco mais amplo. Outra vez a comparação com a África é reveladora. Lá o papel do parente é logo indicado pelo fato de frequentemente os presentes de casamento serem divididos entre os parentes, tanto na oferta como no recebimento[72]. Mas nunca em Homero.

Tem sido afirmado que o fato de Menelau ter convidado seus vizinhos e *etai* para o banquete de casamento de Hermíone demonstra o caráter tribal do casamento[73]. Todavia, a presença dos *etai* como hóspedes não significa que desempenhassem outro papel além do de espectadores. Seria lógico argumentar que, partindo-se dessa passagem, os vizinhos também exercem alguma autoridade, pois estavam no mesmo grupo que os *etai*. Por fim, não é absolutamente tão certo como aparece nos léxicos que *etai* signifique parentes[74].

Para ser exato, não posso citar uma única passagem que diga clara e inequivocamente que o chefe da família tinha pleno poder de decisão. Mas há sinais que apontam nessa direção. A repetida expressão sobre a condução ou envio de uma mulher à *doma* de um homem é um deles. Quando Atena chegou a Esparta para advertir a Telêmaco que era melhor ele voltar imediatamente, "pois o pai e o irmão de Penélope a estão exortando para que se case com Eurímaco", a deusa conclui com a seguinte generalização: "Pois sabes qual é o ânimo no peito de uma mulher, ela deseja aumentar a casa de quem se casa com ela, e de seus filhos anteriores e de seu querido marido nem se lembra nem indaga depois que ele morre."[75] A supremacia do *oîkos* sobre todos os outros grupos e seus laços dificilmente poderia ter sido expressa de modo mais atilado. O casamento, como instituição, era acima de tudo isto: a introdução de uma senhora em um *oîkos*. Um homem podia ter filhos "legítimos" com uma escrava – isso é testemunhado pelo filho de Menelau, Megapentes, filho de uma escrava, contudo nunca chamado de *nothos,* bastardo, mas, ao contrário, *telygetos,* filho preferido[76]. Mas nenhum homem comprava uma *potnia* (senhora da casa).

Talvez pudéssemos ter uma melhor compreensão da lei do casamento se soubéssemos mais sobre o significado das promessas. Há quatro exemplos certos, nos dois poemas, de promessas feitas por um pai de dar sua filha no futuro[77]. Em dois casos a promessa foi cumprida; nos outros dois a morte interveio. Um outro tipo de promessa, a de Ifidamas de dar um *hedna* adicional em data futura, também foi impedida de ser cumprida pela morte[78]. Portanto, não temos provas diretas para tirar conclusões sobre a possível significação jurídica de uma promessa de dar em casamento e a obrigatoriedade de seu cumprimento. Todavia, o padrão global das relações nos poemas implica que tal promessa não tinha grande validade, especialmente porque todos os exemplos que temos são entre estrangeiros; podia ser de cumprimento obrigatório se essa expressão pudesse ser ampliada consideravelmente, exclusivamente pelo poder pessoal[79]. Talvez valha a pena assinalar, não obstante, que algumas dessas promessas são efetivamente registradas nos poemas, assim como uma grande quantidade de presentes, ao passo que não existe uma só promessa no campo das vendas.

Dois outros aspectos importantes da lei do casamento também estão fora de nosso alcance por falta de provas. A única referência a um divórcio é uma referência implícita. Enraivecido pelo adultério de Afrodite, Hefesto disse que exigiria a devolução de seus *hedna*. Nada mais é dito sobre essa ameaça na cena longa e dramática que se segue, e é inútil buscar qualquer luz ali[80]. Quanto à viuvez, o único exemplo, fora o das cativas, é o de Penélope. Seria necessário outro ensaio tão longo quanto este para examinar detalhadamente as tramas confusas e contraditórias da história de Penélope, a partir da qual não consegui construir uma opinião consistente sobre a situação das viúvas.

V

O problema que Koschaker apresentou como ainda sem solução, isto é, encontrar a ponte entre casamento e compra e a *engyesis* posterior, desaparece portanto. Em seu lugar temos outros dois problemas. Um é a mudança do tipo de padrão de casamento que tracei para o casamento como ato jurídico formal. Essa mudança foi simplesmente um elemento de uma transformação muito mais geral, de um mundo de parentesco de *oîkos* nas relações sociais para o mundo da *pólis,* de transações realizadas sob o império da lei. O segundo problema é a mudança da prática do oferecimento de presentes pelo futuro marido, com ou sem dote em troca, para a prática do oferecimento de presentes pelo futuro sogro. Essa mudança teve suas raízes totalmente fora do domínio da lei. Ela pertence à história social, e a explicação dependerá de entendermos as transformações sociais básicas dos séculos VIII e VII a.C.[81]

Notas

Introdução à edição inglesa

1. A. Momigliano, "The Greeks and Us", *The New York Review of Books*, 22.16 (16 de outubro de 1975), 36-8, a p. 36. O sentido ambíguo de "nós" é ressaltado no final da resenha.
2. Ibid., p. 36.
3. Colaborou posteriormente com o artigo sobre "Escravidão" na publicação que a sucedeu; veja Finley (1968d).
4. Finley, *Studies in Land and Credit*, ix; (1951b).
5. Finley, res. (1966f) 289.
6. Finley, res. (1967b) 201.
7. Ibid.
8. Finley, res. (1966f) 290.
9. Veja Martin Jay, *The Dialectical Imagination. A History of the Frankfurt School and the Institute of Social Research, 1923-1950*. Heinemann, Londres; Little Brown, Boston, 1973.
10. Veja Finley, res. (1935) (1941b).
11. Para um exemplo do debate e da superioridade do método, veja M. Weber, "Critical Studies in the Logic of the Cultural Sciences: A Critique of Eduard Meyer's Methodological Views", cap. 3.2 em *The Methodology of the Social Sciences*, trad. e ed. por E. Shils e H. A. Finch, The Free Press, Nova York, 1949, 113-64.
12. Veja o prefácio de Horkheimer na primeira edição de *Zeitschrift für Sozialforschung*, publicada em 1932.
13. Jay, *Dialectical Imagination*, 43 e *passim*.
14. Jay, *Dialectical Imagination*, 119, citado de um ensaio não publicado, de 1942. Pode-se sugerir que o grande interesse de Finley nas instituições políticas de Atenas decorre da crença em um ideal similar. Certamente a distinção entre "liberdade de" e "liberdade para" é fundamental para seu ensaio sobre liberdade no mundo grego (cap. 5).
15. Cf. Finley, res. (1948) 275.
16. Finley (1934) 150 f.
17. Finley, res. (1935) 289.
18. Finley, res. (1937) 610.
19. Ibid., 609.
20. Finley, res. (1941a) 127.

21. Finley (1975) 113-14.
22. Finley, res. (1941b) 505.
23. Ibid., 505-6.
24. Finley, res. (1977b).
25. Finley, res. (1941b) 507-8.
26. Finley (1971a).
27. Finley (1979), e seu *Ancient Slavery and Modern Ideology*.
28. Finley, res. (1941a) 129.
29. Veja, por exemplo, Finley, res. 1961,1963b, 1964b-c, 1965d, 1966b, 1967b, 1968b, 1969b, 1970b etc.
30. Cf. Finley 1937, 1964g, 1966e, 1966f; e seu trabalho de oito anos como presidente do subcomitê de História Antiga, JACT, 1964-71.
31. Finley (1977b) 140; res. (1964g) 21 ss., e em outras partes.
32. Cf. Finley, *The Ancient Economy*, cap. 2, e especialmente p. 49.
33. Ibid., 51.
34. Veja pp. 70 ss., cap. 4, sobre o mesmo tema; ambos são desenvolvidos detalhadamente no cap. 2 de *The Ancient Economy*.
35. Finley, res. (1960b) 528.
36. Momigliano, art. cit., 37.
37. Finley (1975) 117.
38. Não é nossa intenção neste ensaio introdutório examinar em profundidade todas as importantes contribuições que Finley tem feito para as diferentes áreas da história antiga. Tampouco pretendemos cobrir vários aspectos de sua obra já tratados por outros, por exemplo, P. Vidal-Naquet, "Economie et société dans la Grèce ancienne: l'oeuvre de Moses I. Finley". *Archives européenes de sociologie* 6 (1965), 111-48, e M. De Sanctis, "Moses I. Finley. Note per una biografia intellettuale", *Quaderni di Storia* 10 (1979) 3-37.
39. Finley (1975) 119.
40. Ibid., 108 e 111, com uma crítica das chamadas "leis" descobertas pela antropologia na ilustração da futilidade de se tentar descobrir um comportamento legal no sentido das ciências naturais, especialmente físicas.
41. Finley (1965a) 13.
42. Finley, res. (1965g) 253.
43. Ibid.
44. Finley, res. (1960b) 527.
45. A. Andrewes, "Autonomy in Antiquity", *Times Literary Supplement* 74 (28 de março de 1975) 335.
46. Finley, res. (1960b) 528.
47. Finley, res. (1965h) 5.

1. A CIDADE ANTIGA: DE FUSTEL DE COULANGES A MAX WEBER E ALÉM

1. Esse tema ainda não foi investigado adequadamente; como um princípio, veja Pecirka (1973); Wightman (1975).
2. Há importantes nuanças que distinguem Platão de Aristóteles, especialmente com respeito ao comércio interno: veja Finley (1970b).
3. Berry (1972). Uma pesquisa francesa conseguiu atingir um total de 333 variáveis: veja Lefebvre (1970) 67.
4. A discussão corrente da *problématique* da cultura urbana "está, de fato, relacionada com o sistema de cultura característico da sociedade industrial e, na maioria dos aspectos distintivos, com a sociedade industrial capitalista": Castells (1970) 1157. Cf. o capítulo de abertura de Lefebvre (1970).
5. Handlin (1963) 2.
6. Thernstrom (1971).
7. Edição inglesa das partes 1 e 3: Marx e Engels (1938) 8. O trabalho foi completado em 1846, e o fato de essa parte não ter sido publicada durante a vida de Marx é irrelevante para minha argumentação.
8. A opinião de que todas as cidades pré-industriais, do Oriente Antigo, da Antiguidade clássica e da Idade Média parecem-se muito umas com as outras foi projetada por Sjöberg (1960) 4-5. Em sua busca de "estruturas universais", ele divide as sociedades em três tipos, "popular", "feudal" e "industrial-urbana" (p. 7), e afirma que nas sociedades "feudais" (entre as quais inclui a antiga) "os residentes urbanos são poucos, em relação à população total" (p. 11). Não há recuperação possível diante desse complexo de princípios falsos.
9. Assim, Hammond (1972) leva tão longe a identificação da cidade com a cidade-Estado que exclui de sua "definição preliminar" o "centro administrativo, apesar de bem desenvolvido, de um Estado que é política e socialmente organizado em todo o seu território ocupado, sem características peculiares e em oposição ao resto do Estado" (p. 6). Talvez o possível leitor deva ser alertado de que Hammond começa dizendo que "o incentivo deste livro era: se o aparecimento das cidades na Itália foi o resultado de um desenvolvimento natural dos indo-europeus ou o reflexo das instituições gregas estabelecidas no sul da Itália".
10. Veja, por exemplo, Ucko *et al.* (1972); Adams (1966); Wheatley (1971).
11. Veja especialmente Martin (1975). Cf. Wycherley (1973); Homo (1951).
12. Momigliano (1970).
13. "The English Manor", um ensaio introdutório da versão inglesa de Fustel de Coulanges (1891) ix. O último foi publicado na *Revue des Deux Mondes* (1872) e depois reeditado em suas *Questions historiques*, ed. C. Julian (1893) parte 2.

14. Sobre os últimos, veja a importante aula inaugural de Arangio-Ruiz (1914).
15. Fustel de Coulanges (1873) 78 = (1866) 69.
16. Lukes (1973) 58-63.
17. Fustel de Coulanges (1873) 28 = (1866) 20.
18. Prefácio do volume I de *L'Année sociologique* (1896/97).
19. Introdução a Hertz (1960) 11-12.
20. Citado de Meek (1976) 162. Talvez surpreendentemente, Sombart (1923) I, 11, 13-14 tenha chamado atenção para essa passagem meio século atrás, deplorado o descaso para com *Origin of Ranks*, de Millar, "uma das melhores e mais completas sociologias que possuímos", contendo a essência do que agora é conhecido sob o "rótulo infeliz" de "concepção materialista da história".
21. Fustel de Coulanges (1891) 1. No cap. 4 de seu ensaio, uma crítica de Laveleye (1874), Fustel demonstrou sua habilidade para lidar com dados etnográficos quando pressionado. Esse capítulo é intitulado atualmente "Of the Comparative Method".
22. Ashley, introdução a Fustel de Coulanges (1891) xlii-xliii.
23. Sombart (1902) 2, 191 e 194.
24. Ibid., 2, 191.
25. Sombart (1916) 1, 128. A segunda edição foi um trabalho radicalmente reescrito, reestruturado e aumentado, mas o capítulo sobre a cidade não foi significativamente alterado em seu conteúdo. Todas as edições posteriores do núcleo original de dois volumes de *Der Moderne Kapitalismus* foram simplesmente a cópia fiel da segunda.
26. Sombart (1902) 2, 194.
27. Bücher publicou uma primeira versão de sua teoria em um jornal obscuro, já em 1876, mas esta não recebeu atenção até seu aparecimento (em 1893); veja von Below (1901) 8.
28. Veja Will (1954); Finley (1965a).
29. Os três artigos estão reproduzidos nos dois volumes, póstumos, da coleção dos trabalhos de Pirenne (1939) I, 1-110.
30. Pirenne (1939) 32.
31. Lyon (1974) 146.
32. Pirenne (1914) 264. A versão inglesa publicada na *American Historical Review* omitiu muitas notas.
33. Lyon (1974) 199. Weber quase não é citado, e Lyon tenta confundir Bücher, Weber e Marx (por ex., p. 176).
34. Weber (1924) 7-8 (publicado originalmente na 3ª edição de *Handwörterbuch der Staatswissenschaften*, 1909).
35. Von Below (1901) 33; veja também seu artigo-resenha na primeira edição de *Der Moderne Kapitalismus*, de Sombart (1903).
36. Bücher (1922) 3.
37. Bücher (1901), aumentado e reeditado como a página 101 do primeiro capítulo de seu *Beiträge*, um trabalho completamente esque-

cido. Coligi as principais contribuições para a discussão sob o título de *The Bücher-Meyer Controversy* (Arno, Nova York, 1980).
38. Bücher (1906) 370-1 (cf. 441-4). A citação no meu texto não aparece na versão inglesa, feita a partir da terceira edição, por S. M. Wickett sob o título, totalmente enganoso, de *Industrial Evolution* (Londres e Nova York, 1901). Minha outra referência, todavia, encontra-se no último, pp. 371-4.
39. Sombart (1916) I, 142-3. Na primeira edição só há leves pinceladas do conceito: (1902) II, 222-3.
40. Veja, por ex., as referências de Weber a Sombart em *The Protestant Ethic*, as referências na apresentação de Marianne Weber (1950) e Sombart, da segunda edição de *Der Moderne Kapitalismus*.
41. A importância de Bücher para Weber é ainda mais evidente e explícita no segundo capítulo de (1956) "Soziologische Grundkategorien des Wirtschaftens".
42. Weber (1921) = (1956) II, 735-822 (citarei a última). Sobre os "três níveis" na obra, veja Mommsen (1974) 15-7.
43. Marianne Weber (1950) 375. A versão de 1897 não contesta minhas observações.
44. Heuss, nas observações iniciais de seu artigo centenário (1965). Seu relato seria mais completo, embora talvez só um pouco menos obscuro, se ele tivesse sido menos regionalista e tivesse olhado para fora da Alemanha.
45. Weber (1956) II, 736-9.
46. Weber (1956) II, 805-9; cf. (1924) especialmente 139-46, 256-7.
47. Weber (1924) 143-4.
48. Weber (1956) II, 739.
49. Que este era o esquema próprio de Weber, é demonstrado pelos editores mais recentes: veja J. Winckelmann, em introdução a Weber (1956) I, xi-xii; cf. G. Roth em sua apresentação da versão inglesa (1968) I, lxxvii, n. 87, xci-xciv.
50. Essa conferência foi reeditada como o primeiro ensaio de Weber (1971).
51. Veja Mommsen (1959); brevemente em seu cap. 2 (1974), com boa bibliografia.
52. Marcuse (1968), cap. 3, 201-3; cf. Habermas (1971), cap. 6.
53. Weber (1956) II, 782.
54. Weber (1924) 271-8.
55. De Ste. Croix (1975a) 19-20.
56. Weber (1956) II, 818.
57. Finley, *The Ancient Economy*, 137.
58. Veja Kocka (1966) 329-35. Uma excelente abordagem inicial sobre Marx e Weber, com boa bibliografia, é oferecida por Mommsen (1974), cap. 3.

59. Marx (1973) 256.
60. Os textos foram reunidos de modo adequado por Welskopf (1957), cap. 10.
61. Sobre o papel central do capitalismo na obra de Weber, veja Abramoviski (1966).
62. Mommsen (1974) 50-1.
63. Marx e Engels (1976) 472.
64. Escrevo "tipos ideais" deliberadamente. Veja Ashcraft (1972), sobre as importantes similaridades na abordagem de Marx e de Weber.
65. Marx (1973) 484.
66. Weber (1924) 6.
67. Anderson (1974) 28.
68. Acredito estar claro que essa abordagem dos tipos ideais é fundamentalmente diferente da de Below, citado na nº 35 acima.
69. Frederiksen (1975).
70. Para uma região, veja brevemente Frézouls (1973).
71. Em um campo, as "colônias" gregas do sul da Itália e Sicília, devem ser notados os persistentes esforços de Lepore para introduzir um adequado enfoque conceitual: (1968a & b) (1970).
72. Veja, por ex., Alford (1972); Frisch (1970).
73. Para as provas, veja Kahrstedt (1954) 132-6.
74. Galsterer (1976) parte I; veja Gabba (1972).
75. Oliva (1962) 236-42.
76. Esses números foram tirados do melhor levantamento moderno da cidade no fim do Império, Liebeschuetz (1972), cap. 2.
77. Veja Finley, *The Ancient Economy*, cap. 5; Jones (1974), caps. 1-2.
78. Magie (1950) I, 81.
79. Alföldy (1974) 43.

2. Esparta e a sociedade espartana

1. Starr (1965) 258 definiu a situação sucintamente: "Temo que às vezes corramos o risco de nos transformar em historiadores que veiculam boatos." Quem o desejar pode encontrar toda a bibliografia, exaustiva, nas notas de rodapé em Kiechle (1963), mas nenhuma sentença para explicar como informações tão precisas foram transmitidas a Píndaro, que depois reuniu-as em uma espécie de *Peerage* de Burke, para não mencionar as *Memórias* de Estéfano de Bizâncio.
2. Boardman (1963).
3. Cf. Mossé (1973).
4. A chamada Grande Rhetra, se autêntica, era um antigo decreto-lei, breve – quase uma máxima – sobre o governo, particularmente sobre o procedimento legislativo. Os historiadores não estão de acordo

quanto à data, inclusive, mas a maioria situa-a antes da "revolução do século VI", como eu o faço sem nenhuma hesitação.
5. Sobre os vários ritos, veja den Boer (1954), parte 3.
6. *Eunomia* tornou-se um termo ambíguo: "boa ordem" transformou-se em "governo estável"; virou lema dos propagandistas contrários à mudança política, em particular à mudança para a democracia. Heródoto certamente pensou no sentido original. Veja Andrewes (1938); Ehrenberg (1965) 139-58.
7. O fato de *homoioi* aparecer a primeira vez como um "termo técnico" em Xenofonte ou de só este falar dos *hypomeiones*, "Inferiores", não me impressiona como tendo qualquer importância. A terminologia social espartana estava repleta de substantivos comuns e particípios que indicavam um sentido técnico, como *tresantes* (os que tremem), *agathoergoi* (benfeitores), *neodamodeis* (os recentemente libertados).
8. Moretti (1959).
9. No conjunto, sigo a interpretação da *krypteia* de Jeanmaire (1939) 540-69. Aristóteles, segundo *Licurgo* 28, de Plutarco, ligou-a inteiramente ao policiamento dos hilotas, mas isso parece ser uma inferência legítima demasiadamente restrita das generalidades de Xenofonte cuidadosamente disfarçada (4.4), a partir dos poucos detalhes que temos sobre a repressão da revolta de Cinadão e, se estiver certo, da referência à *krypteia* em *Cleômenes*, 28.3, de Plutarco.
10. Xenofonte, 11.2, 13.11; cf. *Agesilau*, 1.26; Tucídides 4.80.5. Pierre Vidal-Naquet lembrou-me que o Estado ateniense fornecia a cada efebo um escudo e uma lança, pelo menos no século IV a.C. (Aristóteles, *Constituição de Atenas*, 42.4). Essa comparação reforça minha preferência.
11. As principais passagens em Heródoto são 3.148; 5.51; 6.50; 6.72; 8.5.
12. A inscrição é reimpressa em E. Schwyzer, ed., *Dialectorum Graecarum exempla...*, nº 12.
13. Veja Aristóteles, *Política*, 1334a35-39.
14. Veja Andrewes (1966).
15. Tucídides 5.15.1 (todavia prefere-se restabelecer o texto adulterado), 5.34.2.
16. De Ste. Croix (1972) 94-101.
17. Vagts (1937) 11, 13.
18. Isócrates 6.81; Platão, *Leis*, 666E.
19. Traduzido por Richmond Lattimore (University of Chicago Press, 1947).
20. Por ex., Kirsten (1941).
21. O fragmento é o nº 1 na edição de Shroeder; veja Will (1956) 59.
22. Tradução de Bowra, (1964) 152, do fragmento 189 em sua edição.
23. Jeanmaire (1939) 463-5.

Adendo bibliográfico

As contribuições mais importantes para o estudo da Esparta antiga desde esse ensaio foram *Sparta and Her Social Problems*, de P. Oliva (Praga, Akademia, 1971), e as publicações de Paul Cartledge, esboçadas em um artigo programático intitulado "Toward the Spartan Revolution", *Arethusa* 8 (1975), 59-84, no qual ele considerou não só a destruição da "miragem espartana" como uma medida necessária para o estudo correto do tema, mas também a introdução de um enfoque mais sociocientífico ("preponderantemente a elaboração e aplicação da teoria marxista"). Em outros estudos especializados, como seu estudo de "Literacy in the Spartan Oligarchy", *Journal of Hellenic Studies* 98 (1978), 25-37, procurou analisar o impacto das forças sociais modificadas sobre a estrutura e a função da sociedade espartana como um todo – nesse caso particular, debatendo a argumentação geral de Goody e Watt sobre o impacto revolucionário da aptidão literária *per se* sobre a estrutura social. Infelizmente, só uma pequena parte de seu novo enfoque sociocientífico está facilmente disponível ou evidente para o leitor em sua monografia geral *Sparta and Lakonia: A Regional History, 1300-362 B.C.* (RKP, Londres e Boston, 1979), onde as instituições e as relações sociais não recebem um tratamento isolado (com exceção do capítulo sobre "Helots and Perioikoi", 160-95, onde tende a seguir as opiniões de uma linha de pensamento que diz que os hilotas são "essencialmente escravos"). Sobre esse último problema, as pesquisas recentes mais convenientes são as de J. Ducat, "Le mépris des hilotes", *Annales (E.S.C.)* 29 (1974), 1451-64, e "Aspects de l'hilotisme", *Ancient Society* 9 (1978), 5-46. Em grande parte, todavia, ele não desenvolve os argumentos de Oliva ou de Y. Garlan, "Les esclaves grecques en temps de guerre", *Actes de colloque d'histoire* (Besançon, 1970), 29-62, esp. 40-8 sobre a classe social e as funções dos hilotas. P. Oliva, em "Die Helotenfrage in der Geschichte Spartas" em *Die Rolle der Volksmassen in der Geschichte der vorkapitalistischen Gesellschaftsformationen*, de J. Hermann e I. Sellnow (Akademie Verlagf, Berlim, 1975), 109-16, põe em relevo suas primeiras opiniões sobre o assunto. Sobre outros grupos periféricos da sociedade espartana veja T. Alfieri Tonini, "Il problema dei *neodamodeis* nell'ambito della società spartana", *Rendiconti dell'Istituto Lombardo* 109 (1975), 305-16. Sobre os *perioikoi* veja R. T. Ridley, "The Economic Activities of the *Perioikoi*", *Mnemosyne* 27 (1974), 281-92, e a réplica de G. Berthiaume, "Citoyens spécialistes à Sparte", 29 (1976), 360-4. O problema da influência da riqueza, distribuição da propriedade e divisões sociais na Esparta primitiva foi levantado por A. J. Holladay, "Spartan Austerity", *Classical Quarterly 27* (1977), 111-26; o lado iconográfico da cultura espartana, inclusive as peças referidas por Finley, pode ser visto convenientemente no exemplar, bem ilustrado, de *The Spartans*, de L. F. Fitzhardinge (Thames & Hudson, Londres, 1979).

Finalmente, os acontecimentos históricos acerca de Cinadão foram coligidos por E. David, "The Conspiracy of Cinadon", *Athenaeum* 57 (1979), 239-59, embora sem a devida atenção para os problemas do conflito das classes sociais observado por Finley.

3. O Império ateniense: um balanço

1. Thornton (1965) 47.
2. Por ex., Mattingly (1961) 184, 187; Erxleben (1971) 161.
3. Veja Folz (1953).
4. Will (1972) 171-3; cf. Ehrenberg (1975) 187-97.
5. Como ilustração destacada, note-se como 454, um ano decisivo, domina a análise de Nesselhauf (1933). Para uma crítica incisiva, veja Will (1972) 175-6. De qualquer forma, está longe de ser certo que a transferência do tesouro tenha ocorrido em 454; veja Pritchett (1969).
6. Larsen (1940) 191.
7. Schuller (1974) 3. Sua tese central de "dois níveis" (Schichte) na estrutura do fim do Império e sua lista de continuidades e descontinuidades procedem de sua confusão inicial entre a noção psicológica de "um interesse em ser governado" e as realidades do poder.
8. Mesmo no caso de se pensar, o que não faço, que no fim de sua vida chegou a crer, retrospectivamente, que o Império ateniense tinha sido um erro, isso não afetaria minha argumentação.
9. Perlman (1976) 5.
10. Wight (1952) 5. O paralelo com os "aliados" romanos no terceiro e no segundo séculos a.C. vem imediatamente à mente.
11. Nem é preciso dizer que acho irrelevante e anacrônico jogar com as noções de exercício do poder *de iure* e *de facto*, como faz, por exemplo, Schuller (1974) 143-8.
12. Meiggs (1972) 215.
13. Os relatos mais completos encontram-se em Meiggs (1972) cap. 11; Schuller (1974) 36-48, 156-63. Nenhum deles inclui os *Hellespontophylakes*, discutidos seção IV deste capítulo.
14. Veja Blackman (1969) 179-83.
15. Meyer (1960) prejudica uma análise atilada em outros aspectos com sua insistência em afirmar que nunca houve mais que meia dúzia, aproximadamente, de Estados contribuintes por meio de barcos, e por tratar a construção de barcos exclusivamente como um privilégio concedido por Atenas.
16. Meyer (1960) 499.
17. A discussão mais convincente desse texto parece-me ser a de Chambers (1958).
18. Ignorarei totalmente a avaliação do tributo de 425, temporária e de tempo de guerra, certamente uma indicação importante da força e

do caráter do poder atenienses, mas uma anomalia excessiva para ser incluída na análise que tento fazer.
19. Não me perturba que Tucídides chame os 600 talentos *de phoros*. Xenofonte seguramente tinha o mesmo número em mente, quando deu o total da renda pública de Atenas naquela ocasião como 1.000 talentos "tanto de fontes domésticas como externas" (*Anábases*, 7.1.27).
20. Para o que se segue, a coleção e a análise mais completas das provas encontram-se em Amit (1965).
21. Veja Casson (1971) 278-80.
22. Blackman (1969) 195.
23. Stanier (1953).
24. Blackman (1969) 186.
25. Não vejo necessidade de perder tempo com a opinião de Sealey (1966) 253, de que a "Liga de Delos foi fundada por causa de uma disputa sobre presas de guerra e sua finalidade era obter mais produtos desse tipo"; veja Jackson (1969); Meiggs (1972) 462-4.
26. Sobre as provas antigas referentes ao que se segue, veja o comentário de Gome sobre Tucídides 1.116-17.
27. Veja de Ste. Croix (1972) 394-6.
28. Tucídides 1.101.3; Plutarco, *Címon,* 14.2.
29. A lista aparece bem documentada em Jones (1957) 169-73. Não precisamos aceitar o argumento demográfico no qual os dados estão inseridos.
30. É desnecessário para mim entrar em dificuldades não resolvidas, enfrentadas na tentativa de deslindar colônias e clerúquias; todas as discussões anteriores foram devidamente colocadas por Gauthier (1966) e Erxleben (1975).
31. Veja Finley (1976).
32. Gauthier (1973) 163. Esse artigo é fundamental para o que se segue.
33. Quanto aos textos desse bloco de inscrições, agora conhecidos convencionalmente como "Attic stelai", veja Prichett (1953) com a análise completa em 1956.
34. Col. II, linhas 311-14; cf. II, 177. A cifra é tão grande a ponto de gerar suspeita de que possa haver um erro no texto.
35. Davies (1971) 431-5, estima o total da riqueza de Pásion em cerca de 60 talentos.
36. Os argumentos de Erxleben (1975) 84-91 não me convencem de que as propriedades eubeias, incluindo-se a de Eônia, foram construídas através da compra das propriedades dos clérucos atenienses da ilha; e tampouco a sugestão sem fundamento de Ste. Croix (1972) 245: "Suponho que o Estado ateniense arrogava-se o direito de dispor das terras confiscadas dos aliados... também fazendo transferências *viritim* a particulares atenienses, que, presumivelmente, compravam-nas em hasta pública." Tais sugestões foram efetivamente rejeitadas ante-

riormente, em poucas linhas por Gauthier (1973) 169. E tampouco entendo como Erxleben, como muitos outros, pode aceitar como um fato a afirmação de Andócides (3.9) de que depois da Paz de Nícias Atenas adquiriu a posse de dois terços da Eubeia. A passagem inteira é, comprovadamente, "um dos piores exemplos que temos da imprecisão e tergiversação retóricas" (de Ste. Croix [1972] 245).

37. Sobre o excesso das expressões veja Finley, *Studies in Land and Credit*, 75-6.
38. Finley (1965a); *Ancient Economy*, cap. 6. Sobre a ficção das "guerras comerciais" veja também de Ste. Croix (1972) 214-20.
39. *Inscriptiones Graecae* I², 57.18-21, 34-41 *(Methone);* 58.10-19 *(Aphytis).*
40. Grundy (1911) 77. Não temos ideia das obrigações dos *Hellespontophylakes* além dessa referência. Xenofonte, *Helênicas,* 1.1.22 e Políbio 4.44.4 dizem que Alcibíades introduziu a primeira cobrança de pedágio em 410, em Crisópolis, no território de Calcedônia, através dos estreitos a partir de Bizâncio.
41. Corretamente, Schuller (1974) 6-7.
42. A melhor exposição dessa proposta é a de Nesselhauf (1933) 58-68, embora eu discorde em dois pontos, que indicarei.
43. Um interessante exemplo de "recompensar amigos" foi visto nas 24 pequenas cidades, a maioria delas nos distritos da Trácia e do Helesponto, que tributaram "voluntariamente" a partir de 435, segundo Nesselhauf (1933) 58-62, e, de modo mais completo, Lepper (1962), que usou esses exemplos como prova da doutrina de que o pagamento de tributo era uma condição necessária para a navegação no mar. A explicação é admitida como especulativa; nada mais pode ser envolvido que manobras locais em um período de relações instáveis entre Atenas e a Macedônia: veja Meiggs (1972) 249-52.
44. Nesselhauf (1933) 64.
45. De Ste. Croix (1972) cap. 7; veja a crítica judiciosa de Schuller (1974) 77-9.
46. Não repetirei minhas razões para sustentar que o decreto sobre cunhagem de moedas foi um ato político sem qualquer vantagem comercial ou financeira para os atenienses: veja Finley (1965a) 22-4; *Ancient Economy*, 166-9.
47. Formulada pela primeira vez em uma conferência, Hasebroek (1962), posteriormente a análise foi alongada em um livro, Hasebroek (1928). Veja Finley (1965a).
48. Veja mais recentemente Erxleben (1974); de modo mais geral, de Ste. Croix (1972) 214-20.
49. Nesselhauf (1933) 65.
50. Não entendo como alguns historiadores podem duvidar seriamente de que essa taxa devia ser cobrada em todos os portos situados dentro da esfera ateniense. No fim do século, a taxa portuária de 2%, só no Pireu, estava fixada em 39 talentos *(Andócides,* 1.133-34), e ne-

nhuma aritmética pode elevar essa cifra a uma soma, em 413 a.C., que pudesse justificar essa medida quando, como há razão para se acreditar, o tributo no período de 418-414 a.C. totalizava cerca de 900 talentos por ano. Eu ainda acrescentaria que estou disposto a deixar em aberto a possibilidade de um sistema de cobrança de pedágio disseminado pelo Império mesmo anteriormente, como argumentado por Romstedt (1914), a partir de uma referência, ainda não explicada, a uma *dekate* ("décimo") no "Decreto de Cálias", *Inscriptiones Graecae* I², 91-7. A análise de Romstedt não é convincente, mas a possibilidade parece-me merecer mais que a simples ignorância em todos os trabalhos recentes sobre o Império.

51. Não me envolverei na discussão sobre a confiabilidade da afirmação de Plutarco (*Péricles* 11.14) de que sessenta trirremes eram mantidas anualmente no mar por oito meses. Meiggs (1972) 427, conclui: "Embora os detalhes em Plutarco sejam dúbios, sua fonte... provavelmente não inventou o fato básico de que as patrulhas anuais de rotina cruzavam o Egeu." Isso, sem dúvida, está certo, e basta para minha argumentação.
52. De Ste. Croix (1975) contestou minha argumentação nesse ponto, mas sua prova – de que Rodes pagou ocasionalmente alguns cargos lá pelo fim do século IV e talvez no período helenístico, e a Iasos helenística, e o fato de Aristóteles ter feito algumas observações gerais sobre o tema do pagamento na *Política* – não afetam a força de minha argumentação.
53. Veja Finley, *Ancient Economy*, 172-4; *Democracy*, 58-60. Jones (1957) 5-10 tentou abalar essa proposta, apontando para a sobrevivência do pagamento por cargo depois da perda do império, e ele foi citado com satisfação por muitos escritores. Todavia, pode ser facilmente demonstrado que as instituições frequentemente sobrevivem muito tempo depois que as condições necessárias para sua introdução desapareceram. O julgamento por meio de corpo de jurados é um exemplo suficiente.
54. Tucídides 8.27.5, 48.4, 64.2-5. Não me parece muito importante que Tucídides não endosse especificamente esse argumento em particular.
55. Não vejo necessidade de entrar no debate sobre a "popularidade do Império ateniense" iniciado por Ste. Croix (1954-5); com referência à bibliografia e a uma exposição de seus pontos de vista mais recentes, veja de Ste. Croix (1972) 34-43.

4. Terra, débito e o homem de posses na Atenas clássica

1. Platão, *A República*, 565E; *Leis*, 684D, 736C; cf. Aristóteles, *Política*, 1305a2; Isócrates 12.259.
2. *Inscriptiones Creticae* III, iv, 8.21-4.

3. Homolle (1926) VII.2-6.
4. Jones (1957) 169-73; Wagner (1914) 50-1 estima 20.000.
5. Sieveking (1933) 562.
6. Citado por Aristóteles, *Constituição de Atenas,* 12.4.
7. Evitei falar de hipotecas, principalmente porque a palavra, como tem sido usada na história da lei anglo-americana, tem várias conotações que a tornam inaplicável à Grécia antiga.
8. A posse da terra apresenta distinções muito definidas em várias partes do antigo mundo grego. Este capítulo trata apenas de Atenas, de 500 a 200 a.C. (em números redondos), salvo quando indicado o contrário.
9. Quanto à documentação completa veja Finley, *Studies in Land and Credit.* Os achados subsequentes não alteraram as conclusões contidas nessa análise.
10. *Inscriptiones Graecae,* II 2726. Três verbos diferentes aparecem nos *hóroi.* Traduzi todos por "put up as security" (apresentar como fiança) porque as diferenças jurídicas não são relevantes para a questão examinada. As palavras entre parênteses não aparecem no original grego.
11. Ehrenberg (1951) 93. Opinião idêntica é encontrada, por exemplo, em Mitchell (1940) 85-6; Jarde (1925) 118-19; Pöhlmann (1925) I 185.
12. Ps.-Demóstenes 42.5. De Ste. Croix (1966) defende uma cifra muito menor.
13. Platão, *Alcibíades* I, 123C, e Lísias, 19-29, respectivamente.
14. Demóstenes, 20.115, Plutarco, *Aristides,* 27.1, opta pela metade dessa cifra. Veja Davies (1971) 51.
15. Dionísio, *Sobre os discursos de Lísias,* 52.
16. As estimativas da população são as de Gomme (1933).
17. Certas complicações foram ignoradas por esse resumo; uma interpretação diferente de um ou dois dos textos aumentaria levemente a média de 2.650 dracmas.
18. Veja Gomme (1933) 17-19.
19. Depois de Sólon, o problema parece ter reaparecido só uma vez, quando a democracia foi restabelecida depois do governo oligárquico, sanguinário e confiscatório, imposto em Atenas por Esparta no fim do século V a.C. Os líderes da restauração democrática foram conciliatórios em todos os assuntos, inclusive nas questões de propriedade, atitude que lhes valeu os elogios de Aristóteles (*Constituição de Atenas,* 40-3): "Nas outras cidades... o *demos,* tomando o poder... realizou uma redistribuição de terras."
20. Ps.-Aristóteles, *Problemas,* 29.2, 950a28; cf. 29.6, 950b28.
21. Ps.-Demóstenes, 53.12.13. Só é considerada a relação entre Apolodoro e Nicóstrato. Portanto, é desnecessário examinar certas contradições e dificuldades aparentes na passagem.
22. Veja Ps.-Antifonte, *Tetralogia* I b 12.

23. Ps.-Demóstenes, disc. 49. Não há sugestão de corrupção política no quadro.
24. Sieveking (1933) 561.
25. Sieveking (1933) 561, escrevendo em termos gerais, não especificamente sobre a Grécia.
26. *Inscriptiones Graecae* II² 2762. Pringsheim (1950) 163-4 apresenta outra interpretação que eliminaria o elemento da venda a crédito e nos deixaria apenas com um exemplo inequívoco.
27. Linhas 11-23 da inscrição, conforme reproduzidas na *Revue des études grecques* 63 (1950), pp. 148-9. Às vezes era prática – e ainda é, em alguns lugares da Grécia moderna – dos arrendatários providenciarem seus próprios telhados e esquadrias e os retirar ao irem embora.
28. Kent (1948) 289-90.
29. Basta ler as parábolas socráticas em Xenofonte, *Memoráveis* 2.7-10. Havia outro sistema de se conseguir dinheiro no mundo ateniense, certamente, mas estamos tratando apenas do estrato social dos proprietários de terras mais ricos, e só das atitudes predominantes entre eles.
30. Demóstenes, 36.6, afirma explicitamente que essa era a situação em Atenas.
31. É necessário reiterar que não estão sendo considerados nem os pequenos empréstimos nem as operações de empréstimos sobre o valor do navio. Mesmo essas atividades, posso acrescentar, apresentam as mesmas características aqui resumidas, embora não tão rigidamente. Os grandes empréstimos para manufatura, assim como os extensos créditos para a agricultura, eram desconhecidos. A única exceção da regra de que o empréstimo de dinheiro não era institucional encontra-se entre o *dêmos* e as outras subdivisões do Estado, templos e associações privadas de culto. Muitos deles faziam empréstimos a juros, mas as somas eram quase que invariavelmente pequenas e, apesar da importância que a atividade podia ter para gerar fundos para sacrifícios de animais e banquetes cerimoniais, não há provas de que tenha contribuído de forma mensurável para a vida econômica da comunidade.
32. Nada poderia ser mais chocante que a descrição do cofre sagrado e do cofre público de Delos no século II, feita por Larsen em T. Frank, ed. *An Economic Survey of Ancient Rome,* Johns Hopkins Press, Baltimore (1938) IV, 340-4.
33. Wigmore (1896-7) 322 (em uma discussão da lei germânica medieval tardia).
34. Essa afirmação baseia-se na exaustiva investigação desses grupos, feita por Poland (1909) 487 n. 10.
35. Thornbrough *v.* Baker (1676), 1 Ch. Ca. 284. Sobre a importância histórica desse caso na lei inglesa, veja Turner (1931) cap. 3.
36. H. D. Hazeltine, prefácio geral para Turner (1931) xlviii-xlix, lxi-lxiii.

Adendo bibliográfico

Nas quase três décadas, desde a publicação deste artigo e do livro no qual ele se baseou (1952), foram publicadas pesquisas adicionais referentes a temas específicos bem como ao problema geral da crise do século IV. Particularmente útil é "The Crisis of the Athenian Polis in the Fourth Century B.C.", de J. Pecirka, *Eirene* 14 (1976), 5-29, que apresenta uma pesquisa atualizada da discussão sobre a crise do século IV, incluindo uma resenha do trabalho feito desde o decisivo ataque de Finley à noção da concentração da posse de terras. Nessa pesquisa os estudos de V. N. Andreyev sobre os padrões de arrendamento de terra e empréstimos aparecem de forma proeminente. Um resumo adequado desses artigos, em inglês, que foram publicados originalmente em russo, pode ser encontrado em "Some Aspects of Agrarian Conditions in Attica in the Fifth to the Third Centuries B.C.", de Andreyev, *Eirene* 12 (1947), 5-46. A investigação minuciosa de Andreyev apoia as conclusões gerais de Finley, que são aceitas "com algumas restrições" (p. 21). Uma outra série de artigos russos sobre vários aspectos da economia ateniense do século IV, incluindo-se as relações de crédito e os empréstimos *eranos*, foi publicada por L. M. Gluskina, que apresentou um resumo em alemão com referências em "Studien zu den sozialökonomischen Verhältnissen im Attika im 4. Jh. v.nu.Z.", *Eirene* 12 (1974), 111-38. O trabalho fundamental de Claude Mossé, tanto analítico como sintético, sobre o assunto também deve ser mencionado, especialmente *La fin de la démocratie athénienne* (PUF, Paris, 1962; reedição: Arno, Nova York, 1979), parte do qual aparece em *Athens in Decline, 404-86 B.C.*, também de sua autoria (Londres, RKP, 1973). Em uma resenha geral da questão global, ela examina suas opiniões anteriores: "La vie économique d'Athènes au IVe siècle: crise ou renouveau?", em *Praelectiones Patavinae*, ed. F. Sartori (Roma, Bretschneider, 1972), que foi anexada à reedição de seu livro.

Os bancos e o crédito gregos foram tratados extensivamente por R. Bogaert, *Banques et banquiers dans les cités grecques* (Leiden, Sijthoff, 1968). Tipos específicos de empréstimos foram examinados minuciosamente por G. E. M. de Ste. Croix, "Ancient Greek and Roman Maritime Loans", em *Debits, Credits, Finance and Profits: Papers presented to W. T. Baxter*, ed. H. Edey e B. S. Yamey (Sweet & Maxwell, Londres, 1974), e J. Vondeling, *Eranos* (Groningen, J. B. Wolters, 1961), cap. 3 (em alemão, com um resumo em inglês). Sobre os *hóroi* foram publicados dois artigos, logo depois que o de Finley foi escrito: L. Gernet, "Horoi", em *Studi in onore di Ugo Enrico Paoli* (Le Monnier, Florença, 1955), 345-53, e F. Pringsheim, "Griechische Kauf-Horoi", em *Festschrift Hans Lewald* (Helbing e Lichtenhahn, Basileia, 1953), 143-60. Os *hóroi* que vêm sendo publicados desde 1952 serão analisados em um estudo que está sendo preparado por Paul Millett.

O papel dos metecos no comércio e no empréstimo de dinheiro em Atenas foi discutido por E. Erxleben, "Die Rolle der Bevölkerungsklassen im Aussenhandel Athens...", em *Hellenische Poleis*, ed. E. Ch. Welskopf, 4 vols. (Akademie Verlag, Berlim, 1974), I, 460-520; cf. D. Whitehead de forma mais geral. *The Ideology of the Athenian Metic, Proceeding of the Cambridge Philological Society*, Supl. 4 (1975).

5. A LIBERDADE DO CIDADÃO NO MUNDO GREGO

1. Leach (1968) 74.
2. Uso a classificação de Hohfeld (1920).
3. Mill (1948) 120. Para uma análise de *On Liberty* e seu lugar na obra de Mill, veja Ryan (1974) cap. 5.
4. Cito a declaração de Cranston (1973), Apêndice A.
5. Para uma ilustração do desenvolvimento desses argumentos vazios feito por um escritor acadêmico, veja Cranston (1973), especialmente cap. 8.
6. Para outros textos, veja Larsen (1962) 230-4.
7. Sobre o conceito de espectro, veja caps. 7 e 8 neste volume.
8. Veja Gomme (1933) 16-7.
9. Loenen (1953) 5.
10. Veja Lewis (1971).
11. Xenofonte, *Memoráveis*, 3.6, e Platão, *Protágoras*, 319C, são decisivos nesse aspecto.
12. Discuti aspectos da liderança ateniense em *Democracy, Ancient and Modern,* cap. 1.
13. Sigo Borecky (1971) no duplo sentido de *isonomía*.
14. Veja principalmente Vlastos (1964), a quem devo a palavra "estandarte".
15. Traduzido por Frank Jones. Para outros textos, veja Borecky (1971) 12-15.
16. Veja Kelly (1966), especialmente cap. 3; Garnsey (1970), parte 3.
17. Tucídides 3.62.3.
18. A análise feita por Ihering (1885) 175 ss. dificilmente poderá ser melhorada.
19. Veja a análise feita por Erbse (1956), que segui. Dover (1968) 172-4, rejeita a análise de Erbse por causa da opinião tradicional de que o discurso nunca chegou a ser feito. Todavia ele conclui que Demóstenes "não acha que a circulação de tal documento prejudicaria sua reputação", e isso basta para meu argumento.
20. Ruschenbusch (1957) = (1968) 362. Os textos antigos são mencionados ali e são todos aceitos com seu significado literal.
21. Meinecke (1971); Meyer-Laurin (1965).

22. Davies (1971) nº 9719.
23. Weiss (1923) livro 4 continua sendo fundamental, apesar das críticas corretas de alguns autores de resenhas de que no livro não é prestada a devida atenção à mudança social e política na história da Grécia; por exemplo, Latte (1925).
24. Veja Finley (1967).
25. Veja, por ex., Finley, *Studies in Land and Credit,* 113-17.
26. Veja agora Gauthier (1974) 207-15.
27. Veja Humphreys (1974).
28. Veja Garlan (1972); (1974).
29. Talvez eu deva dizer outra vez que as tiranias estão excluídas desta discussão.
30. O relato mais completo encontra-se em Pritchett (1971) caps. 1-2.
31. Muita coisa ainda está obscura nesse assunto. O relato mais completo é o de Amit (1965); veja também acima, cap. 3.
32. É óbvio que isso não foi sempre possível, e pode ser que as *poleis* agrícolas menores tenham sido obrigadas a levantar impostos diretos regularmente, conforme foi sugerido por Pleket (1972) 252. Todavia, devo protestar contra as tentativas esporádicas de elevar o pequeno punhado de fontes, tanto helenísticas como clássicas, como uma forma de alterar a generalização em meu texto.
33. Embora o *metoikion* fosse apenas de 1 dracma por mês (e metade disso para uma mulher), o que não era uma grande carga financeira, a implicação psicológica nem por isso é menor. Cf. os comentários de Lord Hailey sobre a África moderna sob o domínio europeu: "Poderia ser dito que o africano começa a ser reconhecido como um membro da sociedade quando se torna sujeito ao pagamento de imposto de renda, em vez do tributo *per capita*." *An African Survey,* Oxford University Press (1957) 643.
34. Aceita-se de modo geral que os relatos que temos sobre a luta contra os tiranos, e sua derrota, têm pouco ou nada a dizer sobre os gravames por impostos. Acredito que eles eram, não obstante, um elemento importante porque, em Atenas, é especialmente salientado o décimo dos pisistrátidas (Tucídides 6.54.5; Aristóteles, *Constituição de Atenas,* 16.4), que sabemos ter sido abolido logo após a eliminação da tirania, e por causa dos impostos diretos, entre os instrumentos fiscais em Pseudo-Aristóteles, *Oeconomica,* livro 2.
35. Veja Adkins (1972) cap. 5.
36. Stroud (1971).
37. Veja Latte (1920).
38. Veja Stroud (1974).

6. A CIVILIZAÇÃO GREGA ERA BASEADA NO TRABALHO ESCRAVO?

1. Também excluo a "compulsão econômica" do sistema de trabalho assalariado.
2. Não é uma objeção válida para essa definição de trabalho dizer que um escravo é, não obstante, biologicamente um homem, ou que havia certas tendências para dar-lhe um pequeno reconhecimento de sua humanidade, tais como o privilégio do asilo ou o privilégio do casamento *de facto*.
3. Não estou considerando aqui as palavras referentes ao sistema de hilotas, embora os próprios gregos costumassem chamar os hilotas de "escravos": veja os dois capítulos seguintes.
4. Só mencionei alguns exemplos. Sobre as variações dialéticas e regionais veja Kretschmer (1930). Sobre o uso alternativo dos termos na Atenas clássica veja Lauffer (1955-6) I, 1104-8; cf. Kazakevich (1956).
5. Veja Aymard (1948).
6. Essa afirmação não é invalidada pelas incursões ocasionais que um pequeno proprietário ou algum artesão de miudezas pudesse fazer no mercado de trabalho, trabalhando três dias em alguma colheita ou uma semana na construção de um templo; ou pela presença, em cidades como Atenas, de um número indeterminado de homens, sem habilitação na sua quase totalidade, que viviam de diversos tipos de trabalho (quando não estavam remando na frota ou ocupados de outra forma pelo Estado), aqueles, por exemplo, que se reuniam diariamente em *Kolonos Misthios* (veja Fuks [1951] 171-3). Em nenhum local das fontes ouve-se falar de estabelecimentos privados que se utilizassem de um quadro de trabalhadores assalariados para suas operações normais.
7. Os estudiosos que sustentam que a escravidão não foi importante na agricultura ignoram sistematicamente a *Hausvaterliteratur* (literatura tradicional sobre a propriedade e a administração da casa) e provas similares, enquanto tentam provar seu ponto de vista, em parte com os fracos argumentos do silêncio e em parte referindo-se aos papiros. Nenhum protesto será suficientemente forte contra esse último procedimento, visto que o sistema agrícola no Egito ptolomaico e romano não foi grego; veja Rostovtzeff (1953) I, 272-7. Sobre Atenas, veja agora Jameson (1977-8).
8. Filócoro 328F 97, citado em Macróbio, *Saturnalia,* 1.10.22.
9. Xenofonte, *As rendas,* 4.14.
10. Lauffer (1955-6) II, 904-16.
11. Demóstenes, 27.19; 28.12; veja Finley, *Studies in Land and Credit,* 67. Para outro texto decisivo, veja Xenofonte, *Memoráveis,* 2.7.6.
12. Lauffer (1955-6) II, 904-16.
13. Jones (1957) 76-9.
14. Starr (1958) 21-2.
15. Stampp (1956) 29-30.

16. Veja Aymard (1957).
17. *Digesto* 1.5.4.1.
18. Buckland (1908) v.
19. Morrow (1939) 11 e 127. Morrow contesta efetivamente a opinião de que "Platão desaprovava intimamente a escravidão e ao introduzi-la em *Leis* estava simplesmente acomodando-se à sua época" (pp. 129-30). Cf. Vlastos (1941) 293: "Não há o mais leve indício, nem na *República* nem em qualquer outro lugar, de que Platão pretendesse suprimir ou diminuir de algum modo" a distinção entre trabalho escravo e trabalho livre.
20. Diógenes Laércio 6.74. Sobre os cínicos, estoicos e cristãos veja Westermann (1955) 24-5, 39-40, 116-17 e 149-59.
21. Westermann (1955) 14 n. 48.
22. Veja Vernant (1965), parte 4.
23. Xenofonte, *As rendas*, 4.33; cf. 6.1. Os melhores exemplos de sonho utópico nesse sentido são, naturalmente, fornecidos por Aristófanes, em *Ecclesiazusae*, 651-61 e *Plutus*, 510-26, mas deixo de discuti-los para evitar entrar na longa argumentação sobre a escravidão na comédia ática.
24. Essa generalização permanece a despeito de uma passagem isolada sobre a animosidade suscitada por Mnasão, amigo de Aristóteles (Timeu 556F 11 citado em Ateneu, 6.264D, 272B) que, qualquer que seja seu significado, não pode se referir ao escravo como um objeto de propriedade particular.
25. Veja Vogt (1974) 53-7.
26. As passagens importantes em Tucídides são: 4.41, 55, 80; 5.32.3; 7.26.2. A "classe escrava" *(he douleia)* aqui significa os hilotas, naturalmente. No meu texto, nas passagens que se seguem imediatamente (sobre escravos e guerra), também digo "escravos" incluindo os hilotas, ignorando por um momento a distinção existente entre eles.
27. Pseudo-Demóstenes 17-15. Para períodos anteriores, cf. Heródoto 7.155 sobre Siracusa e Tucídides 3.73 sobre Corcira (e note-se que Tucídides não volta ao assunto ou generaliza sobre ele em sua peroração final sobre a *stásis* e seus males).
28. Veja Garlan (1972), (1974). Xenofonte, *As rendas*, 4.42, usa o valor potencial de escravos, como mão de obra militar e naval, como um argumento em favor de seu propósito de fazer com que o Estado compre milhares de escravos para serem "alugados" nas minas.
29. Stampp (1956) 132-40.
30. Vogt (1974), cap. 3.
31. Pseudo-Aristóteles, *Oeconomica* 1344b18; cf. Platão, *Leis*, 6.777C-D; Aristóteles, *Política*, 1330a25-28.
32. Note-se que Tucídides 8.40.2 considera o número desproporcionalmente grande dos escravos de Quios como o motivo básico para seu mau tratamento e sua prontidão para desertar para Atenas.

33. Douglass (1855) 263-4, citado de Stampp (1956) 89.
34. Stampp (1956) cap. 3, *A Troublesome Property* é um livro importante para ser lido sobre esse assunto.
35. Note como Tucídides primeiro enfatiza a perda (1.142.4; 6.91.7) para só depois relatá-la efetivamente em 7.27.5.
36. *Hellenica Oxyrhynchia* 12.4.
37. A qualidade técnica e estética de muitos trabalhos feitos por escravos, naturalmente, pode ser vista em inúmeros museus e sítios arqueológicos. Essa é uma parte da complexidade e da ambiguidade da instituição (discutida na seção IV), que se estendia para os próprios escravos bem como para seus amos.
38. Nas duas décadas que se passaram após a primeira publicação deste ensaio, alguns debates tornaram-se elucidadores; veja Finley, *Ancient Slavery and Modern Ideology,* cap. 1.
39. Durkheim (1950) 28.
40. Buckland (1908) V.
41. "The Greek State: Preface to an Unwritten Book", em *Early Greek Philosophy and Other Essays,* ed. M. A. Mügge, Londres e Edinburgo (1911) 6.
42. Buckland (1908) 1.
43. Veja Kiechle (1958) para uma útil compilação de material, muitas vezes viciado pela confusão entre um fato e uma afirmação moralista, e mais ainda por uma defesa especial.
44. Veja Rostovtzeff (1953) I, 201-8.
45. Timeu 566 F 11, citado em Ateneu 6.264C; cf. 272A-B.
46. Teopompo 115 F 122, citado em Ateneu 6.265B-C.
47. R. Meiggs e D. Lewis, ed., *Greek Historical Inscriptions to the End of the Fifth Century B.C.,* nº 8.
48. Não é necessário dizer que "liberdade" é um termo que, no contexto grego, estava adstrito aos membros da comunidade de cidadãos, sempre uma fração, e algumas vezes uma fração minoritária da população masculina total.

Adendo bibliográfico

Para bibliografia adicional veja os trabalhos citados por M. I. Finley, *Ancient Slavery and Modern Ideology* (1980).

7. Entre a escravidão e a liberdade

1. As fontes mais importantes são Sófocles, *Traquinianas,* 68-72, 248-54, 274-6 (com *scholia);* Apolodoro, 2.6.2-3; Diodoro 4.31.5-8. Veja também o início do cap. 9 abaixo.

2. Daube (1947) 45; cf. a importante monografia de Urbach (1963).
3. Citado por Aristóteles, *Constituição de Atenas*, 12.4.
4. Vogt (1974), cap. 3.
5. Veja Thompson (1952b).
6. Pulleyblank (1958) 204-5.
7. Veja, por ex., Stevenson (1943) 175-80.
8. Scheil (1915) 1-13; cf. Petschow (1956) 63-5.
9. Veja Lotze (1959), Pippidi (1973).
10. Veja Lotze (1959), (1962), e cap. 8 abaixo.
11. Rostovtzeff (1953) I, 320.
12. Frankfort *et al.* (1948) 250.
13. Weber (1924) 99-107.
14. Esse é, substancialmente, o esquema que formulei no cap. 8 deste volume.

Adendo bibliográfico

Para bibliografia adicional veja os trabalhos citados por M. I. Finley, *Ancient Slavery and Modern Ideology* (1980).

8. AS CLASSES SOCIAIS SERVIS DA GRÉCIA ANTIGA

1. Veja Kazakevich (1958).
2. Collinet (1936).
3. *Inscriptiones Creticae* IV 72, junto com o chamado "segundo código", ibid., IV 41, citado daqui em diante só pelo número, seguido pelo número da coluna em algarismos romanos e número da linha em arábicos.
4. Por ex., Willetts (1955) cap. 5-6. Lotze (1959) dá o melhor tratamento já recebido pelo assunto. Concordamos, substancialmente, nos pontos que expus no começo desta seção (embora não em outros, principalmente com respeito à classe social dos hilotas).
5. Lipsius (1909) 397-9.
6. Há uma aparente exceção na disposição referente à violação de um empregado doméstico (nº 72 II 11-16), sobre o que pode-se consultar Gernet (1955) 57-9; Lotze (1959) 18-19. Mas a exceção neste caso, creio eu, foi criada pelo desejo de uma proteção legislativa especial aos empregados domésticos do sexo feminino – um problema bastante comum – e não por uma distinção de classe social essencialmente jurídica.
7. Nº 41 IV 6-14; nº 72 VII 10-15, III 52, IV 23, II 2-45, respectivamente.
8. Nº 72 IV 31-6.
9. Nesta expressão, que é usada para as mulheres tanto livres (nº 72 II 46-7, III 18-29, 25) como não livres (III 42-3) e que não deve ser confundida com dote; veja Wolff (1957) 166-7.

10. Para uma interpretação correta do nº 72 V 25-8, veja Lotze (1959) 12-14; Lipsius (1909) 394-7. Naturalmente, persiste a possibilidade de que a manumissão pudesse alterar a disposição, mas a manumissão é um dos temas não discutidos pelo código em qualquer dos dispositivos que chegaram até nossos dias.
11. Nº 72 II 16-33.
12. Nº 41 col. VI.
13. *Syll.*[3] 45.37-41 e *P. Hal.* 1.219-21 (veja *Dikaiomata,* Berlim, 1913, 122-4), respectivamente.
14. Para paralelos em outros locais da Grécia veja Wilhelm (1924).
15. Veja Lemosse (1957).
16. *Inscriptiones Graecae* VII 3172.29-34; XIV 645.154-5; e *Inscriptions de Délos* 509.27-9, respectivamente.
17. *Política,* 1272a1; cf. a18, b18. O problema dos *perioikoi* de Creta é confuso (veja Lotze [1959] 8-9), mas a comparação de Aristóteles é uma prova importante e suficiente para a questão que estou tratando.
18. *Política,* 1329a26, 1330a29. Ambos, o 1303a8 sobre os *perioikoi* em Argos e o 1327b11 sobre os *perioikoi* em Heracleia Pôntica, são ambíguos e dependem de outros escritores para sua interpretação; veja Lotze (1959) 53-4, 56-8.
19. Cf. Estrabão 8.5.4 sobre os hilotas: "Os espartanos tratavam-nos, de certo modo, como escravos públicos..."
20. Lísias 12.98; Isócrates 14.48; Diodoro 1.79.3-5.
21. Citado em Diógenes Laércio 5.2.55.
22. Koschaker (1931) 38-9.
23. Veja o volume no qual Collinet (1937) foi publicado; cf. Lasker (1950) 69-71; Greenidge (1958) caps. 6-9.
24. Veja, por ex., Stevenson (1943) 174-81; Lasker (1950) 30-1, 57.
25. Rostovtzeff e Welles (1931), linhas 7-9, 15-16.
26. Koschaker (1931) 20.
27. Koschaker (1931) 49.
28. Westermann (1945) 216; cf. (1948).
29. *Inscriptiones Creticae* IV 58.
30. Koschaker (1931) 39.
31. Não estou considerando a perda da liberdade pelo ato de um agente externo, como a guerra ou a pirataria, apesar da importância que essa possibilidade possa ter tido na influência da psicologia antiga.
32. Entre as várias *poleis* existia ainda a distinção acerca de poder ou não vender a si mesmo e aos filhos, segundo o que era permitido aos cidadãos: veja, por ex., Eliano, *Varia Historia,* 2.7, sobre a lei em Tebas.
33. Veja, por ex., Paton (1951) 224-8.
34. O fato de nossas fontes não nos poderem fornecer um quadro claro sobre a situação não justifica a diminuição da importância desse ponto. Pelo menos procuravam, tateando, o essencial quando disseram,

nas palavras de Estrabão (8.5.4), que os hilotas eram escravos públicos "de certo modo" (cf. Pausânias 3-20-6). O relato de Lotze sobre os hilotas (1959) 38-47, apesar de todas as suas boas qualidades, parece-me subestimar o poder do Estado; cf., pelo contrário, Ehrenberg (1924) 39-41. Em Roma, os *servi publici populi Romani* tinham privilégios definidos geralmente fora do alcance dos outros escravos, embora saibamos pouco sobre eles: veja Buckland (1908) 318-23. Não estou querendo dizer que eles eram, de algum modo, comparáveis aos hilotas, mas apenas sugerindo que a mão do povo podia inclinar a balança em uma direção ou em outra.
35. Veja também as páginas finais do capítulo anterior.
36. Nem é necessário dizer que rejeito completamente qualquer ideia de que estamos tratando apenas dos restos da "servidão dória", uma ideia que "postula uma espécie de petrificação social e uma impermeabilidade de fronteiras étnicas, que nada mais são que construções mentais, manifestações (muitas vezes inconscientes) das ideologias do presente, e não hipóteses científicas": Will (1956) 50.

9. A SERVIDÃO POR DÍVIDA E O PROBLEMA DA ESCRAVIDÃO

1. Cf. Pólux 3.78.
2. Anteriormente, Ésquilo tinha usado essas palavras para o mesmo assunto: "Dizem que Héracles certa vez foi vendido e aprendeu a comer o 'pão' dos escravos" (*Agamenon* 1041).
3. Frisk (1954) esquiva-se das dificuldades ignorando completamente o significado de "escravo".
4. O estudo mais sugestivo existente é o de Gernet (1948-9).
5. Originalmente, Onfale era ligada a Málís e Trácis na Grécia central, de forma que temos um mito completamente grego, transferido para a Lídia provavelmente no século VI a.C. Veja, sobre isso, Herzog-Hauser (1939) 387-8, cuja análise institucional, todavia, não é satisfatória.
6. Veja Mauss (1925); cf. Finley, *World of Odysseus*, índice, s. t. "presentes".
7. *Inscriptiones Graecae* XII supl. 347, I, 1-5; cf. XII 8, 264.4; Pouilloux (1954) nº 7; *Bulletin de correspondance hellénique* 91 (1962) 483-90.
8. G. Daux em *Bulletin de correspondance hellénique* 50 (1926) 217.
9. O mesmo texto, em II 8-11, emprega outra referência processual, assimilando a ação e a penalidade para a importação de vinho estrangeiro à ação de adulterar o vinho.
10. Ihering (1879) 163-76, 230-4; cf. Partsch (1909) 84-5.
11. Larson (1935) 41. Para outros exemplos, veja o índice, s. t. "roubo". No glossário é explicado (p. 427) que *rén* era distinguido de ladrão

principalmente pelo elemento da violência. Sobre os paralelos no Velho Testamento e na lei judaica pós-bíblica, veja Urbach (1963), especialmente 9-25.
12. *Inscriptiones Creticae* IV 41, col. VI.
13. As *legis actiones* eram a antiga forma do processo civil romano e faziam parte das fórmulas características da sociedade pré-literária. Trato só de duas das cinco fórmulas: a *legis actio sacramento* e a *legis actio per manus iniectionem*. A frase é citada de Daube (1947) 45, que escreveu sobre a redenção de sete anos e o aniversário de cinquenta anos do Velho Testamento, mas o esquecido ensaio de Ihering (1885) demonstrou, dramaticamente, que isso é igualmente aplicável à Roma primitiva.
14. Veja Lévy-Bruhl (1960) 298-306; para uma tentativa de distorção veja Nóbrega (1959).
15. Oppenheim (1955); cf. Yaron (1959) 160-3 3 (1963).
16. Yaron (1959).
17. Mendelsohn (1949) 29-32.
18. Ibid., 31-2.
19. Ibid., 30-1.
20. O documento encontra-se agora na edição final dos textos de Dura, *P. Dura* 20, uma numeração infeliz, visto que foi publicado originalmente por Rostovtezff e Welles (1931) como nº 10, tem sido frequentemente discutido e tornou-se amplamente conhecido como tal.
21. É provável que os dois textos fragmentários, *P. Dura* 17D e 21, refiram-se a transações similares.
22. Veja especialmente Schönbauer (1933) e os comentários de C. B. Welles na última edição.
23. Lasker (1950) 114.
24. Veja Leemans (1950) 64-7.
25. David e Ebeling (1928).
26. O uso disseminado de empréstimos como meio deliberado para a criação de uma força de trabalho compulsória para a agricultura na Índia moderna oferece um paralelo bem conhecido. Veja, por ex., Thorner (1962) cap. 3. "Se recuarmos até a virada do século", escrevem eles, (p. 8), "é provável que o grosso dos trabalhadores agrícolas fossem homens não livres, homens que estavam na escravidão por dívidas ou em alguma outra forma de servidão." Na p. 32, reproduzem um contrato, feito em 1949, que pode ser comparado ao de *P. Dura* 20, apesar de diferenças óbvias.
27. Plutarco, *Sólon* 13.4, "Todo o *dêmos* estava 'em débito' (*hypokhreos*) para com o rico", pode parecer argumentar de outro modo, mas *hypokhreos* pode significar "sob obrigação de", "dependente de", em um sentido geral, o que estaria certo na minha opinião, e Plutarco efetivamente continua, distinguindo imediatamente, de forma clara,

os *hektemoroi* dos devedores: "...pois ambos lavravam a terra para eles, pagando um sexto (ou cinco sextos) do produto, sendo chamados de *hektemoroi* ou de *thetes,* ou ainda recebendo os suprimentos necessários *(ou* dinheiro) com a garantia de suas pessoas; eram capturados por seus credores..." Não é de surpreender que Plutarco não tenha uma imagem clara das complexidades da situação, e suas confusões não constituem provas sobre a Atenas do século VII.
28. A história de José (Gênesis 47.13-26) parece uma tentativa de dar uma explicação histórica de como os camponeses egípcios vieram a lavrar a terra para os faraós, pagando uma quinta parte, e como tal não apresenta nenhum interesse para o presente contexto.
29. Não excluo a possibilidade de que os *hektemoroi,* individualmente, também possam ter se endividado e complicado sua posição posteriormente, mas isso não é o mesmo que comparar todos os *hektemoroi* com os escravos por dívidas.
30. Nessa discussão podemos ignorar os que fugiram ou foram vendidos ilegalmente no exterior.
31. As palavras de Plutarco "...eles eram capturados pelos credores, tornando-se alguns deles escravos na Ática, outros sendo vendidos no exterior para estrangeiros" *(Sólon* 13.4) não são uma prova; isso é simplesmente seu resumo de uma parte do poema de Sólon que já citei, um resumo distorcido pela inserção do que Plutarco imaginava que fossem as implicações. Não examinei a opinião de que *todos* os empréstimos eram garantidos pela pessoa, o que não pode ser discutido separadamente da questão espinhosa da alienabilidade da terra. Para a análise ora em foco, realmente não interessa se todos os débitos podiam ou não levar à escravidão ou à execução pessoal, uma vez que muito podiam e o faziam.
32. Imbert (1952).
33. Uma distinção comparável é sugerida pelas palavras *katakeimenos* e *nenikamenos* no código de Gortina, embora, conforme observei no cap. 8, o texto não nos permite levar a análise muito longe. Que na Ática anterior a Sólon a escravidão seguia-se imediatamente ao empréstimo, já foi sugerido por Lotze (1958), mas sua ideia do lugar dos *hektemoroi* no quadro é diferente da minha. Cf. Urbach (1963) 13.
34. Imbert (1952). Um paralelo surpreendente para esse sentido de *fides* é encontrado em Tácito, *Germânia* 24, cujo contexto é o costume germânico de perder-se (a si mesmo) no jogo, também conhecido entre os índios americanos. Veja MacLeod (1925).
35. Varrão, *De lingua latina,* 7.105. Transcrevo o texto como é usualmente corrigido *(debet dat* por *debebat);* outras mudanças que têm sido propostas não influem em meu argumento.
36. Quanto a *obaerati* como escravos por dívidas, veja também Cícero, *A República,* 2.21.38; César, *Da guerra gaulesa,* 1.4.2, juntamente com

6.13; como devedores, *Tito Lívio*, 6.27.6; Tácito, *Anais*, 6.17; Suetônio, *César*, 46.
37. Kaser (1949) 248-9.
38. Na edição final, Welles diz que essa é uma repetição mecânica de uma fórmula, porque se o devedor tivesse propriedades suficientes não teria concordado em se tornar escravo por dívidas, em primeiro lugar. Esse argumento é baseado em um conceito fundamental errado desse tipo de escravidão.
39. No mundo helênico, sob condições radicalmente diferentes, a prisão de devedores surgiu com o virtual desaparecimento da escravidão por dívidas; veja, brevemente, Nörr (1961) 135-8, em especial referência a Mateus, 18.23-34.
40. Scheil (1915); cf. Petschow (1956) 63-5.
41. Fürer-Haimendorf (1962) cap. 4.
42. Cf. Ihering (1880) 155: "Portanto, no exemplo final não desejaríamos fazer um retrato demasiadamente cor-de-rosa do destino do devedor, quando consideramos o perigo que sempre o ameaçava, e que o colocava nas mãos do credor. Que os romanos usavam esse poder e autoridade que era dado ao credor, com consideração e humanidade, é uma afirmação que mesmo o mais fervoroso dos admiradores dos romanos não se arriscaria a fazer."
43. Veja particularmente Bottéro (1961).
44. Para exemplos de dificuldades na abolição no sul da Ásia, veja Lasker (1950) 116-7; Stevenson (1943) 175-81. O problema não é o fato óbvio de que os "credores" se opuseram, mas que os "devedores" foram arruinados pelos decretos de abolição não respaldados por um programa.
45. Mendelsohn (1949) 75.
46. Bottéro (1961).
47. Daube (1947) 45.
48. Neemias 5; II Reis 4.1-7; Provérbios 22.7; Isaías 50.1; Amós 2.6. Quanto aos códigos, veja Êxodo 21.2-11; Levítico 25.33-54; Deuteronômio 15-12-17. Urbach (1963) argumenta que os códigos bíblicos não sancionam a escravidão por dívidas, mas significavam a venda de si mesmo como escravo. Todavia, como ele mesmo prossegue dizendo, essa diferença de interpretação não é de grande importância, porque "na prática ela não era levada em consideração, especialmente em tempos difíceis e durante a fome, ou nas épocas em que as classes ricas e a nobreza mostravam-se mais fortes que a autoridade central... Para esse estado de coisas, Prov. xxii:7, 'o rico é senhor do pobre, e o que toma emprestado é escravo do que empresta', é um eloquente testemunho" (p. 4). Cf. a frase citada na p. 13, "vem e liquida tua dívida trabalhando em minha propriedade", de uma exegese de Miqueias 2.2 no Talmude babilônico.

49. O quadro da evolução depois de Neemias, que resumi brevemente, é o de Urbach (1963), esp. 31-49, 87-93, que fez uma demonstração convincente da falácia do ponto de vista tradicional, completamente diferente (e essencialmente ininteligível), de um rápido enfraquecimento da servidão judaica depois de Neemias.
50. Petschow (1956) 60-2, 150.
51. Acima, na n. 40.
52. Veja Mitteis (1891) 358-64.
53. Rostovtzeff (1953) I, 320.
54. Rostovtzeff (1953) I, 342-3; cf. Préaux (1939) 533-47. Os *laoi*, vale a pena salientar, não eram escravos por dívidas, mas podiam coexistir com a escravidão por dívida, apresentando uma analogia com os *hektemoroi* e os escravos por dívidas da Ática pré-solônica.
55. Veja, por ex., Leemans (1950) 114-17; Bottéro (1961) 152-4; Préaux (1939) 533-47.
56. A expressão *servire creditoribus* vem de um édito de Diocleciano e Maximiano (*Código de Justiniano* 4.10.12), e foi exatamente em seu reinado que a limitação dos *coloni* parece ter começado; veja Jones (1964) II, 795-812.
57. *Código de Teodósio* 5.17.1 (Constantino) e *Código de Justiniano* 11.52.1 (Teodósio I), respectivamente.
58. *Código de Justiniano* 8.16 (17).6 (293 d.C.).

Adendo bibliográfico

O trabalho não escravo foi o tema das sessões sobre a Antiguidade Clássica e o Oriente Próximo, no Sétimo Congresso Internacional de História Econômica, em Edimburgo, em 1978. Versões revisadas dos artigos sobre o mundo grego e o romano podem ser encontradas em P. Garnsey, ed., *Non-Slave Labour in the Greco-Roman World* (*Proceedings of the Cambridge Philological Society*, Supl. 6, 1980). Muitos dos ensaios dessa coleção tratam do trabalho dependente e situam-no no contexto mais amplo do trabalho no mundo antigo.

Durante os cinco anos passados, vários aspectos do trabalho dependente no mundo grego receberam atenção, especialmente a crise de Sólon. Uma excelente apresentação, escrita por A. Andrewes, dos acontecimentos históricos que deram origem às reformas de Sólon ("The Growth of the Athenian State") deve ser publicada na nova edição da *Cambridge Ancient History*, vol. III.2 (que está para sair). Nesse capítulo, Andrewes expõe sua própria sugestão sobre as origens dos *hektemoroi*. A recente bibliografia sobre as reformas de Sólon é extensa demais para ser relacionada aqui; uma boa parte dela passa por uma análise crítica em "Solonianá. Notes critiques sur des hypothèses récentes", de E. Will, na *Revue des études grecques* 82 (1969), 104 ss., que examina as provas do significado do termo *hektemoroi* e as ações de Sólon referentes aos *hóroi*. Uma coleção dos fragmentos da legislação de Sólon pode ser encontrada em *Solonos Nomoi (Historia,* Einzelschriften 9, 1966), de E. Ruschenbusch.

Como acontece com outros temas, tem-se escrito muito menos sobre o trabalho dependente fora de Ática. A lei da dívida para toda a Grécia é considerada por D. Asheri, em "Leggi greche sul problema dei debiti", *Studi classici e orientali* 18 (1969), 5-122. O Código de Gortina, de Creta, continua a oferecer algumas das melhores provas não atenienses. Existe agora uma versão inversa de R. F. Willetts, *The Law Code of Gortyn* (de Gruyter, Berlim, 1967), na qual encontra-se uma discussão sobre as classes servis na introdução. Os *penestae* da Tessália foram estudados recentemente por I. A. Sisova, "The Status of the Penestae", Vestnik Drevnei Istorii (1975), nº 3, pp. 39-57 (em russo com um sumário em inglês); cf. J. Heurgon, "Les pénestes étrusques chez Denys d'Halicarnasse", *Latomus* 18 (1959) 713-23. A recente bibliografia sobre os hilotas espartanos é discutida no adendo ao cap. 2 acima.

Com referência ao mundo helênico, uma minuciosa resenha a respeito do tema dos *laoi* dependentes, incluindo pesquisas russas, pode ser encontrada em H. Kreissig, *Wirtschaft und Gesellschaft im Seleukidenreich* (Akademie Verlag, Berlim, 1978), pt. II; cf. P. Briant, "Remarques sur *laoi* et esclaves ruraus en Asie Mineure hellénistique", em *Actes du Colloque 1971 sur l'esclavage (Annales litt. de l'Univ. de Besançon* 140, 1972) 93-133. A questão da relação *paramone é* examinada formalmente por A. E. Samuel em "The Role of *Paramone* Clauses in Ancient Documents", *Journal of Juristic Papyrology* 15 (1965), 221-311; para uma análise social mais abrangente do *paramone* nas inscrições délficas de manumissão, veja K. Hopkins, *Conquerors and Slaves* (Cambridge University Press, 1978), 141-58. Vários aspectos do trabalho dependente no mundo helênico são tratados na coleção de ensaios de M. A. Levy, *Nè liberi nè schavi. Gruppi sociali e rapporti di laboro nel mondo ellenistico-romano* (La Goliardica, Milão, 1976).

A instituição do *nexum* na Roma primitiva tem sido estudada por vários estudiosos, desde que os artigos de Finley apareceram. A. Watson dedica um capítulo a isso em seu livro *Rome of the XII Tables* (Princeton University Press, 1975) 111 ss. O capítulo sustenta o ponto de vista de Finley de que o próprio débito, e não a falta de seu pagamento, originava a dependência, e fornece referências sobre a recente literatura que trata desse tema. M. W. Frederiksen, em "Caesar, Cicero and the Problem of Debt", *Journal of Roman Studies* 56 (1966), 128 ss., apresenta um estudo útil do débito no final da República, incluindo observações sobre a dependência decorrente do não reembolso de empréstimos.

Uma série de artigos muito importantes sobre a dependência no Oriente Próximo antigo pode ser encontrada em E. O. Edward, ed., *Gesellschaftsklassen im Alten Zweistromland und in den angrenzenden Gebieten* (Bayerische Akad. der Wissenschaften, Phil.-hist. Klasse, *Abhandlungen,* n.F. 75, 1972); veja especialmente I. J. Gelb, "From Freedom to Slavery", pp. 81-92, e I. M. Diakonoff, "Socio-Economic Classes in Babylonia and the Babylonian Concept of Social Stratification", pp. 41-52. Veja também M. Heltzer, *The Rural Community in Ancient Ugarit* (Wiesbaden, Steiner, 1976) e M. Liverani, "Communautés de village et palais royal dans Ia Syrie du II mill", *Journal of the Economic and Social History of the Orient* 18 (1975), 146-64.

10. O COMÉRCIO DE ESCRAVOS NA ANTIGUIDADE: Ò MAR NEGRO E AS REGIÕES DO DANÚBIO

1. Heródoto 8.105. O mesmo é verdade quanto à história, ainda mais comprida, de Procópio sobre os abasgos, mil anos depois (veja abaixo no fim do capítulo).
2. Dunant e Pouilloux (1958) 35.
3. Blavatsky (1954).
4. Esse ponto foi ignorado por Kolossovskaya (1958) 328, quando ela argumenta que o fato de Davos e Getas não serem nomes de escravo, comprovadamente, na Grécia antes da Nova Comédia indica que a escravidão era desconhecida entre os próprios dácios antes do século IV a.C.
5. A análise fundamental desse material continua sendo a de Rostovtzeff (1931) parte I.
6. Plassart (1913).
7. Pritchett (1956) 276-8, complementado por cinco novos fragmentos publicados em *Hesperia,* 30 (1961) 23-9.
8. Aristófanes, *Acarnanianos,* 271-5 e *scholia; Paz,* 1138; *Vespas,* 826-8; *scholia* de Platão, *Láquete,* 187B. Cf. as pinturas de vasos de Atenas, dos séculos VI e V, assinadas ocasionalmente por "Colquídio" ou "o Cita". Esses pintores certamente foram escravos; veja, brevemente, Kretschmer (1894) 75-6.
9. Estrabão 7.13.12 (Cf. os comentários de Eustáquio sobre Dionísio Periegetes, 305). Para mais provas sobre alguns desses nomes, veja Robert (1938) 118-26, um estudo de algumas listas fragmentárias de escravos de Quios, provavelmente datadas do fim do século V a.C. Davos, era quase certo não ser um nome dácio, a despeito de Estrabão, mas trácio ou do Danúbio. Havia um parentesco próximo (estendendo-se à linguagem) entre muitos desses povos do oeste e do noroeste do mar Negro, chegando também aos frígios e bitínios da Ásia Menor.
10. Lauffer (1955-6) 123-40.
11. Arquíloco, frag. 79 Diehl (metade do século VII a.C.); Hipónax, frag. 43 Diehl (metade do século VI). Alguns estudiosos atribuem o fragmento de Arquíloco a Hipónax também.

12. Pólux 7.14; cf. Suda, s. v.
13. Varrão, *De lingua latina*, 8.21 (veja abaixo na n. 25).
14. Políbio 4.38.4; 4.50.2-4; Estrabão 11.2.3.
15. Estrabão 7.3.12; Juvenal 11.145-8; Marcial 7.80; Pérsio 6.75-8; Galeno, *De meth. med.* (ed. G. Kuhn) 1.1; Filóstrato, *Vida de Apolônio*, 8.7.12 (citado abaixo, p. 197), Ateneu, 1.36.20B-C.
16. Díon Cássio 78.5.5-6.1; Juliano, *Misopogon* 352B; Sinésio, *De Regno*,
15. Sobre o significado de "cita" aqui, veja abaixo, p. 195.
17. Amiano Marcelino 31-4-6; cf. *Historia Augusta, Claudius*, 9.3.5, sobre os muitos escravos godos obtidos na batalha de Mésia, sob Cláudio, que reinou de 268-70 d.C.
18. Amiano Marcelino 16.7; Claudiano, *In Eutropium* 1.1-17, 47-51; Procópio 8.3.12-21.
19. Uma lista completa dos textos de Rodes é apresentada por Fraser e Rönne (1957) 96-7. As tabelas de distribuição dos escravos délficos em Westermann (1955) 33 são insatisfatórias quanto ao modo pelo qual as regiões são agrupadas.
20. Pseudo-Aristóteles, *Oeconomica*, 1.5.1344b18; cf. Platão, *Leis* 6.777C-D; Aristóteles, *Política*, 1330a25-8.
21. *Digesto* 21.1.31.21; cf. Varrão, *De lingua latina*, 9.93: "Portanto, ao comprar seres humanos, pagamos mais, se um deles é melhor por sua nacionalidade."
22. *Fontes Iuris Romani Antejustiniani*, 3: *Negotia* (ed. V. Arangio-Ruiz, Florença, 1943) n°s 88, 89, 132-5. O quanto essas afirmações são precisas é uma outra questão. Tudor (1957) expressa dúvidas sobre os textos dácios (n°s 88 e 89) e, embora seu argumento seja francamente especulativo, bem pode estar certo.
23. A melhor discussão é a de Thylander (1952) cap. 3.
24. Varrão, *De lingua latina*, 8.10; Plínio, *História natural*, 33.26.
25. Varrão, *De lingua latina*, 8.21.
26. Heichelheim (1925) 73-4; cf. Mateescu (1923).
27. Thylander (1952); Mócsy (1956).
28. Veja Estrabão 1.2.27; 7.3.2; Plínio, *História natural*, 4.81. Cf. Zgusta (1955) 21-3.
29. Publicado por J. Rogers, *Revue archéologique*, 6ª sér., 24 (1945) 49, n° 3; cf. Finley, *Aspects of Antiquity*, cap. 13.
30. Justino 9.1-2, repetido por Osório 3.13.1-4; veja Momigliano (1933).
31. Amiano Marcelino 31.4-6; cf. Temístio, *Discursos*, 10.135D-136B.
32. Amiano Marcelino 22.7.8; cf. Claudiano, *In Eutropium*, 1.58-60, para outro mercador de escravos "gálata".
33. Veja, por ex., Canot (1929); Nevinson (1906); Russell (1935).
34. Cf. Blavatsky (1960) 103.

Adendo bibliográfico

O comércio de escravos, como tal, não foi objeto de muitos estudos elucidativos, desde que este artigo foi escrito. Todavia, a obtenção de escravos tem atraído extensas discussões, mais notavelmente a de W. V. Harris, "Towards a Study of the Roman Slave Trade", em *The Seaborne Commerce of Ancient Rome*, ed. J. H. D'Arms e E. C. Kopff (Academia Americana em Roma, 1980), 117-40, e a de E. M. Shtaerman, *Die Blütezeit der Sklavenwirtschaft in der römischen Republik* (Steiner, Wiesbaden, 1969; ed. orig.: Moscou, 1964), 36-70. Como Finley, ambos se inclinam a dar maior ênfase aos canais "normais" de comércio que à obtenção direta por meio de guerras, mesmo no período do fim da República. O primeiro capítulo de E. M. Shtaerman e M. K. Trofimova, em *La schiavitù nell'Italia imperiale* (Riuniti, Roma, 1975; ed. orig.: Moscou, 1971), trata resumidamente do problema da obtenção e não apresenta uma conclusão final sobre o papel do comércio.

Sobre a conexão entre a guerra e o comércio, veja P. Ducrey, *Le traitement des prisonniers de guerre dans la Grèce antique* (E. de Boccard, Paris, 1968), 74-92, 131-9, 255-7; W. K. Pritchett, *The Greek State at War*, vol. 1 (University of California Press, 1971), cap. 3. Sobre a ligação entre a pirataria e o comércio de escravos, veja Y. Garlan, "Signification historique de la piraterie grecque", *Dialogues d'histoire ancienne* 4 (1978), 1-16; M. H. Crawford, "Republican Denarii in Romania: The Supression of Piracy and the Slave-Trade", *Journal of Roman Studies* 67 (1977), 117-24; E. Maróti, "Der Sklavenmarkt auf Delos und die Piraterie", *Helikon* 9/10 (1969/70), 24-42.

Para fins comparativos temos H. Köpstein, "Zum byzantinischen Sklavenhandel", *Wiss. Zeitschrift der Karl-Marx-Univ., Leipzig, Gesellschafts- u. Sprachwiss. Reihe* 15 (1966), 487-93. E, naturalmente, o grande volume de literatura sobre o comércio escravo do Atlântico nos tempos modernos: veja D. P. Mannix e M. Cowley, *Black Cargoes* (Viking, Nova York, 1962); B. Davidson, *The African Slave Trade* (Little Brown, Boston, 1961); R. Anstey, *The Atlantic Slave Trade and British Abolition, 1760-1810* (Macmillan, Londres, 1975), e cap. 1 de *Race and Slavery in the Western Hemisphere: Quantitative Studies*, ed. S. L. Engermann e E. D. Genovese (Princeton University Press, 1975); H. S. Klein, *The Middle Passage: Comparative Studies of the Atlantic Slave Trade* (Princeton University Press, 1978).

11. Inovação técnica e progresso econômico no mundo antigo

1. Drachmann (1932).
2. Moritz (1958) cap. 16; Forbes (1955) 86-95.
3. Renard (1959); Kolendo (1960).
4. Thompson (1952a) 80-1.

5. Ardaillon (1897) continua sendo fundamental; cf. Lauffer (1955) 1125-46.
6. Davies (1935) 24.
7. A importância desta discussão sobre os escritores práticos é examinada mais adiante, neste capítulo, em uma consideração sobre Vitrúvio.
8. Farrington (1947) 9-11. *Prometeu* de Ésquilo ainda mostra essa falta de "reserva com respeito às habilidades técnicas": Vernant (1965) 193.
9. D'Arrigo (1956) cap. 14.
10. Veja Kleingünther (1933).
11. Rosen (1956).
12. Zilsel (1926) 22.
13. Sobre Ctesíbio, veja Drachmann (1948).
14. Forbes (1955) 90.
15. White (1964) 82-3; cf. o relato-modelo de Bloch (1935).
16. Suetônio, *Calígula*, 39.1.
17. *Anthologia Palatina* 9.418, traduzida por Moritz (1958) 131.
18. Rostovtzeff (1953) I, 363.
19. Veja cap. 4 acima.
20. Schumpeter (1954) 53.
21. Rehm (1938) 153.
22. Cf. Santo Agostinho, *Cidade de Deus*, 7.4. Veja Vernant (1955) 208-12.
23. *Christian Directory* (1678) I, pp. 378b e 111a, respectivamente, citado de Tawney (1947) 201-02.
24. Veja Jones (1964) II, cap. 20.
25. Schumpeter (1954) 70.
26. Mickwitz (1937).
27. Jones (1955), cf. (1964) II, cap. 21, e especialmente seu relato (p. 841) de como "o Estado e, em menor grau, os grandes proprietários,... reduziam um setor considerável do mercado, suprindo suas necessidades diretamente".
28. As referências são Plínio, *História natural*, 36.195; Petrônio, 51; Díon Cássio 57.21.7.
29. Cook (1960) 275, 273, respectivamente; cf. Cook (1959).
30. Rostovtzeff (1957) I, 172-91; cf. Walbank (1946) 28-33.
31. Hume (1904) 415.
32. Suetônio, *Vespasiano*, 18.
33. *Eastern Tour* (1771) IV, 361, citado de Tawney (1947) 224.
34. Diodoro 5.36-8.
35. Veja, em geral, a edição desta obra, com comentários, de Thompson (1952a).
36. Hancock (1958) 332.
37. *Journey to America*, traduzido por G. Lawrence, editado por J. P. Mayer (1959), p. 99.

Adendo bibliográfico

Mais ou menos na época em que este artigo foi publicado, o problema da estagnação tecnológica também foi tratado por F. Kiechle em "Das Problem der Stagnation des technischen Fortschritts in der römischen Kaiserzeit", *Geschichte in Wissenschaft und Unterricht* 16 [1965], 89-99, e H. W. Pleket em "Technology and Society in the Graeco-Roman World", *Acta Historiae Neerlandica* 2 (1967), 1-25 (publicada originalmente em alemão no *Tijschrift voor Geschiedenis* 78 [1965], 1-22). Pleket chegou, independentemente, a conclusões muito similares às de Finley, com respeito à ênfase sobre a mentalidade da classe dos proprietários de terras, enquanto Kiechle indicou uma maior conscientização e interesse no custo da mão de obra da parte dos proprietários de terra do que os sugeridos por Finley e Pleket. Kiechle, mais tarde, publicou um estudo completo, *Sklavenarbeit und technicher Fortschritt im römischen Reich* (Steiner, Wiesbaden, 1969), rejeitando qualquer conexão direta entre a escravidão e o avanço tecnológico. Diferindo dos acima mencionados na premissa básica da estagnação relativa, encontra-se J. Kolendo, que sustenta em dois artigos – ("Le travail à bras et le progrès technique dans l'agriculture de L'Italie antique", *Acta Poloniae Historica* 18 [1968] 51 ss., e "Avènement et propagation de la herse en Italie antique", *Archeologia* 22 [1971], 104-20) – que o uso disseminado da grade no período de 100 a.C. a 100 d.C. constituiu um importante progresso tecnológico. Em 1973 Pleket voltou ao tema da tecnologia com "Technology in the Greco-Roman World; A General Report", *Talanta* 5 (1973), 6-47, defendendo sua posição (e implicitamente a de Finley) contra as opiniões de Kolendo e Kiechle. Esse artigo também apresenta referências ao importante material publicado entre 1965 e 1973. Sir Desmond Lee, no mesmo ano, apresentou uma explicação completamente diferente para a falta de progresso tecnológico em "Science, Philosophy and Technology in the Greco-Roman World", *Greece and Rome,* 2ª sér., 20 (1973) 65-78, 180-93. Na sua opinião, o mundo antigo não possuía o necessário conhecimento técnico para o desenvolvimento, o que é mais ou menos independente das condições sociais e econômicas. Isso se opõe, por ex., à opinião expressa por A. Burford em "Heavy Transport in Classical Antiquity", *Economic History Review,* 2ª sér., 13 (1960) 1-18, de que eram exatamente as condições sociais e econômicas que não induziam a quaisquer avanços tecnológicos.

Sobre o tema global do desenvolvimento tecnológico e do uso de instrumentos na Antiguidade, veja J. G. Landels, *Engineering in the Ancient World* (Chatto and Windus, Londres; University of California Press, 1978). O problema da invenção tecnológica e sua relação com a "mentalidade antimercado" é investigado por L. Casson, "Unemployment, the Building Trade, and Suetonius", *Vesp.* 18', *Bulletin of the American Society of Papyrologists* 15 (1978), 43-51. Também apareceram novas pesquisas sobre as habilidades técnicas específicas antigas, desde 1965. Nessa ocasião, a vela latina deveria ter sido incluída na lista das invenções greco-romanas (veja L. Casson, *Ships and Seamanchip in the Ancient World* (Princeton University Press, [1971], 243 ss. e 277). K. D. White escreveu dois volumes sobre tecnologia agrícola: *Agricultural Implements of the Roman World* (Cambridge University Press, 1967) e, do mesmo editor, *Farm Equipment of the Roman World* (1975). Sobre a mineração antiga, veja P. R. Lewis e G. D. B. Jones, "Roman Gold-mining in Northwest Spain", *Journal of Roman Studies* 60 (1970), 169-85, e J. F. Healy, *Mining and Metallurgy in the Greek and Roman World* (Thames and Hudson, Londres, 1978); T. Schiler, *Roman and Islamic Water-lifting Wheels* (Odense Universitetsforlag, 1973); sobre fontes de energia, E. Maróti, "Über die Verbreitung der Wassermühlen in Europa", *Acta Antiqua* 23 (1975), 255-80, e R. Halleux, "Problèmes de l'énergie dans le monde ancien", *Les études classiques* 45 (1977), 46-61. E, por fim, *Studies in Ancient Technology* (Leiden, Brill), de R. J. Forbes, citado por Finley no artigo, agora em segunda edição revisada (1964-71).

12. Os arquivos do palácio micênico e a história econômica

1. Linear A e B são os nomes convencionais para os dois tipos de escrita da área; B conhecido tanto na Grécia continental como em Creta, A só de Creta. O Linear A é o mais antigo, datando de dois séculos ou mais antes de 1400 a.C., e a maioria dos estudiosos provavelmente concordará com Ventris e Chadwick (1956) 32 sobre o fato de que "ele não sobreviveu à introdução do Linear B em Cnossos". O Linear A não pode ser lido, mas certamente é, de algum modo, o antepassado do Linear B, e a língua que oculta, quase com certeza, não é grega.
2. Ventris e Chadwick (1953).
3. Ventris e Chadwick (1956).
4. Aqui não se tenta considerar alguns assuntos históricos, como as consequências da decifração para a história geral da área do Egeu no II milênio a.C., ou para a história da língua grega.
5. A não ser que o contexto indique o contrário, usarei "Micenas" e "micênico" para incluir todas as tabuinhas e lugares, e "grego" para a língua e a civilização testemunhadas pela primeira vez nos poemas homéricos. Faço isso em parte por conveniência e em parte porque acredito que a civilização micênica era essencialmente diferente da que sempre conhecemos como grega, embora a língua das tabuinhas seja grega. Essa distinção não implica uma explicação étnica ou racial, à qual alguns arqueólogos se inclinam.

6. Todas as transcrições do texto em caracteres latinos e todas as traduções são citadas exatamente conforme aparecem em Ventris e Chadwick (1956), com uma alteração tipográfica. Não me responsabilizo por qualquer transcrição ou tradução, mas aparecerão objeções a traduções específicas, quando me parecer importante fazê-lo.
7. Essa interpretação geral das tabuinhas 53-60 é atraente, apesar do erro da rejeição superficial de uma possibilidade alternativa: "no total estão registrados 443 homens, e fica claro que faltam alguns números na lacuna existente na margem direita. Esses números demonstram que não estamos diante de uma pacífica aventura mercantil, mas de uma operação naval; e seria pouco provável que um assunto de comércio tivesse sido organizado por uma autoridade central". Mais tarde sugerirei que não existe uma justificativa *a priori* para o argumento final.
8. Sundwall (1956) afirmou que os animais mais numerosos eram o gado bovino, e não as ovelhas, e que as tabuinhas de Cnossos, pelo menos, eram "textos de controle" dos rebanhos de propriedade do palácio.
9. Voltarei a esses textos brevemente, na seção III.
10. 84 litros é a conversão dos autores, do T_7 que aparece na tabuinha, sendo T o símbolo da medida de capacidade para sólidos. As tabelas de conversão estão explicadas nas pp. 58-60, são declaradamente uma tentativa e repousam em um bom número de leituras e combinações incertas.
11. A tabuinha expressa essas 40 palavras inglesas em 25 (algumas em caracteres silábicos, outras em ideogramas). Esse é um exemplo algo extremo, mas não inusitado, da natureza de código de muitos dos textos. A língua grega, tão rica em flexões, requer menos palavras que o inglês, e os escribas micênicos despojaram-na ainda mais; por exemplo, omitindo pronomes frequentemente.
12. Essa cifra, assinalam Ventris e Chadwick, "compara-se desfavoravelmente à situação em Ugarit, onde só 194 tabuinhas alfabéticas publicadas em 1947 deram a Gordon um vocabulário de umas 2.000 palavras". Efetivamente uma cifra de 630 é algo excessivamente negativo, em parte porque são quase todas palavras "básicas" e, em parte, porque estão complementadas pelos ideogramas, que não podem aparecer no vocabulário (a não ser duplicados na escrita silábica), visto não termos ideia de quais eram, realmente, as unidades léxicas que os ideogramas expressavam, mesmo quando o significado está bem claro.
13. Veja especialmente Bennett (1956); cf. Sundwall (1956).
14. Embora as tabuinhas de Cnossos já fossem conhecidas no século XIX, as primeiras tabuinhas de Pilos e Micenas não foram descobertas até 1939 e 1950, respectivamente. Esse longo lapso de tempo levou al-

guns arqueólogos a sugerirem que a técnica deficiente das escavações passadas explica o fato de não terem sido descobertas muitas mais, e a preverem uma grande coleta no futuro. Sou cético a esse respeito.
15. Cf. Bennett (1956) 104, sobre as tabuinhas de posse de terra de Pilos.
16. Veja, de modo geral, Goosens (1952).
17. Sobre este último veja Bennett (1956) 103-9.
18. A falha em prestar atenção suficiente a este ponto é, na minha opinião, uma deficiência fatal em um argumento de ataque, amplamente difundido, de Beattie (1956). Comentando a ortografia, que muitas vezes permite que a mesma sílaba seja lida de vários modos, e portanto leva a um grande número de combinações possíveis, matematicamente, em uma palavra de três ou quatro sílabas, Beattie escreve (p. 6): "O grego não pode ser escrito dessa maneira; ou, se o fosse, não poderia ser lido... Em documentos que se pretende serem um registro de contas oficiais, esse tipo de escrita é, naturalmente, particularmente insatisfatório." Justamente ao contrário: é perfeitamente possível ficar-se incerto se *da-ma-te* é a palavra para "esposas", "porções" ou "Deméter" (exemplo usado por ele) em alguns contextos, mas não nas tabuinhas referentes à posse de terra onde a palavra aparece efetivamente, porque os escribas sabiam exatamente qual era o assunto e ninguém tinha que ler as tabuinhas em outro contexto. Certamente *nós* não sabemos o que *da-ma-te* significa, mas isso não é realmente importante. Quantas pessoas instruídas de hoje, não pertencentes a um restrito círculo profissional, podem compreender um balanço?
19. Um exemplo cuneiforme particularmente surpreendente será apresentado mais adiante, na seção III.
20. Embora essas cifras sejam baseadas na primeira edição de Ventris e Chadwick (1956), não seriam muito diferentes hoje.
21. Ironicamente, nessa expressão em particular na tabuinha nº 176, Ventris e Chadwick se permitem uma "interpretação". Na seção de documentos do volume, traduzem-na como "os ferreiros estão dispensados do pagamento", e no vocabulário apresentam *o-u-di-do-si* ainda com uma terceira nuança: "eles não contribuem".
22. Devo dizer outra vez que a cautela necessária demonstrada por Ventris e Chadwick não é compartilhada universalmente: "certas" definições de palavras como *o-na-to* têm aparecido em número surpreendente.
23. Na última categoria mencionada, as três exceções razoáveis são *do-e-ro* (fem. *do-e-ra*) – "escravo"; *ra-wa-ke-ta* – "líder do povo, comandante (?)"; *wa-na-ka* – "rei"; e naturalmente nem a palavra nem a expressão inglesas *slave* (escravo) e *leader of the people* (líder do povo) expressam necessariamente o sentido real.

24. Não é só Beattie que deve ser lembrado a esse respeito, mas também alguns dos intérpretes mais entusiastas dos textos, que contra--atacaram com um ímpeto que tem o ar de protesto exagerado.
25. Não há dúvida sobre isso quanto a Cnossos e Pilos, mas a situação em Micenas foi desnecessariamente confundida pelo fato de Wace chamar um dos edifícios de "Casa do Mercador de Azeite", o que ele fez apresentando como razão que "o sótão continha trinta grandes potes com pedal que 'originalmente tinham contido azeite, pois seu barro está fortemente impregnado de azeite'" (p. 217). Infelizmente, embora Ventris e Chadwick soubessem do valor nulo de uma identificação baseada em tais fundamentos, o rótulo de Wace fez com que pensassem na possibilidade de que algumas das tabuinhas registrassem atividade privada, apesar de todas as provas, nesse caso, estarem contra isso (veja pp. 109-10, 113, 179, 225).
26. Talvez a melhor investigação disponível ainda seja a de Lagash, uma cidade suméria que esteve em seu auge por volta 2300 a.C.; veja Falkenstein (1954); de modo mais completo, Deimel (1932), Schneider (1920); Lambert (1953). A distinção entre palácio e templo não nos preocupa por ora.
27. Vale a pena assinalar que essas generalizações sobre a organização dos palácios micênicos não exigem a aceitação de alguma leitura determinada das tabuinhas, ou mesmo da decifração como um todo. As ruínas do palácio estão lá para serem vistas por quem quiser, e o caráter de arquivo das tabuinhas foi racionalmente – e até decisivamente – estabelecido antes de 1952.
28. Digo isso a despeito dos dois textos seguintes, que cito inteiramente, exatamente como foram publicados por Ventris e Chadwick. 13 = PY AD 691: "Em Pilos: nove filhos das mulheres supranumerárias, e dos trabalhadores assalariados e ocasionais." A justificativa filológica para essa tradução é extremamente débil, e seu conjunto foge ao caráter dos outros textos da série Ad, e faz pouco sentido. 35 = KN Am 819: "Em Faras: salários para dezoito homens e oito meninos: grãos por mês (?) 1170 l. de cevada." Isso poderia fazer sentido, mas os comentários dos autores mostram que nada mais é, de fato, que uma simples adivinhação, e errada, no meu entender.
29. Sundwall (1956) 7-8, 10, 13-14 introduz uma interpretação nas tabuinhas de rebanhos de Cnossos, entendendo o ideograma nº 45 como um *Wertzeichen* ("signo de valor", "recibo de troca"). Sua defesa é intrinsecamente fraca e se baseia, por analogia, no conceito do "dinheiro equivalente a gado" homérico, contra o qual argumento no cap. 14 abaixo.
30. A presença de ouro e marfim nos achados arqueológicos é prova suficiente. Cf. as provas disseminadas das palavras semíticas emprestadas, apresentadas por Ventris e Chadwick (1956) 91, 135-6, 319-20.

As provas arqueológicas foram juntadas por Kantor (1947); cf. Vercoutter (1954); Stubbings (1951).
31. Todavia, devo afastar-me do ponto de vista tradicional, segundo o qual as lendas gregas sobre Minos representavam a lembrança popular de um império comercial, opinião essa vigorosamente combatida por Starr (1955). O estudo dos nomes de lugares nas tabuinhas de Cnossos leva Ventris e Chadwick (1956) a esta conclusão: "que a área em contato com, e provavelmente submetida a, Cnossos cobre realmente toda Creta; e que nomes fora da ilha não podem ser localizados. O caso isolado *de Kuprios,* aplicado a especiarias, só implica comércio. Portanto, até agora não há provas para defender a teoria de uma talassocracia, pelo menos na ocasião da queda de Cnossos" (141). Para uma visão sensível de conjunto sobre o comércio dessa época, suas proporções e sua motivação, veja Vercoutter (1954) cap. 1.
32. Heichelheim (1938) 161-62.
33. Koschaker (1942). No que vem a seguir, apresento uma visão muito simplificada de uma análise complexa.
34. Aqui há prova suficiente, se é que é necessário, de que a presença, nas tabuinhas de Micenas sobre especiarias (n$^{\underline{os}}$ 105-7, às quais me referi na seção I) da palavra *o-pe-ro,* traduzida como "déficit" por Ventris e Chadwick, não demonstra absolutamente "assuntos de negócios" de um mercador privado.
35. Veja Leemans (1950).
36. Talvez o exemplo mais surpreendente se encontre nos textos de Nuzi (perto de Kirkuk) sobre adoção, do século XV a.C.; veja Steele (1943); Lewy (1942); Purves (1945); e o intercâmbio entre Mrs. Lewy e Purves no *Journal of Near Eastern Studies* 6 (1947) 180-85. Uns quinhentos textos "tratam da transferência de bens de raiz, de uma forma ou de outra", e contudo "não foi encontrado um único exemplo de uma venda inequívoca, um aluguel ou um empréstimo de uma propriedade imobiliária" (Steele [1943] 14-15). Muitos estudiosos acham que as adoções eram disfarces para as vendas, mas Mrs. Lewy argumenta que elas são um tipo de transferência de direitos reversíveis para o rei (que, infelizmente, reveste com uma roupagem completa de terminologia feudal). No meu juízo de leigo, seus argumentos não foram refutados satisfatoriamente. Mais exemplos sobre ficções legais, especialmente da cidade fenícia de Ugarit, encontram-se em Boyer (1954). Veja também, com uma ênfase muito diferente, Cassin (1952).
37. Leemans (1950) torna-se muito valioso para nossos propósitos ao apresentar a história que se oculta por trás da ficção de Larsa.
38. Koschaker (1942) 180.
39. Essas são as definições de seu vocabulário no final. Variações menores encontram-se por todo o livro, quando as palavras aparecem em

um texto ou em uma discussão. Compreendemos a necessidade de se encontrar traduções, ainda que não definitivas, mas palavras como "arrendamento" são excessivamente precisas para o objetivo.
40. O medievalista, pelo menos, reconhecerá uma velha amiga, a primitiva comunidade rural indo-europeia. Volto a esse ponto na seção IV.
41. Veja Fraser e Bean (1954) 95-6.
42. Apesar de meu ceticismo a respeito de todas as palavras individuais, concordo que esses textos tratam da terra. Há demasiadas ressonâncias de palavras gregas importantes para ser mera coincidência, mesmo se o significado de cada palavra nos escapa, e há o ideograma do grão.
43. O grande mérito da primeira parte de Bennett (1956) foi ter demonstrado quanto pode ser descoberto só das fórmulas, sem recorrer à decifração.
44. Veja Bennett (1956) 103-17.
45. O antigo Oriente Próximo está repleto de paralelos e analogias. Assinalarei apenas as posses de terras do *tamkarum* e dos pescadores em Larsa; veja Koschaker (1942) 135-8, 148-60. Ventris e Chadwick (1956) 123 observam "a ausência de qualquer palavra indicando que o trabalho nas colheitas era uma ocupação específica". Mas muitos dos homens mencionados nos textos de posse de terra não tinham ocupação ou identificação de classe social, e suponho que, onde isso acontece, estavam na terra (em qualquer classe social) só como agricultores. (O motivo de o escriba nunca aparecer nas tabuinhas é um quebra-cabeça, e não tenho nenhuma sugestão a fazer.)
46. Há, naturalmente, o "senso comum", o mais perigoso de todos os instrumentos de análise, visto que ele é apenas uma cobertura para os valores e imagens (modernos) do próprio autor, na falta, ou na desconsideração, da evidência. Quando Bennett (1956) 103 diz que as conclusões de sua análise puramente formal das tabuinhas acabam por corresponder ao sentido das tabuinhas, tal como foram interpretadas através dos textos decifrados, ele está errado. Sua análise formal também pode corresponder a algumas interpretações incompatíveis, desde que estas atribuam significados diferentes a palavras diferentes.
47. Veja cap. 13 abaixo.
48. Ventris e Chadwick demonstram estar sempre conscientes desse ponto. Infelizmente, a atração magnética da língua é muito forte, e a contenção que recomendam a si próprios "ao citar, a partir de material homérico, paralelos para os temas de nossas tabuinhas" (1956) 107, muitas vezes é esquecida. Recorrer à "identidade de clima e geografia... continuidade de história e raça" é irrelevante.
49. Eu não teria, absolutamente, mencionado essa possibilidade, a não ser pelo enfoque de L. R. Palmer, figura dominante dos anos 50 no

estudo do sistema social micênico. Seu ponto de vista está evidente só pelos títulos de algumas de suas publicações, por exemplo (1955) e (1956). Certamente não é necessário voltar a falar nisso. Mas uma nova fonte uniu-se aos germanos de Tácito, isto é, os hititas, e talvez seja necessário salientar que, embora tenham aparecido nesta geração, pelo menos, quatro traduções das leis hititas, os juristas hititólogos concordam que, diante da completa ausência de documentos hititas privados, mal começamos a conhecer o sistema hitita em geral, seu regime de terras em particular, e a longa história que se oculta atrás de ambos. Veja, por ex., as observações iniciais de Korošec (1939); cf. H. G. Güterbock no *Journal of the American Oriental Society*, Supl. 17 (1954), 20-1.

50. A contemporaneidade torna-se mais crítica em uma consideração da difusão e convergência, que ignorarei, salvo para assinalar as seções sobre pesos e medidas de Ventris e Chadwick (1956) 53-60.
51. Um exame demonstra que Ventris e Chadwick voltaram-se para outros registros contemporâneos, especialmente para objetos e artigos descritivos, e para esse fim o problema metodológico não é tão sério. Tampouco existe algo a objetar, dentro desses limites, contra o fato de ir-se diretamente às coleções de textos, como eles o fizeram quase que exclusivamente. Todavia, para o estudo das instituições isso é um grande erro. Devemos voltar-nos para os especialistas, que nem sempre são os editores dos textos. Eles também não são sempre infalíveis, mas não é preciso tornar-se metafísico.
52. Micenas também suscita a questão, sobre a qual tem-se trabalhado muito pouco, da ruptura social e da perda das habilidades e técnicas – a arte de escrever, por exemplo.
53. Koschaker (1942), por ex., não vê dificuldade em chamar a sociedade de Larsa de feudal e de *Staatssozialismus* ("socialismo de Estado"), e, simultaneamente, seus escribas de "nicht bloss Bürokraten, sondern Bükokratissimi" (não só burocratas, mas burocratas por excelência). A maioria dos orientalistas expressa-se do mesmo modo. Portanto, é revelador ver o que acontece quando um egiptólogo de primeira classe é posto em contato com historiadores do feudalismo. No simpósio *Feudalism in History,* ed. Rushton Colbourne (Princeton, 1956). W. F. Edgerton prefacia seu estudo do Egito com o seguinte (p. 120): "Parece certo que os egiptólogos que aplicaram o termo 'feudal' para certos períodos da história egípcia não tiveram em mente qualquer conceito consistente de feudalismo, tal como aparece no *Introductory Essay* do presente volume… No corpo deste ensaio, portanto, não são apresentadas opiniões sobre o fato de alguma das instituições descritas ser ou não feudal; pretende-se apenas mostrar… o que eram as instituições. Pode ser dito aqui que elas não eram verdadeiramente feudais."

54. Koschaker (1942) 180 enganou-se quando atribuiu a extraordinária dificuldade em entender o modelo de Larsa exclusivamente à "mentalidade" burocrática que há por trás dos textos.

Adendo bibliográfico

Muito tem sido escrito sobre as tabuinhas e a economia de Micenas, desde que este artigo foi publicado. O que apresentamos aqui é uma relação dos trabalhos mais recentes ou mais importantes. Uma segunda edição de Ventris e Chadwick, *Documents in Linear B*, foi lançada em 1973 (Cambridge University Press), consistindo de uma reprodução fotográfica do original e 140 páginas de "comentários adicionais" feitos por Chadwick. Nos últimos anos foram publicados vários livros sobre o mundo micênico: J. T. Hooker, *Mycenaean Greece* (Londres e Boston, RKP, 1976), e J. Chadwick, *The Mycenaean World* (Cambridge University Press, 1976). O livro de Hooker deve ser recomendado por sua cautela e sua extensa bibliografia.

O grande volume de pesquisas publicado sobre as tabuinhas em Linear B, em muitos casos, não tornou maior o consenso dos estudiosos, o que talvez não seja surpreendente em vista da falha do contexto em indicar o significado preciso de muitas palavras. Estudos filológicos, cobrindo uma grande variedade de aspectos da sociedade e economia micênicas foram apresentados por L. R. Palmer, *The Interpretation of Mycenaean Greek Texts* (2ª ed., Oxford University Press, 1969), e M. Lejeune, *Mémoires de philologie mycénienne*, II e III (Roma, Ateneo, 1971-2). Neste último veja especialmente II 287-312 sobre o vocabulário econômico das tabuinhas; III 135-54 sobre *damos* e 334-44 sobre *wanax* e *basileús*.

Com referência à hierarquia política e social, K. Wundsam apresentou um estudo importante: *Die politische und soziale Struktur in den mykenischen Residenzen nach den Linear B Texten* (Viena, Notring, 1968), mas não recebeu uma aceitação universal. Sobre o *laos* veja H. van Effenterre, "Laos, laoi et lawagetas", *Kadmos* 16 (1977), 36-55. A identidade do *wanax* agora também é posta em dúvida por J. T. Hooker, "The Wanax in Linear B Texts", *Kadmos* 18 (1979), 100-11. Veja também S. Deger-Jalkotzky, *E-qe-ta. Zur Rolle des Gefolgschaftswesens in der Sozialstruktur mykenischer Reiche* (Viena, Akademie der Wissenschaften, 1978).

Finley enfatiza a dificuldade de chegar-se a conclusões definitivas sobre as tabuinhas referentes à posse de terra, e elas foram objeto de muito debate durante as duas décadas passadas, permanecendo ainda muitas incertezas. L. Deoroy e M. Gerard, *Le cadastre mycénien de Pylos* (Roma, Ateneo, 1965) apresentaram um estudo completo sobre o tema. Desde então apareceram artigos sobre questões específicas, incluindo-se A. Heubeck, "Myk. *ke-ke-me-no*", *Ziva Antika* 17 (1967), 17-21; H. van Effenterre, "Temenos", *Revue des études grecques* 80 (1967), 17-26; e M.

Lejeune, "Le dossier sa-ra-pe-da du scribe 24 de Pylos", *Minos* 14 (1974), 60-76 e "Analyse du dossier pylien *Ea*", *Minos* 15 (1974), 81-115. Sobre a questão mais geral de padrões de assentamento na terra, veja J. Bintliff, ed., *Mycenaean Geography* (Cambridge Library Press, 1977), e W. A. McDonald e G. R. Rapp Jr., ed., *The Minnesota Messenia Expedition: Reconstructing a Bronze Age Regional Environment* (University of Minnesota Press, 1972). Para um estudo sobre a taxação (de impostos) de duas cidades de Pilos, veja C. W. Shelmerdine, "The Pylos *Ma* Tablets Reconsidered", *American Journal of Archaeology* 77 (1973), 261-75.

Um dos progressos mais nítidos no entendimento da economia de palácio micênico foi feito no estudo da criação de ovelhas e tecelagem em Creta. Aqui o trabalho de J. T. Killen é fundamental: "The Wool Industry of Crete in the Late Bronze Age", *Annual of the British School at Athens* 59 (1964), 1-15. Alguns desses achados foram contestados por D. Young, "Some Puzzles about the Minoan Woolgathering", *Kadmos* 4 (1965), 111-22; com referência à resposta em duas partes de Killen veja: "Minoan Woolgathering. A Reply", *Kadmos* 7 (1968), 105-23 e 8 (1969), 23-38.

Com relação a outros aspectos da economia, foram publicadas investigações sobre trabalho em bronze: G. Pugliese Carratelli, "I bronzieri di Pilo micenea", *Studi classici e orientali* 12 (1963), 242-53, e M. Lang, "*in* Formulas and Groups", *Hesperia* 35 (1966), 397-412. Ya. J. Lencman escreveu um estudo em grande escala sobre a escravidão na Grécia primitiva: *Die Sklaverei in mykenischen und homerischen Griechenland* (Wiesbaden, Steiner, 1966). Mais recentemente, sobre o mesmo tema, veja P. Debord, "Esclavage mycénien, esclavage homérique", *Revue des études grecques* 75 (1973), 225-40. Sobre o uso do trabalho servil não escravo, veja J. T. Killen, "The Linear B Tablets and Economic History: Some Problems", *Bulletin of the Institute of Classical Studies* 26 (1979), 133 ss. Referente a comércio exterior, S. A. Immerwahr, "Mycenaean Trade and Colonization", *Archeology* 13 (1960), 4-13, e G. Cadogan, *Patterns in the Distribution of Mycenaean Pottery in the East Mediterranean* (Nicósia, Zavallis Press, 1973). Sobre comércio de metais, veja J. D. Muhly, "Copper and Tin. The Distribution of Mineral Resources and the Nature of The Metal Trade in the Bronze Age", *Transactions of the Connecticut Academy of Arts and Sciences,* 43 (1973), 155-535, com suplemento no 46 (1976), 77-136; cf. H. Kuwahara, "The Source of Mycenae's Early Wealth", *Journal of the Faculty of Letters of Komazawa University* 38 (1980), 77-133. Sobre a importância da inexistência do dinheiro, veja K. Polanyi, ensaio, "On the Comparative Treatment of Economic Institutions in Antiquity..." em *The City Invincible,* ed. C. H. Kraeling e R. McC. Adams (University of Chicago Press, 1960), 329-50.

13. HOMERO E MICENAS: PROPRIEDADE E POSSE

1. Em tudo que se segue, as palavras "Micenas" e "micênico" são usadas em sentido amplo, englobando todos os centros em que foram encontradas tabuinhas. Não reivindico independência de juízo na leitura ou na análise das tabuinhas micênicas.
2. Quanto às minhas opiniões sobre os poemas homéricos como fonte histórica, veja meu livro *World of Odysseus* (citadas da edição revisada de 1978), especialmente o cap. I; veja também o cap. 14 abaixo. No livro (pp. 3-5) sugeri que a sociedade dos poemas deve ser situada nos séculos X e IX a.C.
3. Uns poucos estudiosos insistem em que a escrita continuou, que não houve uma parada; e que é um mero acidente não terem sido encontrados exemplos datados de depois de 1200 a.C. Esse é um argumento particularmente fraco baseado no silêncio, com nada a seu favor a não ser a ausência de disposição de se acreditar que o retrocesso foi possível na antiga Grécia.
4. *Odisseia* 14.96-104. Richardson (1955) parece ter ignorado a capacidade mnemônica dos povos iletrados quando sugeriu, como um argumento sério, que a *Odisseia* 3.391-2 (a *tamies* de Nestor "abre um vinho de onze anos") "sugere algum modo de registrar a data de colocação na adega". Webster (1955), acompanhado por Richardson, argumenta (p. 11) que "Homero tem muitíssimas... listas de objetos com números". Mas, de que outro modo um poeta poderia expressar a riqueza de seus heróis e a magnitude de seus presentes, a não ser dizendo "doze rebanhos de cabras e outro tanto de ovelhas" ou "três tripés e a mesma quantidade de caldeirões"? Esse uso de números tem a mesma importância que as várias afirmações precisas de duração de tempo: simbolizam uma grande quantidade (ou grande duração) com sua aparência de exatidão; veja Fränkel (1953) 2-3.
5. *Beowulf* 2428-34, 2490-6, 2884-90, respectivamente. Cf. a promessa do rei na *Canção de Rolando* 5.75-6: "Je vous donnerai de l'or et de l'argent en masse, des terres et des fiefs (fiez) tant que vous en voudrez" (trad. por J. Bédier).
6. Deu-se muita importância ao fato de as tabuinhas micênicas terem sido escritas em grego e fazerem frequentes referências (assim como os poetas) a escravos, tripés e coisas similares. Ninguém discutirá que não houve descontinuidade total, inclusive a abolição da escravidão, e portanto não consigo ver a importância de tais "paralelos".
7. *Ilíada* 2.661-70.
8. *Odisseia* 4.174-7.
9. *Odisseia* 6.9-10. A frase final, *kai edassat' arouras,* ilustra o perigo em se tentar atribuir nuanças precisas às palavras homéricas. *Aroura* na maioria das vezes refere-se à terra cultivada, mas aqui ela significa obviamente "terra que *se converterá* em terra cultivada".

10. Schachermeyr (1955) 19.
11. A variedade dos padrões de assentamento germânicos é um dos temas principais da *Cambridge Economic History of Europe,* vol. 1, ed. J. H. Clapham e Eileen Power (1941); veja especialmente os caps. 1, 4 e 6.
12. Veja a crítica fundamental de Bloch (1931) 63-4.
13. R. Koebner, *Cambridge Economic History of Europe,* 1 (1941) 13.
14. Palmer (1956) 259 vai ainda mais longe e trabalha a partir da hipótese de que "a estrutura semântica de línguas diferentes pode ser comparada mesmo quando itens individuais não estão relacionados etimologicamente".
15. Williams (1956) apresenta uma leitura muito saudável.
16. *Odisseia* 1.387.
17. *Ilíada* 9.155, 297.
18. *Odisseia* 15.412-13.
19. *Ilíada* 9.149-56 = 9.291-8.
20. Sempre que emprego a forma, aceita ou sugerida, do grego posterior a uma palavra micênica, não há qualquer juízo meu sobre sua interpretação. Fica claro que, em cada caso, uma alternativa razoável não invalida meu argumento. Durante este capítulo, além do mais, ignoro deliberadamente as ligações etimológicas. O significado de uma palavra em determinado texto, seja nas tabuinhas, seja nos poemas, nunca poderá ser descoberto partindo-se de sua etimologia. Mesmo quando a etimologia é razoavelmente certa, ela só revela o ponto de origem da história da palavra. Não pode indicar nem a direção da mudança, nem seu ritmo ou limites. A palavra *adelphós* (irmão) dá um belo exemplo. Os etimologistas concordam que se liga a *delphus*, "ventre", e seu sentido de origem é "do mesmo ventre". *Adelphós* aparece dezesseis vezes na *Ilíada*, quatro vezes na *Odisseia* (todas no livro IV). Quando aplicada a Heitor-Alexandre, Pisístrato-Antíloco e Zeus-Poseidon-Hades, a referência é a irmãos reconhecidos do mesmo ventre; provavelmente também para Agamenon-Menelau, embora em nenhuma parte dos poemas haja uma evidência explícita em relação à mãe. Os outros empregos são muito gerais para serem analisados. Mas quando lemos o seguinte na *Ilíada* 13.694-5 (= 15.333-4): "Destes, um, Médon, era o filho bastardo *(nothos)* de Oileu, o divino, e irmão *(adelphós)* de Ajax" (Médon também é chamado de *nothos* em 2.727-8, onde sua mãe é identificada como Rena). O poeta da *Ilíada*, portanto, desconhecia a tal ponto a etimologia que não achou dificuldade em unir *adelphós* com *nothos* para referir-se a dois homens que tinham o mesmo pai, mas mães diferentes.
21. Nenhuma lista é absolutamente completa, mas as omissões não mudam o quadro. Uma importante palavra homérica que deixei fora desse relato é *therapon,* usada tão indiscriminadamente para qual-

quer um que preste "serviço", desde o mais humilde empregado doméstico até Pátroclo (veja *World of Odysseus*, 103-4), que não se presta a uma análise útil no presente contexto.
22. Em Chipre, no século IV a.C., *basileús* era o rei, *anax* o título de seus filhos e irmãos; veja DGE 680 (= SGDI 59); Aristóteles, fr. 526 Rose, ap. Harpocrácio, s. v. *anaktes kai anassai* (cf. Eustátio *ad Il.*, 13.582); Isócrates 9.72. Outro exemplo de sobrevivência aparece registrado em Hesíquio: *bannas*: "rei entre os italiotas", "o soberano mais importante" *(archon)*. O significado de rei também parece ter existido no frígio antigo; veja Friedrich (1932) 125, nº 1 (= DGE p. 404, nº 1) e talvez nº 6. O material de culto foi recolhido por Hemberg (1955).
23. Wackernagel (1916) 209-12.
24. Não há um acordo geral entre os especialistas sobre o estatuto de pa_2-*si-re-u*, salvo que, certamente, não estava no mesmo nível que *wanax*; veja Ventris e Chadwick (1956) 121-2.
25. Não posso crer que um desejo consciente de arcaísmo possa explicar adequadamente a falha dos poetas em não usar *basileús* todo tempo. Sempre que faziam um esforço deliberado para manter um ar arcaico, como nas referências aos metais, isso é revelado por uma preponderância estatística, mas nunca, como aqui, pela absoluta exclusão do último elemento.
26. A palavra *aketoro*, que aparece em Cnossos VI_{45}, podia dar a ideia de ser o genitivo de *hegetor*, mas é improvável. As considerações métricas podem ter tido influência na inclusão ou exclusão de uma palavra em particular, mas não é possível que possam explicar a discrepância total. Portanto, a insistência repetida sobre a impossibilidade métrica da palavra *lawagetas* é um argumento falso e ilusório.
27. Sobre as diferenças de vocabulário entre os dois poemas, veja Page (1955) 149-60.
28. Capitão: *Ilíada* 2.79; 10.301, 533; *Odisseia* 7.136, 186; 8.97, 387, 536; 11.526. General: *Ilíada* 9.17; 11.276, 587, 816; 12.376; 14.144; 16.164; 17.248; 22.378; 23.457, 573; *Odisseia* 8.11.26; 13.186, 210.
29. *Odisseia* 1.72.
30. Os poetas podiam escolher livremente entre as várias palavras para chefe e capitão justamente porque elas não tinham um sentido técnico, mas eram apenas modos diferentes de dizer "nobre". Esse fato óbvio é persistentemente ignorado, e, em consequência, os historiadores são levados a explicações complicadas, que não são nem necessárias nem sustentáveis. A recusa em reconhecer a posição monárquica de Alcínoo na Feácia talvez seja o melhor exemplo. Uma vez aceita a possibilidade de que *basileús* possa significar "nobre" bem como "rei" – de modo muito semelhante a *Häuptling* (para usar o equivalente germânico) na Frísia dos séculos XIV e XV não há dificuldade; de outro modo, o quadro traçado simplesmente contradiz

as provas evidentes da seção feácia da *Odisseia*. Sobretudo, nunca há uma relação automática, inalterável entre as palavras individuais e as instituições; veja, por ex., cap. 14 abaixo sobre *hedna*.
31. Veja *World of Odysseus,* índice s. vv. "Presentes", "Amizade de hóspede"; cap. 14 abaixo; parte I de Gernet (1948-9); e, para interessantes paralelos latinos, Palmer (1956).
32. Compare-se com a ameaça de Wiglaf em uma situação análoga de *Beowulf* (2884-90): "Agora faltará à tua raça a recepção de tesouros e presentes de espadas, toda a alegria do domínio e da comodidade; cada homem da tua família terá que vagar errante, despojado de suas terras, tão logo os nobres ouçam falar, de longe e por todos os lugares, de tua fuga, de teu ato desprezível." (trad. J. R. Clark Hall, ed. rev. [1950] C. L. Wrenn)
33. *Ilíada* 23.296-8.
34. *Ilíada* 2.569-77.
35. Tampouco o aparecimento da palavra *thoe* em uma situação comparável *(Ilíada* 13.669) aponta para vassalagem. Se *thoe Achaion* e o outro único aparecimento da palavra nos poemas *(Odisseia* 2.192) são um indício, sugerem uma penalidade imposta por um grupo, não por um senhor.
36. *Odisseia* 15.80-5.
37. *Odisseia* 3.301-12; 4.90-9, 125-32.
38. *Odisseia* 14.285-6, 323-6 (= 19.293-5); 19.282-7.
39. *Beowulf* 2428-31, 2492-6.
40. Essa distinção foi aparentemente ignorada por Jeanmaire (1939) cap. 1 em seu estudo do *campagnonnage* homérico.
41. Chadwick (1912) 363 já tinha visto esse ponto. Também é necessário insistir no fato de que o longo relato feito por Odisseu, começando em 14.199, em nada contribui para essa discussão. Ele casou-se com "uma mulher do povo com muitas posses" e adquiriu muitas riquezas e posição social como chefe de piratas.
42. Veja as primeiras páginas de Jachmann (1953), embora eu não possa aceitar a explicação de um *Einzeeied* ("poemas simples") que ele então propõe. Veja também a seção VI deste capítulo.
43. Houve um considerável exagero sobre as "nove cidades de Pilos". Um grupo de tabuinhas foi razoavelmente interpretado como revelando os nomes de nove localidades no sudoeste do Peloponeso que eram, de certa forma, subordinadas a Pilos (veja Ventris e Chadwick [1956] 142-3), e imediatamente os estudiosos apontaram para a *Ilíada* 2.591-6 e a *Odisseia* 3.5-8, onde o número "nove" é associado a Pilos. Salvo Kyparisseis, todavia, os nomes dos lugares são completamente diferentes nos poemas e nas tabuinhas, e o relato da *Odisseia* é incompatível em todos os aspectos com a informação das tabuinhas. A repetição do número "nove" pode ser simplesmente

uma coincidência, pois esse número tem um papel muito especial nos poemas; veja Germain (1954) 13-14. Se, todavia, a *Ilíada* e a *Odisseia* conservaram uma "lembrança" de uma relação real de poder na Messênia, essa lembrança estava quase totalmente errada. Se as "nove cidades de Pilos" provam algo, portanto, é a inutilidade dos poemas homéricos como fonte de história narrativa.

44. Os objetos materiais constituem ainda uma terceira categoria. O tratamento que os poetas dão aos metais, armaduras e edifícios difere nitidamente – no que diz respeito a seu valor como fontes – tanto de suas narrativas como dos fundamentos institucionais.
45. *Odisseia* 14.61-4.
46. *Ilíada* 14.119-24 (Tideu em Argos); *Odisseia* 7.311-15 (Odisseu na Feácia).
47. *Ilíada* 9.480-4.
48. Kurt Latte em Pauly-Wissowa-Kroll, *Realencyclopädie der classischen Altertumswissenschaft*, II.5 (1934) col. 435.
49. Esse ponto foi adequadamente enfatizado por Erdmann (1942) 353. Cf. A. Dopsch, na *Cambridge Economic History of Europe*, 1 (1941) 173, sobre os visigodos: "Não havia atribuição de terras por sorteio; o termo *sortes* significa simplesmente cotas e é usado para as divisões entre os próprios godos."
50. *Ilíada* 6.191-5; 9.574-80; 20.391; e 20.184-6.
51. *Ilíada* 12.313-14; 18.550-60; 20.391; *Odisseia* 6.291-4; 17.297-9, respectivamente.
52. *Odisseia* 11.184-5; veja também n. 55 abaixo. Além disso, o *temenos* de um deus é mencionado três vezes na fórmula, "onde está teu lugar *(temenos)* sagrado e teu altar perfumado" *(Ilíada* 8.48; 23, 148; *Odisseia* 8.363), e uma vez em uma expressão muito diferente: no Catálogo das Naus, um item começa "E aqueles que habitavam Fílaca e Pírasso, *temenos* de Deméter..." *(Ilíada* 2.695-6). Em nosso estudo, não nos interessam diretamente os recintos sagrados, porque os textos não oferecem informações úteis.
53. Isso usualmente é certo, em todas as partes, em relação à terminologia da posse e da medição da terra. "Rien de plus variable que ca vocabulaire rurale", escreveu Bloch (1931); cf. Bishop (1954) 30 nn. 21, 34-5.
54. Referências apropriadas encontram-se em Liddell e Scott, s. v., e elas revelam imediatamente a imprecisão da definição ali apresentada, "um pedaço de terra destacada do uso comum e dedicada a um deus".
55. No Hades, a mãe de Odisseu diz *(Odisseia* 11.184-5): "Ninguém ainda possui teu formoso *temenos."* E depois acrescenta "e participa de banquetes iguais, obra que agrada a um homem de autoridade", o que não é verdade, de modo que toda a passagem perde muito de seu valor como evidência direta. Todavia, parece-me ser uma infe-

rência legítima o fato de o poeta não ter uma associação definida, em sua própria mente, entre *temenos* e "terra reservada", quando essas linhas foram introduzidas no texto. Mas se considerarmos o décimo primeiro livro da *Odisseia* inteiro como uma interpolação, isso fará pouca diferença, pois a ausência de qualquer significado especial de *temenos* (além de "propriedade real") seria transferida de "Homero" para outro que trabalhasse com o mesmo número de fórmulas poéticas.
56. *Ilíada* 6.192-4.
57. *Ilíada* 12.310-13.
58. É um erro, todavia, querer tirar alguma conclusão especial do *temenos nemomestha* de Sarpédon. Thomson (1954), p. 331, traduz "outorgaram-nos um *temenos*", forçando assim uma interpretação que não está no texto. Nessa época, *nemomai* não significava mais que "ter", "possuir"; veja Laroche (1949) 10-11.
59. As provas estão reunidas por Bachofen (1948), I, 85-104; II, 928-45; cf., brevemente, Thomson (1954) 163-5. A prova se mantém a despeito da inaceitabilidade da posição integral de Bachofen sobre o direito materno, sobre o qual veja-se Pembroke (1965).
60. Em particular, não existe nem a própria palavra nem a ideia na única passagem em que mais se poderia esperar encontrar ambas, *Odisseia* 6.9-10, sobre a fundação da Esquéria.
61. A linguagem de Aquiles – Príamo prometeu-te sua *time* (honra) e sua *geras* (prerrogativa), *ou* os troianos prometeram-te um *temenos*? – separa claramente o *temenos*, nesse caso particular, do poder real; veja Jeanmaire (1939) 74.
62. *Ilíada* 9.574-80. Sobre essa descrição de *temenos*, veja a n. 83 abaixo.
63. Veja os parágrafos finais da seção V.
64. O melhor exemplo é *Syll.*³ 141 (o assentamento de Kerkira Melaina em 385 a.C. aproximadamente); veja a análise, com mais documentação, em Wilhelm (1913) 3-15.
65. É quase impossível descobrir, a partir dos relatos modernos, que só há uma autoridade para acreditar nessas propriedades reais entre os *perioikoi*, isto é, Xenofonte, *A constituição dos lacedemônios*, 15.3, e mesmo aí a palavra *temenos* não aparece.
66. Jeanmaire (1939) 75. Cf. a proposta de Aristóteles, *Política* 1330a9-16, de que os escravos públicos lavravam a terra pública reservada para o culto e as necessidades da *syssitia*.
67. O lamento de Aquiles no Hades (*Odisseia* 11.489-91) não deve ser apresentado como prova de servidão. "Eu preferiria não passar de um camponês *(eparouros)*, trabalhando como um *thes* para outro, ao lado de um homem sem bens, cujo sustento não fosse grande, que reinar sobre todos aqueles que morreram" não faz sentido se na única vez que aparece *eparouros* for traduzida como "ligado ao solo".

68. Veja *World of Odysseus* 78-82; Jeanmaire (1939) 43-58.
69. *Ilíada* 3.56-7.
70. Veja *World of Odysseus*, 92-3.
71. Outra vez *Beowulf* sustenta minha objeção ao argumento de que a indiferença dos poetas basta como explicação. A palavra *folc-scaru* que aparece na linha 73 pode ser obscura, mas significa claramente algum tipo de propriedade comum. Em cerca de 27.000 linhas a *Ilíada* e a *Odisseia* não usam uma só vez uma expressão comparável.
72. *Ilíada* 12.421-4.
73. Cf., por ex., Lísias, 32.4; *Hesperia* 7 (1938) 9, nº 2, linhas 11-24; e o material reunido por Weiss (1908).
74. Thomson (1954) 590. Essa é a sugestão mais recente de Thomson, que ele prefere à mais antiga de que dois homens "podiam ser representantes de duas famílias relacionadas subdividindo uma propriedade que lhes tinha sido atribuída conjuntamente". Não é impossível, além de tudo, que *aroura* aqui signifique nada mais que "terra potencialmente cultivável", como na *Odisseia* 6.10 (veja n. 9 acima).
75. Vale a pena assinalar que é justamente nos símiles que se pode esperar encontrar sobrevivências de práticas muito antigas; veja, sobre o lado puramente linguístico, Shipp (1972) caps. 2-3.
76. *Odisseia* 6.9-10.
77. Veja particularmente a *Ilíada* 1.124-6; cf. *Ilíada* 5.158 e *Odisseia* 14.208-9 sobre a divisão de uma herança.
78. *Odisseia* 24.205-7. O vigésimo quarto livro, como o décimo primeiro, é tido por muitos como uma interpolação, e a descrição da fazenda de Laertes contradiz, aqui, categoricamente, a *Odisseia* 1.189-93. Todavia, metodologicamente é completamente errado ignorar o lado *institucional* da passagem por esses motivos.
79. Ventris e Chadwick (1956) 233 fazem isso salientando a palavra "adquiriu" *(kteatissin)*. Todavia, se existe algo a ser ressaltado nessa parte da frase, é melhor que a ênfase recaia em "ele mesmo adquiriu" *(autos kteatissin)*, salientando assim que a aquisição foi feita pelos próprios esforços de alguém, em contraposição a uma aquisição por herança ou doação. Eu prefiro, como meu texto indica, uma ênfase completamente diferente, sem nuanças jurídicas formais. Dá-se muita importância ao verbo "adquirir". Na linguagem comum, qualquer coisa que venha para a posse de um homem foi necessariamente adquirida de algum modo, por roubo, descoberta, presente, troca, herança, trabalho – toda posse é uma aquisição.
80. *Ilíada* 1.162; 2.690. Pode ser, naturalmente, que o poeta escolha esta, entre as várias fórmulas possíveis, simplesmente porque ela o agradou esteticamente. Se for assim, toda a questão da ênfase é discutível.
81. Eustáquio captou muito bem a questão, mas suas observações preliminares demonstram um conceito errôneo geral das possibilidades no mundo de Ulisses.

82. *Ilíada* 18.541-9; veja Thomson (1954) 585-6. A difícil palavra *tripolos* nessa passagem não encontrou uma solução satisfatória. Veja, além de Thomson, Pöhlmann (1895) 121-6; E. A. Armstrong, em *Classical Review* 57 (1943) 3-5. Pöhlmann ressaltou corretamente o aspecto de que a passagem inteira *pode,* mas *não precisa,* refletir campos abertos.

83. A *Ilíada,* em particular, salienta o caráter duplo das propriedades extensas, usando muitas formulações diferentes: 6.195 (= 12.314; 20.185); 9.579-80, 14.122-3. Cf. *Odisseia* 9.108. A questão, naturalmente, é apenas esclarecer concretamente, pela elaboração de detalhes (como sempre acontece nos poemas), que essas eram propriedades excelentes. Seria um erro ler qualquer coisa a mais nessas passagens.

84. Segundo o emprego do inglês (e geralmente o das línguas europeias), a expressão "terra comum" era usada só para a não cultivável. Havia também "pastos comuns", mas não a posse comum da terra cultivável. Esse é exatamente o caso do poema inglês do século XIV, *Piers the Ploughman,* que, muito curiosamente, se converteu em um paralelo favorito da cena do escudo, entre os partidários da opinião referente à posse comum na sociedade homérica.

85. Veja, por ex., Bishop (1954) para *Yorkshire;* Le Lannou (1941) 113-37 para a Sardenha; P. Struve na *Cambridge Economic History of Europe,* 1 (1941) 427-35, para a Rússia. Struve escreve (p. 433): "Não há dúvida de que a comunidade de propriedades rurais, com sua propriedade comum, é o produto de um desenvolvimento que ocorreu comparativamente mais tarde, evoluindo como resultado da ação conjunta de duas forças: (1) o poder fiscal e administrativo do Estado, ou do senhor privilegiado sobre o camponês, e (2) o crescimento da população. Até o século VII não há na Rússia sinais de comunidade rural em seu sentido moderno."

86. Heródoto 9.94; cf. Erdmann (1942) 355-6.

87. Outros exemplos nos quais as cidades compravam propriedades imóveis que depois eram transferidas para os indivíduos são citados por Wilhelm (1913) 4-8.

88. *Odisseia* 13.13-15; cf. 2.74-8; 22.55-9.

89. Outras duas supostas insinuações de posse comunitária ou limitada, nos poemas, precisam ser assinaladas.

(1) De vez em quando tenta-se dar grande importância sociológica ou jurídica ao fato de que uma das cenas do escudo de Aquiles está localizada em um *temenos* real. Nenhum desses esforços precisa ser refutado detalhadamente, depois da objeção decisiva levantada por Pöhlmann (1895) 121-6, de que, em seu conjunto, as cenas sobre o escudo não pretendem cobrir sistematicamente a estrutura social ou o regime de posse da sociedade homérica. Elas descrevem simples-

mente algumas atividades da vida nessa época. Com respeito ao trabalho (e aos trabalhadores), o *temenos* não pode ser diferenciado dos quatro painéis contíguos, com suas cenas de cultivo da terra, vindima e pastoreio.

(2) Palmer (1955), pp. 12-13, sugeriu que o "significado original" de *demioergoi* era "os que lavram as terras do *damos*", isto é, "terras da aldeia" (cf. Palmer [1954] 43-5). Embora ele não diga que a palavra tinha mantido aquele sentido nos poemas, a hipótese não pode ser deixada de lado em nosso contexto. Deve ser notado, em primeiro lugar, que a palavra *demioergos* aparece só duas vezes nos poemas, uma quando Eumeu pergunta "Pois quem chama um estranho do exterior, alguma vez, e faz com que se recupere, a não ser que ele seja um dos *demioergoi*, um adivinho, alguém que cura doenças ou trabalha com madeira, ou mesmo um poeta inspirado"; e uma vez quando Penélope chama os arautos de *demioergoi* (*Odisseia* 17.382-5 e 19.135 respectivamente). Portanto, é errado chamar a classe dos artesãos de *demioergoi*. Os dois únicos médicos mencionados estão incluídos no Catálogo das Naus como chefes de contingentes (*Ilíada* 2.729-32), os adivinhos e os arautos são encontrados nos mais altos círculos sociais. Mas não ferreiros e carpinteiros. O único elemento comum que posso ver não é absolutamente de classe, mas sim que esses homens, todos eles especialistas, estavam disponíveis para quem necessitasse de seus serviços, para o *dêmos* nesse sentido muito amplo. Não há nenhuma indicação certa de um passado no qual eles tivessem lavrado "as terras do *damos*" e a insistência de Eumeu sobre os estrangeiros pareceria apontar em uma direção completamente diferente.

90. Os aliados dos troianos, todavia, ficam de lado.
91. Os diversos padrões e consequências do assentamento pós-micênico são frequentemente ignorados (e não só nas discussões da sociedade homérica); ou tratados, de forma demasiadamente simples e incorreta, como um assunto de sobrevivências do passado micênico ou da "raça" (os dórios contra os outros gregos); veja os argumentos sólidos de Gschnitzer (1955).
92. Discuti esse ponto no cap. 14 abaixo, relacionado com o casamento.
93. À luz da complicada história pós-micênica da palavra, é legítimo fazer uma advertência sobre aceitar que *damos* significa "comunidade" nas tabuinhas.
94. Deve ser acrescentado que, até agora, as tabuinhas, diferentemente dos poemas, não apresentaram nenhuma palavra que possa significar "salários" ou "assalariado".
95. Ventris e Chadwick (1956), nº 152. *Temenos* também foi sugerido como leitura na lacuna da linha 2 de Er 880 (antiga Er 02), mas isso não afeta minha argumentação.

96. Após uma longa análise, Palmer (1954) 50-1 conclui: "Um povo indo-europeu invasor... estabeleceu-se na Grécia, durante o II milênio a.C. Atribuiu e dividiu as terras conquistadas, primeiro em três categorias principais: a terra sagrada atribuída ao sacerdote-rei, *wa na ka te ro te me no;* em segundo lugar, a parte do 'chefe do povo', *ra wa ke si jo te me no.* Mas... uma considerável quantidade de terra foi cultivada coletivamente pela terceira classe, o *damos* em sua terra *ke ke me na.* Assim, se excluirmos a terra sagrada, a terra profana fica dentro de duas categorias, a terra do povo e a terra feudal. A última foi designada aos vassalos, *te re ta,* que deviam serviço feudal, *télos.*" Considero ainda mais difícil acreditar na sobrevivência essencialmente inalterável, durante 500 anos, de um suposto plano de assentamento "indo-europeu" durante o período micênico, com seu crescimento, comprovadamente enorme, em cultura material e na concentração de poder, do que na sobrevivência, frequentemente alegada, da "terra do povo" e similares no mundo pós-micênico.

Adendo bibliográfico

Nas sugestões bibliográficas do capítulo anterior, podem ser encontrados estudos relacionados ao sistema micênico de posse da terra. Existem apenas uns poucos itens relacionados a Homero que devem ser acrescentados a essa lista. Anna Morpurgo Davies pesquisou recentemente a questão das diferenças entre o mundo micênico e o mundo grego posterior, usando um método semelhante ao de Finley: "Terminology of Power and Terminology of Work in Greek and Linear B", *Actes du sixième Colloque international sur les textes mycèniens et égéens... 1975* (Univ. de Neuchâtel, 1979), pp. 87-108. C. Vlachos dedicou um capítulo de seu livro *Les sociétés politiques homériques* (Paris, PUF, 1974) a uma discussão sobre a posse da terra e a estrutura política de Homero e de Micenas. Para outra discussão recente sobre posse da terra, veja I. S. Svencickaia. "The Interpretation of Data on Landholding in the *Iliad* and *Odyssey*", *Vestnik Drevnei Istorii* (1976) nº 1, 52-63 (em russo com sumário em inglês). Sobre a economia agrícola da Grécia homérica de modo geral, veja W. Richter, *Die Landwirtschaft im homerischen Zeitalter* (Archaeologia Homerica, 2 H, Göttingen, Vandenhoeck e Ruprecht, 1968).

14. CASAMENTO, VENDA E PRESENTE NO MUNDO HOMÉRICO

1. Assim, Wolff (1952) escreve: "Talvez seja correto buscar as raízes do casamento no costume pré-histórico de comprar a noiva." (p. 15) Quanto à aceitação desse ponto de vista entre os não juristas, note-se a afirmação categórica de Wilamowitz (1927), p. 101, com respeito

às passagens em que aparece o dote na *Odisseia:* "O poeta escreve neste caso sobre a antiga prática da compra da noiva, contrária à estrutura legal de seu próprio tempo." Para uma bibliografia completa sobre o suposto casamento homérico por compra, veja Köstler (1944b) 209 n. 20; (1944a) 6 n. 2.
2. Koschaker (1937) 86, 112.
3. Koschaker (1937) 83-4.
4. A palavra *hedna,* sempre usada no plural, é examinada na seção III.
5. *Ilíada* 9.146, 288.
6. *Odisseia* 11.288-97; 15.225-38.
7. *Odisseia* 21.74-9. O fato de essa disputa ser um truque da parte de Penélope é irrelevante para nossos propósitos.
8. Está perfeitamente estabelecido que a relação entre Helena e Páris era um matrimônio legítimo em todos os sentidos; veja, por ex., Erdmann (1934) 199.
9. *Ilíada* 19.297-9.
10. *Thebais,* frag. 6, em Apolodoro, *Bibliotheca,* 1.8.4.
11. Por exemplo, Köstler (1944b) 207-9; Koschaker (1937) 139.
12. Se a promessa de Pátroclo foi feita a sério ou por brincadeira, aqui não vem ao caso.
13. *Odisseia* 10.5-7.
14. Veja Murray (1924) 125-6.
15. *Odisseia* 7.311-15.
16. *Ilíada* 6.191-3, 251, 394; 9.147-56 (= 9.289-98); 22.51; *Odisseia* 1.277-8 (= 2.196-7); 7.311-15; *Hino a Afrodite,* 139-40; e as quatro passagens que indicam que Penélope tinha trazido um dote, *Odisseia* 2.132-3; 4.736; 23.227-8; 24-294 (veja Köstler [1944b] 216). O sentido de *eednosaito* na *Odisseia* 2.52-4 é discutível; veja abaixo, n. 46. Há também a passagem, *Odisseia* 20.341-2, na qual Telêmaco diz que se Penélope escolher um marido espontaneamente "Oferecerei inúmeros presentes."
17. Essa apresentação esquemática dos fatos deveria incluir mais três pontos: a promessa de casamento, a natureza da cerimônia de casamento e o papel do grupo de parentesco ou a família no sentido amplo. Eles são considerados na seção IV. Aqui deve ser dito algo sobre a corte a Penélope, que parece oferecer a melhor matéria-prima para o estudo do casamento homérico. Todavia, minha opinião é que as instituições do casamento homérico só podem ser estudadas ignorando-se esse material em grande parte, primeiro porque o que temos na *Odisseia* é um amálgama confuso, mal-entendido e frequentemente autocontraditório de fios, nos quais nenhum modelo institucional pode ser redescoberto sem procedimentos arbitrários; segundo, porque os aspectos jurídicos foram empurrados para o último plano pelo que era essencialmente uma luta pelo poder. "Natural-

mente, não se pode dizer muito com base em presunções legais; nos livros 19 e 21 Penélope já não está mais obrigada a escolher um marido, enquanto os pretendentes estão envolvidos na luta." Concordo com essa opinião de Wilamowitz (1927) 103 n. 12; veja também *World of Odysseus*, 82-5 (citado em várias partes da edição revisada de 1978). Naturalmente usarei passagens individuais referentes a Penélope, mas nunca como parte principal da argumentação.

18. Uso a palavra "estrangeiros" em vez de "de fora" porque não me refiro apenas a homens de outra comunidade, mas a homens de fora de todo o mundo greco-troiano. Deve ser salientado que Lemnos, origem da carga de vinho discutida no parágrafo seguinte, não era propriamente parte do mundo aqueu nos poemas de Homero.
19. *Ilíada* 7.467-75 e *Odisseia* 15.415-16 (cf. 462-3), respectivamente. *Ilíada* 18.291-2, na qual Heitor diz a Polidamas: "Muitas riquezas foram vendidas e levadas para a Frígia", não está claro para mim. Mesmo que se refira à venda, o que duvido, envolve outra vez estrangeiros; veja Pringsheim (1950) 93 n. 2.
20. Com "tesouro" quero dizer bens de prestígio, como tripés e caldeirões de ouro e bronze, que circulavam fartamente entre os aristocratas homéricos como presentes ou prêmios. Na *Odisseia* 1.184, Mentes, um capitão táfio (na realidade Atena disfarçada), diz a Telêmaco que está levando ferro para Têmesa, para trocá-lo por cobre. Não há exceção quanto ao que digo no texto, por vários motivos. Basta assinalar que tanto Tafos como Têmesa estavam fora do mundo grego, em todos os sentidos.
21. Hesíodo, *Os trabalhos e os dias*, 341.
22. As palavras são *biotos*, como no longo relato feito por Eumeu sobre os comerciantes fenícios que permaneceram um ano em sua comunidade e raptaram-no quando estavam prontos a zarpar: "tendo empilhado, em seu navio côncavo, muitas riquezas *(bioton)*" (*Odisseia* 15.456); *onos;* e *kteana* (sobre a qual veja a n. 25 abaixo).
23. Em relação a isso vale a pena citar a seguinte afirmação geral de Quiggin (1949) 3: "... muitos objetos são chamados de 'moeda corrente' sem serem correntes. Eles podem servir como padrões de valor ou como um símbolo de riqueza... mas nunca são usados no comércio usual. Passam de mão em mão, ou de grupo a grupo em importantes transações e desempenham um grande papel na troca de presentes e no preço da noiva". (Quiggin escreve "preço da noiva" entre aspas porque, como muitos antropólogos, rejeita a implicação de venda na expressão.)
24. *Ilíada* 6.234-6.
25. *Odisseia* 1.430-31. Este é o texto homérico decisivo para excluir o rebanho dos *kteana* (possessões) dessa fórmula, que também aparece em três outros lugares com a mesma forma de expressão, *priato ktea-*

tessin eoisin (Odisseia 14.115, 452; 15.483), cada vez com referência à compra de um escravo.
26. As citações são de Pringsheim (1950) 95. Sobre os limites muito exíguos dentro dos quais ele acredita ser possível falar de uma terminologia de vendas, veja especialmente p. 93: cf. Chantraine (1940) 11-12.
27. Koschaker (1950) especialmente 211-14, 234-5. Vale a pena assinalar que a linguagem de casamento e a linguagem de venda, na Babilônia, coincidem em um ponto importante, veja pp. 215-20.
28. A esse respeito é importante assinalar a conclusão de Quiggin (1949) 7-10 de que "preço da noiva" e *wergeld* precederam o comércio no estabelecimento de padrões de valor "monetário".
29. Koschaker (1950) 212-14.
30. Com referência à passagem de Mentes, *Odisseia* 1.184, Pringsheim escreve (1950) 92: "a troca ainda existe, especialmente no comércio com estrangeiros que não aceitaram o método grego de pagamento". Não posso imaginar o que era o "método grego de pagamento" nessa época, mas, além disso, a afirmação é contraditória porque, como Pringsheim reconhece no decorrer de seu estudo, todo "comércio" era de fato negócio com estrangeiros.
31. Veja Finley, *World of Odysseus,* índice, s. v. "Presentes"; Gernet (1948-9) especialmente Parte I, "Debitum et obligatio".
32. *Odisseia* 24.283-6.
33. A noção de "provocar" um presente de volta, isto é, de impor uma obrigação de retribuição ao recebedor, é central na sociologia do oferecimento de presente; veja Gernet (1948-9) 26-30 sobre a Grécia arcaica. Os gregos clássicos viam provas disso à sua volta, embora já não compreendessem plenamente seu significado. Veja, por exemplo, Tucídides 2.97.3-4 sobre a Trácia; Xenofonte, *Ciropedia,* 8.2.7-10 sobre a Pérsia; e a análise de Mauss (1921) 388-97. Talvez uma compreensão errada similar esteja subjacente à descrição detalhada, embora declarada como de segunda mão, do leilão de noivas na Babilônia feita por Heródoto 1.196. Nada foi descoberto nas fontes da Babilônia que confirme sua história; veja Baumgartner (1950) 79-80; Ravn (1942) 89. Aristóteles, *Política,* 1268b40 fala de "leis antigas" *(arkhaioi nomoi)* pelas quais "os gregos compravam suas esposas uns dos outros", e essa afirmação pura e simples é citada usualmente como prova do casamento homérico por compra. Duvido que a referência de Aristóteles se destinasse a Homero; de fato, a única afirmação aristotélica explícita que pude encontrar sobre o matrimônio em Homero (*Retórica* 1401b34), diz que Helena casou-se com Menelau, por livre escolha de sua parte, opção dada a ela por seu pai. O contexto da meia frase da *Política,* que nem sequer menciona Homero, é o dos códigos de leis arcaicas, mas pós-homéricas.

Por outro lado temos que tornar a considerar a possibilidade de uma má interpretação dos gregos clássicos das delicadas nuanças do oferecimento de presentes, tal como funcionavam em um mundo mais primitivo.
34. *Odisseia* 18.275-9.
35. *Odisseia* 6.158-9. Assinala um desvio importante quando, no começo do século VI, Clístenes, tirano de Sícion, deu a cada um dos pretendentes malsucedidos de sua filha o presente de um talento, para compensar o esforço e o tempo gasto por eles; Heródoto 6.130.
36. Köstler (1944a) 8 n. 4 viu que o fator risco nos *hedna* é um argumento a mais contra o fato de considerá-los como um preço de compra. Outras claras referências homéricas sobre a competição por meio de oferecimento de presentes entre os pretendentes são *Odisseia* 15.16-18 e 16.390-2 (= 21.161-2). A melhor ilustração em toda a literatura é, sem dúvida alguma, o longo fragmento de papiro sobre a corte a Helena (Hesíodo, frag. 94 e 96, ed.² Rzach). Embora esse possa ser um texto posterior – Wilamowitz atribui-lhe uma data não anterior ao fim do século VI a.C. –, tanto o relato como a linguagem estão em plena consonância com os materiais homéricos. Note-se particularmente 94.23-5, onde Ulisses revela sua astúcia recusando-se a correr um risco inútil; ele não enviou presentes "pois sabia em seu íntimo que Menelau de cabelos louros triunfaria porque era o aqueu de maiores posses".
37. Gernet (1917) 287 apresenta a seguinte conclusão partindo do tamanho do *hedna*: "Pois bem, um indivíduo não possui um rebanho de cem cabeças: é o clã que o possui" (cf. Gernet [1948-9] 112-14). Não só não há provas para afirmação – assim, a enumeração de Eumeu das possessões de Ulisses (*Odisseia* 14.98-104) é pessoal, não familiar –, que também ignora a magnitude do oferecimento de presentes em todas as ocasiões, sempre pessoal na minha opinião. Sem dúvida é verdade que todos esses números são convencionais e consideravelmente exagerados, mas isso não tem ligação com o assunto.
38. Veja Finley, *World of Odysseus*, 120-3.
39. *Odisseia* 1.318.
40. *Odisseia* 15.16-18.
41. Tem-se falado muito da palavra *alphesiboia* ("que leva rebanhos" para o pai) como epíteto de uma filha casadoura. Mas o fato é que ela aparece exatamente uma vez nos poemas, *Ilíada* 18.593 (e uma vez no *Hino a Afrodite* 119). O antônimo, *polydoros* ("que traz muitos presentes" para o marido), que é encontrado três vezes (*Ilíada* 6.394; 22.88; *Odisseia* 24.294; cf. *epiodoros* na *Ilíada* 6.251), revela claramente o sentido de presente, e está em perfeita consonância com os costumes homéricos que o presente em potencial seja ressaltado tão explicitamente. Além do mais, parece significativo que, enquanto

nas vendas o gado servia apenas como padrão, e não era trocado exceto, talvez, em situações de emergência, ele esteja incluído na palavra *alphesiboia,* e seja dado, de fato, como presente de casamento, do mesmo modo que era dado em outras situações. Esse padrão de usos diferentes do gado está amplamente comprovado em muitas partes do mundo entre os povos primitivos, mais precisamente, talvez, entre as tribos africanas; veja Quiggin (1949) índice, s. v. "gado".

42. Nunca foi feito um estudo da linguagem do oferecimento de presentes gregos. Veja as sugestivas observações de Benveniste (1948-9).
43. As passagens em que aparece a palavra *hedna* estão na n. 45. Na *Ilíada* 11.243, a expressão é *polla d'edoke,* para a qual existe um paralelo interessante na *Odisseia* 8.269 (presentes de sedução de Ares a Afrodite). *Dora* aparece na *Odisseia* 18.279, onde, pode-se argumentar, a escolha das palavras é determinada pelo fato de que os presentes iam para a própria mulher, nesse caso Penélope (mas veja abaixo, nas nn. 53-4). Na *Odisseia* 15.16-18 Atena diz a Telêmaco que Eurímaco "supera a todos os pretendentes em presentes *(doroisi),* e aumentou enormemente seus presentes de cortejo *(hedna)".* O consenso é que *dora* e *hedna* são diferentes aqui, sendo a primeira presentes para a noiva e a segunda presentes para seu pai; veja a bibliografia em Köstler (1944a) 19 n. 2. Todavia, sinto-me tentado a tratá-las como sinônimos. Em Hesíodo, frag. 94 e 96, encontramos as duas palavras usadas alternativamente, sem a menor sombra de distinção; por ex., *dora* em 94.23, 49 (ou *donitai,* na reconstrução de Wilamowitz); 96.1; e *hedna* em 94.39, 44; 96.5. Em princípio não há objeção em se entender essa expressão dupla em Homero como uma simples repetição de uma só ideia.
44. Nas passagens de dote mencionadas na n. 16 acima, *hedna* só aparece na *Odisseia* 1.277-8 (= 2.196-7) e talvez também no verbo *hednoo* da *Odisseia* 2.52-4.
45. Incluí nesses números o uso simples, na *Ilíada* 13.382, de *hednotai,* "os que solicitam ou recebem *hedna". Hedna* aparece na *Ilíada* 16.178, 190; 22.472; *Odisseia* 6.159; 8.318; 11.117, 282; 13.378; 15.18; 16.391; 19.529; 21.161; *anaednon* na *Ilíada* 9.146, 288; 13.366.
46. As passagens de Penélope estão na *Odisseia* 1.277-8 e 2.196-7. Na *Odisseia* 2.52-4, Telêmaco queixa-se de que os pretendentes "não se atrevem a ir à casa de seu avô materno Icário, para que este possa casar sua filha *(eednosaito thugatera)* e dá-la a quem ele escolher". Virtualmente todos os comentaristas e tradutores creem que a expressão-chave significa que o pai de Penélope "pode fixar o preço da noiva para sua filha". Porém, partindo-se do contexto, também seria possível "que ele mesmo pudesse dotar sua filha"; veja Wilamowitz (1927) 102. A unanimidade virtual a favor da outra alternativa reflete simplesmente o predomínio da doutrina do casamento por compra.

Hesíquio, s. v. *polydoros*, dá *polyednos* ("bem-dotada") como um sinônimo, mas não conheço nenhum texto em que apareça essa palavra.
47. Para os escoliastas, veja não só seus comentários sobre as passagens relacionadas na n. 46 acima, mas também sobre Píndaro, *Olímpicas*, 9.10 e *Píticas* 3.94, onde *Hednon* e *hedna*, respectivamente, significam claramente presentes para o noivo.
48. Essa opinião é o núcleo do estudo, ainda muito citado, de Finsler (1912), que acreditava que na *Odisseia*, pelo menos, virtualmente todos os presentes, independentemente da procedência, eram dados à noiva. Para firmar esse ponto de vista, escolhe suas passagens e apresenta traduções e generalizações arbitrárias.
49. Sobre os *hedna* dados pelo noivo ao pai, a observação de Hefesto, na *Odisseia*, 8.317-19, é decisiva, independentemente do valor da passagem em outros aspectos (veja também nn. 56 e 80 abaixo).
50. *Odisseia* 15.125-7; cf. as advertências de Atena a Nausícaa, *Odisseia* 6.26-8.
51. Sobre a necessidade de se distinguir entre enxoval e dote, na prática grega posterior, veja Wolff (1944), 57-8; Gernet (1937), 396-8.
52. *Odisseia* 18.284-303.
53. *Odisseia* 1.276-8; 2.52-4.
54. Em outro contexto, Penélope diz que seu pai lhe deu o escravo Dólio quando se casou com Ulisses (4.736): "que meu pai me deu quando vim para cá" – e isso parece um exemplo de dote dado à filha. Mas, outra vez, seria errado generalizar. Primeiro, acontece que Dólio é um escravo do *oîkos* em geral, e não um escravo pessoal de Penélope (veja *Odisseia* 24, *passim.*). Segundo, é muito duvidoso que uma mulher pudesse dizer, em qualquer sentido, que era proprietária de escravos ou de outras formas básicas de riqueza.
55. *Ilíada* 9.148, 290 e 22.50-1, respectivamente.
56. Basta citar Erdmann (1934) 218-20 e *passim*.
57. A pergunta também podia ser feita assim: por que havia uma palavra concreta que, supostamente, significava "compra da noiva", se havia outras palavras que significavam "comprar" e "vender"? E como isso pode ser conciliado com a tese de que o casamento por compra foi modelado segundo a estrutura jurídica da venda? De modo geral, há uma tendência infeliz para inventar distinções categóricas entre palavras estreitamente relacionadas usadas por Homero. Não só ele não era um jurista profissional, definindo diferenças sutis entre um tipo e outro de presente, como também a pura consideração métrica era decisiva, como o fato de ter evitado a palavra *despotes* (amo). Veja Chantraine (1946-47) 222.
58. Veja as referências na n. 16 acima.
59. *Ilíada* 6.396 e 22.472, respectivamente. O fato de que as duas versões da troca de presentes de casamento entre Heitor e Andrômaca este-

jam relacionadas, a tal distância uma da outra, deve servir como advertência. O poeta não apresenta um relato completo de casamento algum, apenas detalhes embutidos em fórmulas. Portanto, nem uma análise estatística, nem o argumento do silêncio é decisivo ou mesmo necessariamente significativo.
60. *Ilíada* 9.146-8 (= 9.288-90). O tamanho do dote é que é sem precedentes, enquanto a linguagem parece fazer supor que um dote como esse certamente não era objeto de comentários.
61. *Ilíada* 13.363-69.
62. *Heródoto* 6.126-30.
63. O fato de que *hedna* não fosse indispensável é outro argumento contra a doutrina do casamento por compra; veja Köstler (1944a) 20.
64. *Odisseia* 11.346. Depois existe a ameaça de Zeus (*Ilíada* 15.14-22) de açoitar Hera como castigo por sua desobediência, juntamente com a lembrança de quando a pendurou pelos pulsos, com bigornas atadas a seus tornozelos.
65. Exemplos: a mulher para a casa do marido: *Ilíada* 16.189-90; 22.470-2; *Odisseia* 8.317; 11.281-4; 15.367; o marido para a casa do sogro: *Ilíada* 11.221-6 e 241-5, em conjunto; cf. Hesíodo, frag. 94 e 96. A pouca frequência, comparativamente, deste último tipo nada mais é que o reflexo do fato de que no casamento homérico, normalmente, era a mulher que mudava de casa.
66. Exemplo: mulher para a casa do marido: *Ilíada* 6.394; 22.49-51; marido para a casa do sogro: *Ilíada* 6.191-5; *Odisseia* 7.211-15.
67. Murray (1924), cap. 5.
68. Exemplo: *Odisseia* 6.27; 15.126.
69. *Odisseia* 4.3-14. Em geral é correto dizer que não havia ocasião solene sem banquete, assim como não havia nenhuma sem oferecimento de presente; veja Finley, *World of Odysseus*, 123-6.
70. *Ilíada* 9.146-7; 16.190; 22.471-2; *Odisseia* 6.159; 15.237-8. Cf. a frase de Penélope na *Odisseia* 21.77-8 ou a proposta de Alcínoo na *Odisseia* 7.313-14.
71. A esse respeito estou mais propenso a concordar com Jeanmaire (1939), especialmente pp. 17-26, 97-111.
72. Veja, por ex., Schapera (1940) 82-92; Fortes (1949) 272-3, e índice s. v. "Preço da noiva".
73. *Odisseia* 4.3-16.
74. Concordo com Jeanmaire (1939) 105-7, que *etai* refere-se, de fato, aos membros da *campagnonnage* de um homem, embora sua identificação posterior da palavra com classes de idade não me convença. Até Glotz (1904) 85-93, com sua tão conhecida ênfase no caráter tribal da sociedade grega arcaica, rejeitou a noção de que *etai* significasse parentes.
75. *Odisseia* 15.16-23.

76. *Odisseia* 4.10-12. Embora houvesse alguma distinção entre filhos legítimos e ilegítimos – como o prova a existência das palavras *gnesios* e *nothos* – não era muito incisiva ou, frequentemente, muito importante, e o poder de reconhecê-lo ou não estava totalmente nas mãos do chefe da família; veja o resumo do pouco que é conhecido sobre esse assunto em Erdmann (1934) 363-8, 372-4; cf. Wolff (1952) 27-8.
77. Agamenon a Aquiles, *Ilíada* 9.144-8, 286-90; Príamo a Otrioneu, *Ilíada* 13.363-9; Menelau ao filho de Aquiles, *Odisseia* 4.6-7; Neleu a alguém que levaria o rebanho de Íficlo, *Odisseia* 11.288-92. Deixei de considerar a promessa de Pátroclo para a cativa Briseida, *Ilíada* 9.297-9, e a promessa de Ulisses a seus escravos, *Odisseia* 21.213-15 (cf. 14.61-4), por não acrescentarem nada a nosso entendimento do problema.
78. *Ilíada* 11.244-5; cf. Hesíodo, frag. 33 (Rzach^2).
79. Cf. Erdmann (1934) 206-7; e de modo geral Gernet (1948-9) parte I.
80. *Odisseia* 8.317-59. O que estou sugerindo não é que a devolução do *hedna* não pudesse ocorrer em certas condições, mas que não se pode tirar conclusões de uma advertência de Hefesto, que além do mais carece de fundamentação.
81. Veja, em geral, Gernet (1948-9) parte I. Ele considera o século VI como o século-chave (pp. 30-1), enquanto eu opto pelo VII.

Adendo bibliográfico

Para obras recentes sobre a questão da posse da terra veja os adendos bibliográficos dos capítulos 12 e 13. Quanto à contestação de Finley de que o "preço da noiva" é um termo inadequado ou errôneo para os intercâmbios de propriedade que aconteciam em certos padrões de casamento, agora a maioria dos antropólogos concorda com ela; veja, por ex., G. Dalton, "Bridewealth versus Brideprice", *American Anthropologist* 68 (1966), 732-8, cf. a versão rev. publicada em *Economic Anthropology and Development: Essays on Tribal and Peasant Economies* (Basic Books, Nova York e Londres, 1971), cap. 7. Houve um interessante debate sobre o aspecto histórico da "sociedade homérica", que se concentrou precipuamente na instituição do casamento e na possibilidade da existência simultânea do "dote" e da "riqueza da noiva" numa única sociedade histórica: veja A. M. Snodgrass, "An Historical Homeric Society?", *Journal of Hellenic Studies* 94 (1974), 114-25, e seu livro *Archaic Greece: the Age of Experiment* (Dent, Londres, 1980). Há problemas com sua contestação dizendo que a presença simultânea de duas práticas não é comum nas sociedades históricas. Primeiro, há uma confiança muito grande no *Ethnographic Atlas* (University of Pittsburgh Press, 1967) de G. P. Murdock, onde a maioria das observações registradas já recebeu a dicotomia certa entre "preço da noiva" e "dote". De fato, J. Goody e S. J. Tambiah, em *Bridewealth and Dowry* (Cambridge University Press, 1973), observam que a oposição entre riqueza da noiva e dote é completamente enganosa e que o recebedor final da "riqueza da noiva" geralmente não é o pai da noiva, mas a própria noiva, e assim preferem usar o termo "dote indireto" para riqueza da noiva. Também deve ser consultado J. Goody, *Production and Reproduction: A Comparative Study of the Domestic Domain* (Cambridge University Press, 1976) para uma análise mais aprofundada da relação entre troca e devolução de propriedade e padrões de casamento. Como os "códigos de leis" do antigo Oriente Próximo e das últimas fases do Império romano testemunham fartamente, ambas as práticas podiam existir simultaneamente.

Duas contribuições básicas para o entendimento dos padrões do casamento "homérico" foram feitas por W. K. Lacey, "Homeric HEDNA and Penelope's KYRIOS", *Journal of Hellenic Studies* 86 (1966), 55-68, e também no cap. 2 de seu livro *The Family in Classical Greece* (Thames and Hudson, Londres, 1968), 33-50. Primeiro, ele observa que há dois padrões de casamento. No primeiro, o pai, ou *kýrios*, era abordado por vários pretendentes oferecendo "presentes" (*dora*) e promessas de "presentes de casamento" (*hedna*). Os "presentes" faziam parte da "disputa" pela mão da noiva. Os *hedna* só eram aceitos pelo pai depois que ele tivesse escolhido seu futuro genro. No segundo modelo de casamento o homem politicamente forte (*basileús*) aceitava um genro em seu próprio *oîkos* como um ato de aliança política; em troca o *basileús* oferecia a mão de sua filha junto com um *oîkos* ou *temenos* (ou ambos). Lacey, então, estabeleceu que os "presentes de corte" (os *dora*) não eram o mesmo que os *hedna* e, em segundo lugar, que *hedna* só são encontrados nos casamentos do primeiro modelo. Segundo, Lacey conseguiu extrair sentido dos detalhes referentes ao futuro casamento de Penélope, separando cuidadosamente os conceitos de *hedna* e *dora*, e relacionando essa distinção à situação ambígua de Penélope como uma mulher casadoura. Segundo ele: "Os *hedna* de Penélope não... diferem significativamente dos de qualquer outra personalidade heroica nos poemas homéricos; são as várias interpretações de sua posição, e da de Telêmaco, que levam às várias propostas." (p. 66) Veja ainda sobre a relação dos padrões de casamento em Homero com os do período clássico em Atenas, J. P. Vernant, "Le mariage en Grèce archaïque", *Parola dei Passato* 28 (1973), 51-74 = cap. 3 em *Mythe et Société en Grèce ancienne* (F. Maspero, Paris, 1974), esp. 20-21 (agora traduzido por J. Lloyd, *Myth and Society in Ancient Greece*, Harvester, Londres, 1979); e, mais recentemente, E. Scheid, "Il matrimonio omerico", *Dialoghi di Archeologia*, n.s. 1 (1979), 60-73. A posição de Finley, falando de um modo geral, parece ter-se tornado o "manual" aceito; veja, por ex., O. Murray, *Early Greece* (Fontana, Londres, 1980).

Referências bibliográficas

ABRAMOWSKI, G. (1966) *Das Geschichtsbild Max Webers*, Stuttgart, Klett.
ADAMS, R. McC. (1966) *The Evolution of Urban Society: Early Mesopotamia and Prehispanic Mexico*, Chicago, Aldine-Atherton (edição em brochura, 1971).
ADKINS, A. W. H. (1972) *Moral Values and Political Behaviour in Ancient Greece*, Londres, Chatto and Windus.
ALFÖLDY, G. (1974) *Noricum*, trad. A. Birley, Londres, Routledge and Kegan Paul.
ALFORD, R. R. (1972) "Critical Evaluation of the Principies of City Classification", in Berry (1972), cap. 11.
AMIT, M. (1965) *Athens and the Sea*, Bruxelas, Collection Latomus nº 74.
ANDERSON, P. (1974) *Passages from Antiquity to Feudalism*, Londres, New Left Books, 1974.
ANDREWES, A. (1938) "Eunomia", *Classical Quarterly* XXXII 89-102.
_____ (1966) "The Government of Classical Sparta", in Badian (1966), cap. 1.
ARANGIO-Ruiz, V. (1914) *Le genti e Ia città*, Messina = *Scritti giuridici per il Centenario della Casa Editrice Jovene*, Nápoles, Jovene (1954), pp. 109-58.
ARDAILLON, E. (1897) *Les mines du Laurion dans l'Antiquité*, Paris, Fontemoing.
ARRIGO, A. d' (1956) *Natura e tecnica nel mezzogiorno*, Florença, La Nuova Italia.
ASHCRAFT, R. (1972) "Marx and Weber on Liberalism as Bourgeois Ideology", *Comparative Studies in Society and History* XIV 130-68.
AYMARD, A. (1948) "L'idée de travail dans Ia Grèce archaïque", *Journal de Psychologie* XLI 29-45.
_____ (1957) "Le partage des profits de Ia guerre dans les traités d'alliance antiques", *Revue historique* CCXVII 233-49.
BACHOFEN, J. J. (1948) *Das Mutterrecht*, 3ª ed. por K. Mueli, 2 vols., Basel, Schwabe (1ª ed., 1861).
BADIAN, E., ed. (1966) *Ancient Society and Institutions. Studies Presented to Victor Ehrenberg*, Oxford, Blackwell.
BAUMGARTNER, W. (1950) "Herodots babylonische und assyrische Nachrichten", *Archiv Orientálni* XVII-XVIII, nº 3, 69-106.
BEATTIE, A. J. (1956) "Mr. Ventris' Decipherment of the Minoan Linear B Script", *Journal of Hellenic Studies* LXXVI 1-17.

BELOW, G. von (1901) "Ueber Theorien der wirtschaftichen Entwicklung der Völker...", *Historische Zeitschrift* LXXXVI 1-77.
BENNETT, E. L. Jr. (1956) "The Landholders of Pylos", *American Journal of Archaeology* LX 103-33.
BENVENISTE, E. (1948-49) "Don et échange dans le vocabulaire indoeuropéen", *L'Année sociologique* 7-20.
BERRY, B. J. L. (1972) *City Classification Handbook,* Nova York, Wiley.
BISHOP, T. A. M. (1954) "Assarting and the Growth of Open Fields", in *Essays in Economic History,* ed. E. M. Carus-Wilson, Londres, Arnold, I 26-40.
BLACKMAN, D. (1969) "The Athenian Navy and Allied Naval Contributions in the Pentekontaetia", *Greek, Roman and Byzantine Studies* X 179-216.
BLAVATSKY, V. D. (1954) "Slavery and its Sources in the Ancient States of the North Coast of the Black Sea", *Sovetskii Archeologia* XX 31-56 (in Russian; sumários em *Historia* 4 [1955] 125).
_____ (1960) "Le processus du développement historique des états antiques situés au nord de Ia Mer Noire", in *XIe Congrès internationale des sciences historiques, Rapports,* Stockholm, II 98-116.
BLOCH, M. (1931) *Les caractères originaux de l'histoire rurale française,* Oslo, Ascheloug (trad. J. Sondheimer, University of California Press, 1966).
_____ (1935) "Avènement et conquêtes du moulin à eau", *Annales d'histoire économique et sociale* VII 538-63.
BOARDMAN, J. (1963) "Artemis Orthia and Chronology", *Annual of the British School at Athens* LVIII 1-7.
BORECKY, B. (1971) "Die politische Isonomie", *Eirene* IX 5-24.
BOTTÉRO, J. (1961) "Désordre économique et annulation des dettes en Mésopotamie à l'époque paléo-babylonienne", *Journal of the Social and Economic History of the Orient* IV 113-64.
BOWRA, C. M. (1955) *Homer and his Forerunners,* Edinburgo, Nelson.
_____ (1964) *Pindar,* Oxford, Clarendon.
BOYER, G. (1954) "Sur quelques emplois de la fiction dans l'ancien droit oriental", *Revue internationale des droits de L'Antiquité,* 3ª sér., I 73-100.
BÜCHER, K. (1901) "Zur griechischen Wirtschaftsgeschichte", in *Festgabe für A. Schäffle,* Tübingen, Mohr, cap. 3.
_____ (1906) *Die Entstehung des Volkswirtschafts,* 5ª ed., Tübingen, Laupp.
_____ (1922) *Beiträge zur Wirtschaftsgeschichte,* Tübingen, Laupp.
BUCKLAND, W. W. (1908) *The Roman Law of Slavery,* Cambridge University Press (reimpresso em 1970).
CANOT, T. (1929) *Memoirs of a Slave-Trader,* Nova York, A. and C. Boni (reimpresso, Théophile Conneau, *A Slaver's Log Book,* Englewood Cliffs, N. J., Prentice-Hall, 1976).

CASSIN, E. (1952) "Symboles de cession immobilière dans l'ancien droit mésopotamien", *L'Année Sociologique,* 107-61.
CASSON, L. (1971) *Ships and Seamanship in the Ancient World,* Princeton University Press.
CASTELLS, M. (1970) "Structures sociales et processus d'urbanisation: analyse comparative intersociétale", *Annales (E.S.C.)* XXV 1155-99.
CHADWICK, H. N. (1912) *The Heroic Age,* Cambridge University Press.
CHAMBERS, M. (1958) "Four Hundred and Sixty Talents", *Classical Philology* LIII 26-32.
CHANTRAINE, P. (1940) "Conjugaison et histoire des verbes significant *vendre", Revue de philologie,* n. s. XIV 11-24.
_____ (1946-7) "Les noms du mari et de la femme, du père et de la mère en grec", *Revue des études grecques* LIX/LX 219-50.
COLLINET, P. (1937) "Le colonat dans l'Empire romain", in *Recueils de la Société Jean Bodin,* II 85-122.
COOK, R. M. (1959) "Die Bedeutung der bemahlten Keramik für den griechischen Handel", *Jahrbuch der deutschen archäologischen Instituts* LXXIV 114-23.
_____ (1960) *Greek Painted Pottery,* Londres, Methuen.
CRANSTON, M. (1973) *What are Human Rights?,* Londres, Bodley Head.
DAUBE, D. (1947) *Studies in Biblical Law,* Cambridge University Press.
DAVID, M. e Ebeling, E. (1928) "Assyrische Rechtsurkunden", *Zeitschrift für vergleichende Rechtswissenschaft* XLIV 305-81.
DAVIES, J. K. (1971) *Athenian Propertied Families, 600-300 B.C.,* Oxford, Clarendon.
DAVIES, O. (1935) *Roman Mines in Europe,* Oxford, Clarendon (reimpresso, Nova York, Arno, 1979).
DEIMEL, A. (1932) *Sumerische Tempelwirtschaft zur Zeit Urukaginas und seiner Vorgänger,* Roma, Pontifical Biblical Institute.
DEN BOER, W. (1954) *Laconian Studies,* Amsterdam, North-Holland Publishing Co.
DE STE. CROIX, G.E.M. (1954-5) "The Character of the Athenian Empire", *Historia,* III 1-41.
_____ (1966) "The Estate of Phaenippus", in Badian (1966), 109-14.
_____ (1972) *The Origins of the Peloponnesian War,* Londres, Duckworth.
_____ (1975) "Political Pay outside Athens", *Classical Quarterly* XXV 48-52.
DOUGLASS, F. (1855) *My Bondage and My Freedom,* Nova York (reimpresso, Nova York, Dover, 1969).
DOVER, K. J. (1968) *Lysias and the Corpus Lisyacum,* University of California Press.
DRACHMANN, A. G. (1932) *Ancient Oil Mills and Presses,* Copenhagen, Levin and Munksgaard.

_____ (1948) *Ktesibios, Philon and Heron,* Copenhagen, Munksgaard.
DUNANT, D. e Pouilloux, J. (1958) *Recherches sur l'histoire et les cultes de Thasos,* vol. 2, Paris, E. de Boccard.
DURKHEIM, E. (1950) *The Rules of Sociological Method,* trad. da 8ª ed., Glencoe, Ill., The Free Press.
EHRENBERG, V. (1924) "Spartiaten und Lakedaimonier", *Hermes* LIX 23-73 = (1965) 161-201.
_____ (1951) *The People of Aristophanes: A Sociology of Old Attic Comedy,* Harvard University Press (reimpressão da 3ª ed. rev., Nova York, Schocken Books, 1962).
_____ (1965) *Polis und Imperium: Beiträge zur alten Geschichte,* ed. K. F. Stroheker e A. J. Graham, Zurique e Stuttgart, Artemis.
_____ (1975) *L'état grec,* trad. C. Picavet-Roos, Paris, Maspero.
ERBSE, H. (1956) "Über die Midiana des Demosthenes", *Hermes* LXXXIV 135-51.
ERDMANN, W. (1934) *Die Ehe im alten Griechnland,* Munique, Beck (reimpresso, Nova York, Arno, 1979).
_____ (1942) "Zum Eigentum bei Homer", *Zeitschrift der Savigny-Stiftung für Rechtsgeschichte (Romanistische Abteilung)* LXII 347-59.
ERXLEBEN, E. (1969-71) "Das Munzgesetz des delisch-attischen Seebundes", *Archiv für Papyrusforschung* XIX 91-139, XX 66-132, XXI 145-62.
_____ (1974) "Die Rolle der Bevölkerungsklassen im Aussenhandel Athens im 4. Jahrhundert v. u. Z", in *Hellenische Poleis,* ed. E. C. Welskopf, Berlim, Akademie Verlag, I, pp. 460-520.
_____ (1975) "Die Kleruchien auf Euböa und Lesbos und die Methoden der attischen Herrschaft im 5. Jh.", *Klio* LVII 83-100.
FALKENSTEIN, A. (1954) "La cité-temple sumérienne", *Cahiers d'histoire mondiale* I 784-814.
FARRINGTON, B. (1947) *Head and Hand in Ancient Greece,* Londres, Watts.
FINSLER, G. (1912) *"Hedna", Hermes* XLVII 414-21.
FOLZ, R. (1953) *L'idée d'empire en Occident du Ve au XIVe siècle,* Paris, Aubier.
FORBES, R. J. (1955) *Studies in Ancient Technology,* 1ª ed., vol. 2, Leiden, Brill.
FORTES, M. (1949) *The Web of Kinship among the Tallensi,* Oxford University Press.
FRÄNKEL, H. (1955) *Wege und Formen frühgriechischen Denkens,* ed. F. Tietze, Munique, Beck.
FRANKFORT, H. et al. (1948) *Before Philosophy: The Intellectual Adventure of Ancient Man,* Penguin Books (University of Chicago Press, 1946).
FRASER, P. M. e Bean, G. E. (1954) *The Rhodian Peraea and Islands,* Oxford University Press.
FRASER, P. M. e Rönne, T. (1957) *Boeotian and West Greek Tombstones,* Lund, Gleerup.

FREDERIKSEN, M. W. (1975) rev. Finley, *The Ancient Economy*, *Journal of Roman Studies* LXV, 170-1.
FRÉZOULS E. (1973) "Etudes et recherches sur les villes en Gaule", in Accademia nazionale dei Lincei, *Quaderno* nº 158, 153-66.
FRIEDRICH, J., ed. (1932) *Kleinasiatische Sprachdenkmäler*, Berlim, de Gruyter.
FRISCH, M. H. (1970) "L'histoire urbaine americaine: réflexions sur les tendences récentes", *Annales (E.S.C.)* XXV 880-96.
FRISK, H. (1954-60) *Griechisches etymologisches Wörterbuch*, 2 vols., Heidelberg, Winter.
FUKS, A. (1951) "*Kolonos misthios:* Labour Exchange in Classical Athens", *Eranos* XLIX 171-3.
FÜRER-HAIMENDORF, C. von (1962) *The Apa Tanis and their Neighbours*, Londres, RKP; Glencoe, Ill., The Free Press.
FUSTEL DE COULANGES, N. D. (1866) *La cité antique*, 2ª ed., Paris, Hachette (trad. W. Small, 1873; reimpresso, John Hopkins University Press, 1980).
_____ (1891) "The Origin of Property in Land", Londres, Sonnenschein ("Le probléme des origines de la propriété foncière", *Revue des questions historiques*, 1889).
_____ (1893) *Questions historiques*, ed. C. Jullian, Paris, Hachette.
GABBA, E. (1972) "Urbanizzazione e rinovamenti urbanistici nell'Italia centromeridionale del I. sec. a.C.", *Studi classici e orientali* XXI 73-112.
GALSTERER, H. (1976) *Herrschaft und Verwaltung im republikanischen Italien*, Munique, Beck.
GARLAN, Y. (1972) "Les esclaves grecques en temps de guerre", in *Actes du colloque d'histoire sociale, Besançon 1970*, Paris, pp. 29-62.
_____ (1974) "Quelques travaux récentes sur l'esclavage en temps de guerre", *in Actes du colloque sur l'esclavage, Besançon 1972*, Paris, pp. 15-28.
GARNSEY, P. (1970) *Social Status and Legal Privilege in the Roman Empire*, Oxford, Clarendon.
GAUTHIER, P. (1966) "Les clérouques de Lesbos et la colonisation athénienne au Ve siècle", *Revue des études grecques* LXXIX 64-88.
_____ (1973) "A propos des clérouques athéniennes du Ve siècle", in M. I. Finley, ed., *Problèmes de la terre*, pp. 163-86.
_____ (1974) "'Générosité' romaine et 'avarice' grecque: sur l'octroi du droit de cité", in *Mélanges... offerts à William Seston*, Paris, Sorbonne, pp. 207-15.
GERMAIN, G. (1954) *Homère et la mystique de nombres*, Paris, PUF.
GERNET, L. (1917) "Hypothèses sur le contrat primitif en Grèce", *Revue des études grecques* XXX 249-93, 363-83.
_____ (1937) "Notes de lexicologie juridique", *Annuaire de l'Institut de philologie et d'histoire orientales et slaves* V 391-8.

_____ (1948-9) "Droit et prédroit en Grèce ancienne", *L'Année sociologique*, pp. 21-119 = *Anthropologie de la Grèce antique*, Paris, Maspero (1968, reimpresso, 1976), pp. 175-260.

_____ (1955) *Droit et société dans la Grèce ancienne*, Paris, Sirey (reimpresso, Nova York, Arno, 1979).

GLOTZ, G. (1904) *La solidarité de la famille dans le droit criminel en Grèce*, Paris, Fontemoing (reimpresso, Nova York, Arno, 1973).

GOMME, A. W. (1933) *The Population of Athens in the Fifth and Fourth Centuries B.C.*, Oxford, Blackwell.

GOOSSENS, G. (1952) "Introduction à l'archivéconomie de l'Asie antérieure", *Revue d'Assyriologie* XLVI 98-107.

GREENIDGE, C. W. W. (1958) *Slavery*, Londres, Allen & Unwin.

GRUNDY, G. B. (1911) *Thucydides and the History of his Age*, Londres, Murray, 1911, (reimpresso, 2 vols., Oxford, Blackwell, 1948).

GSCHNITZER, F. (1955) "Stammes- und Ortsnamen im alten Griechenland", *Wiener Studien* LXVIII 120-44.

HABERMAS, J. (1971) "Technology and Science as 'Ideology'", in *Toward a Rational Society*, trad. J. J. Shapiro, Londres, Heinemann Educational, cap. 6.

HAMMOND, M. (1972) *The City in the Ancient World*, Harvard University Press.

HANCOCK, W. K. (1958) "Trek", *Economic History Review*, 2ª sér., X 331-9.

HANDLIN, O. e Burchard, J., ed. (1963) *The Historian and the City*, Cambridge, Mass., M.I.T. Press.

HASEBROEK, J. (1926) *Die imperialistische Gedanke im Altertum*, Stuttgart, Kohlhammer.

_____ (1928) *Staat und Handel im alten Griechenland*, Tübingen, Mohr (trad. L. M. Fraser and D. C. MacGregor, Londres, Bell, 1933).

HEICHELHEIM, F. M. (1925) *Die auswärtige Bevölkerung im Ptolemäerreich*, Klio Beiheft nº 18.

_____ (1938) *Wirtschaftsgeschichte des Altertums, von Päläolithikum bis zur Völkerwanderung der Germanen, Sklaven, und Araber*, Leiden, Sijthoff (trad.: Leiden, Sijthoff, 3 vols., 1964-70).

HEMBERG, B. (1955) *Anax, Anassa und Anakes als Götternamen, unter besonderer Berücksichtigung der attischen Kulte*, Univ. Uppsala, *Arsskrift* nº 10.

HERTZ, R. (1960) *Death and the Right Hand*, trad. R. and C. Needham, Londres, Cohen and West.

HERZOG-HAUSER, G. (1939) "Omphale", in Pauly-Wissowa-Kroll, *Realencyclopädie der classischen Altertumswissenschaft* 18.1, cols. 385-96.

HEUSS, A. (1965) "Max Webers Bedeutung für die Geschichte des griechischrömische Altertums", *Historische Zeitschrift* CCI 529-56.

HOCKA, H. J. (1966) "Karl Marx und Max Weber. Ein methodologischer Vergleich", *Zeitschrift für die gesamte Staatswissenschaft* CXXII 328-57.

HOHFELD, W. N. (1920) *Fundamental Legal Conceptions... and other Legal Essays,* ed. W. W. Cook, Yale University Press.
HOMO, L. (1951) *Rome impériale et l'urbanisme dans l'antiquité,* Paris, Albin Michel.
HOMOLLE, T. (1926) "La loi de Cadys sur le prêt à intérêt", *Bulletin de correspondance hellénique* C 3-106.
HUME, D. (1904) "Of the Populousness of Ancient Nations", in *Essays: Moral, Political and Literary,* World's Classics Edition.
HUMPHREYS, S. C. (1974) "The *Nothoi* of Kynosarges", *Journal of Hellenic Studies* XCIV 88-95.
IHERING, R. von (1879) "Das Schuldmoment im römischen Privatrecht", in *Vermischte Schriften,* Leipzig, Breitkopf & Härtel, pp. 155-240.
_____ (1880) *Geist des römischen Rechts,* 4ª ed., Leipzig, Breitkopf & Härtel, vol. 2.1.
_____ (1885) "Reich und Arm im altrömischen Civilprozess", in *Scherz und Ernst in der Jurisprudenz,* 3ª ed., Leipzig, Breitkopf & Härtel, pp. 175-232.
IMBERT, J. (1952) "Fides et Nexum", in *Studi... Arangio-Ruiz,* Nápoles, Jovene, I, 339-63.
JACHMANN, G. (1953) "Das homerische Königtum", *Maia* VI 241-56.
JACKSON, A. H. (1969) "The Original Purpose of the Delian League", *Historia* VIII 12-16.
JAMESON, M. H. (1977-8) "Agriculture and Slavery in Classical Athens", *Classical Journal* LXXII 122-45.
JARDÉ, A. (1925) *Les céréales dans l'antiquité grecque,* I: *La production,* Paris, E. de Boccard, 1925 (reimpresso, 1979).
JEANMAIRE, H. (1939) *Couroi et courètes: essai sur l'education spartiate et sur les rites d'adolescence dans l'antiquité hellénique,* Lille (reimpresso, Nova York, Arno, 1978).
JONES, A. H. M. (1955) "The Economic Life of the Towns of the Roman Empire", in *Recueils de la Société Jean Bodin* VII 161-94 = Jones (1974) cap. 2.
_____ (1957) *Athenian Democracy,* Oxford, Blackwell.
_____ (1964) *The Later Roman Empire, 284-602,* 3 vols., Oxford, Blackwell: University of Oklahoma Press.
_____ (1974) *The Roman Economy,* ed. P. A. Brunt, Oxford, Blackwell.
KAHRSTEDT, U. (1954) *Das wirtschaftliche Gesicht Griechenlands in der Kaiserzeit,* Berna, Franke.
KANTOR, H. J. (1947) "The Aegean and the Orient in the Second Millennium B.C., *American Journal of Archaeology* LI 1-103.
KASER, M. (1949) *Das altrömische Ius,* Göttingen, Vandenhoek & Rupprecht.
KAZAKEVICH, E. L. (1956) "The Term *doulos* and the Concept 'Slave' in Athen in the Fourth Century B.C.", *Vestnik Drevnei Istorii,* nº 3, pp. 119-36 (in Russian; ver sumário em *Bibliotheca Classica Orientalis* 2 [1957], 203-5).

_____ (1958) "Slaves as a Form of Wealth in Fourth-Century Athens", *Vestnik Drevnei Istorii* nº 2, pp. 90-113 (in Russian).
KELLY, J. M. (1966) *Roman Litigation*, Oxford, Clarendon.
KENT, J. H. (1948) "The Temple Estates of Delos, Rheneia and Mykonos", *Hesperia* XVII 243-338.
KIECHLE, F. (1958) "Zur Humanität in der Kriegführung der griechischen Staaten", *Historia* VII 129-56.
_____ (1963) *Lakonien und Sparta*, Munique, Beck.
KIRSTEN, E. (1941) "Ein politisches Programm in Pindars ersten pythischen Gedicht", *Rheinisches Museum*, n.s. XC 58-71.
KLEIGÜNTHER, A. (1933) *Protos Heuretes. Untersuchungen zur Geschichte einer Fragestellung, Philologus* Suppl. 26, nº 1.
KOLENDO, J. (1960) "La moissoneuse antique en Gaule romaine", *Annales (E.S.C.)* XV 1099-1114.
KOLOSSOVSKAYA, J. K. (1958) "Zur Geschichte des Verfalls der römischen Herrschaft in Dakien", *Bibliotheca Classica Orientalis* III 326-46 (sumário alemão do original russo).
KOROSEC, V. (1939) "Das Eigentum an Haustieren nach dem hethitischen Gesetzbuch", in *Symbolae Paulo Koschaker dedicatae*, ed. J. Friedrich et al., Leiden, Brill, pp. 37-49.
KOSCHAKER, P. (1937) "Die Eheform bei den Indogermanen", *Zeitschrift für ausländisches und internationalisches Privatrecht*, Sonderheft Xi 86-112.
_____ (1942) "Zur staatlichen Wirtschaftsverwaltung in altbabylonischer Zeit, insbesondere nach Urkunden aus Larsa", *Zeitschrift für Assyriologie* XLVII 135-80.
_____ (1950) "Eheschliessung und Kauf nach alten Rechten...", *Archiv Orientální* XVII-XVIII, nº 4, 210-96.
KÖSTLER, R. (1944a) *"Hedna*, ein Beitrag zum homerischen Eherecht", *Anzeiger der Akad. der Wiss. in Wien, phil.-hist.* Kl. LXXXI 6-25.
_____ (1944a) "Raub-und Kaufehe bei den Hellenen", *Zeitschrift der Savigny-Stiftung für Rechtsgeschichte (Romanistische Abteilung)* LXIV 206-32.
KRETSCHMER, E. (1930) "Beiträge zur Wortgeographie der altgriechische Dialekte, I: Diener, Sklave", *Glotta* XVIII 71-81.
LAROCHE, E. (1949) *Histoire de la racine NEM- en grec ancien*, Paris, Klincksieck.
LARSEN, J. A. O. (1940) "The Constitution and Original Purpose of the Delian League", *Harvard Studies in Classical Philology* LI 175-213.
_____ (1962) "Freedom and its Obstacles in Ancient Greece", *Classical Philology* LVII 230-4.
LARSON, L. M., trad. (1935) *The Earliest Norwegian Laws*, Columbia University Press.

LASKER, B. (1950) *Human Bondage in Southeast Asia,* University of North Carolina Press.
LATTE, K. (1920) *Heiliges Recht,* Tübingen, Mohr.
_____ (1925) "Review of E. Weiss", *Griechisches Privatrecht, Gnomon* I 255-64 = *Kleine Schriften,* Munique, Beck (1968), pp. 313-22.
LAUFFER, S. (1955-56) *Die Bergwerkssklaven von Laureion,* in Mainz, Akad. der Wiss. und der Literatur, geistes- und sozialwissenschaftliche Klasse, *Abhandlungen* n°s 11 e 12, respectivamente.
LAVELEYE, E. L. V., Barão de (1874) *De Ia propriété et ses formes primitives,* Paris, G. Baillière.
LEACH, E. (1968) "Law as a Condition of Freedom", in D. Bidney, ed., *The Concept of Freedom in Anthropology,* Paris, e La Hague, Mouton, pp. 74-90.
LEEMANS, W. F. (1950) *The Old-Babylonian Merchant,* Leiden, Brill.
LEFEBVRE, H. (1970) *La revolution urbaine,* Paris, Gallimard.
LE LANNOU, M. (1941) *Pâtres et paysans de la Sardaigne,* Tours, Arrault.
LEMOSSE, M. (1957) "Les lois de Gortyne et la notion de codification", *Revue internationale des droits de l'Antiquité* IV 131-7.
LEPORE, E. (1968a) "Per un fenomologia storica del rapporto città-territorio in Magna Grecia", in *Atti del 7º Convegno di Studi sulla Magna Grecia,* Nápoles, pp. 29-66.
_____ (1968b) "Napoli Greco-Romana. La vita politica e sociale", in *Storia di Napoli,* vol. 1, Nápoles, Società editrice Storia di Napoli, pp. 141-371.
_____ (1970) "Struttura della colonizzazione focea in Occidente", *Parola del Passato* XXV 19-54.
LEPPER, F. A. (1962) "Some Rubrics in the Athenian Quota-Lists", *Journal of Hellenic Studies* LXXXII 25-55.
LÉVY-BRUHL, H. (1960) *Recherches sur les actions de Ia loi,* Paris, Sirey.
LEWIS, J. D. (1971) "Isegoria at Athens: when did it begin?", *Historia* XX 129-40.
LEWY, H. (1942) "The Nuzian Feudal System", *Orientalia,* n.s, XI 1-40.
LIEBESCHUETZ, J. H. W. G. (1972) *Antioch: City and Imperial Administration in the Later Roman Empire,* Oxford, Clarendon.
LIPSIUS, H. (1909) *Zum Recht von Gortyns, Abhandlungen der sächs. Gesellschaft der Wissenschaft, phil.-hist. Kl.,* XXVII nº 11.
LOENEN, D. (1953) *Stasis,* Amsterdam, Noord-Hollandische Uitg.
LOTZE, D. (1958) *"Hektemoroi* und vorsolonisches Schuldrecht", *Philologus* CII 1-12.
_____ (1959) *METAXY ELEUTHERON KAI DOULON. Studien zur Rechtsstellung unfreier Landbevölkerungen in Griechenland bis zum 4. Jarhundert v. Chr.,* Berlin, Akademie Verlag (reimpresso, Nova York, Arno, 1979).
_____ (1962) "Zu den *woikees* von Gortyn", *Klio* XL 32-43.

LUKES, S. (1973) *Emile Durkheim,* Londres, Allen Lane.
LYONS, B. (1974) *Henri Pirenne,* Ghent, E. Story-Scientia Verlag; Nova York, Humanities Press.
MACLEOD, W. C. (1925) "Debtor and Chattel Slavery in Aboriginal North America", *American Anthropologist* XXVII 370-80.
MAGIE, D. (1950) *Roman Rule in Asia Minor,* 2 vols., Princeton University Press (reimpresso, Nova York, Arno, 1975).
MARCUSE, H. (1968) "Industrialization and Capitalism in the Work of Max Weber", in *Negations,* trad. J. J. Shapiro, Londres, Allen Lane; Boston, Beacon, pp. 201-26.
MARTIN, R. (1951) *Recherches sur l'agora grecque,* Paris, E. de Boccard.
_____ (1975) *L'urbanisme dans la Grèce antique,* 2ª ed., Paris, Picard.
MARK, K. (1973) *Grundrisse,* trad. M. Nicolaus, Penguin Books.
MARX, K. e Engels, F. (1938) *The German Ideology,* trad., R. Pascal, Londres, Lawrence & Wishart.
MATEESCU, G. G. (1923) "I Traci nelle epigrafi di Roma", *Ephemeris Daco-romana* I 57-290.
MATTINGLY, H. (1961) "The Athenian Coinage Decree", *Historia* X 148-88.
MAUSS, M. (1921) "Une forme ancienne de contrat chez les Thraces", *Revue des études grecques* XXXIV 388-97.
_____ (1925) "Essai sur le don", *L'Année sociologique,* n.s. I 30-186 (trad. E. Cunnison, Londres, Cohen & West, 1954; edição em brochura, Londres, RKP, 1964).
MEEK, R. L. (1976) *Social Science and the Ignoble Savage,* Cambridge University Press.
MEIGGS, R. (1972) *The Athenian Empire,* Oxford, Clarendon.
MEINECKE, J. (1971) "Gesetzesinterpretation und Gesetzesanwendung im attischen Zivilprozess", *Revue internationale des droits de l'Antiquité,* 3ª sér., XVIII, 275-360.
MENDELSOHN, I. (1949) *Slavery in the Ancient Near East,* Nova York, Oxford University Press.
MEYER, H. D. (1960) "Abfall und Bestrafung von Bündern im delischattischen Seebund", *Historische Zeitschrift* CXCI 497-509.
MEYER-LAURIN, H. (1965) *Gesetz und Billigkeit im attischen Prozess,* Weimar, Böhlau.
MICKHELL, H. (1940) *The Economics of Ancient Greece,* Nova York, Macmillan; Cambridge University Press.
MICKWITZ, G. (1937) "Economic Rationalism in Graeco-Roman Agriculture", *English Historical Review* LII 577-89.
MILL, J. S. (1948) *On Liberty,* World's Classics Edition.
MITTEIS, L. (1891) *Reichsrecht und Volksrecht in den östlichen Provinzen des römischen Kaiserreichs,* Leipzig, Teubner.
MÓCSY, A. (1956) "Die Entwicklung der Sklavenwirtschaft in Pannonien zur Zeit des Prinzipats", *Acta Antiqua* VI 221-50.

MOMIGLIANO, A. (1933) "Della spedizione scitica di Filippo alla spedizione scitica di Dario", *Athenaeum*, n.s. XI 336-59.
_____ (1970) "La città antica di Fustel de Coulanges", *Rivista storica italiana* LXXXII 81-98 *(Essays in Ancient and Modern Historiography*, Oxford, Blackwell, 1977, cap. 19).
MOMMSEN, W. J. (1959) *Max Weber und die deutsche Politik 1890-1920*, Tübingen, Mohr-Siebeck.
_____ (1974) *The Age of Bureaucracy: Perspectives on the Political Sociology of Max Weber*, Oxford, Blackwell.
MORETTI, L. (1959) "Olympionikai, i vincitori negli antichi agoni olimpici", Accademia nazionale dei Lincei, Classe di scienze morali, *Memorie*, 8ª sér., VIII 55-198.
MORITZ, L. A. (1958) *Grain-Mills and Flour in Classical Antiquity*, Oxford, Clarendon (reimpresso, Nova York, Arno, 1979).
MORROW, G. R. (1939) *Plato's Law of Slavery in its Relation to Greek Law*, University of Illinois Press (reimpresso, Nova York, Arno, 1978).
MOSSÉ, C. (1973) "Sparte archäique", *Parola del Passato* XXVIII 7-20.
MURRAY, G. (1924) *The Rise of the Greek Epic*, 3ª ed., Oxford, Clarendon.
NESSELHAUF, H. (1933) *Untersuchungen zur Geschichte der delisch-attischen Symmachie, Klio*, Beiheft 30.
NEVINSON, H. W. (1906) *A Modern Slavery*, Londres e Nova York, Harper.
NÓBREGA, V. L. da (1959) "Partes Secanto", *Zeitschrift der Savigny-Stiftung für Rechtsgeschichte (Romanistische Abteilung)* LXXVI 499-507.
NÖRR, D. (1961) "Die Evangelien des Neuen Testaments und die sogenannte hellenistische Rechtskoine", *Zeitschrift der Savigny-Stiftung für Rechtsgeschichte (Romanistische Abteilung)* LXXVIII 92-141.
OLIVA, P. (1962) *Pannonia and the Onset of the Crisis in the Roman Empire*, Praga, Academy of Science.
OPPENHEIM, A. L. (1955) "'Siege Documents' from Nippur", *Iraq* XVII 69-89.
PAGE, D. (1955) *The Homeric Odyssey*, Oxford, Clarendon.
PALMER, L. R. (1954) "The Mycenaean Greek Texts from Pylos", *Transactions of the Philological Society*, pp. 18-53b.
_____ (1955) *Achaeans and Indo-Europeans*, Oxford University Press.
_____ (1956) "The Concept of Social Obligation in Indo-European", in *Hommages à Max Niedermann*, Bruxelas, Collection Latomus nº 23, 258-69.
PARTSCH, J. (1909) *Griechisches Bürgschaftsrecht*, Leipzig, Teubner.
PATON, G. W. (1951) *A Text-book of Jurisprudence*, 2ª ed., Oxford, Clarendon.
PECIRKA, J. (1973) "Homestead Farms in Classical and Hellenistic Athens", in M. I. Finley, ed., *Problèmes de la terre*, pp. 113-47.
PEMBROKE, S. (1965) "Last of the Matriarchs: A Study in the Inscriptions of Lycia", *Journal of the Economic and Social History of the Orient* VIII 217-47.

PERLMAN, S. (1976) "Parhellenism, the Polis and Imperialism", *Historia* XXV 1-30.
PETSCHOW, H. (1956) *Neubabylonisches Pfandrecht.* Akad. der Wiss., Leipzig, phil.-hist. Klasse, *Abhandlungen,* 48 nº 1.
PIPPIDI, D. M. (1973) "Le problème de Ia main-d'oeuvre agricole dans les colonies grecques de Ia mer Noire", in M. I. Finley, ed., *Problèmes de la terre,* pp. 63-82.
PIRENNE, H. (1914) "Les périodes de l'histoire sociale du capitalisme", Acad. Royale de Belgique, *Bulletin de la classe des lettres,* pp. 258-99 *(American Historial Review* XIX 493-515).
_____ (1939) *Les villes et les institutions urbaines,* 2 vols., Paris, Alcan.
PLASSART, A. (1913) "Les archers d'Athènes", *Revue des études grecques* XXVI 151-213.
PLEKET, H. W. (1972) "Economic History of the Ancient World and Epigraphy", *Akten des VI. Internationalen Kongresses für Griechische und Lateinische Epigraphik,* Munique, pp. 243-57.
PÖHLMANN, R. (1895) *Aus Altertum und Gegenwart,* Munique, Beck (2ª ed., 1911).
_____ (1925) *Geschichte der sozialen Frage und des Socialismus in der antiken Welt,* 3ª ed., Munique, Beck.
POLAND, F. (1909) *Geschichte des griechischen Vereinswesens,* Leipzig, Teubner.
PRÉAUX, C. (1939) *L'économie royale des Lagides,* Bruxelas, Fondation égyptologique (reimpresso, Nova York, Arno, 1979).
PRINGSHEIM, F. (1950) *The Greek Law of Sale,* Weimar, Böhlau.
PRITCHETT, W. K. (1953-56) "The Attic Stelai", *Hesperia* XXII 225-99, XXV 178-317.
_____ (1969) "The Transfer of the Delian Treasury", *Historia* XVIII 17-21.
_____ (1971-79) *The Greek State at War,* 3 vols., University of California Press.
PULLEYBLANK, E. G. (1958) "The Origins and Nature of Chattel Slavery in China", *Journal of the Economic and Social History of the Orient* I 185-220.
PURVES, P. M. (1945) "Commentary on Nuzi Real Property in the Light of Recent Studies", *Journal of Near Eastern Studies* IV 68-86.
QUIGGIN, A. H. (1949) *A Survey of Primitive Money,* Londres, Methuen.
RAVN, O. E. (1942) *Herodotus' Description of Babylonia,* Copenhague, Nyt Nordisk Forlag.
REHM, A. (1938) "Die Rolle der Technik in der griechisch-römischen Antiken", *Archiv für Kulturgeschichte* XXVIII 135-62.
RENARD, M. (1959) *Technique et agriculture en pays trévire et rémois,* Bruxelas, Collection Latomus nº 38.
RICHARDSON, L. J. D. (1955) "Further Observations on Homer and the Mycenaean Tablets", *Hermathena* LXXXVI 50-65.

ROMSTEDT, M. (1914) *Die wirtschaftliche Organisation des athenischen Reiches*, Dissertação, Leipzig.
ROSEN, E. (1969) "The Invention of Eyeglasses", *Journal of the History of Medicine* XI 13-46, 183-218.
ROSTOVTZEFF, M. I. (1931) *Skythien und der Bosporus*, Berlim, Schoetz.
_____ (1953) *The Social and Economic History of the Hellenistic World*, 3 vols., Oxford, Clarendon.
_____ (1957) *The Social and Economic History of the Roman Empire*, 2ª ed., rev. P. M. Fraser, 2 vols., Oxford, Clarendon.
ROSTOVTZEFF, M. I. e Welles, C. B. (1931) "A Parchment Contract of Loan from Dura Europus on the Euphrates", *Yale Classical Studies* II 1-78.
RUSCHENBUSCH, E. (1957) *"Dikasterion panton kyrion"*, *Historia* VI 257-74.
RUSSELL, L. E. B., ed. (1935) *General Rigby, Zanzibar and the Slave Trade*, Londres, Allen & Unwin.
RYAN, A. (1974) *J. S. Mill*, Londres e Boston, RKP.
SCHACHERMEYR, F. (1955) *Die ältesten Kulturen Griechenlands*, Stuttgart, Kohlhammer.
SCHAPERA, I. (1940) *Married Life in an African Tribe*, Northwestern University Press.
SCHEIL, V. (1915) "La libération juridique d'un fils donné en gage... en 558 av. J. C.", *Revue d'Assyriologie* XII 1-13.
SCHNEIDER, A. (1920) *Die sumerische Tempelstadt*, Essen (reimpresso, Nova York, Arno, 1979).
SCHÖNBAUER, E. (1933) *"Paramone, Antichrese* und Hypothek, Studien zu P. Dura 10", *Zeitschrift der Savigny-Stiftung für Rechtsgeschichte (Romanistische Abteilung)* LIII 422-50.
SCHULLER, W. (1974) *Die Herrschaft der Athener im ersten attischen Seebund*, Berlim e Nova York, W. de Gruyter.
SCHUMPETER, J. A. (1954) *History of Economic Analysis*, ed. E. B. Schumpeter, Nova York, Oxford University Press.
SEALEY, R. (1966) "The Origin of the Delian League", in Badian (1966), 233-55.
SHIPP, G. P. (1972) *Studies in the Language of Homer*, 2ª ed., Cambridge University Press.
SIEVEKING, H. (1933) "Loans, Personal", in *Encyclopaedia of the Social Sciences* IX 561-5.
SJÖBERG, G. (1960) *The Preindustrial City*, Glencoe, Ill., The Free Press.
SOMBART, W. (1902) *Der moderne Kapitalismus*, Leipzig, Duncker & Humblot.
_____ (1916) *Der modern Kapitalismus*, 2ª ed., Munique e Leipzig, Duncker & Humblot.
_____ (1923) "Die Anfänge der Soziologie", in M. Palyi, ed., *Hauptprobleme der Soziologie: Erinnerungsgabe für Max Weber*, Munique e

Leipzig, Duncker & Humblot (reimpresso, Nova York, Arno, 1975), cap. 1.1.
STAMPP, K. M. (1956) *The Peculiar Institution: Slavery in the Ante-bellum South*, Nova York, Knopf.
STANIER, R. S. (1953) "The Cost of the Parthenon", *Journal of Hellenic Studies* LXXIII 68-76.
STARR, C. G. (1955) "The Myth of the Minoan Thalassocracy", *Historia* III 282-91.
_____ (1958) "An Overdose of Slavery", *Journal of Economic History* XVIII 257-72.
_____ (1965) "The Credibility of Early Spartan History", *Historia* XIV 257-72.
STEELE, F. R. (1943) *Nuzi Real Estate Transactions*, New Haven, American Oriental Society.
STEVENSON, H. N. C. (1943) *The Economics of the Central Chin Tribes*, Bombaim, Times of India Press.
STROUD, R. S. (1971) "Theozotides and the Athenian Orphans", *Hesperia* XL 280-301.
_____ (1974) "An Athenian Law on Silver Coinage", *Hesperia* XLIII 157-88.
STUBBINGS, F. H. (1951) *Mycenaean Pottery from the Levant*, Cambridge University Press.
SUNDWALL, J. (1956) *Zur Buchführung im Palast von Knossos*, Societas scientiarum fennica: *Commentationes humanarum litterarum*, nº 22.3.
TAWNEY, R. H. (1947) *Religion and the Rise of Capitalism*, Penguin Books (ed. original, 1926).
THERNSTROM, S. (1971) "Reflections on the New Urban History", *Daedalus* 100.1, 359-75.
THOMPSON, E. A. (1952a) *A Roman Reformer and Inventor*, Oxford, Clarendon (reimpresso, Nova York, Arno, 1979).
_____ (1952b) "Peasant Revolts in Late Roman Gaul", *Paste & Present* II 11-23 = M.I. Finley, ed., *Studies in Ancient Society*, 304-20.
THOMSON, G. (1954) *Studies in Ancient Greek Society, 1: The Prehistoric Aegean*, 2ª ed., Londres, Lawrence & Wishart.
THORNER, D. e A. (1962) *Land and Labour in India*, Bombaim e Londres, Asia Publishing House.
THORNTON, A. P. (1965) *Doctrines of Imperialism*, Nova York, Wiley.
THYLANDER, H. (1952) *Etude sur l'épigraphie latine*, Lund, Gleerup.
TUDOR, D. (1957) *Istoria sclavajului in Dacia romana*, Bucareste.
TURNER, R. W. (1931) *The Equity of Redemption*, Cambridge University Press.
UCKO, P. J. et al., ed. (1972) *Man, Settlement and Urbanism*, Londres, Duckworth.

URBACH, E. E. (1963) "The Laws regarding Slavery as a Source for Social History of the Period of the Second Temple, the Mishnah and the Talmud", *Annual of Jewish Studies* I 1-94 (reimpresso em vol. separado, Nova York, Arno, 1979).
VAGTS, A. (1937) *A History of Militarism*, Nova York, Norton.
VENTRIS, M. e Chadwick, J. (1953) "Evidence for Greek Dialect in the Mycenaean Archives", *Journal of Hellenic Studies* LXXIII 84-103.
_____ (1956) *Documents in Mycenaean Greek*, Cambridge University Press (2ª ed., 1973).
VERCOUTTER, J. (1954) *Essai sur les relations entre Egyptiens et Préhellènes*, Paris, Adrien-Masonneuve.
VERNANT, J. P. (1965) *Mythe et pensée chez les Grecs*, Paris, Maspero.
VLASTOS, G. (1941) "Slavery in Plato's Thought", *Philosophical Review* L 289-304 = M. I. Finley, ed., *Slavery in Classical Antiquity*, cap. 7.
_____ (1964) *"Isonomia politike"*, in *Isonomia*, ed. J. Mau e E. G. Schmidt, Berlim, Akademie Verlag, pp. 1-35.
VOGT, J. (1974) *Ancient Slavery and the Ideal of Man*, trad. T. Wiedemann, Oxford, Blackwell.
WACKERNAGEL, J. (1916) *Sprachliche Untersuchungen zu Homer*, Göttingen, Vandenhoek & Ruprecht, = *Glotta* VII 161-319.
WAGNER, M. (1914) *Zur Geschichte der attischen Kleruchien*, Diss. Tübingen.
WALBANK, F. W. (1946) *The Decline of the Roman Empire in the West*, Londres, Cobbett Press.
WEBER, Marianne (1950) *Max Weber. Ein Lebensbild*, Heidelberg, Schreider.
WEBER, Max (1921) "Der Stadt", *Archiv für Sozialwissenschaft und Sozialpolitik* XLVII 621-772 (trad. D. Martindale e G. Neuwirth, Glencoe, Ill., The Free Press, 1958 = Weber (1956) 735-822).
_____ (1924) "Agraverhältnisse im Altertum", in *Gesammelte Aufsätze zur Sozial- und Wirtschaftsgeschichte*, Tübingen, Mohr-Siebeck, 1-288 (trad. R. I. Frank, Londres, New Left Books, 1976, 1ª ed., 1909).
_____ (1956) *Wirtschaft und Gesellschaft*, 4ª ed. por J. Winckelmann, Tübingen, Mohr-Siebeck.
_____ (1968) *Economy and Society*, ed. G. Roth e C. Wittich, Nova York, Bedminster Press (edição em brochura, University of California Press, 1978).
_____ (1971) *Gesammelte politische Schriften*, ed. J. Winckelmann, 3ª ed., Tübingen, Mohr-Siebeck.
WEBSTER, T. B. L. (1955) "Homer and the Mycenaean Tablets", *Antiquity* XXIX 10-14.
WEISS, E. (1908) *"Communio pro diviso* und *pro indiviso* in den Papyri", *Archiv für Papyruskunde* IV 353-7.
_____ (1923) *Griechisches Privatrecht*, Leipzig, Teubner.
WELSKOPF, E. C. (1957) *Die Produktionsverhältnisse im alten Orient und der griechisch-römischen Antike*, Berlim, Akademie Verlag.

WESTERMANN, W. L. (1945) "Between Slavery and Freedom", *American Historical Review* L 213-27.

_____ (1948) "The *Paramone* as General Service Contract", *Journal of Juristic Papyrology* XI 9-50.

_____ (1955) *The Slave Systems of Greek and Roman Antiquity*, Filadélfia, American Philosophical Society.

WHEATLEY, P. (1971) *The Pivot of the Four Quarters: A Preliminary Inquiry into the Origin and Character of the Ancient Chinese City*, Edinburgh University Press.

WHITE, Lynn. Jr. (1964) *Medieval Technology and Social Change*, Oxford, Clarendon, edição em brochura.

WIGHT, M. (1952) *British Colonial Constitutions, 1947*, Oxford, Clarendon.

WIGHTMANN, E. M. (1975) "The Pattern of Rural Settlement in Roman Gaul", in *Aufstieg und Niedergang der römischen Welt*, ed. H. Temporini e W. Haase, Berlim e Nova York, W. de Gruyter, vol. 2.4, 584-657.

WIGMORE, J. H. (1896-7) "The Pledge-idea: A Study in Comparative Legal Ideas, II", *Harvard Law Review* X 389-417.

WILAMOWITZ-MOELLENDORF, U. von (1927) *Die Heimkehr des Odysseus*, Berlim, Weidman.

WILHELM, A. (1913) "Neue Beiträge zur griechischen Inschriftenkunde, III", *Sitzungsberichte der Akad. der Wiss. in Wien* 175.1, 3-15.

_____ (1924) "Zu jüngsten Veröffentlichungen griechischer Inschriften", *Anzeiger der Akad. der Wiss. in Wien, phil.-hist. Kl.* LXI 93-101.

WILL, E. (1954) "Trois quarts de siècle de recherches sur l'économie grecque antique", *Annales (E.S.C.)* IX 7-22.

_____ (1956) *Doriens et Ioniens*, Paris, Les Belles Lettres.

_____ (1972) *Le monde grecque et l'orient: le Ve siècle*, Paris, PUF.

WILLETTS, R. F. (1955) *Aristocratic Society in Ancient Crete*, Londres, RKP.

WILLIAMS, G. (1956) "The Controversy concerning the World 'Law' ", in *Philosophy, Politics and Society*, ed. P. Laslett, Oxford, Blackwell, 134-56.

WOLFF, H. J. (1944) "Marriage Law and Family Organization in Ancient Athens", *Traditio* II 43-95.

_____ (1952) "Die Grundlagen des griechischen Eherechts", *Tijdschrift voor Rechtsgeschiedenis* XX 1-29, 157-81.

_____ (1957) *"Proix"*, in *Pauly-Wissowa-Kroll Realencyclopädie des kalssischen Altertums* 23.1, cols. 133-70.

WYCHERLEY, R. F. (1973) *How the Greeks Built Cities*, 2ª ed., Londres, MacMillan.

YARON, R. (1959) "Redemption of Persons in the Ancient Near East", *Revue internationale des droits de l'Antiquité*, 3ª sér., VI 155-76.

_____ (1963) "On section II 57 (= 172) of the Hittite Laws", *Revue internationale des droits de l'Antiquité*, 3ª sér., X 137-46.

ZGUSTA, L. (1955) *Die Personnennamen griechischer Städte der nördlichen Schwarzmeerküste*, Praga.
ZILSEL, E. (1926) *Die Entstehung des Geniebegriffes: Ein Beitrag zur Ideen--geschichte der Antike und des Frühkapitalismus*, Tübingen, Mohr.

BIBLIOGRAFIA DE M. I. FINLEY

Livros e artigos

(1934) *"Mandata Principum", Tijdschrift voor Rechtsgeschiedenis* XIII 150-69.

(1935) *"Emporos, Naukleros and Kapelos:* Prolegomena to the Study of Athenian Trade", Classical Philology XXX 320-36.

(Studies in Land and Credit) Studies in Land and Credit in Ancient Athens, 500-200 B.C., Rutgers University Press, 1952 (reimpresso, Nova York, Arno Press, 1973).

(1953a) "Land, Debt, and the Man of Property in Classical Athens", *Political Science Quarterly* LXVIII 249-68.

(1953b) "Multiple Charges on Real Property in Athenian Law: New Evidence from an Agora Inscription", in *Studi in onore di Vincenzo Arangio-Ruiz,* Nápoles, Jovene III 473-91.

(World of Odysseus[1]*) The World of Odysseus,* 1ª ed., Nova York, The Viking Press, 1954.

(1954) "The Ancient Greeks and their Nation", *British Journal of Sociology* V 253-64; cf. versão rev., cap. 7 in *Use and Abuse of History* (1975).

(1955) "Marriage, Sale and Gift in the Homeric World", *Revue Internationale des droits de l'antiquité,* 3ª sér., II 167-94.

(World of Odysseus[2]*) The World of Odysseus,* Londres, Chatto & Windus, 1956.

(1957) "Homer and Mycenae: Property and Tenure", *Historia* VI 133-59.

(1957-8) "The Mycenaean Tablets and Economic History", *Economic History Review,* 2ª sér., X 128-41.

(The Greek Historians, ed.*) The Greek Historians: the Essence of Herodotus, Thucydides, Xenophon, Polybius,* Nova York, The Viking Press; Londres, Chatto & Windus, 1959.

(1959) "Was Greek Civilization based on Slave Labour?", *Historia* VIII 145-64 = cap. 4 in *Slavery in Classical Antiquity* (1960).

(Slavery in Classical Antiquity, ed.*) Slavery in Classical Antiquity: Views and Controversies,* Cambridge, Heffer; Nova York, Barnes & Noble, 1960 (reimpresso com suplementos à bibliografia, 1968).

(1960) "The Servile Statuses on Ancient Greece", *Revue Internationale des droits de l'Antiquité,* 3ª sér., VII 165-89.

(1961a) "The Significance of Ancient Slavery", *Acta Antiqua* IX 285-6 (réplica à: P. Oliva, "Die Bedeutung der antiken Slaverei", ibid., VIII 309-19).

(1961b) *The Greeks,* Londres, BBC Publications.
*(World of Odysseus*³*) The World of Odysseus,* ed. rev., Penguin, 1962; Nova York, The Viking Press, 1965.
(1962a) "The Black Sea and Danubian Regions and the Slave Trade in Antiquity", *Klio* XL 51-9.
(1962b) "Athenian Demagogues", *Past & Present* XXI 3-24. = *Studies in Ancient Society* (1974) cap. 1.
(The Ancient Greeks) The Ancient Greeks, Londres, Chatto & Windus; Penguin; Nova York, The Viking Press, 1963.
(1963) "Generalizations in Ancient History", cap. 2 in L. Gottschalk, ed., *Generalization in the Writing of History,* University of Chicago Press; cf. versão rev., cap. 3 in *Use and Abuse of History.*
(1964a) "Between Slavery and Freedom", *Comparative Studies in Society and History* VI 233-49.
(1964b) "The Trojan War", *Journal of Hellenic Studies* LXXXIV 1-9 (com réplicas de: J. L. Caskey, G. S. Kirk e D. L. Page, pp. 9-20).
(1965a) "Classical Greece", *Deuxième Conférence Internationale d'histoire économique, Aix-en-Provence,* 1962, I: *Trade and Politics in the Ancient World,* Paris e La Hague, Mouton, pp. 11-35 (reimpresso, Nova York, Arno, 1979).
(1965b) "Technical Innovation and Economics Progress in the Ancient World", *Economic History Review,* 2ª sér., XIII 29-45.
(1965c) "Myth, Memory and History", *History and Theory* IV 281-302 = cap. 1 in *Use and Abuse of History.*
(1965d) "La servitude pour dettes", *Revue historique de droit français et étrangen,* sér. 4, XLIII 159-84.
(The Jewish War, ed., abridged, e intro.) *The Jewish War and other Selections from Flavius Josephus,* trad. H. St. J. Thackeray e R. Marcus, Londres, New English Library, 1966.
(1966) "The Problem of the Unity of Greek Law", in *Atti del 1º Congresso Internazionale della Società Italiana di Storia del Diritto,* Florença, Olschki, pp. 129-42 (cap. 8 in *Use and Abuse of History).*
(1967) "Utopianism, Ancient and Modern", cap. 1 in *The Critical Spirit. Essays in Honor of Herbert Marcuse,* ed. K. H. Wolff e B. Moore Jr., Boston, Beacon Press (cap. 11 in *Use and Abuse of History).*
*(Aspects of Antiquity*¹*) Aspects of Antiquity: Discoveries and Controversies,* Londres, Chatto & Windus; Nova York, The Viking Press, 1968; Penguin, 1972.
*(Ancient Sicily*¹*) Ancient Sicily to the Arab Conquest,* Londres, Chatto & Windus; Nova York, The Viking Press, 1968.
(1968a) "Sparta", cap. 6 in *Problèmes de la guerre en Grèce ancienne,* ed., J.-P. Vernant, Paris e La Hague, Mouton (cap. 10 in *Use and Abuse of History).*
(1968b) "The Alienability of Land in Ancient Greece", *Eirene* VII 25-32 (cap. 9 in *Use and Abuse of History).*

(1968c) "The Historical Tradition: the *Contributi* of Arnaldo Momigliano", *History and Theory* VII 355-67 (cap. 4 in *Use and Abuse of History*).
(1968d) "Slavery", *International Encyclopedia of the Social Sciences* XIV 307-13.
(Early Greece¹) Early Greece: the Bronze and Archaic Ages, Londres, Chatto & Windus; Nova York, Norton, 1970.
(1970a) "Metals in the Ancient World", *Journal of the Royal Society of Arts,* CXVIII 597-607.
(1970b) "Aristotle and Economic Analysis", *Past & Present* XLVII 3-25 (cap. 2 in *Studies in Ancient Society*).
(1971a) *The Ancestral Constitution,* Aula Inaugural, Cambridge University Press (cap. 2 in *Use and Abuse of History*).
(1971b) "Archaeology and History", Daedalus C nº 1, 168-86 (cap. 5 in *Use and Abuse of History*).
(Ancient Economy) The Ancient Economy, University of California Press; Londres, Chatto & Windus, 1973.
(Democracy) Democracy Ancient and Modern, Rutgers University Press; Londres, Chatto & Windus, 1973.
(Problèmes de la terre, ed.) *Problèmes de la terre en Grèce ancienne,* Paris e La Hague, Mouton, 1973.
(1973) "The Heritage of Isocrates", Edinburgh University Press, 1973 (título original: *Knowledge for What?*) (cap. 12 in *Use and Abuse of History*).
(Studies in Ancient Society, ed.) *Studies in Ancient Society,* Londres, RKP (1974).
(1974a) "The World of Odysseus Revisited", *Proceedings of the Classical Association* LXXI 13-31 (apend. 1 in *World of Odysseus⁴*).
(1974b) "Schliemann's Troy – One Hundred Years After", *Proceedings of the British Academy* LX 393-412 (apend. 2 in *World of Odysseus⁴*).
(Use and Abuse of History) The Use and Abuse of History, Londres, Chatto & Windus; Nova York, The Viking Press, 1975.
(1975) "Anthropology and the Classics", cap. 6 in *Use and Abuse of History.*
(The Olympic Games, com H. W. Pleket) *The Olympic Games: The First Thousand Years,* Londres, Chatto & Windus; Nova York, The Viking Press, 1976.
(Studies in Roman Property, ed.) *Studies in Roman Property,* Cambridge University Press, 1976.
(1976a) "Private Farm Tenancy in Italy before Diocletian", cap. 6 in *Studies in Roman Property.*
(1976b) "In lieblicher Bläue", *Arion,* n.s., III 79-95.
(1976c) "Colonies – an Attempt at a Typology", *Transactions of the Royal Historical Society,* 5ª sér., XXVI 167-88.

(1976d) "The Freedom of the Citizen in the Greek World", *Talanta* VII 1-23.
(Aspects of Antiquity²) Aspects of Antiquity: Discoveries and Controversies, 2ª ed., Penguin, 1977.
(Atlas of Classical Archaeology, ed.) *Atlas of Classical Archaeology,* Londres, Chatto & Windus; Nova York, McGraw-Hill, 1977.
(1977a) "The Ancient City: from Fustel de Coulanges to Max Weber and Beyond", *Comparative Studies in Society and History* XIX 305-27.
(1977b) " 'Progress' in Historiography", *Daedalus* CVI, nº 3, 125-42.
(World of Odysseus⁴) The World of Odysseus, ed. rev., Londres, Chatto & Windus; Nova York, The Viking Press, 1978.
(1978a) "The Fifth-Century Athenian Empire: A Balance Sheet", cap. 5 in P. D. A. Garnsey and C. R. Whittaker, ed., *Imperialism in the Ancient World,* Cambridge University Press.
(1978b) "Empire in the Graeco-Roman World", *Greece and Rome* XXV 1-5 = *Review* II 55-68.
(Ancient Sicily²) Ancient Sicily to the Arab Conquest, ed. rev., Londres, Chatto & Windus, 1979.
(1979) "Slavery and the Historians", *Histoire sociale – Social History* XII 247-61.
(1980) *The Idea of a Theatre: the Greek Experience,* Londres, British Museum Publications.
(Ancient Slavery and Modern Ideology) Ancient Slavery and Modern Ideology, Londres, Chatto & Windus; Nova York, The Viking Press, 1980.
(Early Greece²) Early Greece: the Bronze and Archaic Ages, 2ª ed., Londres, Chatto & Windus, 1981; Nova York, Norton, 1982.
(Legacy of Greece, ed.) *The Legacy of Greece: A New Appraisal,* Oxford University Press, 1981.

SELEÇÃO DE ENSAIOS E RESENHAS

(1935) Resenha de: *The Cambridge Ancient History,* vols. 1-10 (1923-34), *Zeitschrift für Sozialforschung* IV 289-90.
(1937) Resenha de: E. Ciccotti, *La civiltà del mondo antico,* 2 vols. (1935), *American Historical Review* XLII 277-9.
(1939) Resenha de: *The Cambridge Ancient History,* vol. XI (1936), *Political Science Quarterly* LIV 609-11.
(1941a) Resenha de: W. Durant, *The Life of Greece* (1939), *Political Science Quarterly* LVI 127-9.
(1941b) Resenha de: B. Farrington, *Science and Politics in the Ancient World* (1939); M. P. Nilsson, *Greek Popular Religion* (1940); H. W. Parke, *A History of the Delphic Oracle* (1939), *Zeitschrift für Sozialforschung* IX 502-10.

(1948) Resenha de: H. Frankfort, *Kingship and the Gods* (1948), *Political Science Quarterly* LXIII 275-81.
(1951a) Resenha de: Xenophon, *L'économique,* ed. P. Chantraine (1949), *Classical Philology* XLVI 252-3.
(1951b) Resenha de: "Some Problems of Greek Law: A Consideration of Pringsheim on Sale", *Seminar* IX 72-91 (rev. Prinsheim, 1950).
(1957) Resenha de: J. Walter Jones, *The Law and Legal Theory of the Greeks* (1956), *Law Quarterly Review* LXXIII 253-6.
(1958) Resenha de: A. E. Boak, *Man-Power Shortage and the Fall of the Roman Empire in the West* (1955), *Journal of Roma Studies* XLVIII 156-64; cf. "Manpower and the Fall of Rome", cap. 12 in *Aspects of Antiquity*.
(1959) "The Originality of the Greek City-State", *The Listener* LXI 289-93.
(1959-60) "Technology in the Ancient World" (um artigo-resenha), *Economic History Review* XII 120-5.
(1960a) "The Emperor Diocletian", *The Listener* LXIII 447-9, 474 (cf. *Aspects of Antiquity*, cap. 11).
(1960b) Resenha de: E. Gibbon, *The Decline and Fall of the Roman Empire*, compendiado por D. M. Low (1960); R. Syme, *The Roman Revolution*, edição em brochura, (1960); M. Grant, *The World of Rome* (1960), *The Spectator* (7 de outubro) 527-8.
(1961a) "The Greeks: the Growth of the Polis", *The Listener* LXV 176-8.
(1962a) "The Myth of Sparta", *The Listener* LXVIII 171-3.
(1962b) Resenha de: W. Jaeger, *Early Christianity and Greek Paideia* (1961), *New Statesman* LXIII 566-7.
(1963a) Resenha de: J. Vogt, *Von der Gleichwertigkeit der Geschlechter in der bürgerlichen Gesellschaft der Griechen* (1960), *Gnomon* XXXV 313-14.
(1963b) "Crete, the Legend and the Fact", *The Listener* LXIX 493-5; cf. "The Rediscovery of Crete", cap. 1 in *Aspects of Antiquity*.
(1963c) Resenha de: J. Hawkes e L. Woolley, ed., *The UNESCO History of Mankind*, vol. 1: *Prehistory and the Beginnings of Civilization* (1963), *New Statesman* LXV 906-7.
(1963d) Resenha de: W. H. McNeill, *The Rise of the West* (1963), *New York Review of Books* I (17 de outubro) 4-5.
(1964a) "Year One", *Horizon* VI 4-17 (cf. *Aspects of Antiquity*, cap. 15).
(1964b) "Plato in Sicily", *The Listener* LXXII 871-3 (cf. *Aspects of Antiquity*, cap. 6).
(1964c) "Plato and Athens", *The Listener* LXXII 967-9 (cf. *Aspects of Antiquity*, cap. 6).
(1964d) "Etruscan Things" (um artigo-resenha), *New York Review of Books* II (5 de novembro) 17-20 (cf. *Aspects of Antiquity*, cap. 8).
(1964e) Resenha de: H. Rahner, S. J., *Greek Myths and Christian Beginnings*, trad. B. Batteshaw (1963), *New York Review of Books* II (5 de março) 14-15 (cf. *Aspects of Antiquity*, cap. 14.1).

(1964f) Resenha de: M. Goguel, *The Primitive Church*, trad. H. C. Snape (1964), *New York Review of Books* III (20 de agosto) 8-9 (cf. *Aspects of Antiquity*, cap. 14.2).

(1964g) "The Crisis in the Classics", *The Sunday Times* (24 de março) 37; versão ampliada in J. H. Plumb, ed., *Crisis in the Humanities*, Penguin (1964), 11-23.

(1965a) Resenha de: A. French, *The Growth of the Athenian Economy* (1964), *Economic Journal* LXXV 849-51.

(1965b) "The Silent Women of Rome", *Horizon* VII 56-64 (cf. *Aspects of Antiquity*, cap. 10).

(1965c) "The Rediscovery of Crete", *Horizon* VII 64-75 (cf. *Aspects of Antiquity*, cap. 1).

(1965d) "Manpower and the Fall of Rome", *The Listener* LXXIV 791-4 (cf. *Aspects of Antiquity*, cap. 12).

(1965e) Resenha de: R. Syme, *Sallust* (1964); F. Millar, *A Study of Cassius Dio* (1964), *New Statesman* LXIX 46-7.

(1965f) Resenha de: C. M. Bowra, *Pindar* (1964), *New Statesman* LXIX 575 (cf. *Aspects of Antiquity*, cap. 3).

(1965g) Resenha de: D. D. Kosambi, *The Culture and Civilization of Ancient India in Historical Outline* (1965), *New Statesman* LXX 252-3.

(1965h) Resenha de: S. Zeitlin, *Who Crucified Jesus?* 4ª ed. (1964); A. N. Sherwin-White, *Roman Society and Roman Law in the New Testament* (1963), *New York Review of Books* III (28 de janeiro) 4-5 (cf. *Aspects of Antiquity*, cap. 14.3).

(1965i) Resenha de: E. Vermeule, *Greece in the Bronze Age* (1964); W. Taylour, *The Mycenaeans* (1964), *New York Review of Books* IV (11 de março) 7-8.

(1965j) Resenha de: A. L. Oppenheim, *Ancient Mesopotamia: Portrait of a Dead Civilization* (1964); R. Flacelière, *Daily Life in Greece at the Time of Pericles* (1965), *New York Review of Books* V (14 de outubro) 30-2.

(1966a) "A Few Words from the Etruscans", *Horizon* VIII 104-9 (cf. *Aspects of Antiquity*, cap. 8).

(1966b) "Etruscans and Romans", *The Listener* LXXV 127-9 (cf. *Aspects of Antiquity*, cap. 9).

(1966c) "The Gold Tablets of Santa Severa", *The Listener* LXXV 163-5 (cf. *Aspects of Antiquity*, cap. 9).

(1966d) Resenha de: Y. Yadin, *Masada: Herod's Fortress and the Zealot's Last Stand* (1966), *New Statesman* LXXII 832-3.

(1966e) Resenha de: A. W. Gouldner. *Enter Plato: Classical Greece and The Origins of Social Theory* (1966); J. E. Raven, *Plato's Thought in the Making* (1966), *New York Review of Books* VII (18 de agosto) 27-9.

(1966f) "New Look at Ancient History for Sixth Formers", *The Times* (22 de abril) 9.

(1966g) "Unfreezing the Classics", *The Times Literary Supplement* LXV 289-90.
(1967a) "Lost, the Trojan War", *Horizon* IX 50-5 (cf. *Aspects of Antiquity*, cap. 2).
(1967b) "Class Struggles", *The Listener* LXXVIII 201-2.
(1967c) Resenha de: J. Pope-Hennessy, *Sins of the Fathers, A Study of the Atlantic Slave Traders, 1441-1807* (1967), *The Listener* LXXVIII 637.
(1967d) Resenha de: D. B. Davis, *The Problem of Slavery in Western Culture* (1966), *New York Review of Books* VIII (26 de janeiro) 6-10.
(1967e) Resenha de: S. Barr, *The Mask of Jove* (1966); R. MacMullen, *Enemies of the Roman Order* (1967), *New York Review of Books* VIII (18 de maio) 37-9.
(1967f) Resenha de: C. W. Blegen e M. Rawson, *The Palace of Nestor at Pylos in Western Messenia,* vol. 1 (1967); G. E. Mylonas, *Mycenae and the Mycenaean Age* (1967), *New York Review of Books* IX (3 de agosto) 32-4.
(1968a) "Must the Artist Rebel? Ask the Greeks", *Horizon* X 50-5.
(1968b) "Race Prejudice in the Ancient World", *The Listener* LXXIX 146-7.
(1968c) Resenha de: T. Cole, *Democritus and the Sources of Greek Anthropology* (1968); L. Edelstein, *The Idea of Progress in Classical Antiquity* (1967), *New York Review of Books* X (20 de junho) 36-7.
(1969a) Resenha de: S. Anglo, *Machiavelli* (1969), *The Listener* LXXXI 786-91.
(1969b) Resenha de: W. Goodman, *The Committee: The Extraordinary Career of the House Committee on Un-American Activities* (1968), *New Statesman* LXXVII 296-7.
(1969c) Resenha de: J. W. Mavor, *Voyage to Atlantis* (1969), *New York Review of Books* XII (22 de maio) 38-40.
(1970a) Resenha de: Aristotle, *Economique,* ed. B. A. van Groningen e A. Wartelle (1968), *Classical Review* XX 315-19.
(1970b) "The Battle of Actium", *The Listener* LXXXIV 372-5.
(1970c) Resenha de: E. Badian, *Roman Imperialism in the Late Republic* (1970); F. Millar, *The Roman Empire and Its Neighbours* (1970); M. Grant, *The Climax of Rome* (1970); J. Vogt, *The Decline of Rome,* trad. J. Sondheimer (1970), *New York Review of Books* XIV (29 de janeiro) 52-4.
(1971) "New Developments in Classical Studies", in *The Great Ideas Today,* Nova York, Encyclopaedia Britannica Publications, pp. 122-67.
(1972a) "Introduction to Thucydides", *The Peloponnesian War,* trad. R. Warner, Penguin, pp. 9-32.
(1972b) "The World of Greece and Rome", in D. Daiches e A. Thorlby, ed., *Literature and Western Civilization,* vol. I: *The Classical World,* Londres, Aldus Books, pp. 23-47.

(1972c) Resenha de: Connor Cruise O'Brien, *The Suspecting Glance* (1972), *The Listener* LXXXVII 723-4.
(1972d) "The Imperial Face of Democratic Athens", *The Listener* LXXXVIII 495-7.
(1972e) Resenha de: D. Behrend, *Attische Pachturkunden* (1970), *Tijdschrift voor Rechtsgeschiedenis* XV 559-61.
(1974) Resenha de: Robin Lane Fox, *Alexander the Great* (1974), *New York Times Book Review* (28 de abril) 16-18.
(1975a) Resenha de: P. Anderson, *Passages from Antiquity to Feudalism* e *The Lineages of the Absolutist State* (1975), *The Guardian* (6 de fevereiro) 14.
(1975b) Resenha de: J. Vogt, *Ancient Slavery and the Ideal of Man*, trad. T. Wiedemann (1975), *The Times Literary Supplement* (14 de novembro) 1348.
(1975c) Resenha de: E. D. Genovese, *Roll, Jordan, Roll: The World the Slaves Made* (1975), *The Spectator* CCXXXV 475-6.
(1975d) Resenha de: W. B. Stanford e J. V. Luce, *The Quest for Ulysses* (1974), *Journal of the Royal Society of Arts* CXXIII 610-11.
(1976a) "The Most Famous of All Great Historians", *The Observer Magazine* (8 de fevereiro) 13-15 (em Edward Gibbon).
(1976b) "A Peculiar Institution?", *The Times Literary Supplement* (2 de julho) 819-21.
(1977a) Resenha de: F. Millar, *The Emperor in the Roman World* (1977), *The Times* (17 de março) 22.
(1977b) "Censorship in Classical Antiquity", *The Times Literary Supplement* (29 de julho) 923-5.
(1979) "Aegean Art and the Politics of Loan Exhibitions", *New York Times* (Arts and Leisure Section, 28 de outubro) 1-28.